"十二五"职业教育国家规划教材
经全国职业教育教材审定委员会审定
普通高等教育"十一五"国家级规划教材
高职高专规划教材

修订版

财政与金融

第2版

主　编　周叶芹

副主编　杨桂苓　周建荣

参　编　任俊俏　崔玉江

机械工业出版社

本书以项目解读的形式展开，致力于阐述财政与金融的一些基本问题。本书的整体设计以财政、金融政策与宏观调控的关系为主线，以提高学生的综合分析能力为主导，以引导学生了解与读懂相关的财政、金融政策从而达到更好地指导学习与工作为目标。本书共 10 章，第 1~5 章以"财政是一个分配的范畴"概念理解为切入口，分别阐述财政基础知识、财政收入、财政支出、政府债务以及政府预算等相关内容；第 6~9 章以"金融是货币资金的融通"概念理解为切入口，分别阐述金融基础知识、商业银行业务、货币供求以及金融市场等相关内容；第 10 章以财政、金融政策与宏观调控的关系为中心，对财政、金融政策在政府宏观调控中的运用进行了有效的分析。本书内容新颖、深入浅出、语言朴实、案例生动。

本书可作为高等职业院校、高等专科学校、成人高校、本科院校举办的二级职业技术学院、继续教育学院和民办高校财经管理类专业学生的教学用书，同时可供五年制高职、中职学生使用，也可作为从事经济管理工作人员的参考读物以及寻常百姓的财政、金融知识普及读物。

为方便教学，本书配备电子课件等教学资源。凡选用本书作为教材的教师均可登录机械工业出版社教育服务网 www.cmpedu.com 下载。咨询电话：010-88379375；服务 QQ：945379158。

图书在版编目（CIP）数据

财政与金融/周叶芹主编. —2版. —北京：机械工业出版社，2019.9（2024.10重印）

"十二五"职业教育国家规划教材 经全国职业教育教材审定委员会审定 普通高等教育"十一五"国家级规划教材 高职高专规划教材

ISBN 978-7-111-63838-4

Ⅰ. ①财⋯ Ⅱ. ①周⋯ Ⅲ. ①财政金融—高等职业教育—教材 Ⅳ. ①F8

中国版本图书馆 CIP 数据核字（2019）第 212988 号

机械工业出版社（北京市百万庄大街 22 号 邮政编码 100037）
策划编辑：孔文梅　　责任编辑：孔文梅　乔　晨
责任校对：炊小云　　封面设计：鞠　杨
责任印制：张　博

北京中科印刷有限公司印刷

2024 年 10 月第 2 版第 4 次印刷
184mm×260mm・18.25 印张・451 千字
标准书号：ISBN 978-7-111-63838-4
定价：43.00 元

电话服务　　　　　　　　　　　网络服务
客服电话：010-88361066　　　机 工 官 网：www.cmpbook.com
　　　　　010-88379833　　　机 工 官 博：weibo.com/cmp1952
　　　　　010-68326294　　　金 书 网：www.golden-book.com
封底无防伪标均为盗版　　　　　机工教育服务网：www.cmpedu.com

前　言

政府的政务公开，利率的频繁变动，意味着财政、金融不再是一大串枯燥、空洞的概念和理论，财政、金融政策正影响着人们的生活已经成为一个不争的事实。特别是由美国次贷危机引发的国际金融危机、2015年发生在我国的股灾、2018年中美贸易战的不确定性带来股市波动，以及2016年以来互联网金融的迅速发展带来的市场上小贷公司、担保公司对个人放贷的增长，随着市场上放贷主体越来越多，从2017年开始大量的互联网平台出现"暴雷""跑路"使得众多投资者血本无归，最终不管你是愿意还是不愿意，这些都使你的生活发生了变化。当政府一次又一次地上调存款准备金率，当一年一度的政府预算公布……总会在现实生活中掀起波澜：你买的股票开始涨了，你热衷于购买国债了，你再也不敢进行P2P投资了，你觉得个人贷款比以前更容易了。于是，能够了解和读懂相关的财政、金融政策成为21世纪人才综合素质的一项重要内容。这也构成了本书设计的基本理念和思路。

高职教育以培养高素质技术性人才为目标。本着理论知识够用的原则，如何引导学生把财政、金融的相关理论应用于微观经济领域，是本书编写的难点与重点。编者针对21世纪政治、经济、科学技术发展对高职人才培养提出的新要求，结合高职教育的培养目标，对本书的理论体系进行了大胆的重组，对内容进行了增减，淡化纯理论内容的表述，强化实用性较强的案例，使本书不仅具有前沿性而且具有针对性。

"财政与金融"是一门宏观经济学的课程，容易被学生接受是本书编写的关键。本书以财政、金融政策与宏观调控的关系为主线，以提高学生的综合分析能力为主导，以引导学生了解与读懂相关的财政、金融政策从而达到更好地指导学习与工作为目标，对各章节进行系统设计，使各章节内容既有差异性又有连续性和相关性，为学生对财政与金融的学习提供了一个简单、统一的框架，以便学生更好地理解和掌握该课程内容。本书具体特点体现在以下几个方面：

1. 结构

本书的整体结构是从货币是经济发展的原动力这个问题研究出发的，提出财政与金融是国家资金分配的两条渠道，从而引申出财政与金融的具体内容。其中，财政部分以"财政是一个分配的范畴"概念理解为切入口，分别阐述财政基础知识、财政收入、财政支出、政府债务以及政府预算等相关内容；金融部分以"金融是货币资金的融通"概念理解为切入口，分别阐述金融基础知识、货币供求（资金融通的对象）、商业银行（资金融通的机构），以及金融市场（资金融通的场所）等相关内容；最后以财政、金融政策与国家宏观调控的关系为中心，对财政、金融政策在政府宏观调控中的运用进行了有效的分析，使本书内容一气呵成，学生能够循序渐进地了解和掌握财政、金融的基本理论与实践。

2. 内容

（1）系统化和电子化。本书根据"财政与金融"课程能力标准及社会实践的需要，针对高职师生的需求特点而编写。本书已初步形成包括教学大纲、多媒体课件、讲义、授课提纲(备课笔记)、参考书目、辅助材料以及评价方法等在内的立体化教学材料。

根据本课程的特点,我们构建了配有最新动态案例资料的电子教案,实时更新相关数据资料及案例。

(2)选择以宽、简、活、实和可组合为标准。

宽:本书涉及的内容面宽,可以支撑不同经济类专业的专业化方向。

简:本书编写风格简明扼要,开门见山,符合高职学生的认知特征。

活:本书内容的处理力求灵活,方便学生讨论,有利于激发学生学习积极性,提高学生的综合分析能力。

实:本书贴近实际,贴近生活。国家的财政、金融政策直接影响着人们的生活,通过把相关理论置于现实的环境下,一方面可以提高学生的学习兴趣,另一方面也能促进学生对问题的思考,从而训练学生的分析能力。

可组合:作为一门专业基础课,为了便于专业的延伸,本书内容的可组合可以使不同的专业对各章节内容进行延伸组合,如学金融的可在金融、货币等章节的基础上再学金融理论与实务等课程。

(3)教材内容突出实践性,教学建议力求有效,针对性强。增强学生对所学内容的感性认识,使学生明确学习的目的,进一步培养综合能力和实际操作技能。

3. 编写形式

(1)以"解读项目"的方式,重构教学章节。本书的编写以及课程扩充性资料的建设以培养职业能力为核心,以工作实践为主线,以工作过程(项目)为导向,用任务进行驱动,建立以行动(工作)体系为框架的现代课程结构,重新设计课程内容,使学生在完成任务中建构知识,达到理论与实践一体化的目标。我们改变了原来枯燥的以章节形式编写的模式,将财政与金融的基础理论知识分解并渗透到不同解读项目,如解读财政现象、解读通货膨胀等,并在各项目中编排合理的学习任务,引导学生通过对现象的分析,自己归纳和总结概念和原理,逐步完成各项任务,加深对理论知识的理解和掌握。

(2)以"财经新闻回放"的方式开始每一章,通过点评预习引入本章的内容,并以学习线路图的形式罗列本章纲要。

(3)以"总起分叙"的原则,重构教学内容。本书的内容结构设计,根据高职学生素质形成的心理顺序,体现设趣、激趣、诱趣、扩趣四个阶段,从整体结构、章节结构等几个层面构建本书的内容结构。其中本书的整体内容结构设计由财经新闻回放、正文、专栏及点评、术语解析、延伸阅读、小结、课堂延伸思考等几部分组成。章节内容结构的设计以高职学生的认知特征和综合能力培养为原则。

(4)以朴实生动的语言,组织教材内容。本书在形式上和语言风格上也打破了过去教科书的呆板模式,语言风格更加生动活泼,符合高职学生的认知心理。本书内容深入浅出,层层推进,案例源自于现实生活,易于学生的理解和掌握。

总之,全书内容新颖,结构合理,深入浅出,语言朴实,案例生动。

本书由周叶芹担任主编,杨桂苓、周建荣担任副主编,具体分工如下:周叶芹修订了第1、4、5、6章,任俊俏修订了第2章,崔玉江和杨桂苓共同修订了第3章,杨桂苓修订了第7、8章,周建荣修订了第9、10章。全书由周叶芹统稿。

本书可作为高等职业院校、高等专科学校、成人高校、本科院校举办的二级职业技术学院、继续教育学院和民办高校财经管理类专业学生的教学用书，同时可供五年制高职、中职学生使用，也可作为从事经济管理工作人员的参考读物。

为方便教学，本书配备电子课件等教学资源。凡选用本书作为教材的教师均可登录机械工业出版社教育服务网 www.cmpedu.com 下载。咨询电话：010-88379375；服务 QQ：945379158。

由于编者水平有限，书中难免有错误与不当之处，敬请专家、读者批评指正。

编　者

目　　录

前　言
第1章　认识财政 ... 1
1.1　什么是财政 ... 2
1.2　公共财政和公共产品 ... 7
1.3　财政职能分析 ... 13
本章小结 ... 21
课堂延伸思考 ... 21

第2章　解读财政收入 ... 23
2.1　财政收入现状分析 ... 24
2.2　认识税收及税收效应 ... 32
2.3　解读国有资产收入 ... 48
本章小结 ... 52
课堂延伸思考 ... 52

第3章　解读财政支出 ... 54
3.1　财政支出现状分析 ... 55
3.2　认识购买性支出 ... 60
3.3　认识转移性支出 ... 65
3.4　财政支出的有效管理 ... 72
本章小结 ... 82
课堂延伸思考 ... 82

第4章　解读政府债务 ... 84
4.1　政府为什么借债 ... 85
4.2　国债的运行过程与国债规模 ... 92
4.3　学会国债投资 ... 99
本章小结 ... 107
课堂延伸思考 ... 107

第5章　解读政府预算 ... 109
5.1　认识政府预算 ... 110
5.2　认识预算管理体制的本质 ... 118
5.3　解读政府预算 ... 123
本章小结 ... 129
课堂延伸思考 ... 129

第6章　认识金融 ... 130
6.1　金融概述 ... 131
6.2　揭开货币的神秘面纱 ... 133
6.3　走进信用世界 ... 139

6.4 利息和利息率 152
6.5 细分金融机构体系 157
本章小结 175
课堂延伸思考 176

第7章 解读商业银行业务 177
7.1 细分我国商业银行业务 178
7.2 解读我国商业银行经营原则 199
7.3 探讨商业银行业务创新 202
本章小结 213
课堂延伸思考 213

第8章 解读货币供求 215
8.1 认识货币流通 216
8.2 分析货币供给过程 218
8.3 分析货币需求 224
8.4 解读通货膨胀与通货紧缩 227
本章小结 237
课堂延伸思考 237

第9章 解读金融市场 238
9.1 认识金融市场 239
9.2 分析金融市场结构 246
本章小结 264
课堂延伸思考 264

第10章 财政、金融政策与宏观调控 265
10.1 认识宏观调控 266
10.2 认识财政政策手段 273
10.3 认识货币政策手段 276
10.4 解读财政政策与货币政策的配合运行 279
本章小结 282
课堂延伸思考 282

参考文献 284

第1章 认识财政

财经新闻回放

杭州市政府向市民送"红包"

2009年杭州市发放消费券的举动在社会上引起了很大反响。2009年1月中旬，杭州市政府决定，由市、区两级财政安排1亿元资金，向六城区范围内的困难户、学生等低消费人群发放消费券，以此拉动节日期间的消费，提高困难群众和弱势群体的生活质量。2009年3月20日起，杭州又启动了第二阶段规模为10亿元的面向除困难户以外的企业员工、普通市民等中等消费人群的消费券发放计划。2009年3月25日，杭州消费券发放首次惠及大学生。杭州市委、市政府决定在市区（不含萧山区、余杭区）发放教育培训消费券，其中，持有"杭州市困难家庭救助证"的在杭全日制大学本、专科（含高职）在校生，每人可获2 000元。发放对象是五类人群：参加市劳动保障部门核发的职业资格证书培训和"双证制"学历教育文化课培训的部分市区劳动年龄段内常住居民；当年毕业的在杭全日制本、专科毕业生；非公办义务教育阶段进城务工人员子女学校在校生；持"杭州市困难家庭救助证"的在杭全日制大学生本、专科在校生；参加市区困难企业组织培训的在职职工。

本章预习

2008年，全球性的金融危机袭来，发放消费券成为我国很多地方政府拉动内需的一种手段。当你拿着当地政府发放的教育培训消费券去支付那些职业资格考试的培训费时，当你身边的中小学生拿着消费券去抵付购书款项时，也许你对财政的概念再也不会觉得陌生。

其实，在日常生活中，我们经常可以听到或看到这样的报道：政府将增拨870亿元用于中国西部的开发，政府将进一步提高社会保障支出在财政预算中的比重，政府将增发9 000亿元国债，用于刺激经济的增长；财政部、国家税务总局联合发出《关于提高部分商品出口退税率的通知》，提高3 486项商品出口退税率以应对外贸下滑的态势；我国个人所得税的免征额从原来的3 500元/月上调至5 000元/月……如果你是一家以出口纺织品为主的外贸企业的老总，如果你是一个收入水平不是很高的工薪阶层，或者你是一个将要踏上工作岗位的应届大学毕业生，这些消息是否意味着你的生活成本将会下降？意味着你的税收负担将有所减轻？你的就业机会将有所增大？意味着我国的社会保障制度将更加健全？

通过本章的学习，也许可以为你解答上述问题提供一些思考的思路。本章将回答你到底什么是财政，财政与其他的经济范畴相比有什么不同，财政对于我们意味着什么，政府又是如何利用财政手段实现其职能的等一系列问题，并帮助你理解现实生活中碰到的一系列财政现象。

> **本章学习线路图**

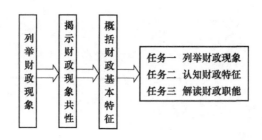

1.1 什么是财政

"财政"一词在日常生活中总是会被频繁地使用:西班牙皇马俱乐部开除10多名"高薪不出力"的球员后,在财政方面每年立即减少了近7 000万欧元的损耗;某公司2019年第二财政季度的业绩明显不如对手公司;"我这个月的财政有点紧张";美国财政2018年10月15日公布的数据显示,由于联邦政府开支增速超过收入增长,2018财年(2017年10月1日至2018年9月30日)美国财政赤字达到约7 790亿美元,创2012年以来的财年新高;……"财政"一词在日常生活中经常被人们用来形容各类经济主体的收支及相关问题。但是,从财政学的研究角度来说,"财政"则具有特定的含义。它特指以国家(或政府)为主体的分配,而财政学则是以国家(或政府)的收支活动为研究对象的经济学。

1.1.1 财政的产生

尽管经济学家对财政概念的描述多有差异,但是对于财政"作为一种分配,属于经济范畴,同时,它又属于历史范畴"的描述,已经被大多数经济学家所接受。财政这一经济范畴并非从人类社会产生就有,而是生产力和生产关系发展到一定阶段的产物。了解财政的产生和发展过程可以有助于我们更好地理解财政的基本概念。

1. 财政产生和发展的历史

财政的产生必须具备两个最基本的条件,即剩余产品的出现和国家的产生。其中,伴随着社会生产力的发展而来的剩余产品的出现是财政产生的物质条件,国家的产生则是财政产生的政治条件。

原始社会初期,社会生产力水平极其低下,没有剩余产品,也没有私有制,其生产关系的基础是生产资料的原始公有制。人们共同劳动,产品平均分配给每个劳动者,人们共同分享劳动成果。到了原始社会末期,生产力水平有较大的提高,发生了两次社会大分工——首先是畜牧业从农业中分离出来,其次是手工业从农业中分离出来。此时,劳动成果除分配给氏族成员消费外还有多余,出现了剩余产品。氏族间产品的交换已成为必然,第三次社会大分工出现了,商业从其他产业中分离出来,慢慢地,私有观念开始产生,出现了私有制。私有制的产生与发展,将人类社会分裂为两大对立的阶级,最早产生的是奴隶主阶级与奴隶阶级。奴隶主阶级为巩固其统治地位,建立符合其要求的秩序,建立了一套暴力机构——军队、警察、监狱和官吏等。这样，国家产生了——"国家无非是一个阶级镇压另一个阶级的机器"○。由于国家本身并不从事物质资料的生产，为维持其运行，又必须消耗一定规模的消费资料，因此国家便不得不依靠它的政治权力，强制地占有和支配一部分社会产品来满足这些需要，"为了维持这种公共权利，需要公民缴纳费用——捐税……随着文明时代的向前进展，甚至捐税也不够了，国家就发行期票、借债，即发行公债。"○这种以国家为主体进行的，具有强制性、无偿性的分配手段就是财政。而最早产生的财政范畴是捐税，它是以国家的政治权力为依靠，对社会产品进行强制性占有的征收工具，是国家赖以存在的经济基础。

如果说奴隶社会和封建社会时期财政只是对国家运行所需资金的征收、使用和管理，财政支出的范围仅限于满足国家政治职能所需的国防、司法、公共工程、公共机关等方面的支出，那么资本主义后期特别是20世纪30年代，资本主义国家爆发了严重的经济大萧条以后，财政的范畴从传统的税收、支出、公债、预算，延伸到了国家对经济的干预，尤其是政府政策对总体经济活动（如失业率、通货膨胀、经济增长等）水平的影响，促进经济稳定的财政政策引入了财政职能的研究范围。20世纪50年代，马斯格雷夫提出了财政的三大职能——资源配置职能、收入分配职能和经济稳定职能，标志着现代公共财政理论的框架基本形成。公共财政是"市场经济条件下的一种财政模式"。

2．财政的现实意义

新中国成立以来，我国的经济形态经历了计划经济、有计划的商品经济，目前正在朝完善的市场经济运行。尽管市场经济的运行方式是以利润为目标、市场为导向的。但是，由于这样或那样的原因，政府在经济运行中仍起着不可替代的作用。

其实，现实生活中存在着各种各样需要由政府来管理、需要由政府来做的事情：维护国家安全，维持社会秩序，建设、维持和发展幼儿园、学校、科研机构、医院等事业单位；兴建规模宏大的发电站、水库、港口、码头和桥梁，以及遍布全国的高铁、公路网；还有保障孤寡残者的生活和工作、大学生获得的补贴、义务教育的免费、对失业者和灾民的救济等，这些事情是除政府以外的其他任何社会组织和团体不能做也无力做的。另外，贸易的全球化、一体化增大了经济运行的不确定性，2008年从美国引发的金融危机波及全球，至今尚未使各国走出经济萧条的阴影，于是，政府的调节经济职能比任何时候都要重要。当视"市场经济"为灵魂的美国政府率先动用7 000亿美元的财政资金去救市，当西方几乎所有的市场经济国家抛出一揽子的财政救市计划，当我国政府启动4万亿元的拉动内需政策，财政的意义再也不会有人质疑——政府要履行政治职能需要财政，政府要履行社会职能需要财政，政府要履行经济调节职能更加离不开财政的支持。

1.1.2 财政的基本特征

撇开具体的经济现象，不管是居民纳税、政府发债，还是政府救灾、大学生获得政府补贴、义务教育免费，或者是政府投资兴建基础设施，都有着明显的共性：上述所有经济行为的发生都会涉及政府的资金，而这些资金的取得和分配及其管理就构成了财政运行的

○《马克思恩格斯选集》，第2卷（中译本），人民出版社，1972年版，第336页。
○《马克思恩格斯全集》，第21卷，人民出版社，1965年版，第195页。

主要内容。通过上述分析，我们明白了财政从本质上讲首先是一种分配，而这种分配不同于日常经济生活中诸如工资分配、价格分配、企业财务分配等一系列分配形式。在财政分配中，由于政府参与了整个分配过程，使经济意义上的分配明显地烙上了政治的色彩。财政分配同其他分配相比就有了自己明显的特征，这些特征可以从财政分配的主体、财政分配的对象以及财政分配的目的三个方面来理解。

1. 财政分配的主体

分配的主体是指分配的决定者。很显然，不同的分配形式表现出的分配主体是不相同的。例如，企业主尽管在工资分配中有工资分配自主权，但其享有"自主权"的程度是不同的，即用人单位的"自主权"必须在一定范围内行使。

专栏 1-1

因工资扣除发生的劳资争议

某制鞋厂因准备不足、抢占市场失利，以及错误地估计了当年的流行趋势，而使其设计、生产的凉鞋滞销。该厂因资金周转困难，奖金已停发2个月，工资发放也成问题。该厂厂长张某遂决定，以滞销的凉鞋顶替工资。为照顾职工情绪，该厂采取了计算凉鞋价格时按成本价再打九折的做法，职工实际领取的凉鞋价值为其工资额的 111.11%。职工对该厂以鞋抵薪的做法极为不满，遂与厂方交涉。厂长称，企业有权决定以何种方式发放工资，在企业面临困难时，职工应共同分担，而且职工领取的鞋的总价值比工资高10%还多，厂方已对职工进行了让步。该厂职工李某等20人拒不领取凉鞋，并向劳资争议仲裁委员会提出申诉，要求该制鞋厂发放工资。

仲裁庭经调查认为，该制鞋厂因产品滞销而资金周转困难情况属实，但其应当按有关规定依法定程序采取延期支付工资的办法，而不能以实物顶替工资，事实上造成了拖欠职工工资，其行为违反了《中华人民共和国劳动法》和《工资支付暂行规定》，故依法裁决如下：

（1）制鞋厂按标准补发职工货币工资。

（2）支付相应经济补偿金。

资料来源：广东劳动争议网

专栏点评：从表面上看，该制鞋厂的厂长在工资分配中有分配自主权，但是用人单位行使工资分配自主权时应注意：首先，"自主"必须是"依法自主"，用人单位的"自主权"必须在法定范围内行使；其次，"自主"并不是指完全由用人单位单方面决定工资分配，用人单位工资分配的制度和方案应当经由职工代表大会审议通过，或者经过与工会组织或职工代表协商一致，方能生效。本案中，制鞋厂以拥有工资分配自主权为由，以实物顶替工资的行为，正是基于对"自主权"范围的错误认识，将"自主"绝对化和忽视劳动者的工资权。所以，该厂在仲裁中以失败而告终。

其实，相对于财政这种分配形式而言，其他分配形式更多地表现出来的是分配主体的多样性和非绝对性。由于财政分配是由国家（或政府）来组织的集中性的经济活动，所以它的分配主体只能是国家（或政府），是唯一的，其他任何以社会组织或团体为主体的经济活动，都不属于财政。这是财政分配区别于其他分配活动的基本特征。

我们这里讲的财政分配是以国家（或政府）为主体的分配，是指国家（或政府）在财政活动中居于主导地位，并形成国家（或政府）与其他经济主体之间的关系，这里包含着以下几个层次的意思：

（1）财政分配首先以国家为前提。国家直接决定着财政的产生、发展以及财政分配的范围。没有国家这一活动主体，财政也就不复存在。

（2）在财政分配中，国家（或政府）处于主动的、支配的地位。没有一种分配形式可以像财政分配一样，国家（或政府）可以直接处于绝对的支配位置。在整个分配过程中，国家（或政府）是直接的决定者和组织者。财政收入的获取方式，财政支出的使用方向，财政收入和财政支出的规模，都在相当程度上取决于国家（或政府）的意志。国债是一种特殊分配形式，债权人和债务人双方在相互信任的基础上订立买卖契约，从形式上来说，显然这是一种信贷行为。其实不然，由于不论是从借款利率的确定还是从借期的制定等方面，作为债权人的一方总是处于被动从属的地位。

专栏 1-2

财政部发记账式附息（五期）国债

新闻回放：财政部定于 2014 年 4 月 16 日招标发行 2014 年记账式附息（五期）国债，本期国债为 10 年期固定利率附息债，额度 280 亿元，可进行甲类成员追加投标，招标方式为混合式。该期债票面利率 4.42%，半年付息，计息日为 2014 年 3 月 20 日，到期日为 2024 年 3 月 20 日。分销日招标结束至 4 月 21 日，4 月 23 日起与原发行部分合并上市。

资料来源：搜狐证券

专栏点评：上述资料显示，国债的发行无论是在利率的确定还是在借期的规定上，都是政府单方面所决定的。国债是国家（或政府）财政收入的一项重要来源，是国家（或政府）财政分配的一项重要内容。所以，国债归根结底还是属于财政分配的范畴。

（3）财政分配是在全社会范围内进行的集中性的经济活动。财政活动的主体是国家（或政府），国家（或政府）作为整个社会的代表和它所履行的社会职能，决定着财政活动要在全社会范围内进行。

（4）国家（或政府）在一定时期内的政治、经济政策常常要通过财政分配来实现，财政是贯彻国家政治、经济政策的重要手段。

需要强调的是，在现实生活中财政范畴的划分有时并不是十分明显，在这里我们给出了一个最简单的评判标准——分配的主体性。只要是以国家（或政府）为主体的分配，就属于财政的范畴。

2. 财政分配的对象

财政分配的第二个基本特征是财政分配的对象是社会产品，主要是剩余产品。这是由财政产生的经济条件所决定的。只有当社会出现剩余产品时，才能为财政的分配提供一定的物质基础。就现实的财政来看，财政收入既包括剩余产品价值部分（M），又包含劳动者劳动报酬收入部分（V），其中，剩余产品价值部分是财政收入的主要来源。来源于 V 的财政收入的比重和增长速度则直接取决于一国的经济发展水平、税收制度和分配制度。

专栏 1-3

各国个税税率比较

根据毕马威会计事务所研究数据，每个国家个人所得税税率不一样，2016 年数据显示，全球最高个人所得税税率瑞典 57.1%，丹麦 56.4%，挪威 46.9%，爱尔兰 46.25%，芬兰 54.25%，法国约 49%，德国 20%，希腊 45%，爱尔兰 46.25%，巴西 27.5%，加拿大 33%，智利 40%，奥地利 45%，印度 35.54%，印度尼西亚 30%，墨西哥 35%，新西兰 33%，南非 41%，新加坡 22%，英国 45%，瑞士 40%，美国 39.6%，俄罗斯约 13%，日本 55.95%，荷兰 52%。

资料来源：网易财经

专栏点评：资料显示，一个高收入、高福利的国家，其来源于工资薪金的财政收入往往会明显高于一个采取低工资分配制度的国家。

3. 财政分配的目的

无论什么样的政府，都同样肩负着向社会提供安全、秩序的政治职能，发展经济、使国家强大、人民生活不断提高的经济职能，以及最大限度地满足公民社会经济福利和提高公民素质的社会职能。为此，财政分配的目的只能是保证满足国家（或政府）履行其职能的需要，而这种需要属于社会公共需要，不同于私人个别需要。它是社会全体成员作为一个整体所提出来的需要，不是由哪一个社会成员或哪一个经济主体单独或分别提出来的需要。它只能通过公共财政来提供。至于为什么社会公共需要必须由公共财政来提供，这与社会公共需要和公共财政的特点有关，我们将在下一节内容中予以阐述。

前面，我们用大量的篇幅和实例分析了财政产生的条件和财政这种特定分配形式的基本特点，目的就是为了让大家明白，作为财政学里的"财政"的概念是这样的：财政是国家（或政府）的一种经济行为，是国家（或政府）为了履行职能和满足社会公共需要，对一部分社会产品进行集中性分配所形成的分配关系。

延伸阅读

国家和政府

国家和政府是一对极易混淆的范畴，原因在于，近代以来国家的功能已经越来越依赖于政府的权力运作和职能履行，政府作为国家的具体化身，在很多方面已经实现了对国家的功能替代，所以人们在生活中往往只见政府不见国家。其实，国家的概念是超越政府的概念的。政府权力并不等同于国家主权，国家真正的主人是人民而不是政府，政府的功能并不能完全替代国家的功能，国家的合法性层次高于政府。

国家是政治权力与领土、人民的统一。广义的政府泛指各类国家权力机构，即立法、行政和司法机构的总称。从这一意义上理解，凡具有公共性的部门都可以称为政府，政府所对应的是公民。

综上所述，打个不太恰当的比方，"国家"如同一个历史悠久的房子，"政府"则是该所房子中的居民所选出的大管家。只要这个"房子"在,"居民们"和"大管家"就有不断的故事。

1.2 公共财政和公共产品

现实生活中,经常需要同时可以为众多人提供利益的产品(我们称之为公共产品)。例如:走在大街上,要有道路和街心公园、草坪和公厕;出行要坐公共汽车;要建立疾病防疫系统;要建立警察与司法体系以确保法治秩序;要建立"反垄断机构"保护市场竞争;要引入通信设施、电视、广播等。由于这些产品一旦提供就不能排除其他任何人同时受益,所以,任何人都有可能自己不付出而坐享其成。既然如此,希望通过市场支付实现对该类产品的供给就显得有点力不从心。而另一方面,政府则可以通过强制性的纳税义务和公共支出实现协调的重任。这些就是公共财政的范畴,公共财政与普通百姓的生活息息相关。

1.2.1 什么是公共财政

1998年,我国政府正式提出建立"公共财政"。提出财政要摒弃大包大揽思维,要着眼于公共性、公平性和公益性。2012年,我国财政收入达到11.72万亿元,占GDP比重攀至22.5%,公众税负的"痛感"复苏。由此倒逼政府公开预决算和"三公"支出,并开始进一步讨论公共财政。那么,到底什么是公共财政?公共财政又有哪些基本特征呢?

公共财政就是政府把从纳税人手中获得的收入即税收用于政府公共活动的支出,以保障国家的安全,实现一国经济的均衡发展,促进社会公平。其实质就是要体现最广大公众利益的要求,进而使具体的财力收支合理化。公共财政是市场经济下的政府财政,它属于公共经济,这是其核心内容。"公共财政实质是市场经济财政。"⊖最能体现公共财政制度特征的是公共预算。

"社会共同(公共)需要论"认为,财政是国家为了满足社会共同(公共)需要而表现的人力、物力和财力的分配活动。该观点强调财政是为满足社会共同(公共)需要而形成的社会集中性的分配关系。因此,在不同时期,财政分配的范畴并不完全相同。

在高度集中统一的计划经济条件下,财政的功能可以说是无所不包,统包统揽,越位分配;财政的分配范围不仅涉及企业简单再生产,而且关联企业扩大再生产,乃至于有人称之为"大财政""生产建设财政"等。在这种体制下财政的公共性是别扭的、扭曲的。在市场经济条件下,财政的公共性则取得了独立、成熟、规范、完全的存在形式,这时的财政才是真正意义上的公共财政。所以,公共财政是建立在市场经济基础之上或者说是建立在市场经济体制之下的国家(或政府)财政。

1.2.2 什么是公共产品

"社会共同(公共)需要论"告诉我们,公共财政是为满足社会共同(公共)需要而形成的社会集中性的政府分配行为。

社会公共需要是对立于私人产品消费需要的公共产品消费的需要。它是用于满足社会

⊖ 安体富,《论我国公共财政的构建》载于《财政研究》1999年第6期。

安全、秩序、公民基本权利和经济发展的条件等方面的需要。"它不是全社会个人需要的加总，而是一般的社会需要""是相对应于个人消费需要的社会共同需要"。⊖我们把用于满足社会公共需要的产品叫作公共产品。

现实生活中，人们所需要的商品和服务通常有两类：私人产品和公共产品。私人产品是指由市场提供的、需要通过市场交易获得的产品。这些产品通常可以分割并可提供给不同的人使用，而不带给他人外部的收益和成本。而公共产品是指这样一些产品，不论每个人是否愿意购买它们，它们带来的好处不可分割地散布到整个社区，即在同一时间这些产品通常可以被不同的消费者共同使用，并获得各自的效用，如国防、防洪工程和路灯等。

萨缪尔森（1954）在《公共支出的纯理论》中以灯塔为例给出了公共产品的经典定义，把公共产品的概念定义为："每个人对这种产品的消费，都不会导致其他人对该产品消费的减少。"⊖他认为公共产品有两个基本特征：非排他性与非竞争性。

其实，一项产品是不是公共产品，不是看该产品是由私人提供还是公共开支决定的，而是由其受益对象是一个人还是多个人决定的。在一定时刻只能使一个人受益的产品是私人产品，能够同时使多个人受益的产品才是公共产品。

公共产品可以是一种具体的产品，如路灯；也可以是一种服务，如国防；或者是对某种产品或服务的选择权，虽然所有人都希望这种选择永远只是一种选择，如消防队，一旦发生火灾，它们就是非常重要的公共服务。

1.2.3 公共产品的特征

公共产品的特征分析是基于与私人产品的比较。区分公共产品和私人产品通常有两个基本的标准：①排他性和非排他性；②竞争性和非竞争性。

1. 公共产品的非排他性特征

排他性是指对于私人产品，拥有所有权的个人可以独享产品给他带来的效用，并可以排斥其他任何人对该产品的占有和消费。私人产品的所有权特性决定了他人可以被排除在消费某种产品的利益之外，所以具有排他性的特征。而对于公共产品来说，排他性的技术特征在这里会失效。这是因为：①排斥其他消费者在技术上可能是无法实现的。就像不可能把居住在某个国家疆域内的某个居民排除在国防保护范围之外一样。②即使这种排除在技术上是可行的，但排他的成本却可能会非常昂贵，即排他在经济上是不可行的。公共产品的非排他性意味着这些产品的提供者无法通过消费者的付费与否来决定是否有权消费这些产品，即在其他人享受公共产品的同时，不需要他们付出任何成本费用或只需要他们付出少量的成本费用即可。不仅如此，公共产品还有非拒绝性的特点，即不管消费者是否乐意，他都无法拒绝政府所提供的公共产品或提供的服务。例如，国防服务，或你每天晚上走在马路上的路灯所带来的照明等。

2. 公共产品的非竞争性特征

非竞争性是指对某产品的消费，消费者的增加不会引起生产成本的增加，即新增他人消费的社会边际成本为零。对于私人产品来说，新增他人消费便会增加其边际成本，因此，私人产品具有竞争性的特征。而对于公共产品而言，在一定范围内，对某一种公共产品的消费都不会

⊖ 何振一，《理论财政学》，中国财政经济出版社，1987年版，第6页。
⊖ 保罗·萨缪尔森于1954年在《经济与统计评论》发表的《公共支出的纯理论》中所述。

影响他人对这一产品的消费,即只要提供了公共产品,则此产品效应覆盖区域内人数的多少,与该产品的数量与成本的变化无关,消费者的增加不会引起该公共产品生产成本的增加。例如,路灯并不会因为走过的人多了而影响它的亮度。这就是公共产品的非竞争性特征。

3. 公共产品提供中的"免费搭车"现象

公共产品的非排他性和非竞争性特征引起了公共产品提供上的"免费搭车"现象,即消费者在自利心理的诱使下,试图不提供公共产品,或不愿自己为提供的公共产品而付出成本费用,或分享他人付出所提供的公共产品。因此,市场无法有效地为个人提供公共产品,这就在客观上决定了公共产品必须由公共财政来提供。

专栏 1-4

全国首起垃圾官司宣判 50 万户南京居民是潜在被告

新闻回放:南京市下关区一户人家在接受保洁服务时,因种种原因拒缴应付的费用。令这户人家万万没有料到的是,为了区区每月 5 元的垃圾费却收到了法院的传票。2002 年 10 月 23 日,这起全国首例"垃圾官司"在南京市下关法院公开审理。据悉,南京市尚有 50 万户居民未缴清应付的生活垃圾费,拒缴户们都将面临被推上被告席的可能。

据原告诉称:2001 年 3 月至 2002 年 8 月期间,南京市下关区市容管理局执法大队依法对每户居民征收 5 元的生活垃圾费。然而,此次被告上法庭的被告人薛女士拒不缴费达 18 个月,欠费共计 90 元整。原告要求法院判令被告付清欠款,并承担本案 250 元的诉讼费。

在庭审过程中,被告薛女士对原告提出的付清欠款的要求"爽快"答应,但对原告向法院提供的"多次催缴"的说法提出反驳。在原告当庭拒绝法官提出双方是否庭外协调的问话后,当庭主审做出判决:被告须在 10 日内付清 90 元垃圾费欠款及承担 250 元的诉讼费。南京市容部门有关负责人在判决后表示,对恶意拖欠或拒缴垃圾费的市民,管理部门将再次拿起法律武器。

据南京市市容部门有关人士介绍,在南京市区 500 多万人口中,约有 90 万户居民,按每户每月 5 元的标准收取垃圾费,南京市一年收取的居民生活垃圾费应为 5 000 多万元,然而南京居民垃圾费的收取率仅为 45%左右,这预示着还有近 50 万户南京市居民将有可能因欠垃圾费被市容部门告上法庭。

资料来源:北京晨报

专栏点评:从上述的官告民案件中,我们可以看到公共产品的尴尬:显然,小区生活垃圾处理属于公共的保洁服务,具有公共劳务的特征。由于公共产品的非排他性与非竞争性的特征,在自利心理的诱使下,部分小区居民不愿意为公共产品买单。

免费搭车和寻租

公共领域出现的两个典型问题是免费搭车和寻租。

"免费搭车"——人们愿意分享这一公共领域所带来的便利和资源,却不愿意分担保护和维持这一公共领域的秩序的义务的行为。

"寻租"——人们利用资源通过政治过程获得特权,从而构成对他人利益的损害大于租金获得者收益的行为。

资料来源:塔洛克,《寻租——对寻租活动的经济学分析》,西南财经大学出版社,1999年

1.2.4 公共产品的种类

在现实生活中,有很多被认为是公共产品的消费品都会或多或少地包含有竞争性的成分。例如,市中心的城市广场显然满足公共产品的定义,但当节假日广场上人山人海以至于出现明显的拥挤现象时,对于新增加的消费者,城市广场可能就不是非竞争性的了,公共部门也许会通过收费的形式来限制对公共产品的消费。

延伸阅读

公地悲剧

一块草场的牲畜承载率为每亩(1 亩=666.6 平方米)100 只羊。牧羊数超过 100 只之后,牧草上端的嫩草就满足不了羊群的需要,羊把嫩草吃光后,就要吃下面的草茎,再不够,还要啃地表下的草根。牧草的根被啃掉后,第二年就再也无法长出新的牧草来了,于是,土壤裸露,牧场就逐渐退化变质,最终荒漠化。

这就是说,要保证这一片牧场不退化成荒漠,就要把在这一片牧场上的牧羊数控制在 100 只之内。但是,在土地公有的制度中,没有一种机制和力量能确保牧羊数不超过 100 只。

因为,一个牧民每增加一只羊,他就会获得一只羊带来的收益,而且这个收益不久就会兑现。至于这个牧场上承载的牧羊数量是否达到了临界点,超过这个临界点之后,牧羊数量的增加会破坏生态平衡,这个后果要等相当长一段时间之后才会显现出来,并没有现实威胁。更为重要的是,由于这一个牧场是共有的,即使生态平衡被破坏,牧场品质退化乃至难以恢复,所造成的种种严重后果,并不需要哪一户牧民来承担,而是由靠这个牧场为生的所有人来承担。这就是说,对于任何一户牧民来说,每增加一只羊所产生的收益归自己所有,而由此所带来的生态成本却可以由大家来承担,由未来承担。由此,我们不难看到这样一幅图景:每一户牧民都尽其所能增加牧羊数量,尽其所能增加放牧时间。在这一块有限的空间里,每一户牧民掠夺式的放牧,在牧民间必然造成不可调和的利益冲突,有我就没有你的恶性竞争随之而来。

这就是被许多经济学家引用的"公地悲剧"。

从上面的案例我们可以看到,并非所有的公共产品都同时具有非排他性和非竞争性的特征。根据是否同时满足具有完全非排他性和非竞争性的特征为判断标准,我们把公共产品分为以下两大类:

(1)纯公共产品。纯公共产品可以同时为每个人提供同等水平的利益,不论人数多少。每个人从纯公共产品获益不影响他人获益,也就是说,当公共产品使用者的数量增加时,

个人利益是不变的。通常对于萨缪尔森定义的公共产品，我们称之为纯公共产品，它具有完全的非排他性和非竞争性的特征，如国防等。

（2）非纯公共产品。非纯公共产品是指由于拥挤效应，随着使用者人数的增加，个人从该公共产品获取的收益会随之减少的公共产品，又称拥挤性公共产品。这些产品或服务的效用虽然为整个社会成员所共有，但在消费上具有一定的竞争性，如公共草场、公路、公共湖泊等。非纯公共产品是处于公共产品和私人产品之间的一种产品，它可能是部分竞争性的，也可能是排他或部分排他的。其实，在现实生活中，更为常见的产品或服务并不同时具备公共产品的两个特征，但只要具有公共产品的某些特征，我们就把这类公共产品称为非纯公共产品。

需要说明的是，纯公共产品既可以是整个国家的公共产品，也可以是地方性的公共产品以及区域性的公共产品。也就是说，有些公共产品的消费有一定的区域性，消费者所处地点和距离的远近会直接影响到其效用和收益。

另外，还有一类是不作为消费品的公共产品。例如，天气预报对人们来说，更多的只是一种公共生产要素，公共生产要素所具有的公共产品性质阻碍了市场对这些产品的定价。因此，这类公共产品只能由公共部门来提供。

在理解公共产品这个概念时，我们还应该注意不能将公共产品与公用事业、转移性质的公共福利相混淆。公用事业一般指邮电、通信、电力、煤气和自来水业。它们很多都是由国家组织或经营的，有的还实行国家补贴，与"公"字联系，所以称为公用事业，但不同于公共产品。因为享用公用事业，无论是电、煤气、水或邮政、电信等都是直接付费，与一般商品和劳动力购买大致相似，是否使用自便。公共产品不论是城乡交通、公费医疗、文化场馆等很多都具有福利性质，是为生产、为居民提供的各种公共福利。其表现形式多种多样，有物质的和非物质的，但必须是公共产品部门的劳动成果。而现代国家规定的社会保障，其中相当一部分为各种福利付款和费用减免，这种属于社会义务的各种转移支付，如对鳏寡孤独、老弱病残的各种补助，不论是现金支付或购物相赠，其经费都来源于企业和个人的缴纳，并构成居民的公共福利，但未经公共产品部门的加工，不算生产成果，所以不论其物质形态还是价值形态，都不能列入公共产品总值之中。

1.2.5 公共财政的范围

从一般性的角度分析，公共财政的领域就是市场不能发挥作用的领域，也就是所谓"市场失效"的领域。按照古典经济学的说法，公共财政的领域是指国家安全、公共秩序与法律、公共工程与设施以及公共服务等。其实，随着对市场经济研究的深入，经济的外部性、垄断、分配不公、经济波动、信息不完全等领域逐渐成为新的公共领域。尤其是分配不公这个方面，是第二次世界大战以来西方国家在公共领域表现最为突出的一面。从特殊性的角度来看，公共财政领域的研究还要结合经济发展水平和市场发育水平。在经济发展水平高的西方国家，市场发育可以说已经成熟；而在经济发展水平不高的发展中国家，市场发育程度低，其调节功能不健全，需要政府介入的领域比发达国家要广得多，在发达国家可交给市场去干的许多事情，在发展中国家却需要政府去做，如能源开发、原材料工业、铁道、航空和电信等。这种由经济发展水平所导致的市场失效的领域，也就构成了公共领域的范围。而我国的特殊国情又决定了调节地区间的不平衡和改革国有经济这两个方面构成了政府非干预不可的公共领域。

专栏 1-5

2006～2017 年我国政府在教育、社会保障等非"市场完全失效"领域的支出增长如图 1-1 和图 1-2 所示。

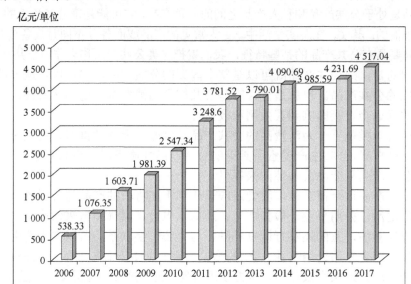

图 1-1 2006～2017 年中央财政教育支出增长图

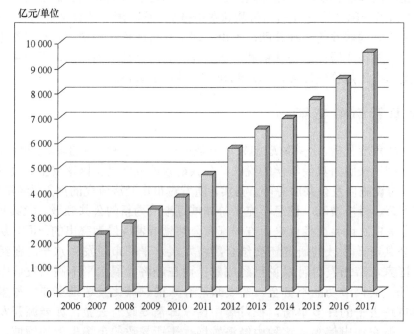

图 1-2 2006～2017 年中央财政社会保障支出增长图

数据来源：财政部网站

专栏点评:2003 年突如其来的"非典"疫情,2004 年的禽流感事件,2008 年的汶川地震,2010 年的舟曲山洪泥石流以及近年来南方雨雪冰冻、干旱、洪涝等重大自然灾害的发生,让人们对社会发展的内涵和政府的职能有了更进一步的认识。2006~2017 年,随着中国经济实力的不断提升,我国财政收入从 4 万亿元增长到 17 万亿元。在财政"蛋糕"不断做大的同时,"蛋糕"的分配结构也在明显调整。数据显示,2006~2017 年,公共财政支出的方向和重点逐渐向社会薄弱环节倾斜。近年的政府工作报告显示,我国对于诸如社会保障等事关民生的投入以较大幅度的比例逐年递加。此外,用于扶贫和西部地区基础教育的投入也有增加。

1.3 财政职能分析

财政职能是财政在一定社会经济条件下所固有的功能。在市场经济条件下,政府执行的公共职能涉及两个方面:①进入市场失灵的领域;②与公共利益相关的社会福利领域。具体地讲,财政职能可以概括为三个方面,即资源配置职能、收入分配职能、经济稳定职能。

1.3.1 资源配置职能

1. 什么是财政的资源配置职能

财政的资源配置职能是财政通过资金的分配,引导人力、物力的合理流向,实现人、财、物等社会经济资源的合理调配,最终达到资源结构合理化的目的,使社会经济资源得到最有效的使用,从而获得最大的经济效益和社会效益。

不同的经济体制,其资源配置的方式也是各不相同的。在高度集中的计划经济条件下,对整个经济进行集中控制,并通过国家计划的方式分配所有的资源是该时期财政资源配置的典型形式。在市场经济条件下,市场机制在资源配置过程中起基础性的作用,政府干预经济活动的范围基本上是同市场失灵的范围相适应的。

2. 市场失灵和财政的资源配置职能

由于以下几方面的原因,市场对社会资源的配置在某些领域是失灵的,这就需要财政对市场配置的结果重新调整,最终获得最大的经济效益和社会效益。

(1) 市场的不完全。著名的"看不见的手"的理论认为,每个人追求自己的利益,在市场这只"看不见的手"的调节下,最终实现社会利益。但事实上,单靠市场调节往往不可能自动实现最大的社会效益。因为,在自由竞争中,企业为了使利润最大化,一方面通过企业规模的不断扩大而获得递增利润,另一方面这个不断扩大的企业在其规模达到垄断程度后,可以获得垄断利润。因此,企业为了最大化自身利益会竭力通过垄断的手段实现利润最大化,而可能完全无视垄断导致资源运用的低效率、资源分配的低效率以及对消费者造成的福利损失。市场对资源配置的失灵直接决定了政府干预的必要。政府可以通过反垄断法等法规,防止单个或少数几个企业垄断市场;政府还可以通过对某些部门中存在的完全垄断的企业进行拆分和管理,防止其以影响消费者福利为代价谋取垄断利润。

(2) 市场的不普遍。市场通过价格机制发挥其配置资源的功能,凡是价格机制不存在之处,都是市场不普遍之处,市场的配置功能和分配功能的发挥也就无从谈起。例如,部分自然资源领域和部分环境领域由于得不到市场的"关怀"而处于低价或"无价"状态,经济发展的资源代价和环境代价因此而没有被纳入利润计算的范围，由此而导致了资源的滥用和环境的破坏。

专栏 1-6

盲流如"洪水"

开春以来，我们这儿的农民快跑光了。连续二十多天来，"东风"大卡车（坐不起客车）没日没夜地满载着"外出打工"的农民奔向祖国四面八方的城市。我们乡有 40 000 人，其中劳力 18 000 人。现在外出 25 000 人，其中劳力 15 000 多人。今年人员外流和往年比有新的特点：一是盲流。过去一般是有目的的流动，今年多数农民是抱着碰"运气"和"要死也要死在城市，下辈子不做农民"的一种负气的心情外出。二是人数多、劳力多。过去外出打工的主要是女孩和部分富余劳力，现在是男女老少齐外出。三是弃田撂荒的多。过去出门一般都待田转包出去后再出门，今年根本不打招呼就走人。外出的人数还在上升，估计今年全乡弃田弃水面积将达到 35 000 亩，占全乡总面积的 65%。现在我们全力以赴做调田转包工作，估计今年至少要撂荒 20 000 亩以上。

资料来源：李昌平——给总理的信

专栏点评： 显然，由于粮食的价格弹性系数小，农村的市场就不可能普遍。抛耕弃农是农民无奈的选择。而农业是整个国民经济的基础，解决"三农问题"、启动乡村振兴计划正是我国政府对市场失灵纠偏的重要体现。

（3）信息不充分和偏向。信息不充分和偏向是指信息在数量上的不充分和在分布上的不均匀。市场的信息流是横向的，虽然价格信号是一种有效的、最低成本的信息，但对每一个市场主体而言，决策所需信息总是不充分的，从而影响其做出最佳经济决策；在各主体之间，信息还存在着分布上的不均匀，因为信息的初始分布就是不均匀的，而信息优势主体为了使信息劣势主体做出有利于自身的选择和决策，会进行不同形式的信息垄断，从而使不均匀的状态得以维持及固化。所以，在获取信息的成本十分昂贵的情况下，不是每个人都能获取充分的信息。政府的介入可以克服这种不完全信息问题。

（4）外部性问题。外部性是指市场主体不需承担其行为的一切后果，或不能获得其行为所导致的一切利益的情形。外部性可分为负外部性和正外部性，负外部性是指私人成本小于社会成本，私人收益大于社会收益的情形，如环境污染；正外部性是指私人成本大于社会成本，私人收益小于社会收益的情形，如教育、发明创造。负外部性的存在往往强化了对不良行为的激励，而正外部性的存在则会导致对良好行为的激励不足，这两者都会使资源配置偏离帕累托最优点，从而导致资源配置的低效率。

延伸阅读

帕累托最优

帕累托最优又叫帕累托效率，是指资源分配的一种理想状态，即假定固有的一群人和可分配的资源，从一种分配状态到另一种状态的变化中，在没有使任何人境况变坏的前提下，也不可能再使某些人的处境变好。换句话说，就是不可能再改善某些人的境况，而又不使任何其他人受损。我们把这种状态叫作帕累托最优。

由于意大利经济学家维弗雷多·帕累托在关于经济效率和收入分配的研究中最早使用了"资源分配中的理想状态"这个概念，所以以他的名字命名。帕累托最优是博弈论中的重要概念，并且在经济学、工程学和社会科学中有着广泛的应用。

(5) 纯公共产品的提供。由于纯公共产品具有消费中的完全非排他性、完全非竞争性等特性，使生产与消费之间不能产生正常联系，生产者的投资行为无利可图，最终导致了纯公共产品提供不足。因此，需要政府介入纯公共产品的供应过程。

另外，政府还需要对经济周期所造成的市场失灵起主要的调控作用。

3．财政实现资源配置的主要内容

财政资源配置的职能主要通过财政手段来实现，具体表现在以下几个方面：

(1) 调节资源在地区间的配置。自 1990 年以来，中国区域经济发展失衡的事实越来越明显，区域差距过大，不仅削弱了贫困地区居民的购买力，导致区域经济关系的扭曲，影响经济运行的效率，而且还可能会激起一系列的矛盾，构成对社会和政治稳定的潜在压力。所以，缩小区域差距，实现区域协调发展已成为我国重大的战略问题。

专栏 1-7

1995~2017⊖年我国东中西部以及东北地区经济总量占全国经济总量的比重表见表 1-1，1995~2017 年我国东中西部以及东北地区经济总量占全国经济总量的比重分析如图 1-3 所示。

表 1-1　1995~2017 年我国东中西部及东北地区⊖经济总量占全国经济总量的比重表

年份	东部（%）	中部（%）	西部（%）	东北（%）
1995 年	56.22	15.27	18.36	10.15
2000 年	57.29	14.68	17.13	10.9
2005 年	55.60	18.80	16.90	8.70
2010 年	53.09	19.70	18.63	8.58
2011 年	52.04	20.04	19.22	8.70
2012 年	51.32	20.17	19.76	8.76
2013 年	51.20	20.16	20.01	8.63
2014 年	51.16	20.26	20.18	8.40
2015 年	51.60	20.33	20.06	8.00
2016 年	52.58	20.59	20.10	6.72
2017 年	52.56	20.97	19.98	6.48

⊖ 2010 年之前分别选用 2005 年、2000 年以及 1995 年三年数据，2010 年以后为每一年数据。
⊖ 东部包括：北京、天津、河北、上海、江苏、浙江、福建、山东、广东和海南。
　中部包括：山西、安徽、江西、河南、湖北和湖南。
　西部包括：内蒙古、广西、重庆、四川、贵州、云南、西藏、陕西、甘肃、青海、宁夏和新疆。
　东北包括：辽宁、吉林和黑龙江。

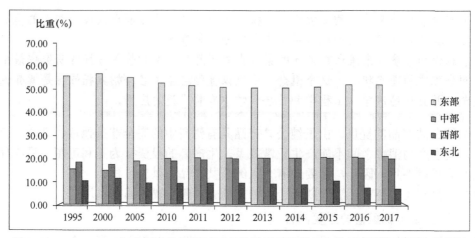

图 1-3 1995～2017 年我国东中西部以及东北地区经济总量占全国经济总量的比重分析

数据来源：国家统计局《中国统计年鉴》

专栏点评：地区经济总量是衡量地区经济实力的重要指标，从经济增长的角度，东中西部以及东北地区占全国经济总量的比重是衡量区域经济差距的重要指标。从表 1-1 可以明显地看出，东部地区十个省（直辖市）区域经济总量比重自 2005 年以后尽管有所下降，但总体仍然保持在 50%以上，占了全国经济总量的半壁江山；中部地区六个省的区域经济总量比重从 2005 年开始有所上升，至 2017 年，区域经济总量占全国经济总量的比重基本保持在 20%左右；西部地区包括十二个省（直辖市、自治区）的区域经济总量比重从 1995 年到 2005 年处于不断下降的趋势，但从 2010 年开始有所回升，2010 年达到 19.70%，从 2010～2017 年基本维持在 19%～20%。值得注意的是东北地区的区域经济总量比重却持续下降，区域经济总量占全国经济总量比重从 1995 的 10.15%下降到 2017 年的 6.48%。尤其值得注意的是，2000 年以来我国的西部大开发、振兴东北等战略，尽管让这些地区的经济总量绝对值有所增加，但其占全国经济总量比重仍然不高，也就是说，东部与中部、西部以及东北区域的经济差距仍然存在并有扩大的态势。

综上所述，缩小地区差距，促进中西部以及东北地区协调发展，是全面建成小康社会的基本要求。西部大开发、振兴东北等战略的实施，表明缓解区域经济发展差距已成为政府工作的中心目标之一。

政府可以通过转移支付、税收等财政手段为各地区的市场经济发展创造条件，促进市场的开放：一方面，通过加大对中西部以及东北地区基础建设的财政支出力度，为发展中西部以及东北地区创造条件；另一方面，经济发展落后的地区往往也是资源较丰富的地区，通过改革资源税的税制设计，使这些地区的资源优势转化为经济优势。

（2）调节资源产业部门之间的配置。合理的产品结构，对于促进国民经济的协调发展关系重大。产业结构的调整主要通过调整投资结构和调整资产存量结构进行。财政一方面可以通过调整政府预算支出中的投资结构，增加能源、交通、原材料等基础产业和基础设施方面的投资，减少长线产业的投资；同时，利用税收杠杆和投资政策对企业的投资方向进行引导。另一方面，通过实行不同的税收政策，对企业实行破产、兼并和横向经济联合，引导改变生产方向，增强市场竞争力。

第1章 认识财政

专栏 1-8

"十二五"规划催生信息通信技术行业投资机遇

高德红外（002414）是军用红外热像仪最有竞争力的厂商之一。海外第三世界国家的红外军用需求的进度与我国大致相同，公司在海外市场也极具竞争力。该股票 2010 年 7 月上市以来走出了一波不错的行情，半个月左右上涨了 35%以上。

资料来源：中国证券网

专栏点评：高德红外（002414）能有不错的市场表现，归根结底源于国家政策的支持。信息通信技术作为我国"十二五"规划重点发展方向。"十二五"期间政府全力推动战略性新兴产业的发展，发展新一代信息技术，强化科技创新，提升产业核心竞争力。政府制定的一系列政策为物联网、云计算、移动互联网、移动支付、移动视频、金融IC卡、智能电网、智能交通、智能监控等信息技术行业的长期发展提供了有力的保障。信息技术行业具有很强的内在增长潜力，增速远远高于 GDP 平均增长速度。

（3）调节资源在政府和非政府之间的配置。政府提高财政收入占国民生产总值或国民收入的比重，意味着社会资源中归政府部门支配使用的份额增加，而归非政府部门支配使用的部分减少；反之亦然。政府可以根据其承担的责任大小确定政府部门财政收入的比重。我国 2000 年、2007 年、2009 年财政收入占 GDP 的比重分别为 13.5%、30%、20.1%，2013～2017 年，这一比重分别为 21.7%、21.8%、22.1%、21.5%、20.9%。⊖上述数据显示，我国财政收入占 GDP 的比重基本稳定在 20%左右，而澳大利亚、日本以及欧洲多国都在 30%以上。这表明，当前我国政府财政收入占 GDP 比重低于大多数发达国家平均水平。其实，政府部门使用的资源过高或过低都不利于资源的合理配置。

1.3.2 收入分配职能

1. 什么是财政收入分配职能

专栏 1-9

资料一：改革开放以来，城乡差距持续拉大。1983 年我国城乡居民人均可支配收入比为 1.82:1，2009 年拉大为 3.33:1，2010～2017 年我国城乡居民人均可支配收入比分别为 3.23:1，3.13:1，3.10:1，3.03:1，2.75:1，2.73:1，2.72:1；2.71:1⊖；城乡居民收入差异幅度不仅远高于发达国家，也高于巴西、阿根廷等发展中国家。

资料二：从"十二五"期间国民经济和社会发展的状况来看，居民收入增长明显慢于经济增长。一方面，居民收入占国民收入的比重呈逐年下降趋势，另一方面，房价、生活必需品价格的上涨速度很快，特别是房价，涨幅已经远远脱离了社会常规。

资料三："十二五"期间，收入分配方面另一个比较突出的矛盾是行业收入差距的拉

⊖ 数据来源：根据国家统计局相关数据测算。
⊖ 数据来源：国家统计局统计公报。

大和垄断行业收入过高、收入分配行为不规范。据有关方面分析，目前，我国行业之间的收入差距已拉大到5～10倍，极个别行业的收入甚至已超过其他行业10倍以上。而在行业内部，收入差距也在拉大。其中，垄断行业的收入普遍高于其他行业。

资料四："十二五"期间，虽然我国居民的整体收入水平有了一定幅度的提高，但是中低收入人群，特别是贫困线周围人群增多，也是不争的事实。整个社会的收入分配结构，呈现倒"金字塔"形，这种分配结构，将严重危及社会稳定的基石。而提高中低收入者，特别是低收入者的收入水平，增强他们应对物价上涨、生活成本上升的能力，不仅要依赖收入分配的改革，还要有待于社会保障制度的健全、社会福利制度的逐步完善、社会慈善事业的深入发展。

资料来源：根据国家统计局统计年鉴数据以及统计公报编制

专栏点评： 保障和改善民生，合理调整收入分配关系，努力提高居民收入在国民收入分配中的比重以及劳动报酬在初次分配中的比重，成为我国"十三五"规划中重点内容之一。只有这样，才能缩小收入差距，实现收入与经济同步增长，规范垄断行业收入行为，减少贫困线周围人群，化解社会各阶层在收入分配方面的矛盾。

延伸阅读

基尼系数

基尼系数是指国际上通用的、用以衡量一个国家或地区居民收入差距的常用指标。基尼系数介于0～1，基尼系数越大，说明收入差距越大，表示不平等程度越高。按照国际一般标准，0.4以上表示收入差距较大。

基尼系数分为收入基尼系数和财富基尼系数两种。收入基尼系数是指在全部居民收入中，用于进行不平均分配的那部分收入所占的比例。基尼系数最大为"1"，最小等于"0"。前者表示居民之间的收入分配绝对不平均，即100%的收入被一个单位的人全部占有了；而后者则表示居民之间的收入分配绝对平均，即人与人之间收入完全平等，没有任何差异。但这两种情况只是在理论上的绝对化形式，在实际生活中一般不会出现。因此，基尼系数的实际数值只能介于0～1，基尼系数越小收入分配越平均，基尼系数越大收入分配越不平均。国际上通常把0.4作为贫富差距的警戒线，大于这一数值容易出现社会动荡。

中国国家统计局公布的数据显示，我国的基尼系数近年来呈现下降趋势，2012～2016年我国的基尼系数分别为0.474、0.473、0.469、0.462、0.465；基尼系数从2012年的0.474下降到了2016年的0.465，但还是超过了0.4的贫富差距的警戒线。说明收入分配有一定的不平等现象。

收入分配是指收入的公平分配，财政不仅参与国民收入的初次分配，还参与了收入的再分配。

财政意义上的收入公平分配应该包括经济公平和社会公平两层意思。所谓经济公平是指经济领域中主体之间竞争的公平性，其含义应着重于经济投入与经济回报之间比例的合理性。社会公平是指在社会领域中各主体之间竞争的公平性，其含义应着重于社会投入与社会回报之间比例的合理性，即权利、机会和结果等方面的平等和合理。应从长期的角度观察收入分配不公可能对经济效率造成的破坏性影响。首先,收入差距拉大后,收入和财富的多寡与人们的努力程度脱钩,当人们付出的努力得不到应有的回报的现象普遍发生时,经济效率的降低也就不可避免了,那么社会经济效率的改进就将失去基础。其次,收入分配不均影响低收入者对人力资本的投资,进而影响经济增长的质量。要大规模提高经济增长质量,没有相应的人力资本投资是不可能的。再者,不公平分配很容易导致社会政治动荡,不确定性因素的增加会影响投资者的长期投资计划,最终破坏社会经济效益。

从理论上来分析,转入市场经济之后个人收入分配也就进入了市场化轨道,个人货币收入的多少,政府不应当也不可能再直接控制,只能是取决于要素价值和市场机会。这样,市场体系的个人收入分配必须是效率至上,分配结果似乎可以达到公平的目的。但由于受各种因素的影响,市场自发运行的结果所出现的收入、财富和福利的最终分配并不总是与社会公认的公平标准相一致。因此,需要有一股强大的力量去调节市场体系内的个人收入分配,使之与整体利益格局相协调并为经济发展和社会稳定以及社会进步创造条件。作为公共事物管理者的政府自然要承担起这一职能。政府通过税收和转移支付等财政手段来调节分配,以实现社会收入分配的公平。

2. 财政实现收入分配的主要方式

财政政策是市场经济条件下政府调节经济运行和社会发展的主要工具之一。同样,财政政策也是政府调节个人收入分配的主要手段。财政实现分配职能的主要方式有以下几种:

(1) 创造就业机会,使中低收入者得到获取收入的机会。政府可以利用税收优惠政策创造就业机会并扩大就业培训,使中低收入者得到获取较高收入的机会。政府的再就业工程正是财政实现收入公平分配的体现。

(2) 在个人之间进行收入的转移支付。近年来,我国财政预算中社会保障支出金额大幅增加,2011~2017年,中央财政用于社会保障和就业支出分别为:4 715.77亿元,比上一年度增长24.6%;5 753.73亿元,比上一年度增长22.01%;6 513.45亿元,比上一年度增长13.2%;6 959.9亿元,比上一年度增长6.9%;7 710.9亿元,比上一年度增长10.8%;8 572.48亿元,比上一年度增长11.2%;9 605.44亿元,比上一年度增长12.1%。社会保障支出比例不断增长是我国政府实现收入公平分配的具体体现。

(3) 通过税收手段调节个人的收入水平。这主要体现在个人所得税超额累进税率以及个人所得税免征额的制定上。

(4) 政府还可以通过企业亏损补助、企业优惠税率等手段来调节企业的利润水平,使企业的利润能反映企业的生产力水平和主观努力状况,使企业在大致相同的条件下获得大致相同的利润。

1.3.3 经济稳定职能

1. 经济稳定职能的含义

经济稳定是指财政通过分配稳定经济并使经济能持续、适度地发展。其目标就是保持充分就业、物价稳定和国际收支平衡。

充分就业是指有工作能力的且愿意工作的劳动者能够找到工作。物价稳定是指物价的上涨幅度维持在不至于影响社会经济正常运行的范围内。而国际收支平衡则是一国在进行国际经济交往时,其经常性项目和资本性项目的收支大体平衡。追求高的经济增长率尽管会带来高的就业率,对于当局是一个不错的选择,但高增长往往也会带来较高的通货膨胀率,而物价的持续上升还会直接造成经济中的不确定性。所以,如何借助合适的财政政策以克服高失业率和高通货膨胀率,是财政经济稳定职能的主要内容。

由于自发的市场机制并不能自行趋向于经济的稳定增长,相反,由总需求和总供给之间不协调而导致的经济波动是经常发生的。为此,需要政府作为市场上的一种经济力量,运用宏观上的经济政策手段有意识地影响、调节经济,保证宏观经济得以稳定、均衡地向前发展。其中,通过不同时期的财政政策的制定和财政实践上的制度性安排,来维系总供给和总需求之间的大致平衡,便是政府所掌握和运用的重要政策手段之一。

2. 财政经济稳定职能的主要内容

要实现经济的稳定增长,关键在于社会总供给和总需求在总量上和结构上大体达到平衡。政府可以通过财政预算政策以及制度性的安排实现调节经济,促进经济稳定增长的目的。

(1) 政府预算。政府预算作为一种控制财政收支及其差额的机制,在各种财政政策手段中居于核心地位,它能系统、明显地反映政府政策的意图和目标。预算收入代表相应的购买力从民间部门转入政府部门,必然会对社会总需求产生收缩的效应;预算支出则代表着政府部门控制的货币购买力转化为现实的消费支出或投资支出,会对社会总需求产生扩张效应。所以通过预算收入或支出的增减可以达到经济稳定增长的目的。需求不足是经济萧条的主要体现,政府可以通过扩大投资、增加支出、减少收入等预算手段来实现拉动需求,刺激经济的目的,最终使经济走出萧条;反之,当经济过热时,则应该采用增加税收、控制投资规模、控制政府公共支出等财政政策。

(2) 结构合理。结构合理是维持经济协调发展的有效保证,政府还可以通过税收政策、财政补贴、投资政策调节社会生产的比例和经济结构,调节积累和消费的比例关系,最终实现经济的稳定增长。

专栏 1-10

苏州楼市调控再出"组合拳" "房住不炒"仍是主旋律

新闻回放:2019 年 7 月 24 日,苏州再度祭出楼市重磅政策,从限售、限购及土地出让等方面继续升级当地房地产市场调控。这是继 5 月多次调控后,当地再度出台楼市调控措施。业内人士认为,苏州自 5 月入列住建部约谈示警城市后,加强调控是当地楼市降温等必然之举。此次政策多维度调控楼市,有助于当地楼市进一步回归理性。

资料来源:东方财富网

专栏点评:对于存在房价上涨过快态势的城市,楼市政策将从严从紧,贯彻"房子是用来住的,不是用来炒的"总体定位仍是调控的主要方向,以此确保经济的稳定发展。

(3) 社会保障制度、累进税率制等制度性财政政策可以在经济发展不同时期起到社会"内在稳定器"的作用。

"内在稳定器"是指在经济运行中能自动地趋向于抵消总需求变化,使总供给和总需求稳定在一定水平的政策工具。在税收政策工具中,"内在稳定器"是所得税制,特别是累进制的企业（公司）所得税和个人所得税。"内在稳定器"对总需求的调节是自动的，不需要人们预先做出判断和采取措施，它可以自行发挥作用，减轻经济震荡的波动，起到稳定经济的效果。

例如，在实行累进制的企业所得税和个人所得税的情况下，当经济发展扩张时，收入增加，企业（公司）和个人的收入增加到一定程度，就会进入更高的纳税档次，较高的边际税率把纳税人收入增加数的较大部分吸收过来。企业（公司）和个人的收入增长越多，累进的所得税制就自动地把其收入增长的更大部分予以吸收，这就遏制了消费和投资需求的增长速度，经济就可以较为稳定地发展；当经济衰退时，收入减少，企业（公司）和个人就进入较低的纳税档次，其收入按较低的税率纳税，这样相对来说，企业（公司）和个人收入的下降得到一定程度的缓冲，遏制了投资和消费的下降速度。因此，累进所得税制对于经济的发展来说，当经济繁荣时就产生一种拉力，防止经济过度繁荣；当经济衰退时就产生一种推力，防止经济过度衰退而导致萧条。从而使经济在较小的范围内保持周期性的摆动，不出现较大的衰退和扩张，达到稳定经济的目的。

当经济发展、劳动者失业率下降时，社会保障基金的支出就会减少，从而减少社会需求的增加，防止通货膨胀的发生；当经济不景气、劳动者失业率增加时，社会保障基金的支出就会增加，人们的收入增多，进而刺激消费，从而拉动社会需求的增加。因此，社会保障具有平衡社会支出和需求，调控经济过热和过冷，促进经济持续、快速、健康发展的重要作用。同时，积累的社会保障基金，除用于消费外，国家还可以将其用于投资，这不仅可以使社会保障基金保值增值，还可以增加社会生产资金，扩大社会再生产，促进经济的发展，实现对国民经济的宏观调控。因此，社会保障制度也是经济发展的推进器。

本 章 小 结

财政的产生与国家的出现密切相关，所以它既属于分配的范畴又属于历史的范畴。与工资分配、财务分配等其他分配形式相比较，财政分配除了具有分配的一般特征外，在分配主体、分配对象以及分配目的方面有其自身的特性，国家主体性在判断一项分配是否属于财政分配方面起到了关键的作用。满足社会公共需要的产品是社会公共产品，它的非排他性和非竞争性特点决定了市场经济体制下公共财政存在的必要性。政府可以通过一系列的财政手段对市场运行的结果进行调节，最终实现资源合理配置、收入公平分配和经济稳定增长的目的。

课堂延伸思考

1. 为什么专栏1-1中的鞋厂在仲裁中会失败？试举例说明价格分配、企业财务分配的分配主体和财政分配主体的区别。
2. 我国的邮政、电力、通信是否一定要由财政来提供？
3. 教育产业化是作为扩大内需、拉动经济的一项措施来实施的，结合所在地教育的具体情况谈谈你对教育产业化问题的看法。
4. 如果人民币升值，在品质相同的前提下，你会选择中国产牛仔裤还是美国产牛仔裤，为什么？如果你是一家企业，人民币的升值对你来说是利好还是利空？

5. 如果有某位省长的竞选者把失业率为零作为他的竞选纲要来宣传，你会投他的票吗？为什么？

6. 市场配置的盲目性往往会造成资源的浪费和社会效益的低下，结合我国"一带一路"建设谈谈你对政府在资源合理配置中地位和作用的看法。

7. 在资源配置过程中，人、财、物三大资源中处于主导地位的是什么？

8. 大量的逆差对一国经济的发展明显是不利的，请问大量的顺差是否就意味着对一国经济的绝对有利？请解释国际收支平衡与经济稳定的关系。

9. 为什么公共产品只能通过公共财政来解决？

10. 当一国的房地产出现严重的泡沫时，政府是否应该进行宏观调控？请从财政职能的角度进行分析。

11. 为推动实施乡村振兴战略，公共财政将确保财政在"三农"投入的持续增长。2013~2017年我国在农林水的财政支出累计达到8万亿元，其中2017年财政投入用于农林水的支出总计19 088.99亿元，2018年农林水的财政预算支出为19 304.36亿元。多元助力以确保财政投入与乡村振兴总目标任务相适应。分析乡村振兴中的政府职能体现。

第 2 章

解读财政收入

财经新闻回放

2018年1~12月全国一般公共预算收入183 352亿元,同比增长6.2%。其中,中央一般公共预算收入85 447亿元,同比增长5.3%;地方一般公共预算本级收入97 905亿元,同比增长7%。

全国一般公共预算收入中的税收收入156 401亿元,同比增长8.3%;非税收入26 951亿元,同比下降4.7%。2018年以来,主体税种多数增长较快。主要情况如下:国内增值税61 529亿元,同比增长9.1%;国内消费税10 632亿元,同比增长4%;企业所得税35 323亿元,同比增长10%;个人所得税13 872亿元,同比增长15.9%;进口货物增值税、消费税16 879亿元。同比增长5.7%;关税2 848亿元,同比下降5%;出口退税15 913亿元,同比增长14.7%;城市维护建设税4 840亿元,同比增长11%;车辆购置税3 453亿元,同比增长5.2%;印花税2 199亿元,同比下降0.3%,其中证券交易印花税977亿元,同比下降8.6%;资源税1 630亿元,同比增长20.4%;土地和房地产相关税收中,契税5 730亿元,同比增长16.7%;土地增值税5 642亿元,同比增长14.9%;房产税2 889亿元,同比增长10.9%;城镇土地使用税2 388亿元,同比增长1.1%;耕地占用税1 319亿元,同比下降20.2%;车船税、船舶吨税、烟叶税等税收收入992亿元,同比增长5.1%。

资料来源:财政部网站

上述资料告诉我们:

(1)我国目前财政收入规模超18万亿元。

(2)在我国的财政收入中,税收收入占主要地位,而在税收收入中,增值税和企业所得税占主要地位。

(3)税收收入的多少取决于企业经济效益的好坏。

(4)财政收入的增长主要取决于经济的增长。

本章预习

通过前面的学习,我们已经知道了什么是财政,财政的主要职能是什么,也知道了财政在政府行使其职能中不可替代的作用以及财政在人们生活中的重要地位。接下来你一定会想到这样的问题:大量的财政资金是从哪里来的?政府应该收取多少财政资金才符合经济规律?影响财政收入的因素主要有哪些?我们每个公民是否对财政收入有贡献,是通过什么形式上交的?我们还经常会从广播、电视中听到这样的名词:财政预算收入、税收收入、国有资产收益、税费改革……这些名词对我们意味着什么?本章将通过对财政收入来源及构成的分析来帮助大家找到问题的答案。通过本章的学习,我们将了解财政收入的主要来源形式，影响财政收入的因素，税收的基本概念和特征，税收的分类，目前我国的主要税种以及税收对经济的影响，国有资产收益形式的变迁等一系列的问题。

本章学习线路图

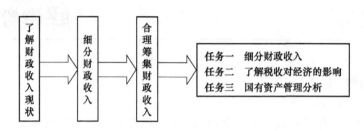

2.1 财政收入现状分析

我国财政收入增长情况

新闻回放：2003~2018年，全国财政收入累计1 541 293.97亿元。2017年全国财政收入172 567亿元，比2016年增加12 962.03亿元，增长8.1%；2018年全国财政收入183 352亿元，比2017年增加10 785亿元，增长6.25%。几年间全国财政收入连续跨越了3万亿元、5万亿元、6万亿元、8万亿元、10万亿元、11万亿元、14万亿元、15万亿元、17万亿元、18万亿元十个台阶，由2003年的21 715.25亿元增加到2018年的183 352亿元，增长了7.44倍。2003~2018年全国财政收入规模（亿元）及增长速度如图2-1所示。

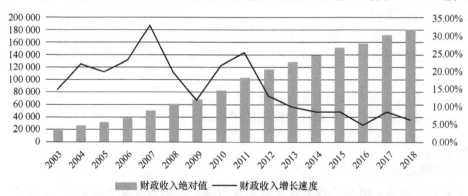

图2-1　2003~2018年全国财政收入规模（亿元）及增长速度

资料来源：财政部网站和历年《中国统计年鉴》

专栏点评：上述资料显示，我国财政收入自2003年以来保持高速增长，2018年全国财政收入规模达到了183 352亿元。那么，财政收入的规模到底为多少比较合适？又有哪些因素影响着一国的财政收入规模？以下内容可以帮你找到解答问题的钥匙。

2.1.1 财政收入规模

财政收入首先表现为一定量的货币收入，是政府为满足行使其职能的需要，通过一定的形式，把经济组织和劳动者为社会创造的一部分纯收入集中起来，形成国家的货币收入——财政资金。它是财政分配的第一阶段，为财政支出提供资金来源，是实现财政支出的前提条件。在这个阶段，形成了国家与缴纳款项的单位和个人之间的经济利益关系。广义的财政收入包括预算收入和预算外收入，狭义的财政收入即预算收入。

1．衡量财政收入规模的指标

财政收入的规模是指财政收入的总体水平，是衡量一国政府财力的重要指标。财政收入规模的衡量指标包括绝对量指标和相对量指标。

绝对量指标是指一定时期内财政收入的实际数量，如财政总收入。该指标只是一个名义上的数量，看财政收入是增是减，还要扣除通货膨胀因素。

相对量指标是指一定时期内财政收入与有关经济指标的比率，通常用财政收入占国内生产总值的比重来表示。它反映了政府和市场经济主体之间占有和支配社会资源的情况，这个数值越高，说明政府"财大气粗"，调控经济的余地就越大。另一个相对量指标经常用中央财政收入占全国财政收入的比重来反映，这个比值可以衡量中央政府集中财力的程度，以及进行宏观调控的能力。

延伸阅读

GDP 与国民收入

国内生产总值（Gross Domestic Product，GDP），是指在一定时期内（一个季度或一年），一个国家或地区的经济中所生产出的全部最终产品和劳务的价值，常被公认为是衡量国家经济状况的最佳指标。它不但可以反映一个国家的经济表现，更可以反映一国的国力与财富。一般来说，国内生产总值共有四个不同的组成部分，其中包括消费、私人投资、政府支出和净出口额。用公式表示为

$$GDP=CA+I+CB+X$$

式中，CA 为消费；I 为私人投资；CB 为政府支出；X 为净出口额。

国民收入（National Income）是指一个国家在一定时期（通常为一年）内物质资料生产部门的劳动者新创造的价值的总和，等于社会总产品的价值扣除用于补偿消耗掉的生产资料价值的余额。

2．影响财政收入规模的因素

财政收入的规模大小受各种政治、经济因素的影响，从经济的角度看，主要有经济发展水平、经济体制以及价格因素等。

（1）经济发展水平。经济发展水平体现着一个国家社会产品的丰富程度和经济效益的高低。经济发展水平越高，社会产品越丰富，国民生产总值或国民收入越高，则其财政收入规模的绝对量指标才可能越大。虽然财政收入规模水平还会受其他各种因素影响，但经

济发展水平对财政收入的影响是基本的和至关重要的。从国际情况看，发达国家的财政收入规模，无论是绝对数还是相对数，都大大地高于发展中国家，而发展中国家、中等收入国家的财政收入规模又都高于低收入国家。由此可见经济发展水平对财政收入的制约作用。

衡量经济发展水平的一个重要指标是生产技术水平，生产技术水平同财政收入之间存在一种正比例关系，技术进步将使生产效率得到提高，进而使社会产品和国民收入得到增长，从而使财政收入随之得到增长。

（2）经济体制。经济发展水平是决定财政收入规模的客观条件，但在经济发展水平既定的情况下，国家经济体制也是决定财政收入规模的重要因素。经济体制决定着政府职能的大小，从而直接影响财政分配的集中程度，即财政收入占国民生产总值或国民收入的比重，也就是财政收入的规模。一般来说，实行统收统支的计划经济国家，财政集中度高于市场经济国家。以我国为例，从新中国成立到1978年，实行的是高度集中的计划经济体制，财政收入占国内生产总值的比重一般都在26.6%以上，其中1960年高达39.3%。1978年经济体制改革以来，随着社会主义市场经济的逐步确立，财政收入占国内生产总值的比重也在下降，至2003年降到了15.8%，2018年我国财政收入（183 352亿元）占国内生产总值（900 309亿元）的比重上升为20.37%。

在经济体制中，收入分配政策对财政收入的影响是最不可忽视的。收入分配政策是一国政府对收入进行再分配的政策措施，收入分配政策对财政收入规模的影响主要体现在两个方面：①收入分配政策能够影响剩余产品在国民生产总值或国民收入总量中所占的份额；②收入分配政策直接决定财政收入占剩余产品的份额。

一国政府在收入分配中越是追求公平，收入再分配的力度就会越大，政府要求掌握的财力就会越多。事实上，发达国家的财政收入占GDP的比重一直稳定在40%左右。

（3）价格因素。财政收入是货币形态的收入，而一定量的货币收入是在一定价格水平下形成的。所以价格的变动必然会引起财政收入规模的变化。

首先，价格变动对财政收入的影响表现在价格总水平升降的影响上。在市场经济条件下，价格总水平呈上升趋势，轻微的价格上扬有利于经济的持续增长，但持久的大幅度的价格上涨就成了通货膨胀。如果财政收入随价格总水平的变化而变化，其增长或下降的幅度与价格涨跌的幅度大体相当，那么，财政收入就只有名义上的增减，而在实际上并无增减。如果财政收入随价格上升而增长，其增长幅度大于价格上扬的幅度，那么财政收入不仅名义上增长实际也增长，且实际增长高于名义增长，即财政收入获得了真正的增长；而如果财政收入随价格上扬而增长，但其增长幅度小于价格上扬的幅度，那么财政收入就是名义正增长而实际负增长了。

在实际中，由于税收收入在财政收入中所占比重较大，价格变动对财政收入的影响，主要是通过现行的财政收入制度实现的。如果是以累进所得税为主体的税制，纳税人适用的税率会随名义收入增长而提高，从而使得财政在价格再分配中所得份额有所增加。而如果是以流转税为主体的税制，由于流转税多实行比例税率，税收收入的增长将等同于价格的上涨，财政收入就只有名义的增长了。

分析价格总水平变化对财政收入的影响，还要分析引发通货膨胀的原因。如果通货膨胀的主因是政府为弥补财政赤字而发行货币，那么，政府增发纸币可以达到取得一部分财政收入的目的，同时纸币贬值，物价水平提高，使得居民用等额的货币所能购得的商品和劳务比以前减少，这样集中到政府手中的收入相对得到增长。由于它实际上是政府以通货膨胀方式向人民征收的一种隐蔽性税收，所以称为"通货膨胀税"。

价格总水平的变动往往是和产品相对价格的变动同时发生的，而产品相对价格的变动也会影响财政收入规模。这主要是因为产品相对价格变动会引起货币收入在国民经济各部门间的再分配，而财政取自各部门的收入是不均衡的，这样，财政从各部门取得的收入也会发生变化，进而影响财政收入规模。

2.1.2 财政收入的结构

1．财政收入的价值构成

市场经济条件下的财政分配是价值分配，财政收入归根结底是来源于社会总产品的一部分价值。社会总产品是由补偿产品的价值（C）、必要产品的价值（V）和剩余产品的价值（M）三部分构成的，那么社会总产品的各构成部分是否都能形成财政收入呢？

（1）C 是补偿生产资料消耗的价值部分，又叫作补偿基金。它可分为两部分，一部分是补偿消耗掉的劳动对象的价值，另一部分是补偿消耗掉的劳动资料的价值。从理论上说，生产过程中消耗掉的劳动对象和劳动资料在价值上必须得到完全补偿，否则再生产的进行将受到影响。如果将 C 作为财政收入的来源，将增加企业的生产成本，延缓企业设备的更新改造，不利于企业技术创新，所以 C 是不能作为财政收入来源的。但在实践中，由于特殊的经济背景或经济制度，财政收入中有时有来源于 C 的部分。例如，我国在计划经济时期，国有企业的折旧基金部分或全部作为财政收入上缴国家，由国家统一计划安排使用，这是高度集中的计划经济的必然结果。

（2）V 是新创造的价值中归劳动者个人支配的部分。一般来说，V 能否构成财政收入的一部分，主要取决于 V 的内涵，如果 V 仅仅能够满足劳动者及其家属的基本生活需要，那么财政收入中就不能有来自 V 的部分，否则劳动力的再生产就不能得到保证。而如果 V 作为劳动者的报酬，高于劳动者维持其再生产的成本，也就是说除了维持劳动者及其家属的基本生活需要外还有剩余，那么就可以作为财政收入的一部分来源。从现实生活来看，目前世界各国的财政收入中都有来自 V 的部分。

来自 V 的财政收入主要有：①直接向个人征收的税收，如个人所得税、个人缴纳的房产税、车船税等；②直接向个人收取的规费收入、罚没收入等，如护照费等；③居民购买的公债、国库券收入；④服务业和娱乐业上缴的税金，其中一部分是通过对 V 的再分配转化而来的；⑤最终由消费者承担的消费税等。西方国家普遍实行高工资政策，税收制度也以所得税为主体税种，其财政收入来自 V 的部分较大，而我国在目前的经济背景下，来自 V 的财政收入比重相对不大。随着劳动者收入的提高以及我国个人所得税制度、财产税制度和公债制度的完善，来自 V 的收入将不断增加。

我国现行个人所得税制度通过于 1980 年，于 1993 年、1999 年、2005 年、2007 年、2011 年及 2018 年做了几次修正。随着经济的发展，人民生活水平的提高，个人所得税的税前扣除已不能满足人们基本生活的需要，尤其是低收入人群的税收负担过重，生活压力加大。适当提高税前扣除，对保障人们的基本生活水平是有利的。

（3）M 是物质生产领域的劳动者为社会创造的纯收入，是财政收入的主要来源。这是由两个因素决定的：①由剩余产品价值的性质决定。剩余产品价值是劳动者所创造的，超出弥补简单再生产需求的，归社会支配可用于整个社会扩大再生产的价值部分。剩余产品价值本身的特征,为财政收入提供了客观、充裕的源泉。②由财政资金用途的特点所决定。国家财政支出的主要目的是为了满足社会公共需要,满足社会公共需要的资金当然应从劳动者为社会创造的那部分价值中取得。既然剩余产品价值是财政收入的基本源泉,那么要增加财政收入总量,就应该把重点放在提高经济效益、降低成本、增加盈利上。

2. 财政收入的部门构成

财政收入从国民经济部门角度分析,可分为来自于工业、农业、交通运输业、建筑业、商业、服务业、金融业和旅游业等部门的收入。这种分类反映了产业结构及其相关的价格结构变化对财政收入的影响。我国财政收入主要来自于工业和商业,其次农业、建筑业、交通运输业、金融业、旅游业和娱乐业等也是我国财政收入的重要来源。

工业在国民经济中处于主导地位。我国财政收入的大部分直接来自工业,因此工业对财政收入的状况起决定作用。工业可分为轻工业和重工业,轻工业具有投资少、见效快、生产周期短、盈利多的特点,对财政收入具有特别重要的意义;而重工业一般投资大、建设时间和生产周期都比较长,但一旦建成投产后,会成为积累资金的重要源泉,而且,重工业是生产生产资料的,为国民经济各部门提供能源、新型材料和先进技术装备,是先进生产力的承担者,是实现国民经济技术改造的物质基础,更是轻工业上水平、上档次的前提条件。因此重工业也是财政收入的重要来源。

近年来,由于我国采取了以工业为主体,大力发展商业等第三产业的发展战略,财政收入的部门结构从发展趋势来看,商业等第三产业的财政收入上涨较快,从 2013 年起已经超过第二产业,如图 2-2 所示。

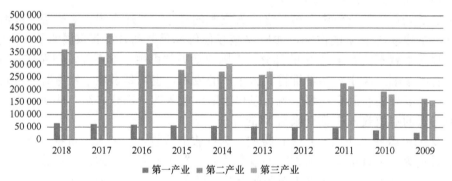

图 2-2　2009~2018 年三个产业的生产总值(亿元)

注:根据 2019 年国家统计局数据绘制

作为国民经济的基础,农业的状况会影响整个国民经济的发展。在财政收入中,有相当大的一部分直接或间接地与农业相关。农业对财政收入的影响主要表现在以下几方面:①直接来自于农业的收入,主要是农业税收入。农业税在新中国成立初期,曾是财政收入的主要来源,1950 年来自农业的财政收入占全部财政收入的 39.2%。由于国家对农民贯彻"稳定负担,增产不增税"政策,到 1994 年直接来自农业的收入仅占财政总收入的 5.8%。为减轻农民负担,2004 年起中央推进农村税费改革,陆续取消农牧业税和农业特产税;从 2006 年起,农业各税只包括耕地占用税、契税和烟叶税。②间接来自农业的收入,主要表现在由于工农产品"剪刀差",使农业部门创造的一部分价值转移到以农产品为原料的轻工业部门实现。近年来,为缩小"剪刀差",我国曾大幅度提高农副产品的收购价,但由于农业劳动生产率不可能迅速提高,"剪刀差"现象也就不可能完全消除。③农业的丰歉直接影响国民经济的全面发展和财政收入,尤其表现在下一年度。在正常情况下,农业丰收的年份和次年,国民经济其他部门的发展就较快,财政收入就随之增长;反之,农业歉收就会制约和影响国民经济其他部门的发展,也会制约和影响财政收入的增长。

3. 财政收入的地域构成

从财政收入的地域构成来看,由于历史原因以及地理、交通、投资、技术等多种因素的影响,我国经济发展水平呈现出不平衡性。全国划分为东、中、西三大经济地带,东部地区,尤其是沿海、沿江的省、市、区,由于地理位置、资源开发、技术水平、交通等原因,经济发展速度较快;中、西部地区由于地理、交通等因素开发较晚,人才较少,技术水平较低,经济发展速度较慢。因此,我国财政收入主要来自我国东部沿海地区。但是随着经济体制改革的不断深入,来自中西部地区的财政收入将逐年提高,必将会为国家积累大量的建设资金。

专栏 2-2

2016 年长三角核心区经济总量突破 12 万亿元

新闻回放:2016 年,面对错综复杂的国际形势和不断加大的经济下行压力,长三角各城市认真贯彻落实中央关于经济工作的各项决策部署,坚持"稳中求进"工作总基调,积极践行五大发展新理念,以推进供给侧结构性改革为主线,坚定推进改革,妥善应对风险挑战,国民经济运行缓中趋稳、稳中向好,实现了"十三五"良好开局。16 个城市生产总值突破 12 万亿元,达 12.3 万亿元,增长 7.8%,增速比 2015 年回落 0.4 个百分点,高于全国平均水平 1.1 个百分点,区域经济总量占全国的比重达 16.5%。

从产业看,2016 年,长三角地区第一产业增加值 3 342.85 亿元,增长 1.0%,比 2015 年回落 0.8 个百分点;第二产业增加值 51 230.68 亿元,增长 5.6%,比 2015 年回落 0.1 个百分点;第三产业增加值 68 384.1 亿元,增长 9.9%,比 2015 年回落 0.9 个百分点。第三产业增加值增速高于全国平均 2.1 个百分点;第三产业增加值占长三角生产总值比重达 55.6%,比 2015 年提升 1.8 个百分点,占比高于全国三产平均水平 4.0 个百分点。

从区域情况看,浙江七市、江苏八市和上海生产总值分别为 3.54 万亿元、6.01 万亿元和 2.75 万亿元,分别增长 7.8%、8.3%和 6.8%。从增长速度看,16 个城市中除绍兴(5.5%)外,其余城市增速均高于全国平均水平;16 个城市中有 8 个城市的 GDP 增速超过 8.0%,其中舟山的 GDP 增速达到了两位数,增长 11.3%。与上年同期增速相比,浙江七市中仅舟山(11.3%)和台州(7.7%)比上年有所提升,其余均较上年同期有所回落;江苏八市中仅苏州(7.5%)和无锡(7.5%)比上年同期有所提升,其余城市均有所回落;上海(6.8%)比上年同期回落 0.1 个百分点。

万亿俱乐部成员增加。2016 年南京首次跨入万亿级城市行列,长三角地区 GDP 万亿级城市达到 4 个,分别为上海(2.75 万亿元)、苏州(1.55 万亿元)、杭州(1.11 万亿元)和南京(1.05 万亿元)。

资料来源:嘉兴市政府网

专栏点评：从以上资料可以看出，首先长三角地区的经济发展速度超过全国的平均水平，其提供的财政收入也明显较其他地区多，这与该地区的经济发展水平是成正比的，经济越发达，其可能提供的财政收入也就越多。其次我们还应看到，我国目前区域经济的发展是很不平衡的，这将给我国经济的可持续发展带来不利影响，因此政府从经济的长远发展考虑，提出了开发西北、振兴东北、支援新疆等战略决策。

4．财政收入的形式结构

财政收入的形式是指政府取得财政收入的具体方式，即经济组织和劳动者为社会创造的那部分纯收入是通过什么方式、以什么名义被财政获取的。在社会再生产中，财政收入的形式不仅具有取得财政收入的作用，而且对社会再生产、宏观和微观经济的运行具有很大的影响和制约作用，是调节各阶层的经济利益、影响人们的经济决策的重要经济杠杆。每一种财政收入形式的产生都是社会经济运行的客观结果。在目前的经济情况下，世界各国取得财政收入的主要形式都是税收，除此之外，其他非税形式则因各国政治制度、经济制度和财政制度的不同而有所不同。

目前，我国财政收入的形式主要有以下几种：

（1）税收收入。税收是最早出现的财政工具，是国家凭借政治权力参与社会产品的分配取得的财政收入形式，是国家赖以存在的经济基础，也是财政收入最主要、最稳定的来源。税收之所以成为财政收入最主要的形式，是因为政府行使其职能所需资金的获取必须具有稳定、连续、充分的特点，如此才能满足政府资金的需求。而税收是国家凭借政治权力取得的收入，具有强制性、无偿性、固定性的特点，其征收面覆盖社会经济的各组成部分，可以满足以上需求。同时，在市场经济条件下，税收本身又可以作为政府进行调控、调节经济的有力工具，这也巩固了税收在财政收入形式中的地位。

（2）国有资产收入。对于国有制经济来说，政府具有双重身份：一是管理者，为满足其行使职能需要，政府向所有企业和居民征税；另一身份则是企业的所有者，政府作为所有者参与企业税后利润的分配，取得收入。政府的双重身份体现着两种不同的职能，不能合并为一，更不能相互替代。

国有资产收入是指政府以国有资产所有者身份，凭借财产权力取得的各项财政收入，主要包括上缴利润、国有股红利、承包费和租赁费等。国有资产收入是现代政府财政收入的重要组成部分。现代商品经济是由多种所有制形式构成的混合经济，无论是何种社会制度都无法将现代商品经济变成单一所有制形式，只要存在国有经济，就会存在国有资产收入。

（3）债务收入。债务收入是指政府以债务人的身份，通过信用方式取得的有偿性收入，也称公债收入或国债收入。

一般来讲，债务收入应作为政府财政收不抵支时，用于弥补财政赤字的主要手段。债务收入具有自愿性和有偿性的特点，这是它与其他财政收入形式尤其是税收收入形式的最大不同。除非特殊情况，政府不能强迫人们购买公债，而只能通过利率等手段引导人们选择公债。一般而言，为吸引公众购买公债，政府往往规定公债利率高于储蓄利率，而且由于有国家信誉作保，购买公债的风险低于股票等其他投资，使其成为人们投资的一种重要选择。

专栏 2-3

新闻回放： 2017 年年末，中央财政国债余额 134 770.16 亿元，控制在全国人大批准的债务余额限额 141 408.35 亿元以内；地方政府债务余额 164 706.59 亿元，包括一般债务余额 103 322.35 亿元、专项债务余额 61 384.24 亿元，控制在全国人大批准的债务余额限额 188 174.3 亿元以内。

资料来源：《关于 2017 年中央和地方预算执行情况与 2018 年中央和地方预算草案的报告》

专栏点评： 由美国次贷危机引发的国际金融危机使各国的实体经济受到了很大的打击。注入资金、刺激经济、拉动需求成为各国政府的首要任务。由于发行国债是最有效、副作用最小的资金筹集形式，所以，各国政府纷纷通过发行国债来筹集资金。

（4）其他收入。其他收入在财政收入中所占的比重不大，但其包括的项目很多，主要有：

1）政府收费。它是指国家机关及其授权单位为特定事由向直接责任人或受益者收取的费用。政府收费有两种：①以服务为事由的收费，如路、桥等公用设施的使用，政府出版物的出售，以及为企业定向培训、开拓市场等特殊服务的收费，可称为服务性收费；②以管理为事由的收费，包括证照签发及注册登记费、公有资源占用特许权费、特殊产业监管费和环保收费四大类，可称为管理性收费。

实行政府收费的原因，一方面在于使缴费者通过缴费取得政府所赋予的权利，享受相应的服务和利益；另一方面政府通过费用的收取，对某些行为进行管理和统计，以此建立良好的经济秩序，创造良好的经营条件，并通过良好的秩序和经营条件促进社会经济效益的提高。

2）事业收入。它是指中央与地方各部门所属事业单位向政府缴纳的收入。

3）罚没收入。它是指工商、税务、海关、公安、司法等政府机关和经济管理部门按规定依法处理的罚款和没收品收入，以及各部门、各单位依法处理追回的赃款和赃物变价款收入等。

4）国有资源管理收入。它是指各单位经批准开采国家矿藏等资源，按规定向政府缴纳的管理费，如矿山管理费、沙石管理费等。

延伸阅读

税和费

税收和收费都是财政收入的形式，尽管两者在一定条件下存在着相互替代关系，但两者还是有着本质上的区别的：①一般而言，税收是无偿的，但收费是有偿的，即谁受益谁付费。②通常税收没有指定用途，它用于一般性财政支出，如国防建设。而收费则用途明确，取之何处，用之何处，均有明确说明。③税收的征收对象包罗万象，而政府收费仅限定于特定范围，超越了规定范围，就属于乱收费。④对应于税收的强制性，是收费的自愿性。在是否缴费问题上，公众有选择权，你不接受服务，便可不缴费。⑤税收一般较固定，它一经立法生效，不会轻易变动。而收费则可由政府视情况而定，大多无需立法程序。

2.2 认识税收及税收效应

专栏2-4

低碳时代的税改新思路

新闻回放： 2009年年末，哥本哈根会议的举行，掀起了全球发展低碳经济的热潮。在我国加快转变发展方式的背景下，未来税制改革的方向也迎合了这一需求。在2009年全面推进增值税转型的基础上，2010年我国强调推进资源税和环境税改革，体现了哥本哈根会议之后我国对发展低碳经济、推进节能减排的重视，有助于推进经济结构调整和发展方式转变。

资源税和环境税改革的推进，意味着未来税收将在促进资源节约、节能减排和环境保护方面发挥更多作用。

消费税改革，根据商品消耗资源的程度设定不同税率，完善消费税制度，有助于形成资源节约型和环境友好型的税收导向。合理引导消费行为，同时体现了科学发展、节约能源资源的要求。

资料来源：经济参考报

专栏点评： 根据上述资料，我们可以了解到，税收除了作为国家财政收入的主要来源外，还是国家宏观调控的重要工具。税收在调节收入分配、促进资源节约、节能减排和环境保护等方面都将发挥较大作用。

税收是如何调节经济的？税收是怎样征收的？我国目前都开设了哪些税种？处于不同行业的企业是否都应该缴纳同样的税收？企业是否无论盈亏都要缴税？个人应该缴纳什么税，怎样缴税？在什么情况下可以获得税收的减免？下面让我们学习税收及税收效应，通过本部分内容的学习，我们将学习到以下知识：税收的基本概念和特征、有关术语、税收的分类、税收效应、目前我国的主要税种等。通过对这些内容的学习，你将对税收以及税收对经济的影响等问题有一个基本的了解。

2.2.1 什么是税收

1. 税收的概念

税收是国家为实现其职能，按照法律规定，强制参与对国民收入的分配而形成的一种特殊分配关系和分配活动。

税收是一个历史悠久的财政范畴，又被称为赋税、租税、捐税等。它最早出现在奴隶社会，在封建社会、资本主义社会以及社会主义社会，税收不仅始终存在，而且一直是国家财政收入的最主要来源。随着社会的不断向前发展，税收发挥着日益重要的作用。

2. 税收的特征

同财政收入的其他形式相比较，税收具有强制性、无偿性和固定性这三个基本特征。

（1）强制性。税收的强制性是指税收的征收是通过国家法律的颁布、执行而进行的，对任何单位和个人均具有强制约束力。纳税人必须依照税法规定纳税，履行纳税有关义务，否则就要受到法律的制裁。税收同利润、利息、地租等其他分配形式的区别在于：后者是以财产占有为依据的分配关系，而税收则是以国家政治权力为依据的分配关系，与生产资料和社会财产的所有方式和比例无直接关系，所以这种形式适用于各种所有制和个人。税收的强制性是保证税收分配活动顺利进行，满足国家职能实现的必要保证。

（2）无偿性。税收的无偿性是指税收缴纳后，不直接偿还给具体的纳税人，国家也无须为此做出某种预期的承诺或付出相应代价。税收不像公债那样，到期要给购买者还本付息，也不像商品买卖一样要等价交换。不过，从国家与全体纳税人的利益来看，税收又具有整体的部分有偿性，特别是在社会主义公有制条件下，税收具有如马克思所说："从一个处于私人地位的生产者身上扣除的一切，又会直接或间接地用来为处于社会成员地位的这个生产者谋福利的性质"，即社会主义税收"取之于民，用之于民"。因此应全面、辩证地理解税收的无偿性。

（3）固定性。税收的固定性是指税收在征收前就以法律的形式规定征税对象和征税数额的比例，包含着连续征收（连续性）的意思。一般来说，纳税人只要取得了应税收入，发生了应税行为，拥有应税财产，就要按照法律规范的要求纳税，不得违反。同样，政府也只能按照税法规定来征税，不能随意更改。当然，税收的固定性也不是绝对的，随着社会生产力和生产关系的发展变化，经济的发展，以及国家利用税收杠杆的需要，税收的征税对象、税目、税率不可能永远不变，通过一定的法律程序，也可做相应调整和修改乃至变更、停征等，税收的固定性因而也是相对的。

税收的三个特征是互相联系的。强制性是无偿性的基础，强制性和无偿性决定着固定性。税收的这三性是统一的，缺一不可。例如，罚没收入，具有强制性和无偿性，但并不具有固定性，因而不能划归税收范畴。

税收的三个基本特征，是税收区别于其他财政收入的标志。

专栏2-5

青海破获2.3亿特大虚开增值税专用发票案

新闻回放：国家税务总局青海省税务局和青海省公安厅扎实推进警税联络机制办公室专项打击职能，于2018年6月26日成功破获青海"507"特大虚开增值税专用发票案，抓获犯罪嫌疑人2名，金额达2.3亿元。

2018年4月11日，公安部、税务总局、中国人民银行、海关总署联合部署2018年全国打骗打虚专项工作，其中决定在全国范围内选取一批农产品虚开案源交办各省市重点打击。涉及青海省案源为青海某生物科技有限公司，青海省警税联络机制办公室接到查处指令后，将此案列为督办案件，并组织公安经侦及稽查业务骨干16人组成"507"专案组全力侦破该案。

经专案组深入摸排，发现本案青海某生物科技有限公司为犯罪嫌疑人安某、杨红某所控制。专案组经过两个月的调查取证、缜密侦查，案件侦办取得重大进展。取得本案人员架构、虚假资金交易及业务经营的大量证据，并锁定犯罪嫌疑人活动轨迹。2018年6月26日，专案组决定对本案两名犯罪嫌疑人实施抓捕，查获各类涉案物品以及大量记载虚假交易的账簿、笔记本及银行卡等。安某、杨红某在本案大量证据资料面前，对其涉嫌虚开2.3

亿元增值税发票的违法事实供认不讳，并交代了其收取手续费非法获利的违法事实。

经查，2012年至2018年期间，安某控制青海某生物科技有限公司以虚构收购虫草等农产品的名义，涉嫌虚开"青海省增值税普通发票""青海省通用机打发票"等增值税其他抵扣凭证共计1 822份，票面金额1.08亿元；同时采取虚构业务、虚假资金交易等手段向51户下游企业涉嫌虚开虫草胶囊、红景天胶囊等品名的增值税专用发票1 412份，价税合计金额达1.22亿元。

资料来源：国家税务总局网站

专栏点评：税收是通过国家法律颁布、强制执行的，任何人无视法律，偷税乃至骗税，造成国家税款流失，都将自食其果，不仅要补缴国家税款，缴纳罚款，情节严重的，还要受到国家法律的制裁。

3. 税收分类

税收是特殊分配关系和分配活动的总称，具有一个复杂的系统范畴。各国税制一般都由许多不同的具体税种构成，各类税种既互相区别，又互相联系。对税收进行合理的分类，既有助于分析、研究各类税种的特点、性质、作用及它们之间的内在联系，发挥税收杠杆作用，又有助于分析税源的分布和税收负担的状况以及税收对经济的影响，为建立健全适合我国国情的税收制度和相应的征收管理制度提供依据。

（1）以征税对象为标准的分类。以征税对象为标准，一般可将各种税收划分为流转税、所得税、财产税和行为税四大类。

税收以征税对象的不同为标准进行的分类是国际上常用的分类方法，也是最能反映现代税制结构的分类方法。

流转税是指以商品和劳务的流转额和营业额为征税对象的税收，如增值税、消费税和关税等。所得税是以纳税人的纯收入为征税对象的税收，如企业所得税、个人所得税等。西方国家现行的社会保险税、资本收益税等也属所得税类。财产税是以纳税人的财产数量或价值为征税对象的税收，如土地税、房产税、遗产税和赠予税。而行为税则是以某种特定的行为作为征税对象的税收，如印花税、屠宰税和车船税等。2018年税收收入分税种情况表见表2-1。

表2-1　2018年税收收入分税种情况表

（单位：亿元）

税名	收入	税名	收入
国内增值税	61 529	车辆购置税	3 543
国内消费税	10 632	印花税	2 199
进口货物增值税、消费税	16 879	资源税	1 630
出口退税	-15 913	契税	5 730
关税	2 848	土地增值税	5 642
企业所得税	35 323	房产税	2 889
个人所得税	13 872	城镇土地使用税	2 388
城市维护建设税	4 840	耕地占用税	1 319
车船税、船舶吨税、烟叶税等	992	环境保护税	151

资料来源：财政部网站

从表 2-1 中我们可以看出：

1) 目前在我国，流转税类为第一大税类，在我国税收收入中所占比重最大，这与我国目前所处的经济阶段有关。一般而言，经济越发达，其税收中所得税类所占比重越大，目前西方发达国家一般所得税类在其税收收入中所占比重是最大的。

2) 流转税类的增值税是我国第一大税种，在税收收入中所占的比重最大。这与增值税的覆盖面广、征收范围大直接相关。

（2）以税负能否转嫁为标准的分类。以税负能否转嫁为标准分类，可以将税收分为直接税和间接税两种。

凡是税负不能转嫁或很难转嫁的税种为直接税，而税负能够转嫁的税种则为间接税。直接税的特点是在分配领域征税，征税对象是各种形式的收入或纯收益，如企业所得税、个人所得税及财产税等。而间接税一般多在生产、流通环节征收，其税负可通过商品的销售买卖而转移到相关联的其他纳税人及消费者身上，这类税有消费税和关税等。

（3）以税收与价格的关系为标准的分类。以税收与价格的相互关系为标准，可将各种税收划分为价内税和价外税。

凡是税金作为商品价格组成部分的属于价内税，如我国现行的消费税、关税。凡是税金作为商品价格外附加的则属于价外税，如我国现行的增值税。

与此相对应，价内税的计税依据称为含税价格，价外税的计税依据称为不含税价格。

（4）以计税标准为依据的分类。以计税标准为依据的分类，可将税收分为从量税和从价税。

凡是以征税对象的重量、体积、容量、面积和数量等计量单位为计征标准课征的各种税，属于从量税。凡是以征税对象的价格或金额为计征标准课征的各种税，属于从价税。从价税适应商品经济的要求，有利于贯彻国家税收政策，且税负较为均衡、公正。所以绝大部分税种都采用这种计税方法，如我国现行的增值税和所得税等。而我国的车船税、城镇土地使用税等则采用从量计税的方法。

（5）以税收的权限归属为标准分类。以税收的权限归属为标准，可将税收分为中央税、地方税和中央地方共享税。

2.2.2 税收效应

税收效应是指因政府征税，纳税人在其经济选择或经济行为方面做出的反应，通俗讲是指政府征税对消费者选择及生产者决策的影响程度，或指税收对经济的调节作用。税收效应从经济学理论上可以分为收入效应和替代效应。从经济实践领域上可以分为税收对企业组织形式的影响，税收对投资的影响，税收对消费的影响，税收对居民储蓄的影响等。下面我们主要从经济实践领域的税收效应展开分析。

1. 税收对企业组织形式的影响

目前我国主要的企业组织形式有独资企业、合伙企业、公司制企业。我国对公司制企业和合伙企业实行不同的纳税规定。

我国税法对个人独资和合伙企业的利润不征收企业所得税，只对投资人、各合伙人分得收益比照个体工商户生产经营所得征收个人所得税（不存在重复征税）。而对公司制企业的利润在征收一道企业所得税后，其税后利润如以股息或红利分配给自然人投资者的，这些投资者还要缴纳个人所得税（存在重复征税）。

当然，在设立企业选择组织形式时，除考虑税收利益外，还应综合考虑企业的经营目标、经营风险、经营规模、管理水平及筹资金额等各方面的因素，因为很多税收优惠政策只适用于公司制企业。

2．税收对投资的影响

按投资的主体划分，投资可分为政府投资和私人投资（包括企业投资和个人投资）。这里主要分析税收对私人投资的影响，其主要表现为刺激投资与抑制投资两个方面。通常情况下，提高资本成本的税收政策会抑制投资；降低资本成本的税收政策会刺激投资。

当经济增长缓慢、需要扩大投资时，各国政府通常会采取降低税收负担、扩大税收优惠等措施来刺激投资。调整企业所得税税负是降低税收负担常用的手段，可以直接影响投资者的决策，因为企业所得税税负越高，投资者剩余可分配的所得就越少；反之，投资者剩余可分配的所得就越多。另外，政府还会采取减免税、再投资退税等税收优惠政策来鼓励投资。政府对投资者一定时期内的所有所得减免税或对部分行业、项目的所得减免税，可以提高投资者投资特定行业或项目的积极性，引导投资者转向政府扶持的、税负轻的行业或项目。

当然除刺激投资效应外，税收还可以抑制投资。当经济发展过热，需要抑制投资时，国家可在税收上采取限制性措施，如提高税负、减少税收优惠等提高投资者的税负，从而减缓或削减投资。

3．税收对消费的影响

税收对消费的影响主要表现在以下两方面：

（1）纳税会降低纳税人的收入水平，从而降低纳税人的商品购买量和消费水平；相反，减税会刺激纳税人消费。

（2）当政府对不同的商品实行征税与不征税、重税或轻税的区别对待时，会影响商品的相对价格，使纳税人减少征税或重税商品的购买量，而增加免税或轻税商品的购买量。

税收政策助力新能源汽车发展

新闻回放：财政部、国家税务总局、工业和信息化部交通运输部2018年7月10日印发《关于节能新能源车船享受车船税优惠政策的通知》（以下简称《通知》）提出，对节能汽车，减半征收车船税。对新能源车船，免征车船税。免征车船税的新能源汽车是指纯电动商用车、插电式（含增程式）混合动力汽车、燃料电池商用车。纯电动乘用车和燃料电池乘用车不属于车船税征税范围，对其不征车船税。

车船税作为小税种之一，在促进汽车行业结构调整等方面发挥了积极作用。此次《通知》的出台，提出对新能源汽车免征车船税，既符合国家减税降费的总体要求，同时也有利于引导绿色消费，加速高污染、高排放车型淘汰出清，鼓励推广使用清洁能源，推动新能源汽车产业高质量发展。

对于新能源汽车板块后市投资策略，华金证券指出，2017年年底，财政部等四部门已经联合发布《关于免征新能源汽车车辆购置税的公告》；此次《通知》则免征了新能源汽车的车船税，将鼓励更多消费者购买新能源汽车。此外，乘用车企业未来也将推出更多的新能源车型以应对"双积分"考核要求，新能源汽车的供给端和需求端正在同时打开，销量有望迎来持续增长。

资料来源：搜狐网

专栏点评：从上述资料可以看出，车船税的选择性减税，将引导消费者的选择，部分消费者选择新能源汽车就是政府运用税收杠杆，调整税收政策，以此推动需求增长，保持社会稳定和资本市场繁荣的例子。

4. 税收对居民储蓄的影响

影响居民储蓄行为的因素主要有个人收入水平、储蓄利率水平、储蓄习惯和税收因素等。个人收入水平和储蓄利率与储蓄率成正比，即个人收入水平和储蓄利率越高，居民储蓄率越高。

而税收通常会降低储蓄，各国主要通过个人所得税和利息税对储蓄产生影响：对个人所得征税，会减少个人实际可支配收入，并减少个人的储蓄率。对储蓄利息征利息税，一方面，会减少储蓄人的收益，从而降低储蓄报酬率，会减轻储蓄倾向，增加个人消费；另一方面，由于储蓄属于潜在消费，在对储蓄利息征之后，会迫使储蓄人提高储蓄水平来保证未来的消费水平。因此，利息税对储蓄的影响是双重的，既有减轻的效果，也有提高的效果。

2.2.3 税收制度

税收制度是国家税收的基本法规，是国家向纳税单位和个人征税的法律依据和工作规程，它说明了向谁征税、为什么征税、征多少税、如何征税等问题。税制的基本要素主要有以下几部分：

1. 纳税人

纳税人也称纳税主体，是指税法规定的直接负有纳税义务的单位或个人。纳税人可以是自然人，也可以是法人。自然人是指公民或居民个人。法人是指依法成立并能独立行使法定权力和承担法定义务的社会组织，如企业社团等。纳税人是税收制度的最基本要素。

与纳税人密切相关的是负税人，它是指税收负担的真正承担者。纳税人与负税人可能是一致的，即当纳税人自己承担税收负担时；也可能是不一致的，即当纳税人将税收负担转嫁出去时。纳税人可以由税法确定，而负税人是不能由税法规定的。

2. 征税对象

征税对象又称课税对象，是指征税的目的物。它是国家征税的依据，即解决对什么进行征税的问题。征税对象是税收制度的最基本要素，是一种税收区别于另一种税收的主要标志。

如前所述，按照征税对象性质划分，主要可以把税收分为四大类：①流转税，以商品流转额和非商品营业额为征税对象；②所得税，以纳税人的纯收入为征税对象；③财产税，以财产数量或价值为征税对象；④行为税，对特定的行为征税。

与征税对象密切联系的一个概念是税目。税目是税法规定的征税对象的具体化，征税对象范围涉及面广，需要根据具体情况确定它的不同课征范围，以便于征税和确定税率。并不是每个税种都规定税目。规定税目，一是明确征税范围，体现征税的广度；二是对具体征税项目进行归类和界定，以便针对不同税目确定差别税率，充分发挥税收的调节作用。

与征税对象相关的另一概念是税源。税源是指税收的经济本源。有的税收，税源与其征税对象是一致的，如企业所得税的征税对象和税源都是企业的利润所得；有的税收，税源与征税对象是不一致的，如各种财产税的征税对象是财产的数量或价值，税源则是财产带来收入或财产所有人的其他收入。

还有一个与征税对象相关联的概念是课税基础，课税基础简称税基，是指建立某种税或一种税制的经济基础依据。税基与征税对象、税源是不同的。例如，商品课税的征税对象是商品，但其税基则是厂家的销售收入或消费的货币支出。

税基、征税对象和税源在一定情况下可能是一致的，但这三个概念在含义上的差别是明显的。税基包含两个方面的问题：①以什么为税基；②税基的宽窄问题。税基宽则税源厚、税款多，但也会造成较大的副作用；税基窄则税源薄、税款少，但对经济的影响也较小。如果仅从税基宽窄角度考虑问题，税基大体上相当于征税范围，即征税广度。

3．税率

税率是税额与征税对象数额之间的比例。税率的高低涉及国家财政收入水平和纳税人的负担，因此税率是税收制度中的核心问题。国家的税收政策集中体现在税率上。

一般来说，税率分为比例税率、累进税率和定额税率三种。

（1）比例税率。比例税率是不管征税对象数额的大小，规定一个比例的税率，用百分比表示。比例税率又可分为：①统一比例税率；②差别比例税率，即不同纳税人、不同地区、不同行业或不同产品采取不同的比例，如我国的消费税就是根据不同的产品水平规定不同的比例税率。比例税率一般适用于对商品课税。

（2）累进税率。累进税率是按征税对象数额的大小划分若干等级，每个等级由低到高规定相应的税率，征税对象数额越大税率越高；征税对象数额越小税率越低。累进税率一般适用于对所得课税。

累进税率又分为全额累进税率和超额累进税率两种。全额累进税率是指征税对象的全部数额都按照与它相适应的税率征税，即按照征税对象数额适应的最高级次的税率统一征税；超额累进税率是指征税对象按数额大小划分为若干不同的等级，每个等级由低到高分别确定税率，各等级分别计算税额，一定数额的征税对象可同时使用几个税率。

全额累进税率计算比较简便，但是负担不够合理；超额累进税率计算比较复杂，但税负比较合理。为了解决超额累进税率计算方法复杂的问题，可采用速算扣除数的办法予以解决。

速算扣除数是按全额累进税率计算的税额减去按超额累进税率计算的税额的差额，用公式表示为

速算扣除数=全额累进税额−超额累进税额

使用速算扣除数计算超额累进税额的公式为

超额累进税额=应税所得额×适用税额−速算扣除数

（3）定额税率。定额税率又称固定税额，是按单位征税对象直接规定固定的税额，而不采用百分比的形式，它是税率的一种特殊形式。定额税率在计算上比较便利，而且采用从量计征办法，征税数额不受价格变动的影响。它的缺点是负担不尽合理，因而只适用于特殊的税种，如我国的车船税、城镇土地使用税等。

4．纳税环节

纳税环节是税法规定的征税对象在从生产到消费的流转过程中缴纳税款的环节。商品从生产到消费一般要经过许多流转环节，如工业品一般经过工业生产、商业采购、商业批发和商业零售等环节。征税可以在其中选择某一或某几个环节进行。按照纳税环节多少，税收分为三种课征制度：①只在一个流转环节征税的称为一次课征制；②在两个流转环节征税，称作两次课征制；③在多个流转环节都征税，称作多次课征制。正确确定纳税环节对于平衡税负，保证国家财政收入，便于征收管理和监督有重要的意义。

5．纳税期限

纳税期限即税法规定的纳税人缴纳税款的时间界限或时限区间，即纳税的最后时点。凡在规定时点以前缴纳者均为合法，凡跨过规定时点才缴纳者则属于违规行为并应受到处罚。纳税期限的确定，对于监督纳税人及时足额纳税，保证财政收入的实现有现实作用。

6．附加、加成和减免

附加、加成和减免是对纳税人税收负担的调整措施。

附加和加成属于加重纳税人负担的措施。附加是地方附加的简称，是地方政府在正税以外，附加征收的一部分税收。附加的比例有按征税对象数额的附加及按正税的税额的附加。一般来讲，附加收入是为解决地方机动财力的需要，留给地方使用的收入。加成是加成征税的简称，是对特定纳税人的一种加税措施，加一成即加征正税税额的10%。

减税、免税以及规定起征点和免征额属于减轻纳税人负担的措施。减税是对应纳税额减征的一部分。免税是对应纳税额全部免予征收。起征点是税法规定的征税对象达到一定数额时才开始征税的数量标准，超过则全部计征，达不到则全部免征。免征额是税法规定的征税对象数额中免于征税的数额，即只就其超过免征额部分征税。

7．违章处罚

违章处罚是对纳税人违反税法的行为所规定的惩罚措施，用以保障税收活动的正常进行。纳税人的违章行为一般包括偷税、抗税、欠税和骗税等。偷税是指纳税人使用欺骗手段，不履行国家税法规定的纳税义务的违法行为。抗税主要是指采用明显的、公开的以及暴力的方式拒绝履行纳税义务的违法行为。欠税是指纳税人未按税法规定如期纳税，拖欠国家税收的违章行为。骗税是指纳税人或其他当事人采取虚构事实、弄虚作假等手段骗取国家税款的行为。国家对违章行为的处罚方式主要有批评教育、强行扣款、加收滞纳金、罚款及追究刑事责任等。

2.2.4 主要税种

1. 增值税

增值税是以商品在生产和流通中实现的增值额为征税对象的税种。所谓增值额是指纳税人在商品生产流通过程中创造的价值。就一个单位而言，其创造的增值额相当于这个单位的商品销售额扣除规定的外购项目后的余额；就全社会而言，增值额相当于社会总产品价值中扣除生产过程中消耗掉的劳动对象和劳动资料的价值后的余额，即 V+M 部分；就商品生产全过程而言，一种商品在生产和流通各个环节的增值之和，相当于该商品的最后销售额。

由于增值税就增值额课征的特点，可以避免重复征税，有利于解决税负不均的问题，促进专业化发展。

（1）我国现行增值税的特点。

1）实行价外税，即税额不包括在销售价格之内，而是在销售价格之外，税金同价格是分开的，企业的成本核算、经营成果不受税收的影响。但对零售环节销售商品和对消费者提供应税劳务时，仍实行含税价格即价内税的办法。这是从我国广大消费者的消费心理考虑的，并不改变增值税价外税的性质。

2）实行四档税率，现行增值税实行四档税率，即一档基本税率13%，两档低税率9%、6%还有一档零税率适用于出口商品。

3）划分了两种纳税人。现行增值税将其纳税人划分为两种，即一般纳税人和小规模纳税人。划分的标准是纳税人的销售额规模和财会制度是否健全。

4）实行专用发票抵扣制。实行凭全国统一票样的增值税专用发票注明的税款，抵扣购进货物已纳税款的办法计征税款，即不直接计算商品增值额，而是先根据销售额按适用税率计算出销项税额，再依专用发票注明的外购商品或劳务的已纳税款为进项税额，两者相减的余额为增值税的应纳税额。

为尽量减少重复征税，降低企业税负，自2009年1月1日起，我国增值税从"生产型增值税"全面转型为"消费型增值税"。

（2）增值税的征税对象。增值税的征税对象是在我国境内销售货物或者加工、修理、修配劳务，销售服务、无形资产、不动产以及进口货物而取得的销售额。增值税的征税对象在范围上包括以下几个方面：

1）销售货物。销售货物是指有偿转让货物所有权的行为。货物是指有形动产，包括电力、热力、气体在内。

有些特殊的销货行为也应征收增值税，主要有：货物期货销售；银行销售金银业务；基建单位和从事建筑安装业务的企业附设的工厂、车间生产的水泥预制构件、其他构件或建筑材料，用于本单位或本企业建筑工程的；典当业的死当物品销售业务和寄售业代委托人销售寄售物品的业务；邮政部门销售邮票、首日封业务。

以上所指销售货物均指所销售的货物的起运地或所在地在我国境内。

2）加工、修理、修配劳务。

3）销售服务。服务是指陆路运输服务、水路运输服务、航空运输服务、管道运输服务、邮政普遍服务、邮政特殊服务、其他邮政服务、研发和技术服务、信息技术服务、文化创意服务、物流辅助服务、有形动产租赁服务、鉴证咨询服务、广播影视服务。

4）销售无形资产。

5）销售不动产。

6）进口货物。

（3）增值税的纳税人。它是指在中华人民共和国境内销售货物或者加工、修理修配劳务（以下简称劳务），销售服务、无形资产、不动产以及进口货物的单位和个人。纳税人中所说的单位包括国有企业、集体企业、私营企业、股份制企业、外商投资企业和外国企业、行政单位、事业单位、社会团体及其他单位，个人包括个体工商户及其他个人。

现行增值税将纳税人划分为一般纳税人与小规模纳税人。小规模纳税人一般是指生产经营规模较小，会计核算不够健全，年销售额未达到财政部规定标准的单位和个人。

（4）增值税的税率。我国增值税采用比例税率。其中一般纳税人现行税率为前文所述的四档税率，小规模纳税人增值税的征收率为3%。

1）纳税人销售货物、劳务、有形动产租赁服务或者进口货物，除《中华人民共和国增值税暂行条例》第二条第二项、第四项、第五项另有规定外，税率为13%。

2）纳税人销售交通运输、邮政、基础电信、建筑、不动产租赁服务，销售不动产，转让土地使用权，销售或者进口下列货物，税率为9%：粮食等农产品、食用植物油、食用盐；自来水、暖气、冷气、热水、煤气、石油液化气、天然气、二甲醚、沼气、居民用煤炭制品；图书、报纸、杂志、音像制品、电子出版物；饲料、化肥、农药、农机、农膜；国务院规定的其他货物。

3）纳税人销售服务、无形资产，除《中华人民共和国增值税暂行条例》第二条第一项、第二项、第五项另有规定外，税率为6%。

4）纳税人出口货物，税率为零；但是，国务院另有规定的除外。

5）境内单位和个人跨境销售国务院规定范围内的服务、无形资产，税率为零。

（5）增值税的减免规定。现行免征增值税的项目主要有：农业生产者销售的自产初级农产品；避孕药品和器具；古旧图书；直接用于科学研究、科学试验和教学的进口仪器和设备；外国政府、国际组织无偿援助的进口物资和设备；由残疾人组织直接进口供残疾人专用的物品；销售自己使用过的物品，指游艇、摩托车、汽车以外的货物；残疾人员个人提供的加工和修理修配业务。

除上述规定外，增值税的免税、减税项目均由国务院统一规定，任何地区、部门均不得规定免税、减税项目。

（6）增值税的计算和缴纳。

1）一般纳税人应纳增值税额的计算公式。一般纳税人销售货物或提供应税劳务，应纳增值税额为销项税额抵扣当期进项税额后的差额，其计算公式为

$$应纳税额=当期销项税额-当期进项税额$$

$$销项税额=销售额\times 增值税税率$$

进项税额是指纳税人购进货物或接受劳务所支付或负担的增值税额。

2）对小规模纳税人应纳增值税额的计算。小规模纳税人以销售货物的销售额或者提供应税劳务的营业额乘以征收率计算应纳税额，不得抵扣进项税额，其计算公式为

$$应纳税额=销售额\times 征收率$$

3) 进口货物应纳增值税额的计算。纳税人进口货物，按照组成计税价格和规定的税率计算应纳税额，不得抵扣任何税额。组成计税价格及其纳税额的计算公式为

组成计税价格=关税完税价格+关税+消费税

应纳税额=组成计税价格×适用税率

4) 如果纳税人销售（价格）明显偏低而又无正当理由的，按程序由税务机关核定销售额（价格），组成计税价格，计算公式为

组成计税价格=成本×（1+成本利润率）

纳税人销售属于应征消费税的货物，应以组成计税价格加消费税额计算销售额。

（7）增值税的征收。

1) 增值税纳税时间。销售货物或者应税劳务，为收讫销售款或者索取销售款凭证的当天；先开具发票的，为开具发票的当天。纳税人进口应税货物，为报关进口的当天。

2) 纳税期限。增值税的纳税期限，由主管税务机关根据纳税人应纳税额的大小及相关情况分别核定为1日、3日、5日、10日、15日、1个月或1个季度，不能按固定期限纳税的，可核定为按次纳税。

纳税人进口货物，应当自海关填发"海关进口增值税专用缴款书"之日起15日内缴纳税款。

（8）增值税专用发票的使用管理。增值税专用发票不仅是增值税纳税人经济活动中专用的商事凭证，还具有完税凭证的作用，是兼作销货方纳税义务和购货方进项税额的合法证明。

增值税专用发票就如同一根链条，从生产到消费，从批发到零售，将一种货物从最初生产到最终消费的各个环节紧密联系在一起，逐环节征税，逐环节捐税，既体现了增值税率设计的整体税负的作用，又形成了一种科学、严密的内在制约机制，简化了税款计算程序，提高了办事效率，并在很大程度上封堵了偷税渠道，对增值税的征收管理具有十分重要的意义。由于增值税专用发票的特殊性，实行增值税的国家将这种发票视同钞票和支票一样严格管理。

专栏2-7

詹某等人因虚开增值税专用发票承担刑事责任

新闻回放：2016年4月，四川省南充市国税局与公安机关联合，成功查处凯富商贸有限公司虚开增值税专用发票案。经查实，犯罪嫌疑人詹某某，伙同赵某某、解某某等人，冒用他人身份信息，注册成立南充市凯富商贸有限公司等2家企业，通过支付4%～5%手续费的方法从辽宁、山东、广西等地的12家企业非法购买增值税专用发票307份，涉及金额3 850.37万元，涉及税额568.84万元；海关增值税专用缴款书1份，涉及税额6.32万元。同时，以收取5%～8%的手续费的方式为他人虚开增值税专用发票，累计虚开增值税专用发票343份，涉及金额3 352.52万元，税额569.92万元。南充市国税局已向上下游涉案企业所在地税务机关发出"已证实虚开通知单"。经司法机关审判，主要犯罪嫌疑人已被判刑。

资料来源：国家税务总局网站

专栏点评：詹某等人虚开或接受虚开增值税专用发票，涉及国家税款数额巨大，情节恶劣，且给国家造成的损失难以挽回，罪责难逃。以上案例也说明，我国在增值税专用发票的管理上，还存在漏洞，须进一步在技术和手段上加强管理。

2．企业所得税

我国的企业所得税是对我国境内企业的生产、经营所得和其他所得依法征收的一种税。

生产、经营所得是指其从事物质生产、交通运输、商品流通、劳务服务，以及经国务院税务主管部门确认的其他营利事业取得的所得。其他所得是指股息、利息、税金、转让各类财产收益、特许权使用费以及营业外收益等所得。

（1）纳税人。在我国境内，企业和其他取得收入的组织（以下统称企业）为企业所得税的纳税人，依照税法的规定缴纳企业所得税。个人独资企业、合伙企业不属于企业所得税的纳税人。

企业分为居民企业和非居民企业。居民企业是指依法在我国境内成立，或者依照外国（地区）法律成立但实际管理机构在我国境内的企业。非居民企业是指依照外国（地区）法律成立且实际管理机构不在我国境内，但在我国境内设立机构、场所的，或者在我国境内未设立机构、场所，但有来源于我国境内所得的企业。

（2）征税对象。居民企业的征税对象包括来源于我国境内、境外的生产经营所得和其他所得。

非居民企业，如在我国境内设立机构、场所的，其征税对象为其所设机构、场所取得的来源于我国境内的所得，以及发生在我国境外但与其所设机构、场所有实际联系的所得；如在我国境内未设立机构、场所的，或者虽设立机构、场所但取得的所得与其所设机构、场所没有实际联系的，其征税对象为其来源于我国境内的所得。

（3）税率。企业所得税采用比例税率形式，法定税率为25%。

非居民企业在我国境内未设立机构、场所的，或者虽设立机构、场所但取得的所得与其所设机构、场所没有实际联系的，其来源于我国境内的所得适用20%的比例税率。

另外，鉴于我国国情对符合条件的小型微利企业，减按20%的税率征收企业所得税；对国家需要重点扶持的高新技术企业，减按15%的税率征收企业所得税。

（4）应纳税所得额的确定。企业所得税的计税依据是应纳税所得额。应纳税所得额是指企业每一纳税年度的收入总额，减除不征税收入、免税收入、各项扣除以及允许弥补的以前年度亏损后的余额。其计算公式为

应纳税所得额=收入总额-不征税收入-免税收入-各项扣除-允许弥补的以前年度亏损

1）收入总额的确定。纳税人每一纳税年度的收入总额，包括销售货物收入，提供劳务收入，转让财产收入，股息、红利等权益性投资收益，利息收入，租金收入，特许权使用费收入，接受捐赠收入，其他收入九项收入。

2）不征税收入。不征税收入包括财政拨款、依法收取并纳入财政管理的行政事业性收费、政府性基金和国务院规定的其他不征税收入。

3）免税收入。免税收入包括国债利息收入，符合条件的居民企业之间的股息、红利等权益性投资收益，在我国境内设立机构、场所的非居民企业从居民企业取得与该机构、场所有实际联系的股息、红利等权益性投资收益，符合条件的非营利组织的收入。

4）准予扣除的项目。企业实际发生的与取得收入有关的、合理的支出，包括成本、费用、税金、损失和其他支出，准予在计算应纳税所得额时扣除。具体按照以下规定的范围、标准扣除：

企业发生的合理的职工工资薪金，全部准予在税前扣除。

企业发生的职工福利费支出，不超过工资薪金总额14%的部分，准予扣除；企业拨缴的工会经费，不超过工资薪金总额2%的部分，准予扣除。除国务院财政、税务主管部门另有规定外，企业发生的职工教育经费支出，不超过工资薪金总额2.5%的部分，准予扣除；超过部分，准予在以后纳税年度结转扣除。

企业发生的与生产经营活动有关的业务招待费支出，按照发生额的60%扣除，但最高不得超过当年销售（营业）收入的5‰。

企业发生的符合条件的广告费和业务宣传费支出，除国务院财政、税务主管部门另有规定外，不超过当年销售（营业）收入15%的部分，准予扣除；超过部分，准予在以后纳税年度结转扣除。

企业在生产经营活动中发生的下列利息支出，准予扣除：非金融企业向金融企业借款的利息支出，金融企业的各项存款利息支出和同业拆借利息支出，企业经批准发行债券的利息支出；非金融企业向非金融企业借款的利息支出，不超过按照金融企业同期同类贷款利率计算的数额的部分。

企业发生的公益性捐赠支出，不超过年度利润总额12%的部分，准予扣除。

5）不得扣除的项目。在计算应纳税所得额时，不得扣除的支出包括：向投资者支付的股息、红利等权益性投资收益款项，企业所得税税款，税收滞纳金，罚金、罚款和被没收财物的损失，超过规定标准的捐赠支出，赞助支出，未经核定的准备金支出，与取得收入无关的其他支出。

（5）企业所得税的计算和缴纳。

1）计算企业所得税采用比例税率。其计算公式为

$$应纳税额＝应纳税所得额×适用税率$$

纳税人发生年度亏损的，可以用下一纳税年度的所得弥补，下一纳税年度的所得不足弥补的，可以逐年延续弥补，但是延续弥补期最长不得超过五年。

2）企业所得税的缴纳，采用按年计算，分月或分季预缴，年终汇算清缴的办法。月份或者季度终了之日起十五日内预缴，年度终了之日起五个月内汇算清缴，多退少补。

3．个人所得税

个人所得税是以个人（自然人）取得的各项应税所得为征税对象所征收的一种税。它是国家调节个人收入、缓解个人收入差距过分悬殊的矛盾的重要手段。

（1）纳税人。个人所得税的纳税人是指在中国境内有住所，或者无住所而一个纳税年度内在中国境内居住累计满一百八十三天以及在中国境内无住所又不居住，或者无住所而一个纳税年度内在中国境内居住累计不满一百八十三天但有来源于我国境内所得的个人，包括我国公民、个体工商户、个人独资企业和合伙企业、外籍人员（包括无国籍人）和我国的香港、澳门、台湾同胞。

纳税人按照住所标准和时间标准可分为居民纳税人和非居民纳税人。

居民纳税人是指在中国境内有住所，或者无住所而一个纳税年度内在中国境内居住累

计满一百八十三天的个人,负有无限纳税义务,即其从我国境内和境外取得的所得,均应依照税法规定在我国缴纳个人所得税。

非居民纳税人是指中国境内无住所又不居住,或者无住所而一个纳税年度内在中国境内居住累计不满一百八十三天的个人,只承担有限纳税义务,即只需就其从我国境内取得的所得在我国缴纳个人所得税。

纳税年度,自公历一月一日起至十二月三十一日止。

(2) 征收对象。个人所得税的征税对象是纳税人取得的各项应税所得。其具体征税范围包括工资、薪金所得,劳务报酬所得,稿酬所得,特许权使用费所得,经营所得,利息、股息、红利所得,财产租赁所得,财产转让所得,偶然所得九项个人所得。

居民个人取得工资、薪金所得,劳务报酬所得,稿酬所得,特许权使用费所得四项所得(以下称综合所得),按纳税年度合并计算个人所得税;非居民个人取得工资、薪金所得,劳务报酬所得,稿酬所得,特许权使用费所得,按月或者按次分项计算个人所得税。纳税人取得经营所得,利息、股息、红利所得,财产租赁所得,财产转让所得,偶然所得等所得,依照规定分别计算个人所得税。

(3) 税率。个人所得税的税率,根据个人取得的所得项目不同,分别适用超额累进税率和比例税率。

综合所得,适用3%~45%的7级超额累进税率。

经营所得,适用5%~35%的5级超额累进税率。

利息、股息、红利所得,财产租赁所得,财产转让所得和偶然所得,适用比例税率,税率20%。

表2-2 综合所得的个人所得税税率表

级数	全年应纳税所得额	税率(%)
1	不超过36 000元的	3
2	超过36 000元至144 000元的部分	10
3	超过144 000元至300 000元的部分	20
4	超过300 000元至420 000元的部分	25
5	超过420 000元至660 000元的部分	30
6	超过660 000元至960 000元的部分	35
7	超过960 000元的部分	45

表2-3 经营所得的个人所得税税率表

级数	全年应纳税所得额	税率(%)
1	不超过30 000元的	5
2	超过30 000元至90 000元的部分	10
3	超过90 000元至300 000元的部分	20
4	超过300 000元至500 000元的部分	30
5	超过500 000元的部分	35

(4)应纳税所得额的确定。

1)居民个人的综合所得,以每一纳税年度的收入额减除费用六万元以及专项扣除、专项附加扣除和依法确定的其他扣除后的余额,为应纳税所得额。

专项扣除,包括居民个人按照国家规定的范围和标准缴纳的基本养老保险、基本医疗保险、失业保险等社会保险费和住房公积金等;专项附加扣除,包括子女教育、继续教育、大病医疗、住房贷款利息或者住房租金、赡养老人等支出。

2)非居民个人的工资、薪金所得,以每月收入额减除费用五千元后的余额为应纳税所得额;劳务报酬所得、稿酬所得、特许权使用费所得,以每次收入额为应纳税所得额。

3)经营所得,以每一纳税年度的收入总额减除成本、费用以及损失后的余额,为应纳税所得额。

4)财产租赁所得,每次收入不超过四千元的,减除费用八百元;四千元以上的,减除百分之二十的费用,其余额为应纳税所得额。

5)财产转让所得,以转让财产的收入额减除财产原值和合理费用后的余额,为应纳税所得额。

6)利息、股息、红利所得和偶然所得,以每次收入额为应纳税所得额。

另外,劳务报酬所得、稿酬所得、特许权使用费所得以收入减除百分之二十的费用后的余额为收入额。稿酬所得的收入额减按百分之七十计算。

个人将其所得对教育、扶贫、济困等公益慈善事业进行捐赠,捐赠额未超过纳税人申报的应纳税所得额百分之三十的部分,可以从其应纳税所得额中扣除;国务院规定对公益慈善事业捐赠实行全额税前扣除的,从其规定。

(5)个人所得税减免规定。

下列各项个人所得,免纳个人所得税:

1)省级人民政府、国务院部委和中国人民解放军军以上单位,以及外国组织、国际组织颁发的科学、教育、技术、文化、卫生、体育和环境保护等方面的奖金。

2)国债和国家发行的金融债券利息。

3)按照国家统一规定发给的补贴、津贴。

4)福利费、抚恤金和救济金。

5)保险赔款。

6)军人的转业费、退役金。

7)按照国家统一规定发给干部、职工的安家费、退职费、基本养老金或者退休费、离休费、离休生活补助费。

8)依照有关法律规定应予免税的各国驻华使馆、领事馆的外交代表、领事官员和其他人员的所得。

9)我国政府参加的国际公约、签订的协议中规定免税的所得。

10)国务院规定的其他免税所得。国务院规定的其他免税规定,由国务院报全国人民代表大会常务委员会备案。

有下列情形之一的,经批准可以减征个人所得税:

1)残疾、孤老人员和烈属的所得。

2)因自然灾害造成重大损失的。

国务院可以规定其他减税情形,报全国人民代表大会常务委员会备案。

个人所得税减征的期限和幅度，由省、直辖市、自治区人民政府规定，并报同级人民代表大会常务委员会备案。

（6）个人所得税的征收缴纳。个人所得税以所得人为纳税人，以支付所得的单位或者个人为扣缴义务人。

纳税人有中国公民身份号码的，以中国公民身份号码为纳税人识别号；纳税人没有中国公民身份号码的，由税务机关赋予其纳税人识别号。扣缴义务人扣缴税款时，纳税人应当向扣缴义务人提供纳税人识别号。

1）自行申报。纳税人应当依法向主管税务机关自行申报纳税的情形包括：取得综合所得需要办理汇算清缴；取得应税所得没有扣缴义务人；取得应税所得，扣缴义务人未扣缴税款；取得境外所得；因移居境外注销中国户籍；非居民个人在中国境内从两处以上取得工资、薪金所得；国务院规定的其他情形。

2）由支付所得单位或个人代扣代缴应纳税款。这是一种为控制税源，防止税源流失的源泉扣缴方法。扣缴义务人应当按照国家规定办理全员全额扣缴申报，并向纳税人提供其个人所得和已扣缴税款等信息。

居民个人取得综合所得，按年计算个人所得税；有扣缴义务人的，由扣缴义务人按月或者按次预扣预缴税款；需要办理汇算清缴的，应当在取得所得的次年三月一日至六月三十日内办理汇算清缴。预扣预缴办法由国务院税务主管部门制定。

居民个人向扣缴义务人提供专项附加扣除信息的，扣缴义务人按月预扣预缴税款时应当按照规定予以扣除，不得拒绝。

非居民个人取得工资、薪金所得，劳务报酬所得，稿酬所得和特许权使用费所得，有扣缴义务人的，由扣缴义务人按月或者按次代扣代缴税款，不办理汇算清缴。

纳税人取得经营所得，按年计算个人所得税，由纳税人在月度或者季度终了后十五日内向税务机关报送纳税申报表，并预缴税款；在取得所得的次年三月三十一日前办理汇算清缴。

纳税人取得利息、股息、红利所得，财产租赁所得，财产转让所得和偶然所得，按月或者按次计算个人所得税，有扣缴义务人的，由扣缴义务人按月或者按次代扣代缴税款。

纳税人取得应税所得没有扣缴义务人的，应当在取得所得的次月十五日内向税务机关报送纳税申报表，并缴纳税款。

纳税人取得应税所得，扣缴义务人未扣缴税款的，纳税人应当在取得所得的次年六月三十日前，缴纳税款；税务机关通知限期缴纳的，纳税人应当按照期限缴纳税款。

居民个人从中国境外取得所得的，应当在取得所得的次年三月一日至六月三十日内申报纳税。

非居民个人在中国境内从两处以上取得工资、薪金所得的，应当在取得所得的次月十五日内申报纳税。

纳税人因移居境外注销中国户籍的，应当在注销中国户籍前办理税款清算。

扣缴义务人每月或者每次预扣、代扣的税款，应当在次月十五日内缴入国库，并向税务机关报送扣缴个人所得税申报表。

纳税人办理汇算清缴退税或者扣缴义务人为纳税人办理汇算清缴退税的，税务机关审核后，按照国库管理的有关规定办理退税。

2.3 解读国有资产收入

2.3.1 什么是国有资产

国有资产是指所有权属于国家的资产,包括国家依法取得和认定的财产,以及国家以各种形式进行投资所获取的投资收益等。国有资产是国家赖以生存和发展的物质基础,任何社会形态下的国家都有国有资产。

国有资产管理中"资产"的概念与会计术语中的"资产"有一定的区别。会计中的"资产"强调能给企业带来未来收益的经济能力,而国有资产管理中的"资产"则强调"依法认定和取得",从理论上说,它更接近"国家财产"的概念。国有资产可分经营性国有资产和非经营性国有资产以及资源性国有资产,即国有资产包括国有自然资源、行政事业单位所占用的国有资产以及国家投资形成的经营性国有资产。

2.3.2 国有资产收入的概念

国有资产收入是指国家凭借其拥有的国有资产所有权取得的财政收入,即经营和使用国有资产的单位和个人将其收入的一部分交给资产的所有者。在这里,国家以资产所有者的身份而不是以社会管理者的身份取得收入。

由于我们所说的国有资产的概念不仅包含经营性国有资产,还包含非经营性国有资产以及国有资源,所以国有资产收入与国有资产经营收益、国有资产收益的内涵是不同的,国有资产经营收益是指国有企业在一定时期内利用国有资产从事生产经营活动所创造的收益,国有资产经营收益不能全部上缴国家,而是必须在国家、使用单位和劳动者之间进行合理的分配,其上缴国家部分形成国家的国有资产收益。

国有资产收益是国有资产收入的重要组成部分。而国有资产收入既包括经营性国有资产收益,又包括非经营性国有资产的使用带来的收入,同时还包括对资源性资产、无形资产以及其他国有资产的经营和使用所带来的收入。

2.3.3 国有资产收入的形式

1. 经营性国有资产收入

(1)利润。利润是国有资产收益的一般上缴形式,主要适用于国家直接经营和实行承包经营的国有企业。

(2)租金。租金是出租方将资产出租给承租人进行经营活动所得的一种收益,该形式适用于实行租赁经营方式的国有企业。在资产实行租赁方式下,国家在一定时期内让渡了国有资产的使用权和经营权,必然要求承租者对国家的这种让渡进行价值补偿。这种价值补偿数量的多少主要取决于出租国有资产的有形资产价值、出租国有资产的级差收益能力和出租国有资产创造的使用价值的供求状况等因素。

(3)股利。股利是指国有资产所有者凭借其股权在股份制企业中所拥有的份额取得的利润。股利分为股息和红利两部分。股息是股份资产的利息,红利是股票持有者参与股份公司管理而分得的利润。

 **延伸阅读**

2017 年国有资本经营预算收支情况

国有资本经营预算收入主要根据国有企业上年实现净利润一定比例收取,同时按照收支平衡原则安排相关支出。

全国国有资本经营预算收入 2 578.69 亿元,下降 1.2%。全国国有资本经营预算支出 2 010.93 亿元,下降 6.7%。

中央国有资本经营预算收入 1 244.27 亿元,为预算的 96.5%,下降 13%,主要是石油、电力等行业企业 2016 年经济效益下滑。加上 2016 年结转收入 128.03 亿元,收入总量为 1 372.3 亿元。中央国有资本经营预算支出 1 001.71 亿元,完成预算的 86.3%,下降 30.9%,主要是 2017 年国有资本经营预算收入规模下降,同时调入一般公共预算比例提高,支出规模相应减少。其中,中央本级支出 766.34 亿元,对地方转移支付 235.37 亿元。向一般公共预算调出 257 亿元。结转下年支出 113.59 亿元。

地方国有资本经营预算本级收入 1 334.42 亿元,增长 13.2%。加上中央国有资本经营预算对地方转移支付收入 235.37 亿元,收入总量为 1 569.79 亿元。地方国有资本经营预算支出 1 244.59 亿元,增长 2.1%。向一般公共预算调出 310.61 亿元。

资料来源:财政部网站

2. 国有产权转让收入

(1)国家通过国有资产产权转让、出售、拍卖、兼并等方式将取得的资产产权转让收入的一部分作为财政收入。

(2)国家通过国有资产使用权转让而取得的国有资产使用权转让收入,包括:国有土地的使用权转让收益,资源开采权转让收益,山林草地、河流开发权使用收益,森林采伐权收益以及其他产权使用权转让收益等。

(3)国家投资借款归还收入,是指收回以前年度的国家投资贷款的本金和利息而取得的收入。

2.3.4 我国国有企业利润分配制度的变革

在国有资产收入中,国家取自国有企业利润的收入一直是国有资产收入的最主要部分。

国有企业利润是指企业纯收入扣除流转税之后的利润总额或实现利润。国有企业利润实现后,还要通过各种形式进行分配和再分配。国家首先以社会行政管理者身份对企业利润征收所得税,然后国家还要以资产所有者身份取得企业利润的一部分,即投资回报。其收入的多少主要由以下因素决定:企业经营效益的好坏,国家对国有企业中国有资产的经营方式的选择,国家对国有企业的利润分配制度等。

新中国成立以来,我国政府与国有企业的利润分配关系一直处于变动状态。具体有如下几种形式：

1. 利润全额上缴（统收统支）

新中国成立初期至改革开放前，国家直接经营国有企业，称之为"国营企业"，国家与它们的利润分配关系基本上一直在利润全额上缴的基调上，只是具体形式有所不同。1951年利润全额上缴，1952～1957年实行企业奖励基金制度，1958～1961年实行利润留成办法，1962～1968年恢复企业奖励基金制度，1969～1977年利润全部上缴。

2. 企业基金制度

1978年，为了鼓励企业加强经济核算，改善经营管理，调动企业与职工的积极性，国家试着扩大企业自主权，提高企业留成比例，实行了企业基金制。《关于国营企业试行企业基金的规定》中规定企业在全面完成国家规定的八项年度计划指标以及供货合同后，可从实际利润中按职工工资总额的5%提取企业基金，用于集体福利设施，举办农副业，弥补职工福利基金不足。这种制度使企业财权有所扩大，但它并没有将企业和职工的利益同企业经营成果的好坏结合起来。

3. 利润留成制度

为进一步调动企业的生产积极性，提高经济效益，1979年国务院发布了《国营企业实行利润留成的规定》。按规定把企业1978年的按职工工资总额提取的职工福利费、职工奖金、企业基金以及国家拨付的科研经费和职工培训费，加上一定数额新产品试制费这六项基金，与1978年企业实际的利润挂钩，并以此为基数换算出一个比例，作为企业利润留成的比例。比例核定后，原则上三年不变。企业可用这些留成的资金作为生产发展基金、职工福利基金和职工奖励基金。

利润留成制虽将企业留成与企业利润挂起钩来，但仍存在一些弊病：①在当时价格体系不合理的情况下，留成基数难以合理，产生了苦乐不均的状况；②利润留成比例弹性太大，影响国家财政收入的稳定。

4. 盈亏包干制度

1981年12月，财政部、国家经委发布《关于国营工交企业实行利润留成和盈亏包干办法的若干规定》，对利润留成办法进行了进一步修改，提出国家根据企业及其主管部门的不同情况，实行多种形式的利润留成办法，如基数利润留成加增长利润留成办法、全额利润留成办法、超计划利润留成办法、上缴利润包干办法、亏损补贴包干办法等。这些办法对调动企业积极性有较大的作用，但包干基数不易科学、合理地确定，不能很好地发挥财政调节职能的作用。

5. 利改税制度

利改税也称以税代利，是将国营企业上缴利润改为按国家规定的税种和税率缴纳税金，税后利润由企业支配。

（1）第一步利改税。1983年6月推行第一步"利改税"。其内容是把国有企业原来向国家上缴的利润，改为向国家缴纳所得税。这一阶段实际上是税、利并存的。

（2）第二步利改税。为加快城市经济体制改革的步伐，理顺国家和国有企业之间的分配关系，在1984年10月进行了第二步利改税改革，从税利并存过渡到以税代利。

利改税试图通过税收制度规范政府与国有企业的利润分配关系，以保证国家财政收入的稳定增长，但它没有区分国家政治权力和财产权力，混淆了税收和上缴利润的区别。

6. 承包经营责任制

1987年国务院提出推行多种形式的企业承包经营责任制。其原则是："包死基数，确保上缴，超收多留，欠收自补。"其核心是对利润上缴实行承包制。

承包后上缴国家利润的形式主要是：上缴利润递增包干；上缴利润基数包干超收分成；微利企业上缴利润定额包干；亏损企业减亏（或补贴）包干。一些小型国有企业实行租赁制。

承包制是一种按所有权与经营权分离的原则管理国有企业的方式，适应了我国当时的国情，兼顾了国家、企业、职工各方的利益。但它无法规范国家与企业之间的利润分配关系。

7. 税利分流

1987年，在第二步利改税办法实施的第三年和全面推行承包经营责任制第一年，财政部在总结历次改革，特别是第二步利改税办法和企业承包经营责任制的经验教训，以及大量测算工作的基础上，提出了《关于进一步改革国家同企业分配关系的方案》。这一方案1988年开始试点，1994年开始在全国推行。其主要内容是：降低所得税税率，国家首先以管理者身份向企业征收33%的所得税，之后企业归还各种贷款，剩余部分为企业利润，国家再以国有资产所有者身份取得收入，这种收入通过承包形式向企业收取。

税利分流为规范国有企业利润分配制度打下了良好基础。

2.3.5　市场经济条件下的国有企业经营和国有经济收入

我国对国有企业利润分配制度的不断变革是为了不断地完善国家与国有企业的分配制度，提高国有企业的经济效益。而建立现代企业制度，实行国有经济的战略性改组才是我国提高国有资产使用效率的根本方向。与此同时，国家参与国有企业的利润分配形式仍需要进一步规范化。

为提高国有资产经营和使用的效益，使有限的国有资产真正发挥其应有的作用，自1997年开始，我国逐步开始国有经济的战略性重组，在适当收缩国有经济战线的前提下，通过国有资产的流动和重组，改善国有资产的配置结构和国有企业的组织结构，集中力量加强国家必须保证的涉及国家安全的行业、自然垄断性行业、提供重要公共产品和服务的行业以及支柱产业和高新技术骨干产业等，将一般竞争性行业主要交由其他经济成分的企业去发展。1999年，为解决国有企业负债沉重、经营效益低下以及国有银行不良资产问题，我国又对部分国有企业实行了债转股。

在市场经济条件下，政府通过国有经济取得收入，必须符合经济发展的规律，符合现代企业制度的要求。其基本点是国家首先以社会管理者的身份，凭借政治权力，以所得税的形式参与国有企业及相关的资本形式的利润分配；而后国家以出资者的身份，凭借财产权利，以上缴国有资产收益（即上缴利润、国有股红利、承包费和租赁费）形式参与国有企业及相关的资本形式的利润分配。在市场经济中，国有企业的经营效益是由市场竞争决定的，企业必须拥有独立自主权，还必须具有自我积累和自我发展的能力。这与国家作为出资者从企业取得收入的多少密切相关。国家留给企业的税后利润越多，企业独立自主发展的潜力越大，但国家作为资本所有者的直接投资能力就越弱，对国有经济的宏观控制能力就越弱。而国家从企业取得的收入越多,对企业面对市场独立发展能力的限制就越严重。如何合理界定财政在国有资本收益中集中的份额成为一个两难的问题。从理论上讲,这一份额的确定必须以社会资源的最佳配置为基本准则,必须能够保证国有资产的保值和增值,必须能够保证各类企业在市场经济中公平地进行竞争。

我国国企集团核心业务上市或整体上市

新闻回放:国资委原主任李荣融 2009 年 12 月 24 日表示,2010 年国资委将积极推动国有企业集团核心业务资产上市或整体上市,推动优势资源向绩优上市公司集中,提高企业资本的证券化比重;还将鼓励、支持国有企业开展跨国、跨区域、跨所有制的联合重组,鼓励、支持各种所有制性质的企业,特别是有实力、有信誉的民营企业参与国有经济布局结构战略性调整。

资料来源:中国财经报

术语解析:整体上市指的是公司所有资产全部投入拟设立的股份有限公司以完成上市。

专栏点评:目前国有企业整体上市是继股权分置改革基本完成后,提升中国证券市场国际竞争力的一项措施,也是培育和提升国有企业整体竞争力的一项措施。到目前为止,我国的国有企业无论是中央大型国有企业,还是地方大型国有企业,绝大多数都是母体国有而属下有一家或多家上市公司,少部分国有企业属下无上市公司。所以,国有企业整体上市的关键是要解决好属下上市公司整合的问题。

本 章 小 结

财政收入是国家以税收等形式取得的货币收入,是政府行使职能的经济保证;财政收入还表现为一个经济过程,是财政分配的第一阶段,在这个阶段,形成了国家和缴纳款项的单位和个人之间的经济利益关系;财政收入的形式主要有税、利、债、费四种,其中税收收入是国家财政收入的最主要来源,具有强制性、无偿性和固定性的特点;税收产生的本来目的是筹集财政收入,但它既然是一种分配活动,就必然会对经济行为产生影响,因此,税收还是政府的重要经济杠杆。一国财政收入的规模大小受各种政治、经济因素的影响,从经济的角度看,主要有经济发展水平、生产技术水平以及价格因素等;规范国家与国有企业的利润分配关系是建立现代企业制度的需要,同时对保证一国财政收入的稳定增长也有重要意义。

课堂延伸思考

1. 请运用所学专业知识,从多角度分析"十三五"期间全国财政收入的发展情况。

2. 价格上涨,财政收入一定会增加吗?
3. 税收与其他分配方式有什么不同,为什么不依法纳税会受到严厉处罚?
4. 分析我国现行税制的特点,试述我国目前税制改革的焦点及其措施。
5. 为什么经济越发达,所得税在税收收入中所占比重会越大?
6. 结合当前我国税制改革的现状,选择其中一个税种具体分析税收效应。
7. 结合国际惯例,探讨我国开征遗产税的可能性及其意义。
8. 举例分析整体上市对国有企业的影响。
9. 结合当地的实际情况分析增加当地的财政收入的途径。

第3章

解读财政支出

财经新闻回放

2017年全国财政支出（一般公共预算）为203 330.03亿元，完成预算的104.3%，增长7.7%。加上补充中央预算稳定调节基金3 175.39亿元，支出总量为206 505.42亿元。在2018年，全国财政支出预计将达到209 830亿元（含中央预备费500亿元），支出接近21万亿元，扣除2016年地方使用结转结余及调入资金后增长7.6%，这个增幅也高于2018年预算收入6.1%的增幅，财政支出规模进一步扩大。

"国家账本"中最关注的是"民生账本"。2018年财政将继续加大对基本民生保障和公共文化、医疗卫生、农业、生态环保等重点领域的投入。从支出预算的具体安排看，2018年教育支出、社会保障和就业支出、城乡社区支出安排在全国一般公共预算支出安排中占比均超过10%，成为"三甲"。以占比最大（15%）的教育支出为例，2018年超过3万亿元，这意味着，财政支出每花掉7元钱，就有1元以上投向教育；在医疗卫生方面，将城乡居民基本医疗保险财政补助标准提高40元，达到每人每年490元，基本公共卫生服务项目年人均财政补助标准再提高5元，达到每人每年55元。

同时，预算报告显示，2018年在精准脱贫、防范化解重大风险和污染防治等"三大攻坚战"相关投入合计将达14 965.95亿元。其中，中央财政安排大气、水、土壤三项污染防治资金合计405亿元，比2017年增加64.65亿元，增长19%，投入力度为近年最大。

资料来源：中国经济周刊

本章预习

通过新闻回放，我们已经了解到2018年我国财政预算支出近21万亿元，财政支出重点向基本民生保障和公共文化、医疗卫生、农业、生态环保倾斜，明确了我国财政支出的方向。经过第2章的学习，我们已经知道2017年国家主要通过税收、发行国债以及国有资产收益等方式对社会产品进行分配取得财政收入182 705.42亿元，比2016年增加15 881.82亿元，增长9.52%。政府如何使用这些资金，如何体现财政收入特别是税收收入"取之于民，用之于民"，如何实现财政满足社会公共需要、履行政府职能的目标，如何促进经济持续稳定增长，如何解决地区、行业发展不平衡，如何保障弱势群体的基本生活等一系列经济、社会问题，在本章的学习过程中你将找到答案。

第 3 章 解读财政支出

本章学习线路图

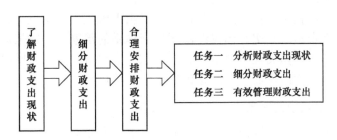

3.1 财政支出现状分析

2017 年财政支出总体情况

2017 年 1～12 月累计全国一般公共预算支出 203 330 亿元，同比增长 7.7%。其中，中央一般公共预算本级支出 29 859 亿元，同比增长 7.5%；地方一般公共预算支出 173 471 亿元，同比增长 7.7%。

从主要支出科目情况看：教育支出 30 259 亿元，增长 7.8%；科学技术支出 7 286 亿元，增长 11%；文化体育与传媒支出 3 367 亿元，增长 6.4%；社会保障和就业支出 24 812 亿元，增长 16%；医疗卫生与计划生育支出 14 600 亿元，增长 9.3%；节能环保支出 5 672 亿元，增长 19.8%；城乡社区支出 21 255 亿元，增长 15.6%；债务付息支出 6 185 亿元，增长 21.9%。

资源来源：财政部网站

专栏点评：根据上述资料，我们对 2017 年我国的财政支出状况有了具体的认识，了解到我国财政支出保持中速增长，2017 年全国财政支出规模达到了 203 330 亿元。下面让我们学习有关财政支出规模的知识，了解衡量财政支出规模的指标和影响财政支出规模的因素，并运用这些知识对我国目前财政支出规模状况加以分析。

3.1.1 财政支出规模

财政支出是政府把筹集到的财政资金，按照一定的方式和渠道，有计划地用于社会生产与生活各个方面的分配活动。它是财政分配活动的第二阶段，也是政府履行其职能、满足社会公共需要的财力保证。财政支出通常也被称作政府支出或公共支出。

1. 衡量财政支出规模的指标

衡量财政支出规模的指标包括绝对量指标和相对量指标。绝对量指标是以财政支出的货币总量来反映财政支出的规模大小，它可以比较直观地反映一定时期内财政活动的规模和政府提供公共事物的能力。但是这种指标不能充分反映政府在整个社会经济中的地位，由于以本国货币为单位，也不便于进行国际比较；另外，要反映实际的财政支出规模总量，还必须剔除通胀因素的影响。由于绝对量指标局限性大，在分析财政支出规模时，用得最多的还是相对量指标。相对量指标通常是以财政支出占国民生产总值（或国内生产总值或国民收入）的比重来表示。在实行国民经济平衡表体系的国家，一般采用财政支出占国民收入比重的指标；在实行国民经济核算体系的国家，则用财政支出占国民生产总值或国内生产总值比重的指标。我国目前实行的是国民经济核算体系。

2. 影响财政支出规模的因素

一般来说，影响财政支出规模的因素主要有以下几方面：

（1）经济增长，经济效益提高。经济增长，经济效益的提高为财政支出增长提供了可能性，这种可能性体现在三方面：①经济增长，国内生产总值不断增加，从而使税基不断扩大，增加了财政收入，为财政支出规模的扩大提供了可能；②税收中的一些税种尤其是所得税具有累进性，在其他条件不变时，政府获得的税收收入增长快于经济增长速度，由于税收是财政收入的主要形式，它的这种特点也使财政支出扩大成为可能；③随着经济发展水平的提高，私人拥有财富也会增多，这使得政府通过增加发行国债来扩大支出规模成为可能。

（2）政府干预的增加，政府活动范围的扩大。政府干预的增加，政府活动范围的扩大是导致各国支出不断增长的重要原因。在自由经济时代，政府只履行守夜人的角色，对经济生活领域的活动不予干涉。随着资本主义经济矛盾的激化和经济危机的周期性爆发，人们逐渐认识到市场并不能自动解决一切经济问题，认识到政府干预经济的重要性。20世纪30年代的世界性经济危机更强化了人们关于国家干预经济的意识，政府逐步加强了对经济的宏观调控。第二次世界大战后，为防止社会动荡，缓解社会矛盾，政府又不得不设法提高人民生活水平并向其提供基本的社会保障。随着社会发展和人民生活水平的提高，社会对公共产品的需求越来越多，质量要求也越来越高，从而使政府提供的公共产品范围不断扩大。总之，由于政府职能呈现扩大的趋势，推动着财政支出规模不断增长。

（3）经济体制和制度。经济体制有计划体制和市场体制之分。计划体制下政府对经济建设领域干预过多，其职能范围也比市场经济国家政府职能范围宽，因而财政支出占GDP的比重相应较高。在经济体制相同时，不同福利制度的差异，也会影响财政支出规模。比如，实行高福利政策的瑞典，其财政支出占GDP的比重就远远高于同为市场经济体制的美国。

（4）政府工作效率。政府工作效率对财政支出规模影响很大。如果政府工作效率高，则政府可以设置更少的机构来实现政府职能，因而财政支出规模也会相应较小；如果政府工作效率低下，那么结果就正好相反。

（5）政治环境。当一国政治环境变糟、政局不稳、出现内乱、战争等突发事件时，财政支出规模会超寻常地扩大。而在政治环境趋好时，财政支出规模会趋于正常。

（6）社会因素。如人口状况、文化传统等也在一定程度上影响政府支出规模。在发展中国家，人口基数大，增长快，相对的教育、保健和社会救济支出压力较大，而在发达国家，由于人口老龄化问题较为严重，加之公众要求改善社会生活质量、提高社会福利等，也会对政府财政支出提出新的要求。

3．我国财政支出规模变化的指标分析

2003 年以来，我国财政支出规模变化有以下特点：

（1）经济的高速增长保证了财政支出绝对数量较快增长。从 2003 年的 24 649.95 亿元，增加到 2012 年的 125 712.25 亿元，平均年增长率 20% 以上。但随着我国经济进入新常态，自 2015 年起我国财政支出增速逐渐回落至 10% 以下（如图 3-1 所示）。

（2）财政支出①占国内生产总值比重先下降后回升。在财政支出绝对数量不断增加的同时，其占 GDP 的比重却呈下降态势，从 1978 年的 30.96% 降至 1995 年的最低点 11.67%。在分税制的财税管理体制改革之后，这种下降态势才逐步扭转，之后逐渐回升，到 2015 年达到 25.5%（如图 3-1 所示），之后处于比较稳定的态势。但该指标相对于其他国家，还是比较低。这说明，在经济快速发展的同时，政府控制的财政资源却相对减少。

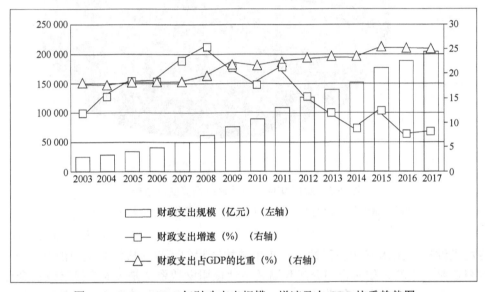

图 3-1　2003～2017 年财政支出规模、增速及占 GDP 比重趋势图

数据来源：财政部和国家统计局官方网站

（3）政府职能的转变导致财政支出结构发生明显变化，财政支出向"保证民生"方面倾斜。2003 年以来，各级财政部门不断调整支出结构，持续加大对民生领域的投入力度，向社会主义新农村建设倾斜，向社会事业发展的薄弱环节倾斜，向困难地区、基层和群众倾斜，并着力建立保障和改善民生的长效机制。

3.1.2　财政支出分类

专栏 3-2

2018 年中央公共财政预算支出结构如图 3-2 所示。

---

① 这里指一般公共预算支出。

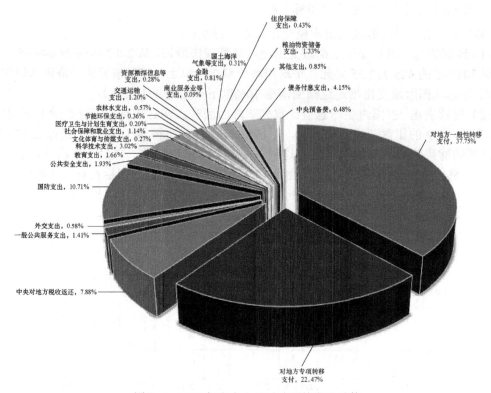

图 3-2　2018 年中央公共财政预算支出结构

注：由于数值过小，未体现城乡社区支出（0.08%）及债务发行费用支出（0.05%）。

数据来源：财政部网站

专栏点评：从 2018 年中央财政预算支出结构图我们可以明确财政支出的具体分类，由于财政资金是有限的，如何合理分配和高效率地使用财政资金是政府安排财政资金首要解决的问题。对财政支出进行科学分类，有利于政府合理分配财政资金，正确处理各项支出的比例关系，确定财政支出的方向和重心，也有利于社会公众对政府财政状况的了解。下面我们根据财政部公布的数据资料，对财政支出具体的方向和内容做进一步的认识。

1. 按国家职能分类

（1）经济建设费。它包括基本建设支出、国有企业挖潜改造资金、科学技术三项费用（即新产品试制费、中间试验费、重要科学研究补助费）、简易建筑费支出、地质勘探费、增拨国有企业流动资金、支援农业生产支出等。

（2）社会文教费。它包括用于文化、教育、科学、卫生、出版、通信、广播、文物、体育、地震、海洋和计划生育等方面的经费、研究费和补助费等。

（3）国防费。它包括各种武器和军事设备支出，军事人员经费支出，有关军事的科研支出，对外军事援助支出，民兵建设事业费支出，用于实行兵役制的公安、边防、武装警察部队和消防部队的各种经费、防空经费等。

（4）行政管理费。它包括用于国家行政机关、事业单位、公安机关、司法机关、检察机关、驻外机构的各种经费、业务费和干部培训费等。

（5）其他支出。它反映除上述科目以外其他不能划分到具体功能科目中的支出项目。例如，2018年中央公共财政本级预算中，其他支出预算数为881.58亿元，比2017年执行数增加270.99亿元，增长44.4%。主要是国家发展改革委安排的部分基本建设支出等年初暂列本科目，执行中将根据政策规定和实际用途转列相关科目。⊖

按照国家职能对财政支出分类，能够反映出国家政治经济活动的全貌和各时期政府职能范围及其侧重点。如果对一国的支出结构做时间序列分析，可发现该国国家职能的演变；若对不同国家同一时期支出结构进行横向分析，则可以揭示各国国家职能的差别。

2．按财政支出的具体用途分类

根据具体用途，财政支出可以分为基本建设支出、流动资金支出、价格补贴支出、科教文卫事业支出、国防支出、行政管理费支出等。我国财政部门在编制每年的收支预算时，就是以财政具体用途作为其支出类级科目的划分标准，以便于财政支出的支付。

3．按财政支出在社会再生产中的作用分类

（1）补偿性支出。它是指用于补偿生产过程中消耗掉的生产资料方面的支出，我国现用于该项目的支出已大大削减，仅剩下企业改造支出一项。

（2）消费性支出。它是指财政用于社会共同消费方面的支出，主要包括文教科卫事业费、抚恤和社会救济费、行政管理费以及国防费等各项支出。

（3）积累性支出。它是指财政用于直接增加社会物质财富及国家物资储备的支出，主要包括基本建设支出、流动资金支出、国家物资储备支出、生产性支农支出等。

4．按财政支出的经济性质分类

按财政支出是否与商品和服务相交换为标准，可将财政支出分为购买性支出和转移性支出。购买性支出与转移性支出在财政支出总额中所占比重的大小，可以反映政府在一定时期内直接动员社会资源的能力以及对社会经济的影响程度。

（1）购买性支出。它是指财政支出中直接表现为政府购买商品或劳务活动的支出，主要包括：用于进行日常政务活动所需的商品和劳务的支出，即经常性支出；用于进行国家投资所需的商品和劳务的支出，即资本性支出。

（2）转移性支出。它是指财政支出中用于直接表现为资金无偿、单方面转移的支出，主要包括政府部门用于补贴、债务利息、失业救济金、养老保险等方面的支出。

购买性支出与转移性支出在财政支出总额中所占比重的大小，可以反映政府在一定时期内直接动员社会资源的能力以及对社会经济的影响程度。购买性支出和转移性支出占总支出的比重，受一国经济发展水平的影响。一般而言，经济发达国家，由于政府较少直接参与生产活动，财政收入比较充裕，财政职能侧重于收入分配和经济稳定，因而转移性支出占总支出的比重较大，或与购买性支出相当，或较购买支出增长更快。发展中国家，由于政府较多地直接参与生产活动，财政收入相对匮乏，购买性支出占总支出的比重较大，转移支出的比重较小。下面让我们学习购买性支出的具体内容，分析我国购买性支出现状和未来发展趋势。

⊖ 见财政部《关于2018年中央本级支出预算的说明》。

财政支出分类

政府支出分类是将政府支出的内容进行合理的归纳,以便准确反映和科学分析支出活动的性质、结构、规模以及支出的效益。按照 2007 年 1 月 1 日正式实施的政府收支分类改革,我国现行支出分类采用了国际通行做法,即同时使用支出功能分类和支出经济分类两种方法对财政支出进行分类(以《2018 年政府收支分类科目》为例)。

支出功能分类,简单地讲,就是按政府主要职能活动分类。我国政府支出功能分类设置一般公共服务支出、外交支出、国防支出等大类,类下再分款、项两级。

支出经济分类,是按支出的经济性质和具体用途所做的一种分类。在支出功能分类明确反映政府职能活动的基础上,支出经济分类明确反映政府的钱究竟是怎么花出去的。我国支出经济分类科目设工资福利支出、商品和服务支出等,类下设款。

支出经济分类与支出功能分类从不同侧面、以不同方式反映政府支出活动。支出功能分类、支出经济分类与部门分类编码和基本支出预算、项目支出预算相配合,在财政信息管理系统的有力支持下,可对任何一项财政支出进行"多维"定位,以清楚地说明政府的钱是怎么来的,干了什么事,最终用到了什么地方,为预算管理、统计分析、宏观决策和财政监督等提供全面、真实、准确的经济信息。

资料来源:财政部网站

3.2 认识购买性支出

购买性支出是指财政支出中用于直接表现为政府购买商品或劳务活动的支出,主要包括社会公共消费性支出和投资性支出。社会公共消费性支出主要是用于购买进行日常政务活动所需的商品和劳务的支出;投资性支出主要是用于进行国家投资所需的商品和劳务的支出。

3.2.1 社会公共消费性支出

行政管理支出和国防费用支出是社会公共消费性支出的重要构成内容,是典型的社会公共需要,是财政预算必需的项目。

1. 行政管理支出

行政管理支出是指国家各级政权为实现其职能作用所需要的费用支出,包括党政机关经费、公检法与武警经费、国家安全经费和外交经费等。

行政管理支出作为国家执行职能的基本开支,是政府公共预算开支的一个重要项目。然而,近年来我国行政管理费开支出现了与改革不相吻合的"弹跳式"增长,成为困扰我国财政的一个突出问题。如何抑制行政经费不合理增长的过猛势头,是目前财政工作亟待解决的重要问题。

控制行政管理增长的措施有:

1) 切实转变政府职能,深化机构改革。
2) 实行政府采购制度。政府采购也称公共采购,是指各级政府及所属实体为了开展日常政务活动和为公众提供社会产品或公共服务的需要,在财政的监督下,以法定的方式、方法和程序,从国内、国际市场上为政府部门或所属公共部门购买所需产品和劳务的行为。它将会对我国财政管理体制带来深刻的变革。
3) 规范支出范围,净化支出内容,解决行政费用开支庞杂的问题。
4) 实行自上而下的层层控制,努力提高行政管理费用的使用效果。

2. 国防费用支出

它是指国家财政用于国防建设和军队方面的费用,包括国防费、民兵建设费、国防科研事业费和防空费用等。确定合理的国防费用规模,实质是在不损害国家安全前提下尽可能降低国防负担的问题,即一方面国防费用规模应能保证国家安全,另一方面国防开支又不能损害国家其他职能的正常执行。

专栏 3-3

中国始终坚持适度控制的国防费投入。从国防费占 GDP 比重、国民人均国防费,以及军人人均国防费看,中国是世界上国防费投入相对较低的国家。数据显示,近 10 年来,中国国防费占 GDP 的比重平均为 1.25%(如图 3-3 所示)。这一比例不仅远低于美国、俄罗斯等世界大国 4%的比例水平,也大大低于 2.4%的世界平均水平。

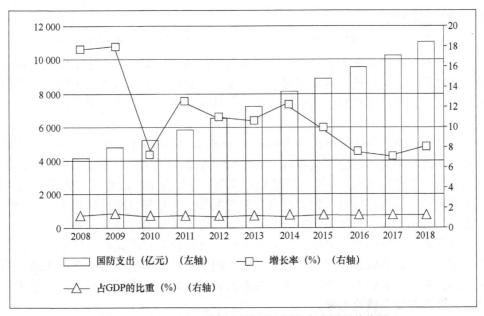

图 3-3　2008~2018 年中国的国防经费支出增长趋势图

数据来源:财政部、国家统计局网站

据测算,2016 年,中国年度国防费相当于美国的 24.6%,2017 年中国军费支出仅约 1 517 亿美元,是美国军费总量的 1/5,而军人人均数额是美国的 13.58%、日本的 34.4%、英国的22.98%。据估算,美国军费占世界军费支出比接近40%,相当于第二到第十名国家军费开支的总和。根据美国2018财年国防预算法案,美国2018财年国防军费预算接近7 000亿美元,虽然经历2011~2013年及2015年军费增速的负增长,但总体不断攀升,2018年已至14%左右。

因此,无论是从相对规模还是绝对规模上,中国年度国防费远远低于其他国家。

资料来源:深圳晚报、中国产业信息网

专栏点评:从上述资料可以看出,与主要国家相比我国国防费规模、水平都比较低,这主要与我国目前的经济发展水平和政策重心有很大关系。

其实,除了经济发展水平与政策重心对一国的国防费支出有导向性的影响外,一国国防费支出规模还受以下因素的影响:

1)国际局势变化的影响。国际局势紧张,战争危险增加,军费开支必然有大幅度增长;反之,军事开支可适当减少。

2)国家财力的制约。在经济建设时期,国家财力有限,必须适度控制国防费用,以便集中财力用于经济建设,从发展来看更有利于国防建设。

3)军工生产与民用生产的关系。国防工业往往集中了先进的技术设备和雄厚的科研力量,实行"军民结合""平战结合",可充分发挥军工生产优势,促进整个国民经济的发展和国防工业本身效益的提高。这必然有利于国防建设。

4)国防费使用的效率。加强国防费用财务管理极为重要,它是国防费用结构优化的基础,而军队财务管理是军费合理使用的保障。

3. 文教科卫支出

(1)文教科卫支出的性质。文教科卫支出属于社会公共消费性支出。从内容上看,文教科卫支出仅指财政用于文教、科学、卫生等部门的经常性支出,不包括财政向这些部门拨付的基本建设支出、科技三项费用等投资性支出。另外,文教科卫支出绝大部分用于支付这些单位工作人员的工资和公用经费。所以,从总体上说,文教科卫支出属于一种社会消费性支出。

由于文教、科学、卫生等部门是非物资生产部门,它们不生产物资产品,也不提供生产性劳务,从这个意义上划分,文教科卫支出属于非生产性支出。需要指出的是,将文教科卫支出划为非生产性支出,并不意味着它不重要,与社会生产没有任何关系。实践证明,文教科卫事业的发展与物质财富的生产有着密切关系,而且其贡献越来越大。大力发展文教科卫事业,有利于提高全体国民的素质,从而促进经济健康、持续发展。

(2)文教科卫支出的资金来源分析。文教科卫支出应当在国民收入使用额中占有一定的份额,而且这一份额应逐步增大。这部分支出应当由财政支出予以安排,还是主要在微观经济主体的初次分配收入中予以安排,或者两者并举?要回答这个问题,显然需要我们回到"社会公共需要"理论上来。

用于满足社会需要的产品可以分为三类:①纯粹的公共产品;②纯粹的私人产品;③同时具有公共产品和私人产品特征的产品(准公共产品)。

第一类产品所需的资金由财政提供,第二类产品所需的资金由微观经济主体提供,第三类产品所需的资金应当由财政和各微观经济主体共同承担。如果把文教科卫当作一种产品且对其进行分类，那么它应该属于第三类公共产品，即应由财政和各微观经济主体共同承担其费用。财政是用来满足社会公共需要的，原则上只限于那些社会公众不可能而且也不应该通过市场购买予以满足的需要。下面按这一标准分析文教科卫支出的资金来源。

1）教育支出资金来源分析。一般认为，教育是可以由微观主体提供或举办的，需要接受教育的人也可以通过"交学费"来买到这种服务。所以，原则上讲可以不必由政府来提供资金。但是教育对国民经济发展的促进作用非常显著，使得教育不仅是个人的事，还关系到社会的发展进步，因此，广大人民群众享受教育的需要，就成为一种社会的公共需要。然而，教育作为一种社会公共需要，毕竟与人们对安全和秩序的需要有所区别：对安全和秩序的需要只能由政府予以满足，而对教育的需要则可以由私人予以满足。更重要的是安全和秩序具有非排他性，而教育所提供的利益则是内在化和私人化的，专业教育尤其如此。所以，教育这种需要是一种准社会公共需要，其资金的来源也应该是多方面的，应由国家、社会以及受教育者共同负担。

2）科学研究资金来源分析。科学研究可以由个人或某一集体去共同完成，其研究成果一般也可以有偿转让。但是有些情况会使这种转让十分困难，如有些具有"外部经济"的研究成果就难以实现其经济价值，即往往有一部分研究成果的成本与运用科研成果所获得的利益不易通过市场交换对称起来。所以用于此类的科研成果（主要是基础研究）的经费应当由政府承担，而那些可以通过市场交换来充分弥补其成本的科学研究（主要是应用性的研究）则可以由微观经济主体承担其经费。

3）医疗卫生支出资金来源分析。卫生事业实际上由医疗和卫生两部分组成，它们的经济性质是有区别的。医疗服务可以由政府提供，也可以由私人提供，不管谁来提供医疗服务，都是可以进入市场交换的。另外，医疗服务的利益完全是私人化的。据此，可以认为，医疗服务并不一定要求政府出资提供。多年以来，我国对国有企业事业单位职工实行公费医疗制度，这在一定范围内体现了公平的原则，但如果从经济原则或效率原则角度考察，公费医疗制度存在严重弊端，如药品的浪费，门诊和床位的拥挤，医疗费用屡屡超支等。西方高福利的国家也实行类似我国公费医疗的社会保障制度，也存在同样的管理上的问题。其实按照公共产品理论来分析，带有私人性质的产品如果按公共产品的性质来进行分配，由于它具有排他性，其结果必然是导致该项产品供应的不足或效率的低下。而卫生服务则与医疗服务不同，私人不可能也不愿意提供这项服务，这项服务本身也不可能进入市场，而且卫生服务的利益也是由社会公众无差别地享受（消费的非排他性）的，因此，卫生服务主要应由政府出资提供。例如，"非典"等传染性疾病的防治，是全社会的问题，应该由政府来提供资金。

通过以上分析可以看出，文教卫生服务并非是一种纯公共产品，而是一种准公共产品。因此，从总体上来说，为了促进文教科卫事业的发展，政府和社会公众应当共同出资。

专栏 3-4

水系污染治理与港珠澳大桥建造

新闻回放：党的十八大以来，中央财政调整支出结构，向绿色发展、环境保护、生态修复等重点领域倾斜，累计投入1.16万亿元，年均增长15.7%，高于同期中央财政支出9.5%

的增幅。

2018年中央财政安排大气、水、土壤三项污染防治资金合计405亿元，比2017年增长19%，投入力度是近年来最大的。其中，大气污染防治专项资金200亿元，这是2013年的4倍。2019年，中央财政大气污染防治资金在2018年200亿元的基础上，再增加安排50亿元，增长25%。

全长约55公里的港珠澳大桥工程总投资约1 200亿元。除三地口岸及连接线建设由粤、港、澳三方政府投资完成外，大桥主体采用"政府全额出资本金，资本金以外部分由粤港澳三方共同组建的项目管理机构通过贷款解决"的融资方式，待大桥建成后实行收费还贷。

其中，主体工程造价约480亿元，由中央政府支持的资金加粤、港、澳三地政府投入的资本金共204亿元，还有276亿元则以银团贷款解决。

资料来源：新华网、腾讯网

专栏点评：这两个项目都要耗费巨资，钱从哪来？是不是都应由政府出资来完成？大气、水、土壤污染防治计划属于典型的公益性项目，它的资金来源主要由财政安排。港珠澳大桥建设工程属于基础性项目投资，则可以广泛吸收地方、企业参与投资。

3.2.2 投资性支出

1. 财政投资性支出的性质

财政投资性支出是指用于形成资产的资金支出，投资能刺激需求的增长，也能增加供给，是经济增长的主要因素。投资对经济增长具有乘数效应。但投资又受当前生产水平的制约，投资引起收入（储蓄）的增加，收入的增加又对投资的增加产生加速作用，若投资的增加超过收入的增加则必然导致通货膨胀。我国近几年来的经济增长在很大程度上是依靠财政投资来拉动的。

2. 财政投资的特点

在任何社会中，社会总投资都可以分为财政投资和非财政投资两大部分，政府部门主导财政投资，而非政府部门决定非财政投资。这两大部分投资在各国社会总投资中所占的比重存在着差异。影响这个比重的因素主要有两个：①经济体制的差异。一般来讲，在市场经济国家，非财政投资在社会投资总额中所占比重较大；在计划经济国家，财政投资所占比重较大。②经济发展阶段的差异。一般来讲，发达国家财政投资占社会总投资的比重较小；欠发达国家和中等发达国家财政投资占社会总投资的比重较大。

财政投资与非财政投资具有以下不同特点：

(1) 政府居于宏观调控主体的地位，可以从社会效益和社会成本角度来评价和安排投资，以提高国民经济的整体效益为投资目的；非政府部门则居于微观被调控的客体地位，作为独立的产品生产经营者，从微观效益和微观成本角度来评价和安排投资，以营利为投资目的。

(2) 政府财力雄厚，而且资金来源多半是无偿的，可以投资于大型项目和长期项目；非政府部门的资金分散且规模相对较小，社会筹资既有限又要偿还，无力承担规模较大或时间较长的投资项目，只能从事周转快、见效快的短期性投资项目。

（3）政府从社会角度出发可以从事社会效益好而经济效益一般的投资；非政府部门从行业角度出发，除非政府法律干预和社会公众压力，投资一般只顾及经济效益。

3．财政投资的范围

按照全社会固定资产投资的使用方向和不同投资主体的投资范围，以及各类建设项目不同的经济效益、社会效益和市场需求等，将投资大体划分为竞争性项目投资、基础性项目投资和公益性项目投资三大领域。政府在市场经济中的地位和投资的特点决定了财政投资的范围。财政投资一般限于社会公益性项目投资和基础性项目投资。

2010年5月，国务院《关于鼓励和引导民间投资健康发展的若干意见》正式公布，明确界定财政投资范围，财政（政府）投资主要用于关系国家安全、市场不能有效配置资源的经济和社会领域，对于可以实行市场化运作的基础设施、市政工程和其他公共服务领域，应鼓励和支持民间资本进入。进一步调整国有经济布局和结构。国有资本要把投资重点放在不断加强和巩固关系国民经济命脉的重要行业和关键领域，在一般竞争性领域，要为民间资本营造更广阔的市场空间。

3.3 认识转移性支出

专栏3-5

2017年中央财政继续加大对民生领域的投入

新闻回放：2017年，中央本级支出29 857.15亿元。其中，社会保障与就业支出1 087.64亿元（完成预算的109.7%）；债务付息支出3 777.69亿元。

中央对地方税收返还和转移支付65 051.78亿元。其中，税收返还8 022.83亿元（完成预算的87.8%，主要是根据全面推开营改增试点后调整中央与地方增值税收入划分过渡方案有关税收返还政策据实安排）；一般性转移支付35 145.59亿元（完成预算的100.3%），其中，均衡性转移支付增长8.3%，老少边穷地区转移支付增长19.7%；专项转移支付21 883.36亿元（完成预算的101.9%，增长5.0%），主要用于加大农业、教育、社保、医疗、就业、生态环保、住房保障等重点领域投入力度。

资料来源：《关于2017年中央决算的报告》

专栏点评：财政支出的每一个数字都体现了国家政策导向，回应着百姓的殷殷期盼。翻开"国家大账"，促进"三农"、发展教育、支持医改、上调养老金、提速保障房建设、生态环保……很多与民生有关的热词，均能在其中找到与之对应的财政资金安排和表述。

近年来，我国的财政支出更加重视民生，特别是老百姓普遍关注的社会保障和就业支出不断增长。为什么国家要加大对社会保障和就业方面的投入呢？让我们首先学习社会保障的含义、特点和内容，明确社会保障与国民经济的关系，充分理解国家加大社会保障投入的现实意义；其次，了解我国社会保障制度发展历程和运行现状，分析目前存在的问题；最后，能对社会保障制度改革发展方向有明确的认识。

3.3.1 社会保障支出

1．社会保障的含义及其存在的依据

社会保障一般是指国家向丧失劳动能力、失去就业机会以及遇到其他事故而面临经济困难的公民提供的基本生活保障。社会保障的需要是随着生产的社会化产生和发展的。在人们尚未组成相互密切联系的社会时，因而没有实行社会保障的可能。随着生产力的发展，劳动者之间形成了分工，"社会"作为一个现实的实体出现在人们之间并制约着人们的活动，人们不仅要为社会做出贡献，还需要靠社会的力量来抵御自然灾害，解决因意外伤害、失业、病残、退休等所带来的生存问题。为了使社会稳定、经济发展，各国政府必须建立健全社会保障制度。

人们在经济生活中，寻求各种形式的经济保障。经济保障一般分为四种形式：①就业单位所提供的经济保障；②公众之间相互提供的经济保障；③商业化的保险机构提供的经济保障；④政府通过法律规定提供的社会保障。政府提供社会保障作为一种经济保障形式，具有两个基本特征：①由政府在社会范围内组织实施的，具有范围广、强制性的特点；②社会保障的受益人为公民中遇到生、老、病、伤、残、失业等事故而亟待获得物资帮助者，具有项目的指定性和受益人的选择性的特点。

2．社会保障的特性

社会保障是一种国民收入社会化消费的再分配形式。其中，劳动者的社会保障不是宗教团体或社会团体的慈善事业，也不是政府济贫性质的单纯的社会伦理的调节，而是劳动力再生产的一个组成部分，是在一定社会经济形态下法定的分配制度。

我国社会保障具有保证性、普遍性、公平性、鼓励性、互济性、储存性等特点。

3．社会保障支出的内容

（1）社会保险。它是国家对劳动者在生、老、病、伤、残、失业时给予的资金补助。这是社会保障的核心内容。我国社会保险的主要项目有：①养老保险；②医疗保险；③疾病和生育保险；④伤残保险；⑤工伤保险；⑥失业保险；⑦丧葬补助。

（2）社会救济。它是国家通过财政拨款，向生活确有困难的城乡居民提供资助的社会保障计划。社会救济的主要特点：①资金全部由政府从一般财政收入中筹集，受保人不需缴纳任何费用；②受保人享受保障待遇需要接受一定形式的经济状况调查，国家向符合救济条件的个人或家庭提供资助。我国的社会救济具体包括：城乡困难户救济，农村"五保户"救济，灾民救济。

（3）一部分民政福利服务。民政部门提供的社会福利主要是对盲聋残哑和鳏寡孤独的社会成员给予各种物质帮助，其资金大部分来源于政府预算拨款。在各项民政社会福利项目中，社会福利院（孤儿院、敬老院、精神病福利院等）、烈属和残疾军人抚恤金计划以及孤老复员军人定期定量补助金计划属于社会保障。

（4）社区服务。它是指以城市街道居民委员会和农村乡镇村民委员会为依托，发动社会力量，倡导居民互助互济，以灵活多样的形式为社区居民提供社会福利和社会服务。它主要提供如孤寡老弱残疾人的照料、婴幼儿入托等"政府无力办、商业不愿办、单位不好办、群众急需办"的社会服务。

4. 社会保障与国民经济的关系

（1）社会保障是劳动力再生产的保证机制。对劳动者的社会保障有利于保证劳动者的身心健康、家庭经济生活的稳定，保护和恢复劳动力。同时，劳动者的社会保障实施范围还包括对其子女的医疗保障和基本生活保障，为培育新一代劳动力提供了物质保证。

（2）社会保障对社会经济发挥调节作用。社会保障对社会经济发挥的调节作用主要体现在两方面：①通过社会保障机制来激励劳动者为社会经济多做贡献，从而促进社会经济发展；②发挥社会保障对经济运行的自动调节作用，促进经济稳定协调发展。社会保障可以有效地维持社会稳定，在一定程度上缩小社会成员在收入和生活水平上的悬殊差距，可对生活确有困难的社会成员提供基本生活保障，以弥补市场机制和按劳分配机制的缺陷，进而达到协调社会成员关系、稳定社会环境和融洽社会关系的目的。社会保障的效应是增强社会保障对象的生活保障感、心理平衡感、社会公平感、人际关系密切感和政治上的向心力，这些都是社会安定、经济发展所必不可少的。

5. 社会保障制度

（1）社会保障制度的概念。社会保障支出与社会保障制度密切相关，前者以后者为依据。凡是列入社会保障制度规定的项目，必须列入社会保障支出的范围。赈济灾民、补助急难，均属社会保障措施，若不系统而规则地实施，便不成为制度。所谓社会保障制度，就是由法律规定的、按照某种确定的规则经常实施的社会保障措施与政策体系。

（2）西方国家的社会保障制度。西方国家的社会保障制度，不是各国始建资本主义制度就有的。一般认为，在西方国家，始创社会保障制度的是德国的俾斯麦政府，时间则在19世纪80年代。该政府通过了历史上第一个社会保险法，规定对工人在受伤、病残和年老时支付一定数额的保险金。俾斯麦政府的举动并未立刻被各西方国家效法。只是到了20世纪30年代，大危机已经威胁到资本主义制度的时候，西方各国才纷纷建立社会保障制度。这套制度运行至今，已经形成相当大的规模。从财政收入看，为实行保障制度筹措资金的社会保障税已成为仅次于所得税的第二大税类；从政府支出看，社会保障支出则已超过其他一切项目而独占鳌头。

西方各国的社会保障制度虽各有特色，但也有其共同点：

1）保障项目非常广泛，基本上分为四类：①失业补助、贫困救济、病残补助、退休养老、退伍军人安置与遗属抚恤等；②健康医疗、住房、社会服务、儿童及家庭补助；③对教育培训的支持与补助；④对遭受损失者的补偿。

2）社会保障资金有确定的资金来源，主要是来自社会保障税。

3）社会保障支出依法由政府集中安排。

4）政府实施社会保障制度有明显的宏观调控动机。

延伸阅读

日本养老金制度

日本的养老金制度由来已久，最早始于1941年。当初，这项制度以体力劳动者为保障对象，称为"劳动者年金保险"。老年、伤害及死亡时，家属或本人可以领到养老金。加入养老保险后,连续 20 年缴纳保险费的人,满 55 岁后,每年可以领到相当于三个月工资的养老金。这项保险是强制性的,几乎所有的企业都参加了保险。

日本的养老金制度由国民年金、厚生年金和共济年金等组成。其中,日本政府管辖的养老保险主要由两大部分组成:①由拥有五名职工以上的企业参加,以行业或大型企业为单位组成的"厚生年金"。加入该养老保险每月应缴纳的保费为月工资的 13.58%,由企业和职工本人各缴纳一半。②由农民、个体经营者和自由职业者以及 20 岁以上的青年学生为主体参加的"国民年金",每月应缴纳的保险费为 1.33 万日元。

一直以来,以社会养老保险体系为代表的高福利保障是日本国民的骄傲。进入 21 世纪以后,随着日本老龄化问题日趋严重,养老保险金入不敷出,股市低迷也使养老金投资亏损严重,加之年轻人对缴纳养老保险金的抵制状况进一步恶化,养老金难以为继的问题引起日本朝野上下的瞩目,而 2008 年的全球金融危机爆发更是雪上加霜。据德累斯顿银行公共财政问题专家大久枝训儿计算,日本公共养老金计划截至 2010 年 3 月的年支付数额,已经达到了历史最高的 6 120 亿美元,相当于名义 GDP 的 10%。如果再不采取措施,那么到 2022 年,日本养老金体系中 135 万亿日元(约合 12 550 亿美元)的储备将告枯竭。

2016 年 12 月 14 日,日本养老金制度改革法案在该国参院全体会议上因自民、公明两个执政党和日本维新会等的多数赞成获得了最终通过。为确保未来的养老金支付水平,日本政府从 2018 年开始强化收紧养老金的发放额。

根据该法案,调整每年度的发放额修改规则。自 2021 年度起,如果年轻一代薪金下降,那么支付给老人的养老金也随之减少。在日本中小企业工作的兼职人员等短时间劳动者,若劳资双方达成协议,则可以加入厚生养老金制度。

此外,配合少子老龄化的进展情况把发放水平年增幅降低约 1 个百分点的"宏观经济挂钩机制"也将被调整。按日本政府规定,通缩时期不实施养老金收紧。但从 2018 年度起,未实施的收紧部分将保留到下年度及以后,在经济复苏时再统一削减。

资料来源:中国新闻网

(3) 社会保障制度的完善。随着我国进入老龄化社会,养老问题日益严峻,而我国的养老保险体系建立的时间还很短,不可否认还存在很多问题,其中有一些还是多年来一直都"悬而未决"的。我们可以从以下几方面工作入手完善社会保障制度。

1) 扩大社会保障覆盖范围,逐步建立覆盖城乡所有劳动者的社会保障体系。从发达国家社会保障制度的发展看,社会保障最初只覆盖产业工人,随后依次逐渐扩展到商业和第三产业的劳动者、公务人员和农业工人、个体劳动者和小业主,甚至工薪劳动者的配偶。扩大社会保障范围,使之逐步覆盖城乡所有劳动者,这是我国社会保障制度建设的长期奋斗目标,也是实现社会保障制度公平性的必然要求。

2) 合理确定支付水平,使社会保障水平同经济发展水平相适应。根据我国人口众多、年龄结构老化、人均国内生产总值较低、未来社会保障负担沉重的现实情况,再考虑到国家层面上的社会保障资源严重不足,社会保障具有刚性,经济不景气时社会保障支出反而会急剧增长,因此,在扩大社会保障覆盖范围的时候,支付起点应相对低一些,社会保障制度的受益者从整体上只能享受低层次的社会保障水平。低保障、广覆盖应成为我国社会保障制度的一项长期政策选择。

3) 针对国民保障需求的多元化,建立多样化的社会保障模式。社会保障在不同时期、不同文化、不同经济条件和不同制度的国家中表现为不同的模式。我国应在借鉴国外先进经验的基础上，注重结合自己的国力与国情，建立中国特色的社会保障模式。我国经济社会发展的现状决定了国家建立的基本保障制度只能起到基础性作用，解决国民在遇到收入风险时的基本生活问题，尚无法满足人们多元化的需求。这样，补充保险或政府鼓励的基本保障以外的其他保障选择就显得十分重要。建立多样化的社会保障模式，一是能满足不同个体和家庭对社会保障的不同需要，有助于在坚持公平的基础上促进效率的提高；二是有利于解决低保障、广覆盖所造成的公平有余而保障不足以及可能存在的效率损失问题。多样化的社会保障模式由多功能的社会救助体系和包括国家强制的最低水平的社会保险、自愿购买的商业保险在内的多层次的社会保险体系构成。

4）扩大筹资渠道，实现社会保障基金来源多元化。社会保障基金的筹集，以往主要采用现收现付制。这种模式既不公平，也不能筹集到足够的基金以备未来之需。随着经济社会的发展，人均寿命延长，老龄化社会到来，人们对生活质量和健康质量的要求进一步提高，要求社会保障既能体现自己养活自己的原则，又能够筹集到足够的资金以备将来使用。这就要求实行多样化的筹资模式，即实行以部分积累制为主体，现收现付制和完全积累制并存，个人账户制、捐赠、发行彩票和可降低管理成本的志愿者服务等形式相结合的多种来源渠道的社会保障基金筹集模式。

延伸阅读

社会保障基金财务制度模式的国际比较

世界各国社保基金的财务制度模式虽各有特点，但基本上是三种模式：现收现付制、完全积累制和部分积累制。

现收现付制就是用在职职工的缴费来支付现已退休老年人的养老金。这实际上是收入分配在代际的转移。其优点是管理简单，并且能够实现代际和同一代人之间收入的再分配。其缺点是无法解决当出现人口老龄化、经济不景气等情况时养老金的支付危机问题。目前仍采用这一制度的典型国家有美国。

完全积累制实际上是本代人对自己收入进行跨时间的分配，即将自己年轻时缴纳的养老保险费积累起来，供退休后使用。这是一种更强调自我保障的模式，其优点是每个人都是为自己储蓄，可以提高个人缴费的积极性，同时可实现自我保障，不会引起代际冲突。其缺点是不具有再分配功能，且受通货膨胀、人口老龄化等因素影响，使基金面临较大的保值增值压力。采用这种制度的典型国家有智利、新加坡。

部分积累制是现收现付制和完全积累制的一种混合模式。在这种模式下，社会养老保险金分为两个部分：社会统筹部分和个人账户部分，前者实行现收现付的财务制度，后者实行完全积累的财务制度。这种混合模式在理论上是既要保存现收现付制养老金的代际转移、收入再分配的功能，又要发挥完全积累制培养个人责任心，提高缴费积极性以及提高储蓄率等作用，同时还可以克服现收现付制无法应对人口老龄化和完全积累制没有再分配功能的弱点。因此，这是一种比较理想的模式。目前很多国家的社会保障制度都在朝这个方向改革。

资料来源：中国证券网

我国在充分考察和借鉴外国经验的基础上，经过充分的讨论，最终选择了社会统筹与个人账户相结合的部分积累制。但是，像大多数采用这种模式的国家一样，我国在具体实施过程中并没有能够完全充实统筹账户和个人账户，由此导致了我国统账结合的部分积累制名不副实。因此，下一步我国社保基金财务制度模式的改革目标应当是：通过各种渠道和途径来补偿和消化转制成本，建立起真正名副其实的统账结合的部分积累制。

5）加强社会保障立法，形成法治化、规范化、高效化的社会保障运行管理体制。依法办事是完善社会保障制度的基本要求。社会保障制度的改革、运行、管理只有以法律为依据，才能公平、高效、健康地发展。

3.3.2 财政补贴

专栏 3-6

中央财政 187.6 亿元保护草原生态

新闻回放：记者从财政部农业司获悉，2018 年，中央财政安排新一轮草原生态保护补助奖励 187.6 亿元，支持实施禁牧面积 12.06 亿亩，草畜平衡面积 26.05 亿亩，并对工作突出、成效显著地区给予奖励。其中，禁牧补助、草畜平衡奖励要求各地根据补助奖励标准和封顶保底额度及时足额发放；绩效评价奖励在可统筹支持落实禁牧补助和草畜平衡奖励基础工作的同时，要求各地用于草原生态保护建设和草牧业发展的比例不得低于 70%。

资料来源：人民日报

专栏点评：习近平同志在十九大报告中指出，要加大生态系统保护力度，实施重要生态系统保护和修复重大工程，优化生态安全屏障体系，构建生态廊道和生物多样性保护网络，提升生态系统质量和稳定性，加快生态文明体制改革，建设美丽中国。但草原属于自然资源类公共产品，草原生态的保护让牧民减少了收入，只有通过财政补助给予补偿。

显然，财政补贴（助）是禁牧和草牧平衡等草原生态保护得以顺利进行的重要原因。那么到底什么是财政补贴？财政补贴到底有什么用处？我国目前的财政补贴状况如何？下面通过学习来回答上述问题。

1. 财政补贴的性质与分类

财政补贴是指国家财政为了实现特定的政治、经济和社会目标，向企业或个人提供的一种补偿。它主要是在一定时期内对生产或经营某些销售价格低于成本的企业或因提高商品销售价格而给予企业和消费者的经济补偿。

财政补贴是一种转移性支出。从政府角度看，支付是无偿的；从领取补贴者角度看，意味着实际收入的增加，经济状况较之前有所改善。中国现行的财政补贴主要包括价格补贴、企业亏损补贴等。补贴的对象是国有企业和居民等。补贴的范围涉及工业、农业、商业、交通运输业、建筑业、外贸等国民经济各部门和生产、流通、消费各环节及居民生活各方面。

以物价补贴为例，我国的财政补贴中，一半以上是物价补贴。当市场价格过低，农民增产不增收时，政府为保护农户利益，按保护价敞开收购粮食，实行的就是农产品物价补贴。实行补贴后，农产品的相对价格上去了，供给持续增加，就能够保证十几亿人口大国的粮食安全。同理，政府推出经济适用房政策，对低收入者给予住房补贴，那么房价相对下降，需求增加，刺激了房地产市场的发展，便能够拉动经济更快增长。所以说，要么是价格变动引起补贴，要么是补贴引起价格变动。二者互生互动，关系密切。

除物价补贴外，企业亏损补贴、财政贴息、税收补贴、进出口补贴等，都是财政补贴的子项目。一些国有企业，若因天灾人祸或政策原因，使得利润低下，甚至亏本赔钱，按有关规定，可以获得企业亏损补贴。政府为减轻企业负担，对其贷款利息提供补贴，就是财政贴息。税收补贴就是税收优惠，指国家为了政策需要，对某些企业实行减税、免税、退税等税收扶持，如高新技术企业、三资企业、西部地区、乡镇企业、环保产业，都可以得到相应的税收补贴。为鼓励出口、挣取外汇，国家对出口企业或产品，实行出口补贴。国内企业要进口某项产品，而国内又有相应的替代品，为扶持民族工业发展，凡生产或使用替代品的企业，可获得相应的财政补贴，这就使相关的国有企业，比国外企业有了更多的价格优势。有人也将这种补贴称作进口替代补贴。

财政补贴根据理论分析和管理的需要，还可以从以下几个方面分类：

（1）按补贴环节划分，可分为生产环节补贴、流通环节补贴、消费环节补贴。

（2）按补贴对象划分，可分为企业补贴和居民补贴。

（3）从政府是否明确地安排支出来分，补贴可分为明补与暗补。

（4）从补贴对经济活动的影响来看，可以分为对生产的补贴和对消费的补贴。

（5）按补贴是否与具体的购买活动相联系划分，可分为实物补贴与现金补贴。

财政补贴是国民收入再分配的一种形式，也是国家调节国民经济的一个重要杠杆。财政补贴具有以下特征：

（1）鲜明的政策性。财政补贴是国家实现一定政策目标的手段。

（2）很大的灵活性。财政补贴的对象具有可选择性和针对性，补贴的支付具有直接性。因而，它往往被世界各国视为短期经济稳定的良策。

（3）极强的时效性。财政补贴作为政府的支出项目而言是长期的，但该项支出的规模和实际支出的具体用途则是随客观经济形势的变化而变化。当国家的某项政策随着形势的变化而失去政策效力时，与之相应的财政补贴措施也应随之终止。

2．财政补贴的作用

财政补贴在各国都是被当作一种调节经济活动的手段来使用的，它之所以能有这种作用，是因为它可以改变相对价格结构。

（1）财政补贴可以改变需求结构。人们的需求客观上有一个结构，决定这个结构的因素主要有两个：①人们所需要的商品和劳务的种类；②各种商品和劳务的价格。一般来讲，商品或劳务的价格越低，需求越大；商品或劳务的价格越高，需求越小。居民对消费品的需求以及企业对投入品的需求，莫不如此。既然价格的高低可以影响需求结构，那么能够影响价格水平的财政补贴便有影响需求结构的作用。

（2）财政补贴还可以改变供给结构。这一作用是通过改变企业购进的产品价格（供给价格或销售价格加补贴）来改变企业盈利水平的。综合来看，财政补贴既然有调整需求结构和供给结构的作用，政府将其当作调节经济运行的政策手段运用也就是理所当然的了。

然而，财政补贴既为一种调节手段，就不应当在国民经济的运行中扮演主要角色，调节手段只是辅助性的。也就是说，如果国民经济的运行对财政补贴的依赖过大，以至于没有它，便很难有效地组织生产、流通和消费，那就说明现行的经济体制及其运行机制已经难以实现社会的基本目标，对之进行改革已成为当务之急。换言之，财政补贴规模急剧增大和补贴范围急剧扩展的现象，反映出的本质是经济体制存在着问题，因而扭转财政补贴过多局面的根本出路在于变革经济体制。

3.4 财政支出的有效管理

3.4.1 财政支出的原则

财政支出的原则是指政府在安排和组织财政支出的过程中应遵循的基本准则。财政资金的安排和使用是政府财政活动的一个关键环节，因为政府能否合理地分配各项财政支出资金，以及能否正确地使用各类财政支出资金，不仅关系到政府各项职能的实现问题，而且关系到国民经济的稳定与增长。因此，有必要为政府安排财政资金、使用财政资金的活动制定基本的行为准则。结合我国社会主义市场经济的实际情况，我国的财政支出应遵循以下基本原则：

1．支出总量适度的原则

坚持支出总量适度的原则，是我国长期以来所实行的"收支平衡，略有节余"的财政工作方针的具体体现。因为我国目前正处在社会主义市场经济发展的初级阶段，经济发展水平相对落后，财政收入规模不大，而经济和社会发展以及社会主义国家的政府职能都要求财政给予更多的支持。在这种前提下如果不注意坚持支出总量适度的原则，就很容易出现财政支出总量的失控，形成巨额的财政赤字，以至于影响经济和社会的稳定发展。

具体来讲，坚持财政支出总量适度原则，必须注意以下几个方面的问题：

（1）坚持量入为出的理财思想。量入为出是指财政在安排支出时，其规模应限制在财政所允许的组织收入规模的限度内，财政支出总量不能超过收入总量。财政收入与财政支出是存在矛盾的，其实质是需要与可能的矛盾，但两者可以统一的。财政收入代表国家聚集财力的规模，是有其客观限量的。财政支出反映国家职能和经济建设的需要，这种需要随着社会的发展和人民生活的改善而日益增长，其增长速度往往超过财政收入的增长，甚至超过财政收入的可能限量。处理这一矛盾的正确方法，就是必须坚持量入为出的原则，把财政支出的总量控制在财政收入的可能限量内。

（2）以满足社会公共需要为目标。财政支出的根本目的就是满足社会公共需要，其实质是实现国家基本职能的需要，这是财政支出必须满足的最低限度，是财政支出必须保证的项目，财政在安排这一类支出项目时，必须认真界定政府的职能范围，保证国家实现其职能的最低需要。

（3）以实现经济稳定运行为调控目标。财政支出除了实现满足社会公共需要这一最低需要外，还有用于经济建设支出的需要，它是属于第二层次的需要，其目的是促进社会经济的稳定增长，以更好地满足和提高人民的生活消费。财政在安排这类支出项目时，必须对财政收入来源进行认真的分析，实事求是地估计国力，量力而行。

 延伸阅读

唐朝的"两税法"与"量出为入"的财政原则

唐朝在安史之乱后，社会经济遭到严重破坏，土地荒芜，人口逃亡，国家财政所能课征的租庸调收入非常有限，而各地节度使在内地各占一方，形成藩镇割据，任意截留中央赋税，使国家财政收入雪上加霜。加上当时浩繁的军事开支，最终给唐王朝造成了财政危机，以至于京师官吏的俸禄也不能按时发放，令政府不得不"税天下地青苗钱（附加税）以充百官课料"。同时，京师粮价猛涨，已直接影响到唐王朝的政治经济稳定。为扭转这一局面，唐德宗采纳了宰相杨炎的建议，改革税制，实行两税法。

两税法是唐朝重要的税制之一，其指导思想是"量出为入"。据《旧唐书·杨炎传》记载："凡百役之费，一钱之敛，先度其数而赋于人，量出以制入。"

两税法的"量出以制入"，即"量出为入"的原则，是指根据国家的财政支出数，匡算财政收入总额，再分摊给各地，向民户征收。在具体的课税对象、课税标准、纳税期限与纳税形态上都进行了改革。

资料来源：黄天华，《中国财政史纲》，上海财经大学出版社，1999年

2．优化支出结构的原则

优化支出结构的原则是指根据国民经济和社会发展的比例结构，相应地安排财政支出结构，使之实现结构的最佳配合，以促进经济和社会的协调发展。政府财政支出结构的安排，必须从全局出发，通盘规划，分清轻重缓急与主次先后，适当照顾各个方面的需要，妥善地分配财力，以保证政府各项职能的实现以及国民经济的协调发展。

财政资金的需要与可能永远是一对矛盾。正因为如此，一方面要通过优化支出结构来缓解需要与可能的矛盾；另一方面，优化支出结构可以把好钢用在刀刃上，为经济结构优化提供重要的支持。

根据公共财政下政府和财政职能的转变，财政将逐步退出市场能够充分发挥作用的竞争性和经营性领域，重点转向确保政府机构的正常运转，确保科技、教育、环境保护、社会保障、基础设施建设等各项事业的正常开展，而提供大量均等的公共服务财力保障。具体应做好以下几方面工作：

（1）规范财政资金介入领域，纠正财政职能的"越位"。调整财政资金支持国有企业发展的运作方式，尽量减少对企业微观经济活动的直接干预，压缩国有企业亏损补贴，减少不合理的财政负担。针对企业经营性和政策性亏损及靠政府养活的情况，通过税收优惠、财政贴息、专项补助、出口奖励、争取国家优惠政策等途径，帮助企业减人减债，剥离社会化负担，支持企业改组改造和优化升级，鼓励企业出口创汇。在项目安排上鼓励推动产学研联合和科技成果转化。

（2）严格界定财政供养范围，降低过高的供养标准，提高实际供养能力。要合理界定财政供养范围，对财政供养单位的工资手册和编制文件要逐一核对查实，有效解决部分单位"吃空饷"的问题。要以"公共需要"为标准，推行事业单位管理体制改革，对公益性

事业单位,尤其是义务教育、基础研究及应用推广,给予积极支持;对半公益性事业单位,给予定额或定项补助;对于经营性事业单位,兼顾其财务状况和创收能力,递减财政拨款,逐步推向市场。对明确划归为财政供养范围之内的所有党政机关、事业单位,认真分析其公用经费的构成因素,合理确定公用经费开支标准。

(3) 加大基础设施、基础产业及社会保障等重点支出的资金投入,弥补财政职能的"缺位"。加快基础设施和基础产业的发展,主要包括农业、水、电和路等的建设,消除"瓶颈"制约,增强经济发展后劲,努力改善城乡道路、公交车辆、集中供热、居民住房、城市绿化等基础设施建设,推进地方经济城市化的进程。

(4) 建立健全社会保障体系,增强社会保障功能。在规范社会保障基金收缴的同时,加大社会保障资金的投入。一是完善城镇居民社会保险制度,建立以城镇居民最低生活保障线为主要内容的多层次的社会救助;二是大力推进农村社会保险制度改革,加大新型农村医疗保险和基本养老保险改革力度,逐步提高保险给付水平;三是强化社会保险基金的财政专户管理,严格实行专款专用,提高社会保险资金的投资收益水平。

3. 讲究支出效益的原则

经济效益是经济活动的核心问题,这是经济学的基本常识。建立社会主义市场经济体制要求所有的经济活动都要围绕实现最佳效益这一目标来展开。财政活动是一项重要的经济活动,争取财政活动的最佳效益,是财税改革和财政工作中的一个重要课题。

所谓经济效益,简言之,就是指人们有目的的实践活动中的"所费"与"所得"的对比关系。所谓提高经济效益,也就是"少花钱,多办事,办好事"。对一个生产经营的企业来说,提高经济效益,有着十分明确而且易于把握的标准,花了一笔钱,赚回更多的钱,实现了扩大再生产,这项支出即是富有效益的。

由于国家财政的职能主要是用无偿性税收来满足社会公共需要,而且各支出项目在性质上又千差万别,所以,财政支出效益同生产经营企业效益相比,存在着重大的差别。首先,生产经营企业效益只需考核发生在自身范围内的、直接的、有形的"所费"与"所得"。财政支出效益的考核,"所费"是有据可查的,而"所得"不仅要分析直接的、有形的"所得",而且要考虑间接的、无形的"所得",即所谓宏观社会效益。其次,生产经营企业的目标是单一的,即追求利润,绝不可以办赔钱的事。财政支出的目标则是整体社会效益,因而局部的亏损是必要的,是允许的。财政效益主要指财政支出效益,即以货币形式分配活劳动和物化劳动所取得的经济效益。它又体现在两个方面,一是少花钱多办事,二是财政资金分配的合理性。

财政支出项目的千差万别,给考核效益带来了复杂的问题。常用的衡量财政支出效益的方法有:

(1) 成本—效益分析法。成本—效益分析法是根据某项支出的目标,设计若干实现支出目标的方案,对各项支出方案的全部预期社会成本和预期社会效益进行鉴定和比较,选择出其中社会经济净效益最优的支出方案,并据此核拨资金的一种决策分析方法。

成本—效益分析法的运用,最关键的问题在于如何确定项目的效益、成本。财政支出项目的社会效益和社会成本非常复杂,一般来讲,大致可以分为以下五类:

1) 实际成本效益和金融成本效益。实际成本是指由于建设该项目而实际耗费的人力与物力以及对社会、经济和人民生活造成的实际损失;实际效益则是指由于该项目建设而创造出的社会财富以及社会的发展和人民生活水平的提高。所谓金融成本效益,是指由于该项目的建设,使得社会经济某些方面受到影响,致使价格上升或下降,从而使某些单位或个人收入增加或减少。由于这种收入的变化在不同单位和个人之间是此消彼长的关系,全社会总成本和总效益并无实际增减,所以,金融成本效益又称为虚假成本效益。

2)直接成本效益和间接成本效益。直接成本是指建设、管理和维护该项目而投入的人力和物力的价值;直接效益则是指该项目直接增加的商品量和劳务量,以及使社会成本得以降低的价值。间接成本又称次级成本,主要指由于建设该项目而附带产生的人力和物力的耗费,以及通过连锁效应而引起相关部门产生的人力、物力的耗费;间接效益也称次级效益,主要包括与该工程相关联的部门产量增加以及得到的其他社会福利。

3)有形成本效益和无形成本效益。有形成本效益是指可以在市场进行估价的成本与效益;无形成本效益则是指不能经由市场估价的成本与效益。

4)内部成本效益和外部成本效益。内部成本效益是指在项目实施区域内发生的一切成本与效益;而外部成本效益则是指在项目实施区域外发生的一切成本与效益。

5)中间成本效益和最终成本效益。中间成本效益是指在项目成为最终产品之前加入的其他经济活动所产生的一切成本与效益;最终成本效益是指项目作为最终产品直接提供给消费者所产生的成本与效益。

成本—效益分析法自20世纪40年代问世以来,已在世界各国得到了广泛应用,目前成本—效益分析法已成为世界各国确定财政支出可行性的基本工具。但是,由于很多财政支出的成本和效益难以准确计量,因而其适用范围受到一定限制。一般认为,在政府的经济支出上,运用成本—效益分析法能够取得较好的效果。

(2)最低费用选择法。最低费用选择法是根据某项财政支出目标,制定若干不同的方案,通过比较不同方案的成本费用开支大小,来选择其中费用最低的一套方案,并据此安排财政资金的一种决策分析方法。该方法与成本—效益分析法的区别在于,它不以货币计量备选的财政支出方案分析社会效益,只计算每个备选方案的有形费用,并以费用最低作为择优标准。由于不要求计算支出效益,最低费用选择法的应用比成本—效益分析法要简单。

最低费用选择法多适用于那些难以计算社会效益,而较容易计量社会成本的支出项目,如文化教育、行政、国防等。

(3)公共劳务收费法。公共劳务收费法也称公共产品定价法,是指对以政府支出形式为社会提供的某些公共服务项目采取适当收费的办法,是改进"公共劳务"的使用状况、借以提高财政支出使用效益的一种分析方法。这种方法不同于成本—效益分析法和最低费用选择法,它不涉及最优支出方案选择,其核心在于制定合理的价格和收费标准,以适当约束和限制社会对"公共劳务"的消费量,从而达到防止浪费、节约财政开支、提高财政资金使用效益的目的。

延伸阅读

从水的定价看政府收费的标准

在设计供水系统时需要做出的第一个决定是,是否对消费者进行用水的计量。必须对水供应和水处理成本的降低进行测量并和装水表计量的成本进行对比。装水表计量对消费大户,特别是工业用水大户来说,总是有效率的。但对用水小户,特别是城市中贫困地区的家庭来说,装水表进行用水计量通常没有效率。

对装水表的用户来说,一种三级收费体系是有效率的。第一级,与用水有关的收费价格应定在与增量的水生产和运送的平均增量成本相等的水平上。第二级,居民用水户应缴纳一笔与用水量无关的定期费用。第三级,应设计出一种一次性开发费,并按照一定标准来补偿整个供水系统的投资费(如果私人开发者被要求自己来安装该系统,这笔费用可以省略)。

对没有安装水表的居民用户,收费标准也可按把住房和供水分配网络相连接的水管的大小来制定。这笔费用将定在能保证供水经营、在资金上实行自给自足并顾及来自开发费的收入。

从公共水龙头处取水应该免费。但也应该对水龙头实行管理以避免水的浪费。而且,对公共水龙头实行补贴而引起的消费增加给公共健康带来的利益要超过对屋内连接口实行补贴而带来的利益。

工业和商业消费者支付和平均增量成本相等的用水价格。对高收入的居民消费者可以收取连接费和开发费,只要高于成本的收费不会转嫁,特别是不会转嫁到低收入消费者或工资所有者身上。啤酒和其他大众饮料业在这方面需要引起特别注意。

上述提出的收费结构应当在考虑到再分配目标的同时,以最小的效率损失实现供水经营在资金上的自给自足。独立于其他服务机构的垂直一体化经营机构最容易实现资金的自给自足。地方和全国性的当局机构将仅仅检查是否大体上符合前面提出的基本定价和投资原则。自主性垂直一体化并不是实现这一收费结构的必要条件,但是如果没有自主性和垂直的一体化机构,为了保证供水经营的资金自筹和在制定收费标准时把全部有关成本都考虑在内,需要做出特殊的努力。

资料来源:巴尔·林,《发展中国家城市财政学》,中国财政经济出版社,1995 年

公共劳务定价的方法主要有平均成本定价法、二部定价法和负荷定价法。平均成本定价法是指政府在保持提供公共服务的企业收支平衡的情况下,实现经济福利最大化的定价方式。在这种方法下,政府可以有效控制财政负担,而社会公众则可享受较低收费标准的公共服务。二部定价法是由两种要素构成的定价体系,要素之一是与使用量无关的按月或按年支付的"基本费",另一要素是按使用量支付的"从量费"。二部定价法是定额定价和从量定价合二为一的定价体系,也是反映成本结构的定价体系。现在绝大多数受管制的行业,如电力、自来水、城市煤气等垄断行业,都普遍采用这种定价方法。负荷定价法是指根据不同时段或时期的需要制定不同价格的定价方法。其定价的基本原则是需求越大,负荷越重,收费越高。

财政支出项目的千差万别,也给考核效益带来了复杂的问题。一些项目,如电站等产业投资之类,其效益是可以用货币计算的经济效益,对这类支出的效益可以采用成本—效益分析法来考核。另一些支出,如军事、行政、公安以及义务教育之类,成本费用是可以计量的,但效益却不易精确计量,而且这些支出所提供的劳务不能进入市场交换,考核这类支出效益的主要根据是定员定额和开支标准,主要看成本费用的高低,要求用最少的钱办好更多的事,即成本费用最低化,服务质量最优化。还有些支出,如属于公共设施的公路、电信投资以及属于社会公益性的文教、科学、卫生事业费等支出,也是成本费用可以计量而效益不易精确计量,但由这些支出提供的商品或劳务可以按政府定价或收费标准全部或部分地进入市场:可以全部收回成本费用的,则视同投资类支出考核其效益;可以部

分收回成本费用的,成本费用扣除回收部分可视为净成本费用;在坚持政府收费标准的前提下,也要求净成本最低化,服务质量最优化。

提高财政支出的效益还需要做好以下工作:

1)建立有效的筹资机制:①建立税收随经济增长而稳步增长的制约机制,将税收收入占国内生产总值的比重,纳入经济效益指标考核体系。大体明确不同行业的产值税负率,注意进行横向、纵向比较,差距较大的进行重点解剖,防止收入流失。按照收入增长与生产增长大体同步的原则,按月考核财政收入完成情况,对存在的问题及时采取措施加以解决。②坚持以税聚财,严格依法理财。建立、完善纳税申报制、税务代理制和税务稽查制,加强税收征管,严格依法征税。③坚持集中理财,实行综合财政预算,强化预算外资金管理,统筹运用预算内外财务,充分发挥财政资金的最佳效益。

2)改革支出旧模式,建立支出新格局:①建立规范的财政支出控管体系。坚持以收定支,量入为出,对支出实施有效控管。讲究财政支出的时序,使支出的社会效益和经济效益充分发挥。②实行零基预算,调整财政结构,保证重点支出。财政支出重点向农业、教育、科技、交通、通信等国民经济的基础产业和基础部门倾斜。同时,对老少边穷地区给予一定补贴,支持这些地方尽快脱贫致富。③实行政府采购,按照市场经济的要求,对行政事业单位用财政资金购买的大宗商品,如汽车、计算机、复印机以及汽车保险、召开会议等,实行公开招标,竞价签约。④建立各级财政供给人员标准,严格控制人头经费支出。

3)引入财政效益审计。

2017年扶贫政策落实和资金管理审计情况

审计署组织重点审计了21个省的312个国定贫困县(含114个深度贫困县),抽查了2500多个乡镇、8000多个行政村,走访2.9万多户家庭,涉及资金1500多亿元。总体来看,各地区各部门积极贯彻落实党中央、国务院决策部署,脱贫攻坚取得重大进展,贫困地区生产生活条件显著改善,贫困群众获得感明显增强。审计发现的主要问题包括:

(1)一些地方扶贫工作还不够扎实。主要表现为形式主义、弄虚作假及违反中央八项规定精神。其中:37个县把10.92亿元投向企业、合作社和大户,但未与贫困户建立利益联结;13个县将3.21亿元产业扶贫等"造血"资金直接发放给贫困户;5个县将540多万元用于景观修建、外墙粉饰等;4个县在易地扶贫搬迁范围、建设标准等环节层层加码,形成资金缺口2.97亿元,原定任务也未完成;12个市县扶贫工作中存在超标准接待问题,涉及1700多万元。

(2)有的扶贫政策落实不够精准。其中,96个地区建档立卡数据不够完整、准确,50多万贫困户(人)未按规定享受助学金、危房改造等补贴2.86亿元。

(3)一些地方涉农资金统筹整合试点推进不畅。

此外,部分扶贫资金和项目监管仍较粗放,有28.11亿元被骗取套取或挪用,举借的11.75亿元闲置,还有261个项目(投资2.88亿元)长期闲置或未达目标。

审计指出问题后,有关部门和地方已追回或盘活6.64亿元,完善规章制度74项,处理处分 231 人。

资料来源：《国务院关于 2017 年度中央预算执行和其他财政收支的审计工作报告》

专栏点评：财政效益审计就是审计机关通过一定方式对政府一定组织经济活动中资源配置的经济性、效率性、效果性的监督活动。其基本目标是提供独立的信息、咨询和促进被审计单位在支出和资源管理等主要领域做到经济和有效益。目的在于通过评价政府部门和有关单位使用公共资金的经济性、效率性和效果性，强化公共部门的经济责任和防止损失浪费；通过评价公共支出和资源的利用情况，向政府及有关部门提供独立的信息和建议；找出影响公共支出效益的原因，帮助被审计单位采取措施，改进管理和控制系统，提高效益；揭露损失浪费、管理不善现象。西方发达国家在 20 世纪 40 年代后，国家审计就开始进入了以效益审计为中心，效益审计与财务审计并存的现代审计发展阶段。近几年来，随着经济的发展，我国审计机关也开始高度重视效益审计。审计署在《2003~2007 年五年审计工作规划》中就已经明确提出积极开展效益审计，并把效益审计作为 2008~2012 年工作的三大任务之一，充分说明效益审计已成为我国国家审计的重要内容。

4）完善财政资金跟踪考核和使用情况反馈管理制度，进一步强化财政资金的使用管理。对教育、科技、支农、社会保障、交通建设方面的大项支出，要定期检查了解使用情况，不断完善管理措施，努力提高资金使用效益，使有限的资金能够确保重点项目的需要。同时要成立政府采购机构，组建政府采购数据库和专家库，从大宗商品入手，逐步扩大政府采购统一范围，达到节支的目的。

3.4.2 政府采购制度

专栏 3-8

2017 年全国政府采购比 2016 年增长 24.8%

2017 年全国政府采购规模持续快速增长，采购规模达 32 114.3 亿元，比 2016 年同口径增加 6 382.9 亿元，增长 24.8%，占全国财政支出和 GDP 的比重分别为 12.2%和 3.9%。具体来看：

（1）政府采购结构发生较大变化，服务类采购规模增长迅速。货物类采购规模为 8 001.8 亿元，比 2016 年增长 10.5%；工程类采购规模为 15 210.9 亿元，比 2016 年增长 11.6%；服务类采购规模为 8 901.6 亿元，比 2016 年增长 83.1%。其中，服务类采购规模占比（27.7%）首次超过货物类（24.9%），主要是政府购买服务改革深入推进，促进服务类采购需求增加，带来采购规模大幅增长，服务采购范围由保障自身需要的服务不断向社会公众提供的服务快速拓展。

（2）"放管服"改革要求落实有力，分散采购规模占比大幅上升。政府集中采购、部门集中采购、分散采购规模分别为 15 286.6 亿元、5 492.0 亿元、11 335.7 亿元，占全国政府采购规模的比重分别为 47.6%、17.1%和 35.3%。其中，分散采购规模占比较 2016 年提高 7.9 个百分点，主要是中央和各地深入落实"放管服"改革要求，清理规范和优化集中采购目录，减少集中采购项目，扩大了采购人分散采购的范围和采购自主权。

（3）政策支持力度不断加大，政府采购政策功能进一步显现。主要体现在：①继续扩大绿色采购范围，新增"以太网交换机""摩托车""投影仪"等9种优先采购节能环保产品：全国强制和优先采购节能产品规模为1 733亿元，占同类产品采购规模的92.1%；全国优先采购环保产品规模为1 711.3亿元，占同类产品采购规模的90.8%。②优化中小企业参与政府采购活动的市场环境，促进中小企业发展：全国政府采购授予中小微企业合同金额为24 842亿元，占全国政府采购规模的77.4%。其中：授予小微企业的合同金额为10 869.9亿元，占授予中小微企业合同金额的43.8%。

（4）开展政府采购透明度评估，政府采购信息公开工作进一步深入。2017年全国共发布采购信息公告187.5万条，较2016年增加3.6万条。财政部首次开展了全国政府采购透明度第三方评估工作，对各省信息公开工作进行量化考核。从评估情况看，各地政府采购信息透明度总体情况较好，普遍做到了采购项目信息的及时、全面、公开。

资料来源：中国政府采购网

专栏点评：从专栏数据资料看，目前我国政府采购规模数量不断扩大，占财政支出比重不断提高，那么，到底什么是政府采购制度？为什么要进行政府采购？如何进行政府采购？下面让我们就政府采购制度相关知识进行学习。

1．政府采购及政府采购制度

政府采购也称公共采购，是指各级政府及其所属机构为了开展日常政务活动的需要，或为公众提供服务的需要，以法定的方法、方式和程序从国内外市场上为政府部门及所属事业单位、社会团体购买商品和劳务的行为。其实质是市场竞争机制与财政支出管理的有机结合，并具有政策性、公平性、守法性和社会责任性等一般特点。政府采购制度是在长期的政府采购实践中形成的旨在管理政府采购行为的一系列规则和惯例，其表现形式是一个国家管理政府采购活动的法律和惯例。政府采购制度包括采购政策、采购方法和程序、政府采购的组织管理、政府采购的救济制度等。政府采购制度是公共财政管理的主要内容，也是政府调控经济的有效手段。

自1996年我国开展政府采购工作至今，经过二十多年的发展，政府采购规模从1999年的131亿元，发展到2017年的32 114亿元。特别是近年来，我国政府采购一直处于快速发展期，政府采购的范围和规模不断扩大，政府采购领域占用的财政性资金呈上升趋势。

2．政府采购制度的渊源

政府采购制度最早形成于18世纪末和19世纪初的西方自由资本主义国家。1782年，英国政府首先设立文具公用局，作为特别负责政府部门所需办公用品采购的机构，该局以后发展为物资供应部，专门采购政府各部所需物资。美国联邦政府的采购历史可以追溯到1792年。西方国家政府采购制度可以说是起源于自由市场经济时期，但完整意义上的政府采购制度是现代市场经济发展的产物，它与市场经济国家中政府干预经济的其他政策紧密联系在一起，通过经济手段和法律手段对国民经济活动进行宏观调控。

政府采购制度具有公开、公平、竞争性的特征。公开竞争是政府采购制度的基石，它体现了公平的原则，通过竞争，政府能买到具有最佳价格和性能的物品和劳务，节约财政资金，使公民缴纳的税金产生最大的效益，又体现了效率原则。

政府采购制度在各国的经济管理中有着十分重要的地位,目前发达国家的政府采购占 GDP 的比率较高,一般为 10%～25%,如 2017 年美国为 22.7%,德国为 15%,日本为 10%。

3. 我国实施政府采购制度的现实意义

我国目前正处在社会主义市场经济逐步建立的转轨时期,建立和完善政府采购制度具有十分重要的现实意义。

(1) 建立政府采购制度是市场经济体制的内在要求。市场经济讲究效益原则,要求使社会资源得到有效的合理配置。建立政府采购制度能保证政府的采购行为实现效益最大化,同时在公平竞争的市场中进行,增加了政府行为的透明度。我国社会主义市场经济的不断发展为政府采购制度的建立提供了良好的外部环境,同时,政府是国内最大的单一消费者,政府采购的数量、品种和频率,对整个国民经济发展有着直接的影响,建立政府采购制度,使政府行为规范化、法制化,既能较好地发挥政府职能作用,又能弥补市场机制本身的缺陷。

(2) 建立政府采购制度是提高财政资金使用效率的需要。政府采购大多以招标的方式进行,增加了采购的透明度,通常可以在保证质量的前提下,以最低价格成交。这一方面节约了财政资金,另一方面由于实行政府采购的基础工作是要对各财政拨款的行政事业单位的现有的资产存量进行摸底清查,建立资产档案,各单位无权自行调剂、报废和变卖,既可保证国有资产的安全性,又可避免重复购置,节约财政资金。

(3) 建立政府采购制度是改革财政支出方式的需要。政府采购制度通过改革财政支出方式,对部分财政购买性支出实现价值管理和实物管理相结合,能够更好地监督、控制财政资金的使用。因为政府采购是由政府委托专职部门实施的,专职部门根据政府各职能部门、事业单位的实际情况,对其所需的办公用品、车辆设备购置与维护、工程项目、会议用品及服务统一购买,据实发放,由过去的单一的资金拨付制改为资金管理与实物管理相结合的财政支出制度,强化了财政监督管理力度,使政府资源得到合理配置。

(4) 建立政府采购制度是防止腐败产生的制度性措施。建立政府采购制度,增加了政府采购行为的透明度,从根本上杜绝分散采购、自由采购中的不法行为,如以权谋私、吃回扣、请客送礼等,在保证采购质量、堵住财政资金流失渠道的同时,又能够从制度上杜绝腐败行为的产生。

4. 政府采购制度的基本内容

(1) 政府采购法规。它主要表现为各国分别制定的适合本国国情的"政府采购法",该类法规主要包括总则、招标、决议、异议及申诉、履约管理和验收处罚等。

(2) 政府采购政策。它是指政府采购的目的,采购权限划分,采购调控目标的确立,采购的范围、程序、原则、方式方法,信息披露等方面的规定。

(3) 政府采购程序。它是指有关购买商品或劳务的政府单位采购计划拟订、审批,采购合同签订,价款确定、履约时间、地点、方式和违约责任等方面的规定。

(4) 政府采购管理。它是指有关政府采购管理的原则、方式,管理机构、审查机构与仲裁机构的设置,争议与纠纷的协调与解决等规定。

第 3 章 解读财政支出

 **延伸阅读**

"大数据"让政府采购未来可期

"数据是 21 世纪的石油。"但实际上,不仅在政府采购领域,目前我国各地政府部门在信息化建设时期都会忽略"数据"这一项重要"资产"。数据资产混乱、"孤岛"多、数据处理效率低下、价值没有充分利用等问题亟待重视与解决。尽管当前"无论是电子化政府采购招投标还是政府采购电子卖场的建设,都为我国政府采购事业发展带来了积极的影响。但政府采购信息化建设中同样忽略了'数据'的重要性。政府采购领域同样存在着各种数据孤立,不能完全释放应有价值的问题。"

虽然"轻数据"是目前政府采购的一个现状,但这是全流程电子化政府采购迈向"智慧型采购"的一个必然要经历的过程。大数据的发展历史必然会经历信息化从重视流程电子化到重视数据资产化转变这一过程。电子化发展到一定阶段,未来的政府采购必然会把大数据、云计算等技术手段完全融入政府采购全过程以及政府采购各个环节,如采购需求、预算编制、计划审批、采购评审、合同签订、履约验收、国库支付、物流供应等全面实施全流程数据化后可以构建出一个政府采购全过程、全时段、全领域的电子化系统平台。在这样的平台上还可以实现数据统计汇总、风险识别、自动预警等采购交易、采购监督和采购服务的全面智能化。

在政府采购高度电子化的阶段,依托于大数据技术可以有效解决目前政府采购中存在的许多问题。例如,大数据可以精准地识别企业需求和政府需求,从而实现在数字化采购平台上的供需对接,提高财政资金配置效率。

不仅是政府采购供需双方,财政部门也可以通过大数据来挖掘政府采购指数特点,例如:每年中不同月份各地绿色政府采购指标如何;绿色采购中哪些指标对节能贡献最大。

此外,各级政府还应成立相应的大数据管理机构,负责统筹协调各个政府部门的数据资源,打破数据的条块分割。首先要建立一个跨部门的数据共享合作机制,实现财政、税务、社保、市场监督、司法等部门之间的数据共享和监管协同;在整合已有数据资源的基础上,加强政产学研合作,加快开发基于大数据的决策支持系统,充分运用大数据技术来提升决策效率,并降低项目建设成本与监管成本。

由于政府采购涉及多方主体,让多方同时都有获得感其实不易。但是随着大数据、云计算等新技术的出现,他们已将这种"不易"变为"可以"。

浙江省杭州市财政局 2018 年以来通过三措并举积极加快"政采云"平台的推广运用。特别是自 2018 年 7 月份杭州全域上线以后,做到"应纳尽纳",平台交易额迅速增长。统计显示,杭州市 2018 年"政采云"平台实现交易额 92.9 亿元。

据了解,"政采云"平台是浙江省委十四届三次全会提出的作为推进"清廉浙江"建设的重要举措,是省委省政府数字工程中的"一号工程"。为此,杭州市财政局积极贯彻落实省委省政府的要求,顺应互联网+的大形势,积极推进"政采云"平台的推广运用,深入做好基础工作,包括:强保障,优服务,确保采购活动安全平稳运行;定制度,重规范,强化采购单位主体责任;促融合,抓应用,加快推进"政采云"数据下行。"云平台"上线后与本地实际结合较好,得到了浙江省财政厅的充分肯定。⊖

资料来源:中国政府采购新闻网

⊖ 资料来源:《杭州政府采购冲向"云端"》,中国政府采购新闻网。

本 章 小 结

财政支出是政府把筹集到的财政资金,按照一定的方式和渠道,有计划地用于社会生产与生活的各个方面的分配活动。

对财政支出进行科学分类,有利于政府合理分配财政资金,正确处理各项支出的比例关系,确定财政支出的方向和重心,也有利于社会公众对政府财政状况的了解。

购买性支出主要包括社会公共消费性支出、科教文卫支出和投资性支出;转移性支出主要包括社会保障支出、财政补贴支出。

在财政支出的过程中应遵循支出总量适度、优化支出结构、讲究支出效益的原则,以更好地安排和使用财政资金;要建立政府采购制度,提高财政资金使用效率。

课堂延伸思考

1. 2018年中国财政预算报告显示,全国财政支出规模将达209 830亿元,比2017年增长7.6%,这是我国年度财政支出首次接近21万亿元规模,收支相抵,赤字23 800亿元,与2017年持平,赤字率为2.6%,比2017年下降0.4%,但赤字规模远高于2016年的21 800亿元和2015年的16 200亿元。在"支出压力很大"的形势下,"保民生、三大攻坚战、供给侧改革、创新驱动、乡村振兴"成为2018年财政支出的重要落点。我国当前国家财政特别是地方财政相当困难,财政赤字不断扩大,债务负担较重。如何解决这一问题?是不是财政支出越节省、越少就越好?如何理解财政支出坚持总量适度的原则?

2. 我国财政支出结构已开始向以公共服务和宏观调控为主要内容的新模式转化,但依然没有跳出传统的计划经济财政支出结构和基本框架,财政支出职能结构的"越位"与"缺位"现象依然存在,我国财政支出在结构方面主要存在哪些问题?应如何优化财政支出结构?

3. 依据2007~2017年审计署发布的审计公告涉及的中央一级预算单位及各部门的财政违规资金规模、结构,以及整改比较分析,思考应如何加强财政资金管理。

4. "十二五"期间中央国家机关政府采购中心采购额共计986.2亿元,节约资金148.7亿元,采购规模和资金节约额比"十一五"分别增加52.1%、38.2%,采购中心接受委托的项目数增长近1.65倍。与此同时,我国政府采购法规体系逐步健全,采购行为日益规范,涵盖范围持续拓展,监管力度不断强化,政府采购制度改革规范化、科学化程度显著提高。那么,应如何进一步加强政府采购管理,充分发挥政府采购制度的优势,提高财政支出效益?管采分离,机构分设,政事分开,互相制约的政府采购管理体制机制对提升我国政府采购效率是否能产生积极的作用?请你通过查阅相关资料,谈谈中国的政府采购之路。

5. 保障性安居工程是政府得民心、百姓得实惠、经济得发展的德政工程、民心工程。加快保障性安居工程建设,不仅有利于保障和改善民生,促进社会和谐,而且有利于保持经济平稳、较快发展,加快转变经济发展方式,促进房地产市场健康发展。请分析财政部门在筹措保障性安居工程资金,创新财政政策和运作机制,加强工程资金使用和管理采取的措施、成效。

6. 改革开放40年来,中国区域产业高速发展,特别是区域产业中公共财政功能发挥了示范、辐射和带动作用,为我国产业结构调整和经济增长方式转变发挥了重要作用。区域产业结构的持续升级不仅促进区域发展能力的增强,而且是现代城市化的重要推动力。公共财政政策在区域产业结构升级发展过程中扮演了极为重要的角色。请思考如何通过积极的公共财政政策支持区域产业结构升级,促进城市化模式、区域形态的有序变化,达到经济良性增长的目的。

7. 我国目前面临严峻的人口老龄化危机,比较和借鉴日本社会养老保险制度建设的成功经验,分析如何更好地发挥政府在养老保险制度中的作用和财政责任。新型农村养老保险的提出,是我国农村养老保险的一个重大突破,它改变了以往农民自我缴费的筹资形式,强化了政府的责任。但是,在试点过程中,地方财政在新农保的推行中出现了筹资困难的问题,制约了其良性运行及进一步推广。思考如何解决地方政府筹资困境。

第4章 解读政府债务

财经新闻回放

受迪拜危机拖累,希腊信用降级,欧债危机火烧连营

迪拜债务危机引发市场对于主权信用危机的担忧,继全球三大评级机构之一的惠誉国际信用评级有限公司2009年12月8日将希腊主权信用评级由"A-"降为"BBB+"以后,2010年4月27日美国标准普尔宣布将希腊长期主权信用评级从"BBB+"下调为垃圾级中的"BB+",同时将葡萄牙的长期主权信用评级由"A+"降至"A-",4月28日标准普尔又宣布,将西班牙的主权债务评级降至"AA"。继希腊和葡萄牙后,标普在两天内第三次下调欧元区国家的主权债务评级,债务信用危机风险扩散并不断升级,全球金融市场剧烈动荡。在希腊债信评级被降级之后,希腊股市综合股指4月27日大幅下跌6.7%,跌至13个月来最低点;葡萄牙股市4月27日亦狂泻5.4%,创自2008年10月份以来的最大跌幅。由于投资者担心债务危机之后的财政紧缩会影响欧洲乃至全球经济的复苏,全球股市再度陷入下跌的阴霾,中国也难以幸免,在上调存款准备金率、希腊债务危机、美国股市大跌等多种因素的影响下,上证综指连续击穿2 800点、2 700点整数关口,收盘于2 688.38点,周跌幅6.4%;深证成指收盘于10 146.43点,周跌幅达9.1%。这已是连续第五周下跌,为近19个月以来的最长连跌周数,上证指数、深证成指跌幅均为2010年以来最大周跌幅。

资料来源:新华网

本章预习

"货币贬值""信用危机""工人罢工""国家破产",这是2008年全球金融危机爆发后在欧洲民众和媒体当中频频出现的几个热门词。从冰岛到希腊,再到西班牙、葡萄牙、爱尔兰,愈演愈烈的欧洲债务危机让全世界都感到紧张,危机的后遗症至今犹存,很多国家因之而一蹶不振。这场危机从何而来?从表面上来看,危机发生的导火线源于全球三大评级机构对希腊等欧洲国家长期主权信用的降级,深层次的原因却是这些国家过高的负债。2009年年底,希腊政府宣布,当年国家负债高达3 000亿欧元,创下希腊近代史上最高纪录;同时,其财政赤字占GDP的12.7%,政府负债占GDP的113%。

国家资不抵债,该怎么办呢?主权国家可不像一般的企业,破产了自然可以被其他企业收购,但国家怎么收购?如此说来,"国家破产"从理论上来说不可能成为现实,但事实上,一个国家要走过"破产危机"必将以透支国家信用与该国几代人的幸福指数为代价。

第4章 解读政府债务

那么,政府到底要不要借债?如果借的话,债务规模多少相对来说比较合适?政府一般会通过哪些路径来举债?又会如何利用国债进行经济的宏观调控?通过本章的学习,你也许会找到一些答案。同时,由于债券市场的活动对于个人财富、工商企业行为以及我们的经济效益都有着直接的影响,所以通过本章内容的学习,还可以帮助我们辨别、分析和利用这些信息,从而达到更好地指导我们生活的目的。

本章学习线路图

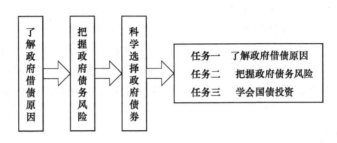

4.1 政府为什么借债

全球债务危机

从次贷危机到希腊危机,从私人部门的债务危机到主权债务危机,金融市场短暂的平静期再度被打破。希腊债务危机所暴露的不仅仅是希腊自身的问题,其实也是全球政府债务问题的一个缩影。

自2008年全球金融危机爆发以来,为克服金融危机所导致的经济衰退,各国无一例外地采取了财政刺激政策,加之经济下滑带来的税收减少,进入2010年以后,全球性赤字现象日趋凸显。根据《经济学人》杂志披露的数据,截至2010年2月,全球各国政府负债总额已突破36万亿美元。中国国际金融有限公司2010年上半年的一项研究报告显示,一些欧洲国家的情形与希腊类似甚至更有过之:葡萄牙、西班牙、爱尔兰等国的外债和财政状况与希腊大同小异;葡萄牙外债净值高达GDP的96.3%,甚至高于希腊,爱尔兰和西班牙的财政赤字与希腊相差无几;英、法两国的政府负债高于爱尔兰和西班牙,而且英国的财政赤字也与希腊相仿。在亚洲,日本的公共债务占GDP的水平甚至接近200%。不过,日本的债务多为本国居民持有,外债占GDP仅10%;而希腊的公共债务多为外债,且占GDP的90%以上。

资料来源:凤凰财经网

术语解析:主权债务是指一国以自己的主权为担保向外(不管是向国际货币基金组织还是向世界银行,或者向其他国家)借来的债务。

专栏点评:从理论上来说,政府为了履行其职能,必须在取得财政收入的基础上安排好财政支出。但是随着政府职能范围的扩大,经常性财政收入往往难以满足日益增长的财政支出的需要。于是，通过发行国债来弥补财政收支的"缺口"就成为各国政府的必然选择。不仅如此，国债还是各国宏观调控经济的重要手段，中央银行往往通过公开市场业务买卖债券的操作调节市场货币流通量，最终实现宏观经济目标。正因为此，几乎所有的政府都热衷于举债度日，并且举债规模越来越大。国际金融协会（IIF）对外公布的数据显示，2018年1~3月，全球债务总额从2017年12月31日的238万亿美元，增长8万多亿美元，至历史新高247万亿美元，这个数据大约相当于同期19个中国的国内生产总值，13个美国的国内生产总值，而这个数据在2006年是120万亿美元。目前，全球债务已经占全球GDP的318%⊖。全球债务规模已经膨胀至超过十年前金融危机的高位，而且世界经济的债务风险正加剧，许多经济体将在融资状况收紧时更难偿还债务。

那么，政府到底该不该举债？如果可以，政府的借债规模多少会比较合适？当人们有闲置资金时，传统的做法是把它们存入银行。是什么原因让人们改变理财思路，而如此热衷于国债的购买？也许我们可以通过对国债一些基本知识的介绍，让你从中找到答案。

4.1.1 什么是国债

国债一般是中央政府举借的债，是中央政府取得财政收入的一种有偿形式。它主要是指政府通过在国内外发行债券的方法来筹集一部分财政资金，以满足其履行职能的需要。国债的含义可以从以下几个方面来理解：

（1）国债的债务人一般是一国的中央政府，不包括地方政府，也非一般借贷中的个人、企业或其他经济实体。国债债权人的范围则非常广泛，既可以是国内企事业单位和个人，也可以是外国政府、企业和个人。

（2）国债是筹集财政资金的一种有偿形式。政府通过发行国债只是取得了所筹资金在一定时间内的使用权，并没有取得所筹资金的所有权，并且要对所取得的使用权支付一定的代价，这一点与其他无偿性的财政收入是明显不同的。

（3）国债不局限于内债。一国政府的债务可以分别由中央政府和地方政府举借，凡是由中央政府发行的债券称为国家公债，也称"国债"；凡是由地方政府发行的公债，称为地方公债，也称"地方债"。国债既可在本国境内发行，也可到境外发行。在国内发行的国债称为国内公债，简称"内债"，国内公债的债权人多为本国公民。在国外发行的国债叫国外公债，简称"外债"，国外公债的债权人多为外国政府，也有一部分为外国银行、企业、各种团体组织以及个人。国外公债是一国国债总额的组成部分，但其所占比重通常低于国内公债。所以，国债有广义和狭义之分。狭义国债仅指国内公债，即内债；广义国债还包括国外公债。

（4）国债和公债是两个不完全相同的概念。公债是指一国中央政府和各级地方政府通过发行债券或所借债务的总和。所以，公债有中央政府债务和地方政府债务之分。国债是由中央政府发行的公债，它是作为中央政府组织财政收入的形式而发行的，其收入列入中央政府预算，作为中央政府调度使用的财政资金。而地方政府发行的公债，它是作为地方政府筹措财政收入的一种形式而发行的，其收入列入地方政府预算，由地方政府安排调度。在一国公债中，国债是其中的主要组成部分。

⊖ 资料来源：国际金融协会（IIF）全球债务检测报告（2018年一季度）。

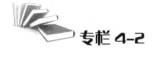

专栏 4-2

美国地方政府债务危机爆发或将导致新一轮衰退

新闻回放：据新华网报道，正当欧洲债务危机是否拖累全球经济二次探底的争论尚未停止时，美国敲响的地方债危机警钟如同幽灵一般又侵袭而来。

高失业率和脆弱的消费者信心使得美国地方政府税收入和营业税收入缩水，为弥补预算短缺，各地方政府近几年走上了疯狂发债的道路。美国地方政府前几年疯狂发行债券，现在却出现大面积资不抵债局面，欲将破产之声不绝。

有"末日博士"之称的纽约大学斯特恩商学院教授鲁比尼认为，在美国经济陷入衰退，州和地方政府财政吃紧的情况下，市政债券违约率将急剧飙升。

加利福尼亚州政府 2009 年一度因财政"告急"几乎"关门大吉"。前加州州长阿诺德·施瓦辛格 2010 年 5 月 14 日宣布一项总额数十亿美元的财政紧缩计划，包括停止补贴低收入家庭儿童，将政府支付社区心理健康服务的金额削减六成。现在美国各地方政府也学习其财政瘦身方案谋求渡过难关。在夏威夷州，学年时长被减少 17 天；在马萨诸塞州，多家交通运输机构遭合并。密苏里州议会决定，将州水上巡逻队和高速公路巡逻队合二为一，每年可节省 100 万美元开支；密苏里州还打算停止印刷有关州政策与法令的"蓝皮书"，以节省 170 万美元。

资料来源：证券之星

专栏点评：地方政府为了维持其开支，行使其职能，在某些情况下，也往往通过发行债券这一有偿方式取得财政收入，这在美国等国家比较普遍。但在我国，地方政府发行债券并不是一件容易的事。1994 年颁布的《预算法》第 28 条规定，"除法律与国务院另有规定外，地方政府不得发行地方政府债券"；2009 年 3 月，我国首次在全国范围内发行 2 千亿元期限为 3 年的地方政府债券，该地方债券面向各类投资者发行，由财政部代办还本付息；全球金融危机的爆发，进一步加大了地方财政的压力，很多地方政府都变相发行债券，根据审计署 2013 年发布的全国性债务审计结果，我国地方政府债务总计达近 18 万亿，超过当年 GDP 的 30%；2015 年 1 月 1 号开始实施的新《预算法》为省级政府发行地方债开了一个口子："经国务院批准的省、自治区、直辖市预算中必须的建设投资的部分资金，可以在国务院确定的限额内，通过发行地方政府债券以举借债务的方式筹措。"至此，地方政府在符合规定的前提下允许发行地方债券来弥补地方经济发展资金的不足。截至 2017 年年末，我国财政部发布的地方债务余额为 165 099.8 亿元（其中，地方政府一般债务余额 103 631.79 亿元，地方政府专项债务余额 61 468.01 亿元）。我国政府对地方政府发行债券如此谨慎，与地方债券的相对高风险有关。

4.1.2 认识国债

1. 国债的产生和发展

在人类社会的演变中，很多时期都可以见到国债的踪迹。最早的国债出现于公元前 4 世纪的古希腊和古罗马。当时的奴隶制国家的财政处于入不敷出的窘境，因此曾向商人、高利贷者和富有的寺院借债，从而产生了国债的最初形态。但由于奴隶社会生产力发展水平较低，信用制度不发达，社会闲置资金和剩余资本较少，国债的实际规模很小。到了封建社会，由于天灾人祸（战争）的频繁出现以及封建帝王的挥霍无度，国家财政入不敷出的状态就成为一种经常的财政现象。于是，国家借款规模逐渐扩大，国债成为欧洲封建领主、帝王与城市共和国⊖解决财政困难的手段。国债的充分发展是在信用经济和市场经济高度发达的资本主义社会。商品经济的迅速发展使社会闲置资金和剩余资本有所扩大，从而为国债的发展提供了强有力的基础；殖民地战争、支持海外贸易、发展铁路交通等国家职能的扩大使政府财政支出猛增，国库拮据而不得不扩大国债规模；20世纪30年代以来，许多资本主义国家积极推行凯恩斯主义的赤字财政政策，为了刺激有效需求，需要大量发行国债来弥补财政赤字和平抑经济周期波动。资本主义各国的国债总额从1820年的15亿英镑，激增至1895年的1 360亿英镑，75年竟增长了近90倍。2008年由美国次贷危机引发的全球金融危机爆发以来，各国政府的救市一揽子计划使债券发行量更是达到了空前的规模。"美国债务时钟"网站数据显示，截至2017年7月31日，美国政府债务总额为19.84万亿美元，政府债务上限的债务总额为19.81万亿美元。而根据国际金融协会（IIF）对外公布的数据显示，2018年1~3月，全球债务总额从2017年12月31日的238万亿美元，增长超8万亿美元，至历史新高247万亿美元。

在我国，发行国债一般是与经济建设相联系的。新中国成立后，我国政府运用国债主要经历了以下三个阶段：

（1）第一个阶段是20世纪50年代。1950年发行了"人民胜利折实公债"，采用颇具特色的折实单位适应当时的通货膨胀情况；1954年又发行了国家经济建设公债。该阶段发行国债的目的主要是为了筹集国家建设资金，发展国民经济，所以一般发行规模不大，每年的国债发行额在当年GDP中的比重不到1%。

（2）第二个阶段是1981~1997年。在我国经济体制由计划经济为主走向市场调节的过程中，社会财力分配结构发生了变化，表现为国家财政集中的资金相对下降，企业和地方自行支配的资金有较大增长，个人收入水平也有所提高。该阶段发行国债的目的主要是为了弥补财政赤字，筹集经济建设资金。1981~1997年，我国每年都在发行国债，但总体上来说，发行规模保持在一定的数额之内。

（3）第三阶段是1998年至今。为拉动内需和应对金融危机对中国经济的冲击，保持一定的经济增长，我国实行了积极的财政政策，扩大政府投资，国债发行量陡升，导致1998年国债发行额高达3 310.93亿元，比1997年增长了33.7%，此后国债年发行量就一直节节攀升。2009年以来，为应对国际金融危机冲击，保持国民经济平稳较快发展，我国实施积极财政政策，扩大财政赤字，增加国债发行规模，2009年年末中央财政实际国债余额为60 238亿元。2006~2010年，我国共发行国债6.14万亿元，约是"十五"期间的2倍，平均发行期限为6.34年，平均发行利率为2.98%，截止到2017年年末，我国政府债务余额为29.99万亿元，其中中央财政国债余额13.48万亿元，地方政

⊖ 城市共和国是西欧中世纪城市的一种形态，是指10~15世纪西欧诸国新兴的城市，规模都不太大，一般只有1 000~2 000居民，多数城市是在封建领地上兴起的，常常受到封建领主的控制和盘剥。后来，不少城市通过各种途径，不同程度地摆脱了封建领主的控制，城市取得某种程度的自由与特权，成为"自由城市"。一部分自由城市又取得选举市政官员、市长和设立城市法庭的权利，因而成为"自治城市"。西欧的这种自由和自治城市在各国呈不同形态，在英国和法国为自由市、自治市或公社城市，在意大利为城市共和国，在德国为直属皇帝的帝国城市。

府债务余额 16.51 万亿元（其中，地方政府一般债务余额 103 631.79 亿元，地方政府专项债务余额 61 468.01 亿元）。近年来，国债作为一项宏观经济政策工具正逐步在我国发挥着越来越重要的作用。2012～2017 年我国中央和地方政府债务见表 4-1。

表 4-1 2012～2017 年我国中央和地方政府债务余额一览表⊖

单位：亿元

	2012 年年末	2013 年年末	2014 年年末	2015 年年末	2016 年年末	2017 年年末
中央财政国债余额实际数	77 565.70	86 746.91	95 655.45	106 599.59	120 066.75	134 770.16
地方政府一般债务余额实际数			94 272.40	99 272.40	98 312.88	103 631.79
地方政府专项债务余额实际数			59 801.90	54 949.33	55 244.71	61 468.01
债务余额合计			249 729.75	260 821.32	273 624.34	299 869.96

2．国债产生的条件

回顾国债发展的历史过程，可以看出国债的产生和发展应该有三个重要条件。

（1）有剩余资本。剩余资本的产生为国债的产生提供了现实的可能。在奴隶社会和封建社会，生产力水平低下，商品经济不发达，社会闲置资金和剩余资本较少，因而国债也不可能大规模地发行。到了资本主义社会，生产力有了很大提高，商品经济日益发展，社会资本扩张，为政府大量举借国债提供了相当数量的资金来源。我国从 20 世纪 70 年代末进行经济体制改革以来，社会剩余资本大量增长，扩大了可供购买国债的资金来源。

（2）政府财政入不敷出。政府的经常性财政收入不能满足财政支出的需要是发行国债的直接原因。随着国家职能范围的延伸扩大，财政支出迅速增加，但财政收入捉襟见肘，发行国债便成为解决这一问题的有效措施。

（3）信用制度的建立和发展。完善的信用制度可以为国债功能的发挥提供技术保障。因为国债只有借助于金融机构才能吸收社会上的闲置资金，有全国性的金融市场才能使国债成为有价证券而流通，有较为发达的信用制度，政府与其他经济主体之间、债权人与债务人之间的信用关系才有可能出现。只有具备了这些条件，国债发行以及国债职能的发挥才能成为现实。

4.1.3 国债的功能

在市场经济条件下，国债除了具有弥补财政赤字、筹集建设资金等基本功能之外，还具有投资功能以及政府宏观调控经济的功能。具体表现在以下几个方面：

1．弥补财政赤字

政府财政的入不敷出为国债的产生提供了需要，国债就自然而然地具有弥补财政赤字的基本功能。世界各国财政赤字的形成原因各有不同，但通过发行国债来弥补财政赤字缺口这一点却基本相同。

财政赤字是指财政收入小于财政支出的差额。弥补财政赤字的方法一般有三种：

（1）增加税收。增加税收可使政府财政收入增至与财政支出相当的水平。但税收的增加通常会受到一国经济发展状况的制约，强行提高税率会导致"竭泽而渔"和财源枯竭；

⊖ 数据为每一年度决算数据；2014 年前（不含 2014 年）按照 1994 年的预算法地方政府不能发行债券，故 2012 年、2013 年的地方政府债务余额数据缺失。

增加税收会产生效率损失和"排挤效应",不利于经济的正常发展;此外,增税会受到税收立法程序的制约,不易为广大纳税人接受。

(2)增发通货。中央银行为满足财政支出需要而增加货币发行量,客观上会导致通货膨胀和本币贬值,因此,除非在万不得已的情况下,一般不会采用。1994年我国财税体制改革后,财政与银行的关系已规范化,财政不能再向银行透支。

(3)发行国债。发行国债是平衡财政收支、弥补财政赤字的主要手段。国债弥补财政赤字的实质是将企业和个人支配的资金使用权在一定时期内转移给政府,因此不会增加市场货币流通量,一般不会导致通货膨胀。国债的认购通常采取自愿原则,不会招致纳税人的不满。国债只是将社会闲置资金集中到财政手中,为经济建设服务,因此不会产生太多的"排挤效应"和效率损失,有利于经济发展。

2. 筹集建设资金

国债往往成为很多国家筹集建设资金的重要手段。通过发行国债吸引社会闲散资金,能有效调节积累和消费的关系,增加投资总量,调整投资方向,向基础产业、支柱产业、重点产业倾斜,有利于实现国民经济产业结构的合理化。

专栏 4-3

中央1.18万亿元投资将通过发行国债扩大赤字进行

新闻回放:2009年11月14日,国新办召开的新闻发布会上传出消息,为扩大内需,到2010年年底,中央将通过1.18万亿元的投资,带动社会投资约4万亿元的规模。其中,扩大中央政府投资所需资金,将来自于加大规模发行国债。

资料来源:光明网

专栏点评:政府在行使其经济管理职能的过程中,要围绕一国的经济建设目标和宏观调控目标,利用投资等手段保持经济稳定以及经济结构合理,特别是在经济低迷时期。而通过发行国债可以弥补中央政府投资、调控所需资金的不足。

3. 作为财政政策和货币政策的有机结合点

国债是财政适应商品经济的发展而向信用领域延伸的结果。政府可以通过在国债市场发行国债来推行自己的财政政策,中央银行也可通过国债市场来推行自己的货币政策。国债市场是财政政策与货币政策的有机结合点。作为联系财政政策的一面,国债可以调节国民收入的使用结构,调节积累和消费的比例关系,将居民的消费基金转化为积累基金,满足生产建设的需要。国债还可以调节产业结构,使国民经济结构趋于合理化。在经济不景气时,发行国债可以增加政府支出,扩大社会总需求,刺激经济发展。作为连接货币政策的一头,中央银行可以在证券市场上买卖国债,通过扩大或缩减存款准备金,促使货币供应量的增减和利率的变化,从而决定生产、就业和物价水平。例如,为了放松银根,刺激经济,买进国债,债券价格上升,利率下跌,促使投资和消费的扩张,带动就业和物价的增长;反之,为了遏制经济过热,防止通货膨胀,就要在公开市场业务中卖出国债,紧缩货币,导致货币供应量下降和利率的上升，遏制消费和投资过热的势头。

4．形成市场基准利率

利率是整个金融市场的核心价格，对股票市场、期货市场、外汇市场等市场上金融工具的定价均产生重要影响。国债是一种收入稳定、风险极低的投资工具，这一特性使得国债利率处于整个利率体系的核心环节，成为其他金融工具定价的基础。国债的发行与交易有助于形成市场基准利率。国债的发行将影响金融市场上的资金供求状况，从而引起利率的升降。在国债市场充分发展的条件下，某种期限国债发行时的票面利率就代表了当时市场利率的预期水平，而国债在二级市场上交易价格的变化又能够及时地反映出市场对未来利率预期的变化。

除此之外，由于国债的信用风险极低，机构投资者之间可以利用国债这种信誉度最高的标准化证券进行回购交易来达到调节短期资金的余缺、套期保值和加强资产管理的目的。所以，国债还成为机构投资者短期融资的工具。

4.1.4 国债发行对经济的影响

1．发行短期债券（国库券）对经济的影响

国库券的发行对经济有扩张性或膨胀性影响。国库券是各国资金市场（短期金融市场）上的主要流通工具，期限有3个月、6个月、9个月，最长不超过1年（我国的国库券一般为中长期债券）。国库券在货币和信贷资金的融通活动中占有重要地位，它是政府用于调节季节性资金余缺的重要手段。

国库券兼备安全可靠性和高度流动性及收益稳定的特征，国库券的面额多样，为认购主体的多样化提供了方便。国库券的认购者主要有三类：中央银行、商业银行和居民个人。国库券由于具有较高的流动性，所以是商业银行的重要投资对象，中央银行也大量购进国库券，国库券已成为中央银行调节货币供给量的主要工具。发行国库券可以在很大程度上导致银行信用规模的扩张。在市场资金供给量及其结构既定的条件下，大量发行国库券会使短期利率有所上升，而长期利率会相对降低，所以可能刺激投资和消费的增加，对经济起扩张性或膨胀性的影响。

2．发行中长期债券对经济的影响

中长期债券是指年限在一年以上的债券。中长期债券是各国长期金融资本市场上的主要流通工具，在长期资金的融通活动中居于重要地位。它和国库券一样，都是政府的债务，是一种具有高度安全可靠性的投资工具。

中长期债券的发行不是用于弥补预算年度内各级财政收入的淡旺差额，而是为了弥补整个预算年度内的财政赤字。

发行中长期债券换取流动性最高的货币，等于在一定程度上减少了货币供应量；中长期债券的主要认购者是储蓄银行、保险公司以及有养老基金和靠养老基金生活的人，由于这些都不是发行货币的机构，所以，中长期债券的发行一般不会引起银行信用的扩大；同时，由于短期债券的发行相对减少，也会在一定程度上造成银行信用的收缩。

从其与利息率的关系看，在市场资金供给量一定的条件下，大量发行中长期的债券，

会使长期资金需求相对大于供给，从而抬高长期利率，进而造成投资和消费的下降。所以，总的来讲，中长期债券的发行对经济的影响一般是紧缩性的，或者说是中性的。

由于不同期限的国债对经济的影响各不相同，所以国债的发行应适应经济形势的需要：在经济萧条时期，要尽量扩大对经济具有扩张性作用的短期债券的发行，缩短国债的期限结构；在通货膨胀时期，则要尽量扩大对经济具有紧缩性影响的长期债券的发行，延长国债的期限结构。

专栏 4-4

美国的量化宽松货币政策

新闻回放：2010 年 11 月 3 日，美联储宣布了新一轮量化宽松方案：在 2011 年二季度前购进 6 000 亿美元的国债以提振经济。与此同时，美联储宣布维持 0～0.25% 的基准利率区间不变。这是在 2008 年 12 月～2010 年 3 月间购买价值 1.7 万亿美元的资产后，美联储第二次采取量化宽松措施。

美联储开始实行量化宽松的货币政策，其实是从 2009 年开始的。当初，美联储准备了大量资金直接购买资产抵押的证券，强力挽救狂泻的资产价格。世界上其他主要国家的央行，包括英格兰银行，采取了同样的措施。这一政策对于稳定金融市场起到了十分重要的作用。这次，美联储通过再安排 6 000 亿美元购买中长期国债，向市场注入货币，被外界称为美国的"4 万亿刺激政策"（因为 6 000 亿美元相当于人民币 4 万亿元）。

资料来源：东方财富网

术语解析：量化宽松（也称定量宽松）是指某个国家的中央银行在实行零利率或近似零利率后，通过购买国债等中长期债券增加货币供给，向市场注入大量流动性资金的干预方式，它最直接的后果就是造成本国货币的贬值。与利率杠杆这一"传统手段"不同，定量宽松一般只在极端条件下使用，因此经济学界普遍将之视为"非传统手段"。

专栏点评：美联储"量化宽松"的货币政策，必定会使得美元贬值，这在一定程度上有利于美国的出口和整体经济增长。但海量的货币供应量势必会为恶性通货膨胀的爆发埋下隐患；从全球市场看，"量化宽松"还将影响受金融危机冲击的其他经济体，并促使别国货币也出现贬值。此举对全球结算以及作为支付工具的美元打击巨大，同时会给持有高额美元资产的国家带来严重损失。

4.2 国债的运行过程与国债规模

如果没有国债，奥巴马 9 000 亿美元的救市计划就不可能实现；如果没有国债，中国 4 万亿元的经济刺激方案就会成为"无米之炊"；如果没有国债，政府的很多宏观调控政策就难以取得预期的效果……既然政府借债不管是过去、现在还是将来都是必要的，那么政府该通过什么渠道来筹集债务资金？政府该采用何种方式来偿还债务？政府举借债务的规模保持在多少是相对合理的？政府又该如何控制债务风险？……在欧洲债务危机爆发、冰岛国家破产等问题发生后，搞清楚上述一系列问题就显得尤为重要。

4.2.1 国债的发行与偿还

1. 国债的发行

国债的运行过程始于发行,终于还本付息,期间涉及国债资金的使用与流通等环节。国债发行是指政府将国债交付给国债承销者,并将募集的债务款项集中到政府手中的过程。国债的发行通常由政府提出有关发行国债的法案,由立法机构批准后付诸实施。发行市场有效运转的前提条件取决于其市场机制是否健全,具体来说是由科学、合理的发行条件和市场化的发行方式决定的。

(1)国债发行条件。

1)发行规模。国债的一定存量和流量是国债市场运行的物质基础。国债发行规模必须适度。科学、合理地确定发行规模,必须考虑政府的偿债能力和社会的应债能力。关于如何衡量债务规模的问题,将在后面的篇幅中涉及。

2)发行利率。国债发行利率是衡量投资者参与国债发行市场投资收益的重要指标。国债发行利率的高低直接影响着国债的发行和政府发行国债的成本,在一定程度上也反映了政府的信用程度。

影响国债发行利率的因素主要有金融市场利率、国家信用程度和社会资金供求状况。国债利率需与市场利率同方向变动,反映市场利率的变化。国债是国家信用的主要形式,国债发行利率应与国家信用程度呈反方向变动。国债发行利率还应当反映社会资金供求的关系。一般来讲,在社会资金供不应求时,国债利率应从高设计;反之,在供过于求时,应从低设计。

专栏 4-5

我国历次降息影响债市情况见表 4-2。

表 4-2 2008~2015 年历次降息影响债市情况(以 010504 国债为例)

序号	公布时间	措施	对债市的影响
1	20080915	贷款利率平均下调幅度 0.27 个百分点	利率下调后首日上涨 3.48 元
2	20081009	存、贷款利率平均下调幅度分别为 0.27 个百分点	利率下调后首日上涨 1.39 元
3	20081030	存、贷款利率平均下调幅度分别为 0.27 个百分点	利率下调后首日下跌 0.09 元
4	20081127	存、贷款利率平均下调幅度分别为 1.08 个百分点	利率下调后首日上涨 0.47 元
5	20081223	存、贷款利率平均下调幅度分别为 0.27 个百分点	利率下调后首日上涨 0.25 元
6	20120608	存、贷款利率平均下调幅度均 0.25 个百分点	利率下调后首日上涨 0.65 元
7	20120706	存款利率平均下调 0.25 个百分点,贷款利率平均下调 0.31 个百分点	利率下调后首日上涨 0.27 元
8	20141122	存款利率平均下调 0.25 个百分点,贷款利率平均下调 0.4 个百分点	利率下调后首日上涨 0.55 元
9	20150301	存、贷款利率平均下调幅度分别为 0.25 个百分点	利率下调后首日上涨 0.19 元
10	20150511	存、贷款利率平均下调幅度分别为 0.25 个百分点	利率下调后首日上涨 0.47 元
11	20150628	存、贷款利率平均下调幅度分别为 0.25 个百分点	利率下调后首日上涨 0.09 元
12	20150826	存、贷款利率平均下调幅度分别为 0.25 个百分点	利率下调后首日上涨 0.07 元

资料来源:中央银行历次降息公告,其中对债市的影响根据交易所行情计算

专栏点评:金融市场的利率变化是决定债券价格的重要因素,它一方面影响着债券二

级市场的价格,存款利率下调,则债券价格就上升;另一方面,它也直接决定着债券发行的价格。

在负利率时代,由于存在银行存款升息的预期,按原有存款利率制定的国债发行利率就会相对较低,特别是中长期债券,从而使得购买此类债券的风险增大,所以有可能会出现债券发行流标的现象。

专栏 4-6

央行票据流标,国债再创年内新低

新闻回放:中国人民银行 2007 年 3 月 23 日采用价格招标方式发行三期共 396 亿元央行票据,比计划发行量减少了 204 亿元,其中 3 月期票据的流标量近 50%。

资料来源:证券日报

术语解析:央行票据即中央银行票据,是中央银行为调节商业银行超额准备金而向商业银行发行的短期债务凭证,其实质是中央银行债券。央行票据是中央银行调节基础货币的一项货币政策工具,目的是减少商业银行可贷资金量。商业银行在支付认购央行票据的款项后,其直接结果就是可贷资金量的减少。

专栏点评:央行票据频频流标表明,在基准利率不调整的情况下,央行通过公开市场操作回笼货币的作用未能有效发挥,因而才有央行接二连三地提高存款准备金率,采取非市场化手段回笼货币。如果经济仍旧过热,连续票据流标就可成为一个促使央行再出更狠紧缩招术的因素,这就是加息。如果是那样,资本市场受到的资金供给的冲击将更大。

发行利率表现形式有两种:①固定利率,即国债票面利率维持不变;②浮动利率,即国债利率随市场利率变动而变动。

(2)国债发行价格。

一般来讲,国债发行价格有平价、溢价、折价三种不同形式。采取何种发行价格形式,除了国债期限这一既定条件外,关键还取决于国债票面利率与市场利率的差异。国债发行价格的计算公式为

发行价格=(票面金额+票面金额×发行利率×期限)÷(1+市场利率×期限)

1)平价发行。它是指国债的发行价格与国债票面金额相等。政府按票面金额取得收入,到期按票面金额还本,国债发行收入与偿还本金支出相等。在市场化发行情况下,当市场利率与国债票面利率不一致时,平价发行会使发行者承担高利率成本,出现国债销售不畅的情况。

2)溢价发行。它是指国债发行价格高于国债票面金额。政府按高于票面金额的溢价取得收入,到期按票面金额还本,国债发行收入高于偿还本金的支出。国债之所以能够溢价发行,是因为国债票面利率定得较高,超过市场利率。于是,国债就成为供不应求的投资品,这样其发行价格有望提高,直至其收益率与市场利率基本一致时为止。

3)折价发行。它是指国债发行价格低于国债票面金额。政府按低于票面金额的折

价取得收入，到期按票面金额还本，国债发行收入低于偿还本金的支出。折价发行可能是由于一开始国债票面利率定得太低，引起国债销售不畅，于是降低发行价格完成发行任务。

(3) 国债发行方式。

国债可以采用公募和私募两种方式发行。公募是指中央财政向不特定的社会公众公开发行国债。私募是指中央财政不公开发行国债，只是向少数投资者发行。少数投资者通常是资产雄厚的大金融机构、大企业。私募受发行对象的限制，国债推销虽数额不大，但购买者集中，一次性购买量较大。当政府需要通过国债将某些特定主体的国民收入集中到财政手中时，用私募方式最为有效。现代经济国家大都采取公募方式，因为它体现了开放性、市场性原则，通过众多投资者的市场选择，达到社会资金的合理配置，为国债良性循环创造了条件。

公募发行方式又可分为直接公募发行与间接公募发行。直接公募发行是指中央财政直接向投资者推销国债。但其发行成本较高，只有在国债品种比较单一时适用。间接公募发行就是通过金融中介机构参与推销国债，具体有承购包销、公开招标、公开拍卖等。

1) 承购包销。它是指中央财政和承购包销团签订承购包销合同销售国债，由承销人向投资者分销，未能售出的余额由承销人自行认购。这种方法通过承销合同确定发行者和承销人的权利和义务，两者具有平等的关系，承销人承担推销的风险。承购包销团由商业银行、信贷机构和证券商组成，确定一家主干事，若干家副主干事和几十家一般干事，主干事承担有限责任。政府与承购包销团协商决定发行价格，讨价还价的结果往往是一个接近市场供求状况的利率水平。承购包销团在确定承销份额上，可采用固定份额和变动份额两种。固定份额方法适用于金融体制比较稳定的情况，承销人对自己应承担的份额心中有数，有利于及早安排资金。变动份额方法适用于金融体制变动较大时，承销人可根据情况灵活变动资金。

2) 公开招标。它是由发行人提出含有国债发行条件和所需费用的标的，向投标人发标，投标人直接竞价，然后发行人根据竞价结果发行国债。公开招标方式确定的价格或利率是由市场供求状况决定的，体现了市场公平竞争原则。

根据所竞标的的不同，公开招标分为价格招标和利率招标。价格招标是指国债的利率与票面价格之间的联系固定不变，投标人根据固定利率对未来金融市场利率变化的预期加以投标，投标价格可低于面值，也可高于面值。招标人将投标结果按其价格高低排列确定中标者，依次配售，售完为止。若中标者的认购额超过了预定发行规模，则按比例配售。所有中标者根据各自不同的投标价格购买国债，这种方式称为"第一价格招标"（美国式招标），最有把握中标的是报价最高的投标人，但易产生垄断招标；反之，所有中标者都按统一价格购买国债，这种方式称为"第二价格招标"（荷兰式招标），最有把握中标的仍是报价最高的投标人，但其认购价格接近市场价格水平，削弱了少数投标人垄断市场的可能性。利率招标即发行人只确定发行规模和票面价格，发行利率由投资者投标确定。发行人以投标人报出的最高利率作为国债的发行利率，从报出的最低利率开始依次选定投资认购额，直至售完预定发行数额。如果中标人以某一利率中标，其认购额超过了预定发行规模的，按比例配售。利率招标对所有中标人都按统一利率发行。

根据报价竞争性的不同，公开招标又可分为竞争性招标和非竞争性招标。前者是由投标人竞争报价，后者是投标人只对认购限额投标，不报价格和利率，在招标结束后，非竞争性投标人首先以统一利率购买,然后是竞争性投标人购买。

3)公开拍卖。它是指在拍卖市场上按照例行的经营性拍卖方法和程序,由发行人公开向投资者拍卖国债。公开拍卖完全由市场决定国债发行价格与利率。目前,大多数发达国家皆采用这种方式。根据叫卖顺序的不同,公开拍卖分为公开叫卖升序排列和公开叫卖降序排列。公开叫卖升序排列是指拍卖人按照不断上升的价格顺序向一组投标人招标,在拍卖过程中,当报出第一价格时,有关投标人报出其认购数额,招标人公布全部需求数量,然后不断提高价格,继续公布各个价格的需求数量,直到全部需求小于招标数额为止。当达到这一点时,招标人可以确认前次价格是完成全部发行的最高价格。公开叫卖降序排列是指拍卖人按不断降低的价格顺序报价,国债以逐渐降低的价格出售,直到全部需求小于招标数额为止。公开拍卖方式能使信息交流更为畅通,投标人易于知道国债的公认价值,避免成功投标人总是吃亏的不正常现象。

 **延伸阅读**

我国国债发行的方式

改革开放以来,我国国债发行方式经历了 20 世纪 80 年代的行政分配,20 世纪 90 年代初的承购包销,到目前的定向发售、承购包销和招标发行并存的发展过程,总的变化趋势是不断趋向低成本、高效率的发行方式,逐步走向规范化与市场化。

(1)定向发售。定向发售方式是指向养老保险基金、失业保险基金、金融机构等特定机构发行国债的方式,主要用于国家重点建设债券、财政债券、特种国债等品种。

(2)承购包销。承购包销方式始于 1991 年,主要用于不可流通的凭证式国债,它是由各地的国债承销机构组成承销团,通过与财政部签订承销协议来决定发行条件、承销费用和承销商的义务,因而是带有一定市场因素的发行方式。

(3)招标发行。招标发行是指通过招标的方式来确定国债的承销商和发行条件。根据发行对象的不同,招标发行又可分为缴款期招标、价格招标、收益率招标三种形式。

1)缴款期招标。缴款期招标是指在国债的票面利率和发行价格已经确定的条件下,按照承销机构向财政部缴款的先后顺序获得中标权利,直至满足预定发行额为止。

2)价格招标。价格招标主要用于贴现国债的发行,按照投标人所报买价自高向低的顺序中标,直至满足预定发行额为止。如果中标规则为"荷兰式",那么中标的承销机构都以相同价格(所有中标价格中的最低价格)来认购中标的国债数额;而如果中标规则为"美国式",那么承销机构分别以其各自出价来认购中标数额。我国目前短期贴现国债主要运用"荷兰式"价格招标方式予以发行。

3)收益率招标。收益率招标主要用于付息国债的发行,它同样可分为"荷兰式"招标和"美国式"招标两种形式,原理与上述价格招标相似。

招标发行将市场竞争机制引入国债发行过程,从而能反映出承销商对利率走势的预期和社会资金的供求状况,推动了国债发行利率及整个利率体系的市场化进程。此外,招标发行还有利于缩短发行时间,促进国债一、二级市场之间的衔接。基于这些优点,招标发行已成为我国国债发行体制改革的主要方向。

2. 国债的偿还

发行的国债到期以后就要还本，同时还要支付利息。各国一般通过制定国债偿还制度对国债的偿还以及与偿还相关的各个方面做出具体的规定，以保证国债的正常运行。

国债的偿还是指近期偿还国债本金与支付利息。其中，还本通常是政府按照债券面额偿还；付息则是按期、按条件支付。国债的偿还方式主要有以下几种：

（1）一次偿还法。它是指政府对定期发行的国债，在债券到期后一次还本付息的方法。

（2）购销偿还法。它是指政府按市场价格在国债流通市场上买入国债而销售债务的方法。实践中，这种方法多以短期的上市国债为主。

（3）调换偿还法。它是指政府发行新国债来换回国债持有者手中的旧国债而注销债务的方法。对于政府而言，它的债务数量并没有减少，只是债务期限延长了而已。对于投资者而言，其债权人的地位未变，增加的只是新债权。

（4）比例偿还法。它是指政府在国债的偿还期内，对所有国债债券号码进行抽签确定每年按一定比例轮流分次偿还的方法。

专栏 4-7

财政部公布 2019 年到期国债还本付息相关事宜

新闻回放：财政部 2019 年 1 月 9 日发布 2019 年第 7 号公告，宣布 2019 年国债和地方政府债券还本付息工作即将开始，并具体公布了 2019 年到期国债和地方政府债券还本付息的有关事宜。

公告明确了 2019 年到期国债品种和条件。其中，公布 2014 年第二期储蓄国债（电子式）等 10 只储蓄国债（电子式）于还本付息日归还本金并支付最后一年利息。2014 年凭证式（一期）国债等 8 只储蓄国债（凭证式）于兑付期开始后归还本金并支付全部利息。2014 年记账式附息（一期）国债等 22 只记账式附息国债于还本付息日（节假日顺延）归还本金并支付最后一次利息。2018 年记账式贴现（三十三期）国债等 18 只记账式贴现国债于还本日（节假日顺延）按面值偿还。2012 年上海市政府债券（二期）等 9 只地方政府债券于还本付息日（节假日顺延）归还本金并支付最后一次利息。

公告显示，储蓄国债、记账式国债和地方政府债券利息均按单利计算。储蓄国债逾期兑取不加计利息。

资料来源：财政部网站

专栏点评：相对于比例偿还法，在一个把国债作为投资理财产品的社会，采用到期一次偿还的国债产品一般会更具优势，尤其是附息国债。我国目前采用到期一次偿还本息、按期先行支付利息到期还本并支付最后一年利息等多种偿还方法。

4.2.2 国债的规模

在国债的运行中，国债规模涉及的是国债发行数量，它是一个基本的要素，对于国债发挥积极的经济效应有着重要意义。但是国债规模的确定是一个非常棘手的问题，因为在实践中很难精确地制定国债发行数量的最佳值。

在西方国家，曾经有国债限额论和国债无限额论两种对立的观点。国债限额论认为，政府大量发行债券的结果，会引发通货膨胀，不利于经济稳定与增长，因此政府应规定国债发行限额，减少赤字，控制通货膨胀的蔓延。国债无限额论认为，国债的数量看起来虽然很庞大，但在国民生产总值中的比重不大，甚至有逐渐缩减的趋势，所以不必对国债发行规定限额，在国民经济迅速发展的前提下，即使再多借些债也无关紧要。

关于国债发行数量的限额，是理论界争论不休的话题。实际上，国债发行数量总是存在一个临界点。一国在每一特定时期的特定条件下，存在着某种适度债务规模的数量规定性，即在这一规模上，国债功能可以得到最充分的发挥，对经济生活的正面积极作用最大，相对而言负面不利作用最小。而这一数量界限，受到政府偿债能力和社会应债能力两种因素的综合制约。

（1）政府偿债能力。

政府偿债能力是国家财政在某个时期可用于偿付债务本息的财力，它与国家经济发展水平和财政收入规模有一定联系，通常表现为：一方面与国民收入增长速度同方向变化；另一方面与财政收入占国民收入的比重同方向变化。

（2）社会应债能力。

社会应债能力是指一定时期社会承购国债的能力，即社会总的应债能力由不同承购者的应债能力汇总组成。各类不同的国债发行对象，各有其承购国债数量的制约因素。对于企业而言，其极端的最大应债能力不可能超过其资产总值；对于个人而言，其应债能力体现于个人收入扣除其个人及家庭成员生活开支后的余额；对于银行而言，其资金来源在一定时期是一个有限值，应债能力是有限的。

在现实生活中，决定或影响适度债务规模的因素是多方面的，如经济发展水平和金融深化程度，政府管理水平和市场健全程度，国债的结构状况、筹资成本与所筹资金的使用效益等。这些因素都直接或间接影响着对国债总量的把握。按照我国2014年颁布的《预算法》规定，从2015年起，国家对政府债务余额实行限额管理，年度政府债务余额不得突破批准限额。设定政府债务余额限额管理也是控制债务风险的一种国际上通用的做法。

4.2.3　衡量债务规模的指标

尽管确定国债最佳规模很困难，但我们仍可以通过一些量化指标来衡量国债规模，科学地反映合理的国债发行数量。国际上通常用三个指标来衡量国债规模：国债依存度、国债偿债率和国债负债率。

（1）国债依存度。它是指国债发行额占同年财政支出的比重。其计算公式为

$$国债依存度=（当年国债的发行额÷当年财政支出额）×100\%$$

国债依存度着眼于国债的流量，反映当年财政支出对债务收入的依赖程度。目前，中国计算债务依存度是按照如下公式：债务依存度=国债发行额/中央一般公共财政支出。这一指标的国际公认警戒线为25%～35%。1997年我国整个国家财政有1/4以上的财政支出，中央财政有近3/5的财政支出需要靠发行国债来维持；2002年中央财政国债依存度一度超过80%；2017年，全国一般公共预算支出203 085.49亿元，其中中央一般公共预算支出94 908.93亿元，我国实际发行国债40 096.00亿元，国债依存度达到42.25%，超出了国际警戒线的上限，债务风险大，2013～2017年国债依存度逐年提高，从2013年的24.75%上

升到 2017 年的 42.25%，超过国际公认警戒线的上限 35%，对此必须保持高度警惕。

（2）国债偿债率。它是指一定财政年度的还本付息额与财政收入的比率。其计算公式为

国债偿债率=（年底还本付息额÷年度财政收入总额）×100%

该指标反映由于国债而引起的财政负担，数值越高，表明偿债能力越差，发达国家该指标一般低于 10%。1995 年以来，由于国债还本付息额猛增，我国的国债偿债率迅速提高，超过了 10%的安全线，在 1997 年和 1998 年，甚至超过 20%。1999 年以后，随着财政收入的增长，该指标数值虽明显回落，但是仍处于 10%以上。2013～2015 年我国的国债偿债率基本控制在 10%以内，后面两年指标逐步提高，2017 年我国国债还本额为 25 401.36 亿元，国债付息支出 3 777.69 亿元，年度财政收入为 172 567 亿元，国债负债率达到了 16.91%，超过安全线 6.91 个百分点，必须引起重视。

（3）国债负债率。它是指当年国债余额实际数占当年 GDP 的比重。其计算公式为

国债负债率=（历年发行、尚未偿还的国债余额÷当年 GDP）×100%

国债负债率是反映国民经济总体应债能力和国债规模的最重要的指标之一。国际上一般以欧洲货币联盟《马斯特里赫特条约》规定的 60%作为该指标的警戒水平。由表 4-2 可见，我国国债负债率并不高，2013～2017 年，我国国债负债率基本稳定在 14%～17%。按照这样一个比例，我国政府的负债率是低于国际社会通用的 60%警戒线的，也低于其他主要经济体和一些新兴市场国家的负债水平。以此而言，我国的国债发行规模仍有较大空间。但是需要指出，我国国债负债率的增长速度过快，仅 1991～2017 年 20 多年间，就从 4.79%增长到 16.70%，增长了 2.4 倍多，而同期西方发达国家该指标的增幅都在 1.5 倍以内。我国达到当前的国债规模仅用了短短 20 多年，而西方发达国家的国债规模则是由上百年累积而成。

（4）我国国债规模的综合评价。从应债能力指标来看，我国的国债规模并不太高，仍有进一步增发的空间，而从偿债能力指标来看，我国的国债规模已经过高，必须及时压缩，以防范财政风险。另外的风险可能会来源于地方政府债务风险，从我国目前举债情况来看，地方政府的债务规模已经超过了中央政府的举债规模。2017 年年末数据显示，我国政府债务余额总额为 29.95 万亿元，其中中央财政国债余额 13.48 万亿元，而地方政府债务余额达到 16.47 万亿元，超过了国债的规模。而且，我国现阶段存在着大量以政府财政信用潜在担保、最终必须由政府偿还的隐性债务，如国有银行不良贷款、地方财政无力消化的债务、国家财政对社会保障资金的欠账以及其他公共部门债务等。因此，计算国债负债率时如果考虑隐性债务，我国的"综合负债率"将会大大提高，实际应债能力需要向下调整。

总体来讲，我国国债规模水平仍在可以接受的范围内，但是其增长速度过快，需要防范债务风险，缓解国债依存度和国债偿债率过高的压力。

4.3 学会国债投资

专栏 4-8

重庆市民彻夜排队买国债，股市低迷激发热情

新闻回放：股市低迷再次引发市民排队抢购国债热潮。2019 年 3 月 10 日是 2019 年第

一期和第二期储蓄国债发行的第一天，两期利率与 2018 年相同，仍为三年 4.0%、五年 4.27%。并不算高的利率却吸引了众多老年市民彻夜排队抢购。业内人士表示，老年人对国债热情不减，归根到底还是因为市场上缺乏低门槛、高性价比的靠谱投资产品。

资料来源：新浪网

专栏点评：近两年来股市阴晴不定，基金的业绩也受到牵连，出现较大跌幅。很多中老年市民曾经一度成为基民甚至股民，后来又重新将手里的闲置资金投向了低风险的凭证式国债。凭证式国债利率比储蓄存款利率高出一截儿，而且提前支取时还可以分档计息。所以，近两年来由于股市的持续低迷，当有凭证式国债销售时会出现"抢购"现象。

尽管债券以其稳健保守的特点在现代人的理财观念中已不再占据主导地位，但是对于那些懂得分散投资的人士来讲，债券仍然是他们投资计划中不可或缺的一部分，特别是在股市、楼市持续低迷的背景下，国债"金边债券"的美誉反复得到了印证。据了解，当股市低迷阶段，每期国债往往会在发行的首日和次日被抢购一空。在此，我们将通过对投资国债技巧和相关知识的介绍，帮助投资者更好地使用国债理财工具。

4.3.1 我国国债种类

国债投资的第一步是了解与掌握我国现有可投资的国债品种。国债的种类繁多，按国债的券面形式来分，我国现有的国债品种主要有凭证式国债、记账式国债、储蓄国债（电子式）以及无记名国债（实物）等几种。

1. 凭证式国债

凭证式国债是一种储蓄债券，以收款凭证的形式记录债权，可以记名，遗失也可以挂失，但不能流通。一般通过商业银行系统向社会投资者销售，有时也让证券公司或邮政系统等机构代理发行。

凭证式国债从购买之日起计息，且无固定的面值；凭证式国债属于非上市证券，不能在证券市场上挂牌交易，但在持有期内，持券人如遇特殊情况需要提取现金，可以到原购买网点提前兑取。提前兑取时，除可以取回本金之外，持有期超过半年的可按实际持有天数及相应的利率档次计付利息，半年内支取则按同期活期利率计算利息。值得注意的是，国债提前支取还要收取本金1‰的手续费。

凭证式国债不具有标准债券的券面形式，但同时又有一张收款凭证，因此是一种特殊的形式。由于我国老百姓有将个人收入结余的很大部分存入银行的习惯，凭证式国债的个人储蓄性质以及高于银行存款的收益吸引着广大投资者。

2. 记账式国债

记账式国债是财政部通过无纸化方式发行的，以计算机记账方式记录债权并且可以上市交易的一种债券。它以记账形式记录债权，通过证券交易所交易系统或其他场外集中性交易市场的交易系统来发行和交易，可以记名、挂失。

这种国债在属性上等同于记名债券，投资者若要对它进行买卖，首先需要在证券交易所或者相应的交易市场设立账户，然后才能交易，成交后不采用实物券的交收，而是直接通过交易系统在投资者账户上做增减记录。由于记账式国债的发行和交易均采用现代科技术手段，实行无纸化，所以相对来说效率高、成本低、交易安全性好，符合现代金融工具发展的方向。

相对于凭证式国债，记账式国债更适合3年以内的投资，其收益与流动性都好于凭证式国债。

3. 储蓄国债（电子式）

储蓄国债（电子式）是指财政部在我国境内发行，面向个人投资者销售的、以电子方式记录债权的不可流通人民币债券。储蓄国债（电子式）不可流通转让，可以提前兑取、质押贷款、非交易过户等。

储蓄国债（电子式）从开始发行之日起计息，付息方式分为利随本清和定期付息。财政部于指定付息日或到期日通过试点商业银行向投资者支付利息和本金。

与凭证式国债相比，储蓄国债（电子式）的品种更为丰富。发行时只要是我国公民，在银行开设债券账户、资金账户后即可购买储蓄国债，但是开户必须实名制，不能找他人代办，一个姓名也只能开一个国债账户。每个账户最低购买额为100元，并以100元的整数倍累加，但是最高购买上限为100万元，以确保中小投资者的投资机会公平。

4. 无记名国债（实物）

无记名国债是一种票面上不记载债权人姓名或单位名称的债券，通常以实物券形式出现，又称实物券或国库券。无记名国债不记名，不能挂失，券面面值由发行者预先规定，可以有几种不等的面值，可以上市流通。

发行期内，投资者可以直接在国债承销机构的柜台购买，在证券交易所开设有账户的投资者，可以委托证券公司通过证券交易所交易系统申购。发行期结束后，无记名国债持有者可以在证券交易柜台卖出，也可以将无记名国债的实物券交证券交易所托管，再通过交易系统卖出。

无记名国债是一种传统型的国债，有纸化，需要花费一定的印刷成本。另外，由于不记名，安全性较差。从证券交易的发展看，这种国债缺点明显，不符合现代金融工具运作的要求。

几种国债的比较见表4-3。

表4-3 记账式国债、凭证式国债与储蓄国债（电子式）比较表

	记账式国债	凭证式国债	储蓄国债（电子式）
有无记名	可记名	可记名	可记名
发行对象	主要是机构投资者，个人投资者也可购买	主要是个人投资者，部分机构投资者也可购买	仅限境内个人投资者，机构投资者不允许购买或持有
购买方式	开立证券账户或国债专用账户，在发行期内通过证券交易所交易系统直接认购；或到记账式国债承销商处直接购买	直接去承办机构网点购买	在承办银行开立个人国债托管账户，在发行期内购买
流通转让	可以通过证券交易所交易系统进行上市流通转让	不可流通转让	不可流通转让
付息方式	分期付息的记账式附息国债每半年或一年付息一次	到期一次性还本付息	可按年付息，可利随本清
提前支取	可上市转让	可持有效证件到原办理网点提前兑取	可持有效证件到原办理网点提前兑取
兑付方式	通过各证券商的清算备付金账户及时划入各投资者的资金账户	到期后投资者前往承销机构原办理网点办理兑付事宜	到期后承办银行自动将投资者应收本息转入与个人国债托管账户对应的资金账户

4.3.2 国债投资

在了解了我国国债品种的特点后,投资者就可以进入国债投资环节。国债不同于私债,私人之间的借债,程序比较简单,往往找一个公证人或担保人,借贷双方立个字据,一手签字盖章,一手交付借款便可。国债则复杂得多,它必须通过国债市场,才能流入投资者手中。所以,投资者只有在国债市场才能购买到自己想买的国债品种。

国债市场分为两个层次:①国债发行市场,也称一级市场。中央财政通过该市场,将新发行的国债销售给资金比较雄厚的投资者。②与国债发行市场对应的,是国债流通市场,也称二级市场。一级市场好比批发市场,二级市场就像零售市场。在二级市场上,那些一级市场的投资者,再将手中的国债转让、出售给更多的中小投资者。作为一般投资者,都是在二级市场购买相应的国债产品,而一级市场的参与主体主要是一些有实力、具备一定资质的金融机构。我们这里重点介绍的是二级市场的国债投资的相关知识与投资技巧。

1. 国债的购买

国债一直是人们喜爱的投资品种之一,作为一个普通投资者,平时接触最多的就是凭证式国债和记账式国债。由于国债是通过证券经营机构间接发行的,所以投资者购买国债可到商业银行、证券公司等具备国债一级承销能力的证券经营机构购买。国债的品种不同,其购买方式也不同,其中无记名国债和凭证式国债的购买手续简便,而记账式国债的购买手续稍复杂些。

(1)凭证式国债的购买。

凭证式国债的发行对象主要是个人投资者,部分机构投资者也可购买。其发售和兑付是通过各大银行的储蓄网点、邮政储蓄部门的网点以及财政部门的国债服务部办理。投资者购买凭证式国债可在发行期间内持款到各网点填单交款,办理购买事宜。由发行点填制凭证式国债收款凭单,其内容包括购买日期、购买人姓名、购买券种、购买金额、身份证号码等,填完后交购买者收妥。办理手续与银行定期存款办理手续类似。

凭证式国债以百元为起点整数发售,按面值购买。发行期过后,对于客户提前兑取的凭证式国债,可由指定的经办机构在控制指标内继续向社会发售。投资者在发行期后购买时,银行将重新填制凭证式国债收款凭单,投资者购买时仍按面值购买。购买日即为起息日。兑付时按实际持有天数、按相应档次利率计付利息(利息计算到到期时兑付期的最后一日)。

(2)记账式国债的购买。

记账式国债的发行对象主要是机构投资者,个人投资者也可购买。由于记账式国债是通过交易所交易系统以记账的方式办理发行,所以投资者必须拥有证券交易所的证券账户或国债专用账户,并在证券经营机构开立资金账户才能购买记账式国债。投资者在发行期内可以通过证券交易所交易系统直接认购,或到记账式国债承销商处直接购买。

(3)储蓄国债(电子式)的购买。

与凭证式国债不同,储蓄国债(电子式)的发行对象仅限境内个人投资者,机构投资者不允许购买或持有。在发行期内,投资者首先要到有代销资格的银行开立个人国债托管账户,然后才能购买。

投资者需持本人有效身份证件和承办银行的活期存折(或借记卡)在承办银行网点开

立个人国债账户，目前个人国债账户开户免收开户费和服务费用，并且开立后可以永久使用；而已经通过承办银行开立记账式国债托管账户的投资者可继续使用原来的账户购买储蓄国债（电子式），不必重复开户。

(4) 无记名国债的购买。

无记名国债的购买对象主要是各种机构投资者和个人投资者。无记名国债的购买是最简单的。投资者可在发行期内到销售无记名国债的各大银行和证券经营机构的各个网点，持款填单购买。无记名国债的面值种类一般为 100 元、500 元、1 000 元等。

2. 上市国债的交易

(1) 债券交易程序。

债券交易市场包括场内债券交易市场和场外债券交易市场两部分。

1) 场内债券交易程序。场内债券交易也叫交易所交易。证券交易所是证券流通市场的核心，在证券交易所内部，其交易程序都要经证券交易所规定，具体步骤明确而严格，有五个步骤：开户、委托、成交、清算与交割、过户。

① 开户。债券投资者要进入证券交易所参与债券交易，首先必须选择一家可靠的证券公司，并在该公司办理开户手续。

a. 订立开户合同。开户合同应包括如下事项：委托人的真实姓名、住址、年龄、职业、身份证号码等；委托人与证券公司之间的权利和义务，并同时认可证券交易所营业细则和相关规定以及证券公司的规章作为开户合同的有效组成部分；确立开户合同的有效期限，以及延长合同期限的条件和程序。

b. 开立账户。在投资者与证券公司订立开户合同后，就可以开立账户，为自己从事债券交易做准备。我国上海证券交易所允许开户的账户有现金账户和证券账户。现金账户只能用来买进债券并通过该账户支付买进债券的价款，证券账户只能用来交割债券。因投资者既要进行债券的买进业务又要进行债券的卖出业务，所以一般都要同时开立现金账户和证券账户。上海证券交易所规定，投资者开立的现金账户，其中的资金要首先交存证券商，然后由证券商转存银行，其利息收入将自动转入该账户；投资者开立的证券账户，则由证券商免费代为保管。

② 委托。投资者在证券公司开立账户以后，要想真正上市交易，还必须与证券公司办理证券交易委托关系，这是一般投资者进入证券交易所的必经程序，也是债券交易的必经程序。

a. 委托关系的确立。投资者与证券公司之间委托关系的确立，其核心程序就是投资者向证券公司发出"委托"。投资者发出委托必须与证券公司的办事机构联系，证券公司接到委托后，就会按照投资者的委托指令，填写"委托单"，将投资交易债券的种类、数量、价格、开户类型、交割方式等一一载明。而且"委托单"必须及时送达证券公司在交易所中的驻场人员，由驻场人员负责执行委托。投资者办理委托可以采取当面委托或电话委托两种方式。

b. 委托方式的分类。根据投资者参与国债交易的目的来分，委托方式分为买进委托和卖出委托。买进委托是投资者为了买进某种国债而委托证券经纪商代理其交易；卖出委托是投资者为了卖出某种国债而委托证券经纪商代理其交易。作为证券经纪商来说，如果违反买进委托而卖出国债，或者违反卖出委托而买进国债，都属于违约，必须向投资者承担由此造成的损失。

根据国债交易的数量来划分，委托方式分为整数委托、零数委托和任意数委托。整数委托是指投资者委托交易的国债数量为一个规定的交易单位或其整数倍；零数委托是指投资者委托交易的国债数量不足一个规定的交易单位；任意数委托是指投资者委托交易的国债数量可以是任意的数值。为了保证交易的规范和统计的便利，采用整数委托是比较有利的。

根据委托的有效期来划分，委托方式分为当日委托、多日委托和撤销前有效委托。当日委托是指投资者向证券经纪商提出的委托要求，在提出的当日内有效，当日内的有效时间是自提出时开始至当日收盘时结束；多日委托是指投资者向证券经纪商提出的委托要求，在提出之后约定的日期内有效；撤销前有效委托是指投资者向证券经纪商提出委托要求后，在未撤销前的时间内都是有效的。

根据投资者对国债交易价格的要求来划分，委托方式分为市价委托和限价委托。市价委托是指投资者在委托买卖国债时，要求证券经纪商按当时交易市场的价格来成交；限价委托是指投资者在委托买卖国债时，要求证券经纪商按某一限定价格来成交。市价委托能够保证投资者实现买入国债或卖出国债，因为它可以直接根据市场上交易对方所报的价格进行交易。但由于投资者没有对证券经纪商代理其交易的价格进行限制，当市场上价格波动频繁且幅度较大时，投资者将面临较大的价格风险。限价委托可以规避一定的价格风险，但不能保证投资者一定可以实现国债交易的愿望。

③ 成交。证券公司在接受投资客户委托并填写委托说明书后，就要由其驻场人员在交易所内迅速执行委托，促使该种债券成交。

a. 债券成交的原则。在证券交易所内，债券成交就是要使买卖双方在价格和数量上达成一致。这程序必须遵循特殊的原则，又叫竞争原则。这种竞争规则的主要内容是"三先"，即价格优先、时间优先、客户委托优先。价格优先就是证券公司按照交易最有利于投资委托人的利益的价格买进或卖出债券。时间优先就是要求在相同的价格申报时，应该与最早提出该价格的一方成交。客户委托优先主要是要求证券公司在自营买卖和代理买卖之间，首先进行代理买卖。

b. 竞价的方式。证券交易所的交易价格按竞价的方式进行。竞价的方式包括口头唱报、板牌报价以及计算机终端申报竞价三种。

④ 清算与交割。债券交易成立以后就必须进行券款的交付，这就是债券的清算和交割。

a. 债券的清算是指对同一证券公司在同一交割日对同一种债券的买和卖相互抵消，确定出应当交割的债券数量和应当交割的价款数额，然后按照"净额交收"原则办理债券和价款的交割。一般在交易所当日闭市时，其清算机构便依据当日"场内成交单"所记载的各券商的买进和卖出某种债券的数量和价格，计算出各券商应收应付价款相抵后的净额以及各种债券相抵后的净额，编制成当日的"清算交割表"，各券商核对后再编制该券商当日的"交割清单"，并在规定的交割日办理交割手续。

b. 债券的交割就是将债券由卖方交给买方，将价款由买方交给卖方。在证券交易所交易的债券，按照交割日期的不同，可分为当日交割、普通日交割和约定日交割三种。例如，上海证券交易所规定，当日交割是在买卖成交当天办理券款交割手续；普通日交割是买卖成交后的第四个营业日办理券款交割手续；约定日交割是买卖成交后的15日内，买卖双方约定某一日进行券款交割。

⑤ 过户。债券成交并办理了交割手续后,最后一道程序是完成债券的过户。过户是指将债券的所有权从一个所有者名下转移到另一个所有者名下。基本程序包括:债券原所有人在完成清算交割后,应领取并填"过户通知书",加盖印章后随同债券一起送到证券公司的过户机构。债券新的持有者在完成清算交割后,向证券公司索取印章卡,加盖印章后送到证券公司的过户机构。证券公司的过户机构收到"过户通知书"、债券及印章卡后,加以审查,若手续齐备,则注销原债券持有者证券账上同数量的该种债券,同时在其现金账户上增加与该笔交易价款相等的金额。对于债券的买方,则在其现金账户上减少价款,同时在其证券账户上增加债券的数量。

2) 场外债券交易程序。

场外债券交易就是在证券交易所以外的证券公司柜台进行的债券交易,场外交易又包括场外自营买卖和场外代理买卖两种。

① 场外自营买卖债券程序。场外自营买卖债券就是由投资者个人作为债券买卖的一方,由证券公司作为债券买卖的另一方,其交易价格由证券公司自己挂牌。场外自营买卖程序十分简单,具体包括:a. 买入、卖出者根据证券公司的挂牌价格,填写"申请单"。申请单上载明债券的种类,提出买入或卖出的数量。b. 证券公司按照买入、卖出者申请的券种和数量,根据挂牌价格开出成交单。成交单的内容包括:交易日期,成交债券的名称、单价、数量、总金额、票面金额,客户的姓名、地址,证券公司的名称、地址,经办人姓名、业务公章等,必要时还要登记卖出者的身份证号。c. 证券公司按照成交额,向客户交付债券或现金,完成交易。

② 场外代理买卖债券程序。场外代理买卖就是投资者个人委托证券公司代其买卖债券,证券公司仅作为中介而不参与买卖业务,其交易价格由委托买卖双方分别挂牌,达成一致后形成。场外代理买卖的程序包括:a. 委托人填写委托书。内容包括:委托人的姓名和地址,委托买卖债券的种类、数量和价格,委托日期和期限等。委托卖方要交验身份证。b. 委托人将填好的委托书交给委托的证券公司。其中买方要交纳买债券的保证金,卖方则要交出拟卖出的债券,证券公司为其开临时收据。c. 证券公司根据委托人的买入或卖出委托书上的基本要素,分别为买卖双方挂牌。d. 如果买方、卖方均为一人,则通过双方讨价还价,促使债券成交;如果买方、卖方为多人,则根据"价格优先,时间优先"的原则,顺序办理交易。e. 债券成交后,证券公司填写具体的成交单。成交单内容包括成交日期,买卖双方的姓名、地址及交易机构名称、经办人姓名、业务公章等。f. 买卖双方接到成交单后,分别交出价款和债券。证券公司收回临时收据,扣收代理手续费,办理清算交割手续,完成交易过程。

(2) 债券的交易方式。

1) 债券现货交易。债券现货交易又叫现金现货交易,是债券交易中最古老的交易方式,是债券买卖双方对债券的买卖价格均表示满意,在成交后立即办理交割,或在很短的时间内办理交割的一种交易方式。以深圳为例,投资者可直接通过证券账户在深交所全国各证券经营网点买卖已经上市的债券品种。

2) 债券回购交易。债券回购是指债券交易的双方在进行债券交易的同时,以契约方式约定在将来某一日期以约定的价格(本金和按约定回购利率计算的利息),由债券的"卖方"(正回购方)向"买方"(逆回购方)再次购回该笔债券的交易行为。由于债券回购交易包括初始交易与到期交易的一来一去两次买卖,所以它与债券现货交易和债券远期交易有一定的相关性。投资者在进行回购时，相当于卖出一笔债券现货，同时买进相同数量的债券远期合同；而在进行逆回购时，相当于买进一笔债券现货，同时卖出相同数量的债券远期合同。回购交易是中央银行进行公开市场业务操作的基本方式。中央银行通过正回购与逆回购来调节或影响货币流通量与利率，以此来执行相应的货币政策。

专栏4-9

央行通过公开市场逆回购，当日净投放资金2 500亿元

新闻回放：2019年5月29日，央行网站公告，为维护银行体系流动性合理充裕，央行以利率招标方式开展了2 700亿元逆回购操作，周期为7天，中标利率为2.55%。因今日有200亿元逆回购到期，当日实现净投放2 500亿元。

这是央行连续第三个交易日开展逆回购操作，创2019年1月17日以来最大单日净投放。截至2019年5月29日，央行在公开市场累计净投放4 000亿元。

资料来源：和讯网

专栏点评：债券回购是指央行在向商业银行卖出债券的同时，约定在未来某一时间、按照约定的价格再买回上述债券的业务，其实质是央行用债券做抵押借入资金，目的是为了回笼货币。央行公开市场操作以正回购或逆回购的方式回笼货币或投放货币，有助于稳定市场预期，保证我国经济稳定地发展。

3）债券期货交易。

债券期货交易是指买卖双方通过指定的交易场所，约定在将来某一时间按期货合同约定的价格和数量进行券款交割的交易方式。它是一种杠杆性交易，具有高风险，投资者通常只要付少量的保证金，就可以买卖一个债券期货合约，且实行每日结算制度，投资的盈亏额每天都要结算出来，出现盈利可以提取，出现亏损必须补足。债券期货的基本作用是套期保值和投机获利。

（3）国债投资策略。

低买高卖国债也能"炒"

记账式国债是由财政部通过无纸化方式发行的、以计算机记账方式记录债权，并可以上市交易的债券。它可随时买卖，流动性强，每年付息一次，实际收入比票面利率高。比较专业的投资者如果对市场和个券走势有较强的预测能力，可以在对市场和个券做出判断和预测后，采取"低买高卖"的手段进行国债的买卖。例如：预计未来国债价格将上涨，则买入国债等到价格上涨后卖出；预计未来国债价格将下跌，则将手中持有的该国债出售，并在价格下跌时再购入。这种投资方法的投资收益较高，但同时也面临较高的市场风险。

摘编自：《东方早报》

对于普通老百姓来说，提起购买国债，马上想到的一定是去银行；购买国债大多考虑的也是国债产品低风险、收益稳定的优势。由于银行发售的大多是凭证式国债和电子式国债，这两类国债只有在规定的发行期内方可买到，只能到银行一次性提前兑取，很难再买入，流动性相对较差。所以，投资者一般会持有至期满。其实，有些记账式国债的发行对象除了机构投资者，个人投资者也可购买。因此，个人可以利用债券投资分析的原理进行国债投资。

本 章 小 结

国债是中央政府举借的债，是中央政府取得财政收入的一种有偿形式。在市场经济条件下，国债除具有弥补财政赤字、筹集建设资金等基本功能之外，还具有投资功能以及政府宏观调控经济的功能。国债发行是指政府将公债交付给国债承销者，并将募集的债务款项集中到政府手中的过程。国债发行的价格和发行利率是国债发行的两个基本条件。我国国债发行的方法主要有定向发售方式、承购包销方式以及招标发行方式三种。债券的偿还方式主要有一次偿还法、购销偿还法、调换偿还法和比例偿还法等几种。国债规模的大小直接决定着一国国债的效用。目前，衡量国债规模的指标主要有国债依存度、国债偿债率和国债负债率。我国目前的国债品种主要有凭证式国债、记账式国债、储蓄国债（电子式）以及无记名国债（实物）。由于相对于银行存款来说，凭证式国债具有收益高、安全性大以及流动性强的特点，往往为普通居民所追捧，成为我国个人投资者的重要投资工具。债券的交易方式分为债券现货交易、债券回购交易和债券期货交易几种形式，其中债券回购交易已成为我国中央银行公开市场操作的主要手段，并在宏观经济调控中扮演着越来越重要的角色。

课堂延伸思考

1. 国债的特征及其功能有哪些？
2. 封建社会时期有国债吗？简述国债产生的条件。
3. 结合欧洲债务危机谈谈一国该如何控制债务风险。
4. 国债投资有哪些策略？请举例说明。
5. 试就我国 2007 年第三期国债流标原因进行分析。
6. 什么是人民胜利折实公债，它产生的理论依据是什么？
7. 为什么举借国债是各国普遍现象？
8. 如何看待我国企业的负债经营现象？
9. 有人说：在利率较高时期多发行短期债券，在利率较低时期多发行长期债券；预期利率看涨时集中发行长期债券，预期利率看跌时集中发行短期债券。你认为对吗？为什么？
10. 2009 年 5 月 13 日，央行再度通过公开市场发行了 500 亿元央行票据，净回笼资金量达到 461.8 亿元，这是央行当年连续三周发行央行票据数量达到了 500 亿元水平。那么,央行为什么要加大公开市场操作力度呢?

11. 2018年3月,财政部印发《财政部关于做好2018年地方政府债务管理工作的通知》(财预〔2018〕34号,以下简称《通知》),部署各地做好2018年地方政府债务管理工作。请问:

(1)什么是地方政府债务?当前我国政府债务风险情况如何?

(2)《通知》主要内容是什么?《通知》出台的背景是什么?

(3)你认为该如何进行地方债务风险监测和防范?

(4)我国在地方政府债券管理改革方面有哪些举措?

第5章 解读政府预算

财经新闻回放

对于中国的股民们来说，2010年注定是纠结的一年。股指像过山车：上证指数2010年1月4日曾经站到了3 299.9点的位置，然后一路狂跌，2010年7月6日走到了2 322.2点的一年新低，然后一直在2 800点至3 000点上下震荡。绝大部分股民们都亏了钱，连一些基金公司也难于幸免。但就是在这样一种行情下，有部分投资者却在这一年赚得盆满钵盈。

专栏点评：上述成绩的取得在一定程度上与投资者关注相关政策，特别是善于捕捉一年一度的政府预算中的重点信息分不开。2010年，政府预算中加大科技、节能减排和环境保护投入的方案无疑对那些从事科技创新、节能减排和环境保护相关业务的上市公司是一种长期利好，进行这些股票配置的基金公司以及购买了这些行业股票的投资者取得好的收益也就不足为奇了。所以，从某种意义上来说，学会解读政府预算，一方面可以帮助我们了解与掌握一国政府的工作重点；另一方面，我们可以通过对政府一年一度财政资金重点流向的结构分析，提高自己的理财能力。

本章预习

聪明人居家过日子，往往精打细算，岁末月初，总要对每年、每月的开销，大体做个估算。随着理财观念深入人心，很多年轻的夫妇从结婚那天起，就开始对将来的幸福生活，做出总体安排：什么时候买房买车，如何打理一年或每月的收支，给双方老人多少赡养费等。普通家庭尚且如此，一届政府，要治理亿万民众，收支大进大出，政府预算更来不得半点含糊。在这一章内容中，我们将获悉有关政府预算的内容，包括：什么是政府预算，每年的政府预算内容对于我们有什么意义，政府预算是如何组成的，中央与地方又该如何处理做事和花钱的问题。我们还会了解有关政府预算编制和执行的相关内容，从而对一年一度的人大和政协两会有深层次的理解。

本章学习线路图

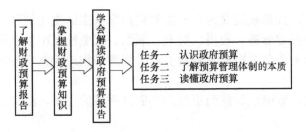

5.1 认识政府预算

2018年预算收支和财政赤字安排情况

根据中央经济工作会议确定的2018年经济发展预期指标、经济社会政策和财政预算编制的总体要求，2018年一般公共预算主要指标拟安排如下：

2018年中央一般公共预算收入85 357亿元，比2017年执行数同口径（下同）增长5.2%。加上从中央预算稳定调节基金调入2 130亿元，从中央政府性基金预算、中央国有资本经营预算调入323亿元，收入总量为87 810亿元。中央一般公共预算支出103 310亿元，增长8.5%。收支总量相抵，中央财政赤字15 500亿元，与2017年持平。中央预算稳定调节基金余额2 536.05亿元。中央财政国债余额限额156 908.35亿元。

地方一般公共预算本级收入97 820亿元，增长7%。加上中央对地方税收返还和转移支付收入70 344亿元、地方财政调入资金400亿元，地方一般公共预算收入总量为168 564亿元。地方一般公共预算支出176 864亿元，扣除上年使用结转结余及调入资金后增长7.3%。地方财政赤字8 300亿元，与2017年持平，通过发行地方政府一般债券弥补。地方政府一般债务余额限额123 789.22亿元。

汇总中央和地方预算，全国一般公共预算收入183 177亿元，增长6.1%。加上调入资金2 853亿元，收入总量为186 030亿元。全国一般公共预算支出209 830亿元（含中央预备费500亿元），扣除上年地方使用结转结余及调入资金后增长7.6%。赤字23 800亿元，与2017年持平。赤字率随国内生产总值增长而适当降低，预计为2.6%，比2017年预算降低0.4个百分点，与经济稳中向好、财政运行健康的状况相适应，也为长远发展和宏观调控留下更多政策空间。

资料来源：财政部网站

专栏点评：预算收支草案从表面上看是一国政府一年财政收支的总体计划与安排，实质上它反映的是一定时期内一国政府的活动范围和公共收支状况。从一国的政府预算中，我们可以获悉该年度政府的工作重点与思路。从专栏5-1中，我们可以基本了解我国2018年预算收支和财政赤字安排情况，通过解读政府预算的具体内容，可以更好地指导我们的工作。

5.1.1 政府预算的概念

1. 什么是政府预算

在家政经济学中，预算被定义为在一定时期内家庭生活支出的计划安排；对于企业来说，预算被定义为企业对业务、投资、资金、利润、工资性支出以及管理费用等一系列指标的综合性计划；而对于公共财政本身而言，预算则是指政府在每一个财政年度的全面公共收支一览表。

与其他预算相比，政府预算最为正规，要通过严格的程序，经立法机构通过，并正式予以公布。政府预算一经制定，便不能随意更改，没有特殊原因，还必须不折不扣地执行。在我国，每年3月份政府做出预算方案，经人大讨论通过，并予以实施。

所以，政府预算是政府财政的收支计划，是以收支平衡表形式表现的、具有法律地位的文件。

2．政府预算的功能

作为政府的公共收支计划，政府预算的功能首先是反映一定时期内政府的活动范围和公共收支状况。通过政府预算，人们可以清楚地了解政府的财政活动。从实际经济内容上看，政府预算的编制是政府对财政收支的计划安排，预算的执行是财政收支的筹措和使用过程，政府决算则是政府预算执行的总结，所以政府预算反映政府活动的范围、方向和政策。由于政府预算要经过国家权力机关的审批才能生效，因而它又是国家的重要立法文件，体现国家权力机构和全体公民对政府活动的制约和监督。

政府预算还能起到控制政府支出的功能。

专栏5-2

东阳人大依法履职 管好政府"钱袋子"

赞成13票、反对6票、弃权3票……在2016年年初举行的东阳市人大常委会会议上，27名人大常委会组成人员有22人出席，市政府提出的"开发区亮化工程"项目，由于赞成票未获得全体常委会组成人员人数的一半以上而被否决，节省财政资金3 000万元。这已是本届东阳人大第4次叫停政府投资项目。

政府定下来的重大投资项目，还要经过人大这一关。根据东阳人大修改完善的《政府投资重大项目监督办法》规定，财政资金投资3 000万元以上项目，必须经市人大常委会审议、票决通过后，才可以实施。政府在安排投资项目时更加注重调研和听取民意，而且人大的很多意见、建议也帮助政府及时调整完善计划，从而使财政资金使用更加规范高效。

资料来源：浙江在线

专栏点评：政府预算是控制政府支出规模的一个有效手段。一方面，政府的全部收支项目及其规模都纳入预算，使得预算能全面反映政府的收支状况。另一方面，预算必须经过国家立法机关的审批才能生效，并最终形成国家的重要立法文件。这就使得政府的支出被置于公民的监督和制约之下，通过这一监督和制约，可以实现对政府支出规模的有效控制。

3．政府预算的分类

（1）按预算编制的形式分类，政府预算可以分为单式预算和复式预算。单式预算是指将政府的全部财政收支汇集编入一个总预算内，形成一个收支项目安排对照表。复式预算是指将政府的全部财政收支按其经济性质汇集编入两个或两个以上的预算，从而形成两个或两个以上的收支对照表。

直观地看，单式预算与复式预算的主要区别在于表格的数量。前者只有一个统计的计划表格，而后者则有两个或两个以上的表格。单式预算，简单明了，一目了然，一张表内收入支出尽收，整体性很强，但由于不按经济性质分列，分析起来就会感觉很棘手。复式预算弥补了这一缺陷，它按照经济性质，将全部收支细分为两个或若干个预算，如经费预算和资本预算。经费预算也叫经常性预算，它的收入来源于税收和其他经常性收入，支出也用于经常性开支。资本预算也称建设性预算，其收入来源为国债和经费预算结余，其支出主要为经济建设。复式预算数据罗列清楚，对政府宏观决策大有裨益。

根据复式预算的编制方法，我国目前的预算主要由经费预算（经常性预算）和资本预算（建设性预算）两部分组成。

（2）按预算的编制方法分类，政府预算可以分为基数预算和零基预算。基数预算是指预算年度的财政收支计划指标的确定，以上年财政收支执行数为基础，再考虑新的年度国家经济发展情况加以调整确定。零基预算是指新的预算年度财政收支计划指标的确定，不考虑以前年度的收支执行情况，而以"零"为基础，结合经济发展情况及财力可能，从根本上重新评估各项收支的必要性及其所需金额的一种预算形式。零基预算在编制时，一切从零开始，该花多少钱，钱用在哪些方面，与上个预算年度无关。也就是说不看过去，只看未来，看新的预算年度有多少事情要做。然后，对这些事情不管新旧，统统重新进行评估，在编制预算时，决策者们依据事情的轻重缓急统筹考虑，决定哪些是重点扶持的，非花钱不可；哪些可办可不办，依财力而定；哪些关系不大，应予以取消；从而使有限的财政资金获得最佳的效益。

（3）按预算项目能否直接反映其经济效果分类，政府预算可以分为投入预算和绩效预算。投入预算是指只反映投入项目的用途和支出金额，而不考虑其支出的经济效果的预算。绩效预算是指根据成本—效益比较的原则，决定支出项目是否必要及其金额大小的预算。绩效预算也被称为业绩预算或行动预算，其做法是，首先按照政府职能分类，之后分别进行成本—效益分析，最终敲定预算方案。这种方式，对于提高资金使用效率，会事半功倍，但它与复式预算类似，操作难度也很大。

（4）按预算分级管理的要求分类，政府预算可以分为中央预算和地方预算。根据"预算包括一般公共预算、政府性基金预算、国有资本经营预算、社会保险基金预算。"[一]因此，中央政府预算包括中央一般公共预算、中央政府性基金预算、中央国有资本经营预算以及中央社会保险基金预算。"中央一般公共预算包括中央各部门（含直属单位，下同）的预算和中央对地方的税收返还、转移支付预算。"[二]地方政府预算同样包括地方一般公共预算、地方政府性基金预算、地方国有资本经营预算以及地方社会保险基金预算。"地方各级一般公共预算包括本级各部门（含直属单位，下同）的预算和税收返还、转移支付预算。"[三]

（5）按收支管理范围和编制程序分类，政府预算可以分为总预算和单位预算。总预算是指政府财政部门的汇总预算。单位预算是指部门、单位或项目的收支预算。

（6）按预算作用的时间长短分类，政府预算可以分为年度预算和中长期预算。年度预算是指预算有效期为1年的财政收支预算。中长期预算是指预算有效期为1年以上的财政收支预算。

（7）按预算收支的平衡状况分类，政府预算可以分为平衡预算和差额预算。平衡预算是指预算收入等于预算支出的预算。差额预算是指预算收入大于或小于预算支出的预算。

[一]《中华人民共和国预算法》第五条。
[二]《中华人民共和国预算法》第六条。
[三]《中华人民共和国预算法》第七条。

5.1.2 政府预算的组成

多数国家的政府分为两级：中央政府和地方政府。政府预算作为政府基本财政收支计划，与此对应，也可分为中央预算和地方预算。原则上，一级政府对应一级预算，因此在现代社会，大多数国家都实行多级预算。我国的预算体系也是如此，与国家的政权结构相一致。按照一级政府一级预算的原则，我国预算法明确了中央、省、市、县、乡五级政府五级预算的预算体系，将乡级预算也纳入法定的预算范围。"全国预算由中央预算和地方预算组成。地方预算由各省、自治区、直辖市总预算组成。地方各级总预算由本级预算和汇总的下一级总预算组成；下一级只有本级预算的，下一级总预算即指下一级的本级预算。没有下一级预算的，总预算即指本级预算。"⊖我国政府预算管理体系简图如图5-1所示。

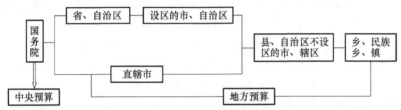

图 5-1 我国政府预算管理体系简图

中央政府预算，也就是常说的中央预算，经法定程序批准，是中央政府的财政收支计划。地方预算按照行政区划，再分为各省预算、各自治区预算、各直辖市预算等。从预算内容的分合来看，政府预算可以分为总预算和单位预算。其中，单位预算是实行预算管理的国家机关、社会团体和其他单位的收支预算，而总预算则是由两部分组成，其一是本级政府预算，其二是汇总的下一级预算。例如，浙江省的总预算，就应该涵盖浙江省本级预算、省内各地市总预算。依次类推，县下设乡，县的总预算就又细分为县级预算和乡镇预算。因为乡镇政府是一级政权组织，其履行职责需要财力保障，而乡级人大的一项职权就是审查和批准本级预算和预算执行情况的报告，监督预算的执行。需要指出的是，由于各地乡镇发展水平不一，部分乡镇经济发展水平低，财政收支金额较小，内部机构设置也不完善，不具备建立独立预算的条件，对于这些乡镇，经省、自治区、直辖市政府确定，可以由县级政府代编乡镇预算，并按照规定的程序报请乡级人大审查和批准。

 **延伸阅读**

全口径预算体系

预算的完整性，就是要把所有的政府收支统一纳入预算管理，这是政府预算管理一项基础性要求。为此，2014年修订的预算法删除了预算外资金的相关内容，代之以全口径预算，明确要求政府的全部收入和支出都应当纳入预算（第四条），各级政府、各部门、各单位的支出必须以经批准的预算为依据，未列入预算的不得支出（第十三条），从而在法律层面上确立了全口径预算体系。

⊖ 《中华人民共和国预算法》第三条。

全口径预算体系，从横向上来讲，即预算的组成，是包括一般公共预算、政府性基金预算、国有资本经营预算和社会保险基金预算在内的"四本预算"；从纵向上来讲，就是一级政府一级预算，预算层级包括中央、省、市、县、乡的"五级预算"。

1. 预算组成：四本预算。

我国预算法确立了一般公共预算、政府性基金预算、国有资本经营预算和社会保险基金预算四本预算组成的全口径预算体系，并对四本预算分别做了细化规定。

（1）四本预算的功能定位。

1）一般公共预算，即常说的公共预算，是指以税收为主体的财政收入，主要用于保障和改善民生、推动经济发展、维护国家安全、维持国家机构正常运转等方面的收支预算。这也就是原来预算法所规范的狭义上的公共预算。

2）政府性基金预算是对依照法律、行政法规的规定在一定期限内向特定对象征收、收取或者以其他方式筹集的资金，专项用于特定公共事业发展的收支预算。政府性基金预算应当根据基金项目收入情况和实际支出需要，按基金项目编制，做到以收定支。

3）国有资本经营预算是对国有资本收益做出支出安排的收支预算。国有资本经营预算应当按照收支平衡的原则编制，不列赤字，并安排资金调入一般公共预算。

4）社会保险基金预算是对社会保险缴款、一般公共预算安排和其他方式筹集的资金，专项用于社会保险的收支预算。社会保险基金预算应当按照统筹层次和社会保险项目分别编制，做到收支平衡。

（2）四本预算的编制原则。与各自预算的内容相适应，四本预算的编制原则也有所区别。其中，政府性基金预算应当根据基金项目情况和实际支出需要，按基金项目编制，做到以收定支；国有资本经营预算应当按照收支平衡的原则编制，不列赤字，并安排资金调入一般公共预算；社会保险基金预算应当按照统筹层次和社会保险项目分别编制，着眼于结余资金的保值增值，在精算平衡的基础上实现社会保险基金预算的可持续性。

（3）四本预算的相互关系。在预算之间的关系上，四本预算之间保持独立完整并统筹协调，而政府性基金预算、国有资本经营预算、社会保险预算应当与一般公共预算相衔接，也就是说预算之间的衔接，只能通过一般公共预算。

2. 预算层级：五级预算。

按照一级政府一级预算的原则，我国预算法明确了中央、省、市、县、乡五级政府五级预算的预算体系，将乡级预算也纳入法定的预算范围。因为乡镇政府是一级政权组织，其履行职责需要财力保障，而乡级人大的一项职权就是审查和批准本级预算和预算执行情况的报告，监督预算的执行。而对于一些地方由县级政府代编乡镇预算的，可以按照规定的程序报请乡级人大审查和批准。

资料来源：《中华人民共和国预算法》

5.1.3 政府预算的编制原则

制定预算必须严谨细致，科学合理。自从有了政府预算，各国就在实践中不断加以完善。在过去的300多年中，为世界各国普遍接受的预算原则，渐渐浮出水面，归纳起来共有以下五点：

第5章 解读政府预算

1. 公开性

公平、公开、公正,是如今的热门词汇。预算的公开性,正是适应了形势的发展需要。政府预算与家庭预算不同,它是以法律的形式确定下来的,各级政府、机关单位都要依此行事。政府无非是受众人所托,为公众谋事。那么关系到全体公民利益的政府预算,也应该公之于众,让老百姓都有知情权、监督权。

专栏 5-3

财政部门"晒账单"

新闻回放:2018年两会前夕,财政部要求基层财政部门加快晒出其专项支出"账单",与此同时,一些地方政府也开始陆续公布其"账单"。2018年全国一般公共预算支出结构如图5-2所示。

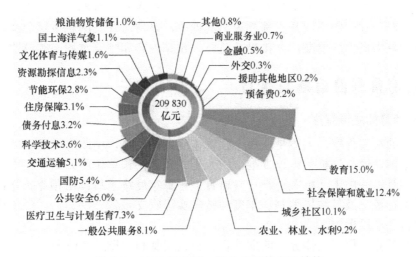

图 5-2 2018年全国一般公共预算支出结构

资料来源:新华网

专栏点评:政府只有将"账单"充分晒出来,接受老百姓的监督,才能真正提高政府资金的使用效率。政府花钱不再遮遮掩掩,而是"阳光操作",这是我国政府预算的进步。政府预算公开是大趋势,是政府建立公共预算的必要步骤。

2. 可靠性

政府预算编制的可靠性是指收支数字必须正确估计,不能估计过高或过低。倘若预算水分很大,随意估算,就背离了预算设立的初衷,最终使预算难以实现。

3. 完整性

完整性要求政府的预算必须包括其全部的公共收支,反映它的全部财政活动。如果像一些单位账外做账,私设小金库一样,把政府预算做成两套,一套公布,一套暗箱操作,那么预算也就欺世盗名,无以取信于众。即便是法律允许的预算外收支,在制定预算时,也要反映出来。

4．统一性

统一性是指预算科目统一、口径统一、程序计算统一、数据填列也要统一。

5．年度性

年度性要求政府预算的编制按年度进行。它包括两层含义：①预算必须全面反映该年度的财政收支；②编制在预算中的内容,只能是本年度的,决不能把其他年度的收支混入本年度。

预算年度又叫财政年度,是指编制和执行预算所应依据的法定时限,即预算收支起讫的有效期限。一般来讲,预算年度为一年,各国国情不同,其预算年度也不相同。常用的有两类：①历年制,即从当年的1月1日到12月31日。采用历年制的国家很多,我国也是其中一员。②跨年制,顾名思义,就是跨越两个年度。比较典型的是英国,其财政年度始于当年的4月1日,止于次年的3月31日。

总之,政府预算是关于未来政府支出的计划,包括政府所有部门的开支以及所有项目的开支,要求对计划中的每项开支都要说明其理由,以便对开支的轻重缓急加以区别；该计划必须得到权力机构的批准,并接受其监督,预算内容和预算过程必须透明。

5.1.4 政府预算的编制与执行

1．政府预算的决策程序

政府预算的决策程序,大体是在每一预算年度开始之前,由政府的预算编制机关编制当年的预算草案,经立法机关审议批准,成为正式预算；预算年度开始后,由政府行政机关负责执行预算,并由审计机关进行日常监督；预算年度终了后,由预算执行机关针对全年度的预算执行情况及其结果编制该年度的政府实际收支报告（决算）,经审计机关审核后,由立法机关予以批准。

编制政府预算的程序大体分为前期准备、正式编制和审批三个阶段。

（1）编制政府预算的前期准备：①预计和分析本年度预算收支执行情况；②拟订计划年度预算控制指标；③颁发编制政府预算的指标和规定；④修订政府预算收支科目和预算表格。

（2）政府预算的正式编制。政府预算的正式编制采取自下而上、自上而下、上下结合,逐级审查汇总的方式,大体经过以下步骤：①制定政府预算收支指标；②中央各部门和地区各省、自治区、直辖市,根据国家下达的预算收支控制指标,结合本地部门、本地区的经济状况,参照所属单位和地区的预算收支建议数,经过认真测算分析,拟定预算收支指标和财务指标,逐级下达；③中央各部门所属的企事业单位,根据上级下达的指标,自下而上地编制单位经费预算草案和财务收支计划草案,经主管部门审查后,报送财政部；④各省、自治区、直辖市所属各单位和各市县根据省、自治区、直辖市下达的指标,自下而上地逐级汇编单位预算草案和总预算草案,经省、自治区、直辖市审查汇编,再报送财政部；⑤由财政部对中央各部门报送的单位预算草案和各省、自治区、直辖市报送的总预算草案进行审查汇编,再报国务院审定通过,就成为政府预算草案。

(3) 政府预算的审批。政府预算草案由国务院依法定程序报请全国人大审查批准,就成为政府法定预算。

2. 政府预算的执行

政府预算的执行是各级财政预算的具体组织实施,是政府预算组织、实现收入、支出、平衡和监督过程的总称。它具体可以分为预算收入的执行、预算支出的执行以及政府预算的调整三部分。

(1) 政府预算收入的执行。它要求各地区、各部门、各执行机关严格按照国家税法、其他收入法规和执行计划,及时足额地完成政府预算的收入任务并缴纳给国库。

(2) 政府预算支出的执行。它要求遵照政府预算项目和金额,考虑支出用途及业务工作计划和进度,及时、合理地拨付资金,并随时检查、分析支出的执行情况。

(3) 政府预算的调整。政府预算的调整是指经全国人大批准的中央预算和经地方各级人大批准的地方本级预算,在执行中因特殊情况需要增加支出或减少收入,使原批准预算的总支出超过总收入或举借债务的数额增加而对预算进行的部分改变。

国务院和各级人民政府是我国政府预算的执行机构,中央银行代理国库,是我国政府预算的总出纳和总账房。

5.1.5 政府决算

1. 什么是政府决算

政府决算是对政府预算执行情况的总结,是政府预算执行的真实情况的集中体现。编制政府决算一方面可以向国家权力机关和全体人民全面、真实地反映政府预算的执行情况,检验和考核政府行政效率;另一方面,它还能为改进政府工作和编制下年度预算提供数据资料。

2. 政府决算的编制程序

政府决算的编制,通常采用自下而上的汇编方法。先从执行预算的基层单位开始编制决算,经单位领导审核后上报主管部门;主管部门审核后汇总编制成一个部门总决算,上报财政部门;县、市财政部门再汇编成县、市级总决算,然后报送省(自治区、直辖市)财政部门;省(自治区、直辖市)财政部门将本级收支决算和县、市级总决算汇编成省(自治区、直辖市)总决算报送财政部;财政部根据地方总决算和中央总决算编制成国家决算草案,经人民代表大会批准形成政府决算。

延伸阅读

"小金库"与预算外资金

预算外资金是指国家机关、事业单位、社会团体和政府委托的其他机构为履行或代行政府职能,依据国家法律、法规和具有法律效力的规章而收取、提取、募集和安排使用的未纳入财政预算管理的各种财政性资金。它包括法律、法规规定的行政事业性收费、基金和附加收入等；国务院和省级人民政府及其财政、发展改革（物价）部门审批的行政事业性收费；国务院以及财政部审批建立的基金、附加收入等；主管部门从所属单位集中的上缴资金；其他未纳入预算管理的财政性资金。

预算外资金和政府的预算资金一样，都属于财政资金，但它与预算内资金相比，具有以下特点：

（1）自主性。预算外资金不纳入政府预算，由地方财政部门和行政事业单位及主管部门自收自支、自行管理，所以地方财政部门和行政事业单位对预算外资金具有充分自主的支配权和使用权。

（2）专用性。预算外资金一般都有专门用途，专款专用，不能随意挪用。

（3）分散性。预算外资金属于非集中性资金，其来源项目繁多，且零星分散，资金的支出有多种用途。国家对这一部分资金不进行统筹安排，而由地方、各部门和各单位自收自支，自行掌握使用，使用灵活。

正是由于上述特点，所以预算外资金以往一般采用"谁收谁花"的管理方式。这种管理方式造成了征收单位"有多少钱花"与"能收多少钱"直接挂钩，使征收者在正常的征收之外产生"多收"的主观动机。在这种动机的驱使下，出现了私设收费名目、任意提高收费标准以及所谓"集中罚款时间表"等不良现象；从而使"谁收谁花"演变成了"多收多花"的恶果。更严重的是，用多收的钱私设"小金库"乱发奖金，擅自将财政预算资金通过各种非法手段转为预算外资金等，用预算外收入安排计划外项目等问题屡见不鲜。在财政体制改革不到位的背景下，我国预算外收支规模不断膨胀，到 2007 年最高时达到 6 820 亿元，预算外资金的使用脱离了财政管理和各级人大监督，乱支滥用现象较为突出，滋生了政府官员的腐败，而且破坏了政府的形象。

针对行政事业单位的预算外资金规模不断增长的现状，预算外资金的管理成为我国财政资金管理的一项重要内容。1996 年，国务院制定《关于加强预算外资金管理的决定》，开始逐步将各类预算外资金纳入预算进行管理；2002 年财政部等部门发布了《关于将部分行政事业型收费纳入预算管理的通知》，逐步将有关部门收取的行政事业性收费纳入预算管理；2004 年，财政部发布《关于加强政府非税收入管理的通知》，逐步将政府非税收入纳入预算管理；2006 年，国务院制定了《关于规范国有土地使用权出让收支管理的通知》，逐步将土地出让收入纳入地方预算管理；到 2011 年，我国实现了将预算外收入全部纳入预算管理的目标。

5.2 认识预算管理体制的本质

5.2.1 预算管理体制的概念

预算管理体制是指一国预算的组成体系。它是处理中央和地方政府之间以及地方各级政府之间的财政分配关系，确定各级财政的收支范围和管理权限的一项重要制度。预算管理体制主要包括两层含义：①管理体系，即在政府预算中，中央与地方以及地方各级政府形成的预算管理体系，包括预算管理的组织机构、组织形式、决策权限、监督方式等；②预算管理的根本制度，即在预算管理体系中，各级预算之间的职责权限及财力的划分。从严格意义上说，预算管理体制与财政管理体制既有联系，又有区别，预算管理体制是财政管理体制的基本部分，居于主导地位。

预算管理体制的实质是正确处理中央与地方之间财权、财力的划分，也就是处理财权、财力如何集中与分散的问题。

5.2.2 预算管理体制的类型

预算管理体制体现了中央与地方政府在财权、财力分配上的关系。财权、财力是集中还是分散，主要取决于一国的经济条件和政治体制。通常情况下，一国的生产力发展水平越高，生产出来的社会财富就会越多，中央可集中的财力也就越大。而一个政治权力高度集中的国家，总需要有更多的财力集中在中央政府手中；反之，地方政府的权力就会相对大一些。

从新中国成立至今，我国的预算管理体制曾经经历了以下几次变革：

（1）高度集中的预算管理体制。它包括 1950～1952 年的"统收统支"预算管理体制和 1961～1965 年的"全国一盘棋"管理体制。该体制下的地方政府负责组织的收入统一上缴中央，地方政府的各项支出统一由中央拨付。其特点是财权、财力高度集中于中央，对地方基本上实行统收统支的办法，地方的财权、财力很少。

（2）以中央集权为主，适当下放财权的预算管理体制。它包括 1953～1957 年的"划分收支、分类分成、分级管理"体制；1958～1960 年的"大跃进"时期下放财权的财政管理体制。其中的"分类分成"，是将地方政府组织的全部预算收入，分解成若干个项目，逐项确定中央与地方的分成比例的方法。而"总额分成"，则将地方政府组织的全部收入，按一定比例在中央与地方之间进行分成，分成比例一般按中央批准的地方预算支出总额占其收入总额的百分比确定。其特点是财权、财力主要集中在中央，同时给地方一定的财权和机动财力，但都比较小。

（3）1966～1976 年的预算管理体制。1966 年开始，国民经济处于半计划、半无政府状态，该时期的预算管理体制也变动频繁，放权与集中交替进行直至 1976 年。

（4）中央对地方实行多种形式的预算包干体制。它包括 1980～1984 年的"划分收支、分级包干"预算管理体制，1985～1987 年的"划分税种、核定收支、分级包干"体制，以及 1988～1993 年采用不同形式的"财政包干"管理体制。

大包干办法，是在核定预算收支的基础上，对于收大于支的地区，将收入的一部分采用一定办法包干上缴中央；支大于收的地区，对其收不抵支的差额由中央包干补助。其特点是，在中央统一领导和统一计划下，更多地给地方下放财权，增加财力，以利于地方统筹安排本地区的经济文化事业。

由于财政包干的地方收支数仍由中央统一核定，使得中央和地方之间财力分配关系极不稳定；并且在包干制的分配制度下由于没有彻底理顺中央和地方之间财权的集中和分散问题，所以在一段时间内，中央预算比重下降。地方保护主义日益严重，在一定程度上阻碍了经济的正常发展。

（5）分税制的预算管理体制。鉴于财政包干预算体制下出现的一系列问题，伴随着1994 年的税制改革，我国中央政府决定从 1994 年 1 月 1 日起，对各省、自治区、直辖市以及计划单列市实施分税制预算管理体制。

5.2.3 分税制

1. 分税制的概念

分税制是指在各级政府之间明确划分事权及支出范围的基础上,按照事权和财权相统一的原则,结合税种的特性,划分中央与地方的税收管理权限和税收收入,并辅之以补助制度的预算管理体制模式。其特点是分权、分税、分征和分管,即根据中央政府和地方政府的不同职能划分支出范围——分权;按税种划定各级预算的固定收入来源——分税;分别设置机构,分别征收——分征;各级政府有独立的预算权,中央预算与地方预算彻底分开,分别编制,自求平衡——分管;中央预算通过转移支付制度实行对地方预算的调剂和控制。

2. 分税制的主要内容

(1) 中央和地方事权与支出的划分。根据中央政府与地方政府事权的划分,中央财政主要承担国家安全、外交和中央国家机关运转所需经费,调整国民经济结构、协调地区发展、实施宏观调控所必需的支出以及由中央直接管理的事业发展支出。其具体包括:国防费,武警经费,外交和援外支出,中央级行政管理费,中央统管的基本建设投资,中央直属企业的技术改造和新产品试制费,地质勘探费,由中央财政安排的支农支出,由中央负担的国内外债务的还本付息支出,以及中央本级负担的公检法支出和文化、教育、卫生、科学等各项事业费支出。

地方财政主要承担本地区政权机关运转所需支出以及本地区经济、事业发展所需支出,具体包括:地方行政管理费,公检法支出,部分武警经费,民兵事业费,地方统筹的基本建设投资,地方企业的技术改造和新产品试制经费,支农支出,城市维护和建设经费,地方文化、教育、卫生等各项事业费,价格补贴支出以及其他支出。

(2) 中央和地方收入的划分。根据事权与财权相结合的原则,按税种划分中央与地方的收入。将维护国家权益、实施宏观调控所必需的税种划为中央税;将同经济发展直接相关的主要税种划为中央与地方共享税;将适合地方征管的税种划为地方税,并充实地方税税种,增加地方税收入。不同税种所形成的中央税、地方税和共享税分税种收入划分见表5-1。

表 5-1 中央税、地方税和共享税分税种收入划分一览表

序号	税种	中央税	地方税	共享税	备注
1	增值税	√		√	海关代征的增值税为中央固定收入;其他为共享收入,中央分享50%,地方分享50%
2	消费税	√			含海关代征的消费税
3	关税	√			
4	企业所得税	√		√	铁路运输、各银行总行以及海洋石油天然气企业缴纳的所得税为中央收入;其他由中央与地方共享,中央分享60%,地方分享40%
5	个人所得税	√		√	储蓄存款利息个人所得税为中央固定收入;其他由中央与地方共享,中央分享60%,地方分享40%
6	房产税		√		
7	车船税		√		
8	印花税	√			2016年1月1日起,证券交易印花税收入归中央,其他印花税收入归地方
9	契税		√		

(续)

序号	税种	中央税	地方税	共享税	备注
10	城市维护建设税	√	√		铁道部门、各银行总行、各保险总公司等集中缴纳的城市维护建设税为中央固定收入，其他为地方收入
11	土地增值税		√		
12	耕地占用税		√		
13	车辆购置税	√			
14	城镇土地使用税		√		
15	资源税	√	√		海洋石油企业缴纳的资源税部分作为中央固定收入，其余归地方
16	船舶吨税	√			仅对境外港口进入境内港口的船舶征收
17	烟叶税		√		
18	环境保护税		√		

（3）中央财政对地方税收返还数额的确定。为了保持现有地方既得利益格局，逐步达到改革的目标，中央财政对地方税收返还数额以1993年为基期年核定。按照1993年地方实际收入以及税制改革和中央与地方收入划分情况，核定1993年中央从地方净上划的收入数额（即消费税+75%的增值税−中央下划收入）。1993年中央净上划收入，全额返还地方，保证现有地方既得财力，并以此作为以后中央对地方税收返还基数。1994年以后，税收返还额在1993年基数上逐年递增，递增率按全国增值税和消费税的平均增长率的1:0.3系数确定，即上述两税全国平均每增长1%，中央财政对地方的税收返还增长0.3%。如若1994年以后中央净上划收入达不到1993年基数，则相应扣减税收返还数额。

3．分税制的意义

1994年我国实行的分税制，是通过对税收收入的合理划分来处理中央与地方政府之间的财政分配关系的新型财政体制。从税收收入的实现来看，实行分级征管，中央税与共享税由国税局系统征收，以保证掌握全国大部分预算收入的实现与分配。地方税由地税政府系统征收，有利于地方培植财源，调动地方组织收入的积极性。从总体上来说，1994年进行的分税制改革取得了明显的成效，中央与地方的财政收入稳步增长。

（1）分税制财政管理体制的实施，规范了政府间财政关系。第一，改变了原来中央与地方一对一谈判确定体制的做法，财政体制全国统一；第二，伴随着2002年所得税收入分享改革的实施，政府与企业间的关系进一步弱化，为企业的公平竞争创造了良好的外部环境，促进了产业结构合理调整和资源优化配置；第三，政府间财政转移支付制度的建立和完善成为分税制财政管理体制的重要内容，转移支付资金的分配方法趋于公平、公开、公正、合理，有效地缓解了地区间财力不平衡状况。

（2）分税制财政管理体制的实施，调动了中央与地方二者的积极性，建立了中央与地方财政收入稳定增长的机制。1993～2002年，全国财政收入增长了3.35倍，年均增收1 618亿元；地方财政收入同口径比较增长了3.2倍。全国财政收入占国内生产总值的比重由1993年的12.6%提高到2001年的18.5%。这一阶段财政收入的增幅是新中国成立以来各个时期中最高的。

（3）分税制财政管理体制的实施，更好地发挥了中央财政的再分配功能，实现了中央与地方、东部地区与中西部地区的"双赢"。实行分税制财政管理体制后，尽管中央财政集中了一部分增值税和消费税增量，但中央财政集中的增量并没有用于增加中央本级支出，而是用于对地方尤其是中西部地区的转移支付。从东部地区与中西部地区的关系看，两者都从改革中受益。中西部地区从分税制改革中得到了实惠,是分税制的直接受益者。对东部地区而言,虽然中央财政集中了部分收入增量,但中央财政承担的出口退税中,大部分用于东部地区,有力地推动了东部地区的经济增长。

4. 政府转移支付制度

政府转移支付制度是指以中央政府与地方政府之间或上下级政府之间存在的财政能力、收支差异为基础,以实现各地公共服务水平的均等化为根本目标而实行的一种财政资金的相互转移或财政平衡制度。财政转移支付制度是市场经济比较发达的国家处理中央与地方政府之间财政关系的普遍做法与基本方式。

实施转移支付的目的主要是:为地方政府提供额外的收入来源,弥补收支差额,增强其公共服务的能力;中央政府通过财政补助和转移支付,对地方政府的预算支出继续控制和调节,实行中央政府的宏观政策目标;对地方政府提供的收益外溢产品和劳务进行补助;通过转移支付缩小地区之间财政经济状况和服务水平的不均衡,促进社会公平目标的实现。

伴随着分税制财政体制的实施,具有均等化意义的我国财政转移支付制度也在1994年正式出现。作为宏观财政政策的基本中介参数,财政转移支付制度是具有重要再分配功能的一种财政平衡制度,它通过"抽肥补瘦",对财政资源进行均衡分配,在实现公平的同时兼顾效率,对于缩小地区间财力差距、推进基本公共服务均等化、促进区域协调发展具有重要作用。

 **延伸阅读**

我国转移支付制度

在我国,财政转移支付制度是以各级政府之间所存在的财政能力差异为基础,以实现各地公共服务水平均等化为主旨而实行的一种财政资金转移或财政平衡制度。

它最早建立在1994年分税制财政体制改革的基础上,"国家实行财政转移支付制度。财政转移支付应当规范、公平、公开,以推进地区间基本公共服务均等化为主要目标。"财政转移支付包括中央对地方的转移支付和地方上级政府对下级政府的转移支付,以为均衡地区间基本财力、由下级政府统筹安排使用的一般性转移支付为主体。"⊖我国预算法对转移支付进一步明确与细化。

我国现有的转移支付主要包括税收返还、一般性转移支付和专项转移支付三个方面的内容。中央对地方一般性转移支付是指中央政府为均衡地区间基本财力、由下级政府统筹安排使用的预算资金;中央对地方专项转移支付(以下简称专项转移支付)是指中央政府为实现特定的经济和社会发展目标无偿给予地方政府,由接受转移支付的地方政府按照中央政府规定的用途安排使用的预算资金。由此可见,一般性转移支付主要解决基本公共服务均等化问题,专项转移支付主要解决外部性、中央地方共同责任以及实现特定目标等。

我国的政府间转移支付制度其实就是一种政府间纵向转移支付制度,是处理中央政府和地方政府间关系,实现各地财力均衡和公共服务均等化,促进社会和谐的重要制度安排。财政转移支付制度具有稳定器的功能。

资料来源:《中华人民共和国预算法》

⊖ 《中华人民共和国预算法》第十六条。

5.3 解读政府预算

政府预算似乎是政府的事,但由于政府预算的核心内容是财政资金收入与支出安排,而这又会直接影响我们的生活。所以,原来枯燥、陌生的内容不再遥远,而我们所要做的就是能够利用政府预算的相关知识,对一国一年一度的政府预算进行解读,从而达到有效地指导自己生活与学习的目的。

5.3.1 2017 年中央和地方预算执行情况与 2018 年中央和地方预算草案的报告(摘要)

受国务院委托,财政部 3 月 5 日提请十三届全国人大一次会议审查《关于 2017 年中央和地方预算执行情况与 2018 年中央和地方预算草案的报告》。摘要如下:

一、2017 年中央和地方预算执行情况

中央和地方预算执行情况较好。

(一)2017 年一般公共预算收支情况

1. 全国一般公共预算

全国一般公共预算收入 172 566.57 亿元,为预算的 102.3%,比 2016 年同口径(下同)增长 7.4%。加上使用结转结余及调入资金 10 138.85 亿元(包括中央和地方财政从预算稳定调节基金、政府性基金预算、国有资本经营预算调入资金,以及地方财政使用结转结余资金),收入总量为 182 705.42 亿元。全国一般公共预算支出 203 330.03 亿元,完成预算的 104.3%,增长 7.7%。加上补充中央预算稳定调节基金 3 175.39 亿元,支出总量为 206 505.42 亿元。收支总量相抵,赤字 23 800 亿元,与预算持平。

2. 中央一般公共预算

中央一般公共预算收入 81 119.03 亿元,为预算的 103.2%,增长 7.1%。加上从中央预算稳定调节基金调入 1 350 亿元,从中央政府性基金预算、中央国有资本经营预算调入 283.35 亿元,收入总量为 82 752.38 亿元。中央一般公共预算支出 95 076.99 亿元,完成预算的 99.3%,增长 5.4%。加上补充中央预算稳定调节基金 3 175.39 亿元,支出总量为 98 252.38 亿元。收支总量相抵,中央财政赤字 15 500 亿元,与预算持平。2017 年中央预备费预算 500 亿元,实际支出 60.7 亿元,用于大气污染成因与治理攻关等方面,剩余 439.3 亿元全部转入中央预算稳定调节基金。2017 年末,中央预算稳定调节基金余额 4 666.05 亿元。

3. 地方一般公共预算

地方一般公共预算收入 156 665.64 亿元,其中,地方一般公共预算本级收入 91 447.54 亿元,增长 7.7%;中央对地方税收返还和转移支付收入 65 218.1 亿元。加上地方财政使用结转结余及从地方预算稳定调节基金、政府性基金预算、国有资本经营预算调入资金 8 505.5 亿元,收入总量为 165 171.14 亿元。地方一般公共预算支出 173 471.14 亿元,增长 7.7%。收支总量相抵,地方财政赤字 8 300 亿元,与预算持平。

（二）2017 年政府性基金预算收支情况

全国政府性基金收入 61 462.49 亿元，增长 34.8%。全国政府性基金相关支出 60 700.22 亿元，增长 32.7%。

中央政府性基金收入 3 824.77 亿元，为预算的 103.2%，增长 6.4%。中央政府性基金支出 3 669.19 亿元，完成预算的 91.6%，增长 9.2%。

地方政府性基金本级收入 57 637.72 亿元，增长 37.3%，其中国有土地使用权出让收入 52 059.01 亿元。地方政府性基金相关支出 58 016.62 亿元，增长 34.2%，其中国有土地使用权出让收入相关支出 51 779.63 亿元。

（三）2017 年国有资本经营预算收支情况

全国国有资本经营预算收入 2 578.69 亿元，下降 1.2%。全国国有资本经营预算支出 2 010.93 亿元，下降 6.7%。

中央国有资本经营预算收入 1 244.27 亿元，为预算的 96.5%，下降 13%。中央国有资本经营预算支出 1 001.71 亿元，完成预算的 86.3%，下降 30.9%。

地方国有资本经营预算本级收入 1 334.42 亿元，增长 13.2%。地方国有资本经营预算支出 1 244.59 亿元，增长 2.1%。

（四）2017 年社会保险基金预算收支情况

全国社会保险基金收入 55 380.16 亿元，为预算的 106.9%，增长 10.5%。其中，保险费收入 39 563.61 亿元，财政补贴收入 12 264.49 亿元。全国社会保险基金支出 48 951.67 亿元，完成预算的 101%，增长 12.3%。当年收支结余 6 428.49 亿元，年末滚存结余 72 037.47 亿元。

二、2018 年中央和地方预算草案

（一）2018 年财政收支形势分析

财政收入方面。2018 年，我国经济持续健康发展具有许多有利条件。同时，财政增收也存在一些压力和挑战。财政支出方面。各级财政必保支出较多，新增支出需求很大。综合判断，2018 年财政收入继续保持向好态势与财政支出快速增长并存，预算收支安排依然是紧平衡。

（二）2018 年预算编制和财政工作的指导思想和原则

2018 年预算编制和财政工作的指导思想是：在以习近平同志为核心的党中央坚强领导下，以马克思列宁主义、毛泽东思想、邓小平理论、"三个代表"重要思想、科学发展观、习近平新时代中国特色社会主义思想为指导，全面深入贯彻党的十九大和十九届二中、三中全会精神，贯彻党的基本理论、基本路线、基本方略，坚持和加强党的全面领导，坚持稳中求进工作总基调，坚持新发展理念，紧扣我国社会主要矛盾变化，按照高质量发展的要求，统筹推进"五位一体"总体布局和协调推进"四个全面"战略布局，坚持以供给侧结构性改革为主线，继续实施积极的财政政策，增强财政可持续性。继续实施减税降费政策，进一步减轻企业负担；调整优化支出结构，确保对重点领域和项目的支持力度，严控一般性支出，提高财政资金使用效率，着力支持在打好防范化解重大风险、精准脱贫、污染防治的攻坚战方面取得扎实进展，推动解决发展不平衡不充分问题；严格贯彻预算法，牢固树立过紧日子的思想，完善预算管理制度，全面实施绩效管理；逐步建立权责清晰、财力协调、区域均衡的中央和地方财政关系，加快推进基本公共服务均等化，促进经济社会持续健康发展。

贯彻上述指导思想，要立足于我国经济已转向高质量发展阶段这一基本特征，着重把握好以下原则：一是继续实施减税降费。二是调整优化支出结构。三是深化财税体制改革。四是促进区域协调发展。五是全面实施绩效管理。六是增强财政可持续性。

（三）2018 年财政政策

2018 年，积极的财政政策取向不变，要聚力增效。按照三档并两档的方向，调整增值税税率水平，重点降低制造业、交通运输等行业税率，优化纳税服务。预计全年再减税 8 000 多亿元。加上进一步清理规范政府性基金和行政事业性收费等各种收费，将减轻税费负担 1 万亿元以上。

2018 年主要收支政策：

1．支持打好三大攻坚战

支持打好防范化解重大风险攻坚战；支持打好精准脱贫攻坚战；支持打好污染防治攻坚战。着力解决突出环境问题，促进生态环境质量总体改善。

2．深化供给侧结构性改革

支持制造业优化升级。综合运用财政专项资金、政府投资基金等方式，支持"中国制造 2025"重点领域建设，促进工业与互联网深度融合。

促进新动能成长壮大。实施"互联网+服务升级"行动，支持传统服务业转型升级和现代服务业加快发展，培育新增长点。

继续推进"三去一降一补"。用好中央财政专项奖补资金，支持钢铁、煤炭行业去产能。继续推进解决国有企业历史遗留问题、支持中央企业处置"僵尸企业"和治理特困企业工作。

3．落实创新驱动发展战略

推动提升科技创新能力。大力支持公共科技活动，加大对基础研究的投入力度。加快实施国家科技重大专项、科技创新2030—重大项目。支持组建国家实验室和建设一流科研院所。充分发挥激励机制作用，加速科技成果向现实生产力转化。

促进创业创新和小微企业发展。深入开展小微企业创业创新基地城市示范，对拓展小微企业融资担保规模、降低担保费用成效明显的地区给予奖励。设立国家融资担保基金，完善普惠金融发展专项资金政策。

4．支持实施乡村振兴战略

完善农业支持保护制度。实施"大专项+任务清单"管理，探索建立涉农资金统筹整合长效机制。健全农业信贷担保体系和农业风险分担机制，启动实施三大粮食作物完全成本保险试点。

深入推进农业供给侧结构性改革。深化粮食价格形成机制改革。扩大耕地轮作休耕制度试点。加大优质粮食工程实施力度。建立长江流域重点水域禁捕补偿制度。

加快发展现代农业。大力推进高标准农田建设。支持农业科技创新。支持多种形式适度规模经营。支持发展地方特色优势主导产业，开展农业全产业链开发创新示范。推进农垦改革发展。

深化农村综合改革。推进美丽乡村建设提档升级，更好发挥一事一议财政奖补机制和平台作用，开展农村综合性改革试点试验。

同时，建立健全实施乡村振兴战略财政投入保障制度，加大对农村教育、文化、基础设施、生态环保等各方面的投入，健全城乡融合发展体制机制。

5. 推动区域协调发展

提高基本公共服务均等化水平。大幅增加中央对地方一般性转移支付，重点增加均衡性转移支付、老少边穷地区转移支付、民生政策托底保障财力补助等。推动省级财政进一步下沉财力。

支持加快实施三大战略。落实相关规划要求。支持高起点规划、高标准建设雄安新区。

6. 提高保障和改善民生水平

支持发展公平优质教育。巩固落实城乡统一、重在农村的义务教育经费保障机制，改善贫困地区义务教育薄弱学校基本办学条件。支持加快世界一流大学和一流学科建设。支持和规范社会力量兴办教育。

加强就业和社会保障。落实积极的就业政策；推进健康中国建设；全面推进城乡居民医保制度整合，将城乡居民基本医疗保险财政补助标准提高40元，达到每人每年490元。将基本公共卫生服务项目年人均财政补助标准再提高5元，达到每人每年55元；完善住房保障机制。支持加快建立多主体供给、多渠道保障、租购并举的住房制度。2018年支持新开工各类棚户区改造580万套。继续支持各地优先开展4类重点对象危房改造；推动文化繁荣兴盛。完善公共文化服务体系，深入实施文化惠民工程。支持发展社会主义文艺。促进文化产业发展；支持平安中国建设。深化司法体制综合配套改革，健全社会治安防控体系，有效维护公共安全；支持国防和军队现代化建设，为实现强军梦提供有力支撑。积极支持武警部队调整改革。深入贯彻军民融合发展战略，研究完善配套政策，落实相关资金保障；中央基建投资安排5 376亿元，优化存量结构，减少小、散支出，提高资金使用绩效。

（四）2018年一般公共预算收入预计和支出安排

1. 中央一般公共预算

中央一般公共预算收入85 357亿元，比2017年执行数同口径增长5.2%。加上从中央预算稳定调节基金调入2 130亿元，从中央政府性基金预算、中央国有资本经营预算调入323亿元，收入总量为87 810亿元。中央一般公共预算支出103 310亿元，增长8.5%。收支总量相抵，中央财政赤字15 500亿元，与2017年持平。中央预算稳定调节基金余额2 536.05亿元。中央财政国债余额限额156 908.35亿元。

（1）中央本级支出32 466亿元，增长8.1%。

（2）对地方转移支付62 207亿元，增长9%，增幅为2013年以来最高。

（3）对地方税收返还8 137亿元。

（4）中央预备费500亿元，与2017年预算持平。

2. 地方一般公共预算

地方一般公共预算本级收入97 820亿元，增长7%。加上中央对地方税收返还和转移支付收入70 344亿元、地方财政调入资金400亿元，地方一般公共预算收入总量为168 564亿元。地方一般公共预算支出176 864亿元，扣除上年使用结转结余及调入资金后增长7.3%。地方财政赤字8 300亿元，与2017年持平，通过发行地方政府一般债券弥补。地方政府一般债务余额限额123 789.22亿元。

3. 全国一般公共预算

汇总中央和地方预算，全国一般公共预算收入183 177亿元，增长6.1%。加上调入资金2 853亿元，收入总量为186 030亿元。全国一般公共预算支出209 830亿元，扣除上年地方使用结转结余及调入资金后增长7.6%。赤字23 800亿元,与2017年持平。

(五) 2018年政府性基金预算收入预计和支出安排

中央政府性基金收入3 863.04亿元,增长0.2%。加上2017年结转收入385.59亿元,中央政府性基金收入总量为4 248.63亿元。中央政府性基金支出4 247.17亿元,增长15%。其中,中央本级支出3 262.71亿元,增长20.5%,主要是铁路建设基金、民航发展基金、彩票公益金等安排支出增加较多;对地方转移支付984.46亿元,下降0.1%。

地方政府性基金本级收入60 301.81亿元,增长4.6%,其中国有土地使用权出让收入54 661.7亿元,增长5%。加上中央政府性基金对地方转移支付收入984.46亿元、地方政府专项债务收入13 500亿元,地方政府性基金相关收入为74 786.27亿元。地方政府性基金相关支出74 786.27亿元,增长28.9%,其中国有土地使用权出让收入相关支出66 932.08亿元,增长29.3%。地方政府专项债务余额限额86 185.08亿元。

汇总中央和地方预算,全国政府性基金收入64 164.85亿元,增长4.3%。加上2017年结转收入385.59亿元和地方政府专项债务收入13 500亿元,全国政府性基金相关收入总量为78 050.44亿元。全国政府性基金相关支出78 048.98亿元,增长28.5%。

(六) 2018年国有资本经营预算收入预计和支出安排

中央国有资本经营预算收入1 376.82亿元,增长5.9%。加上2017年结转收入113.59亿元,中央国有资本经营预算收入总量为1 490.41亿元。中央国有资本经营预算支出1 168.87亿元,增长16.4%。

地方国有资本经营预算本级收入1 460.84亿元,增长9.5%。加上中央国有资本经营预算对地方转移支付收入100亿元,地方国有资本经营预算收入1 560.84亿元,下降0.6%。地方国有资本经营预算支出1 204.71亿元,下降3.2%。

汇总中央和地方预算,全国国有资本经营预算收入2 837.66亿元,增长7.7%。加上2017年结转收入113.59亿元,全国国有资本经营预算收入总量为2 951.25亿元。全国国有资本经营预算支出2 273.58亿元,增长12.9%。

(七) 2018年社会保险基金预算收入预计和支出安排

全国社会保险基金收入68 092.99亿元,增长23%。其中,保险费收入48 507.48亿元,财政补贴收入16 984.08亿元。全国社会保险基金支出64 542.32亿元,增长31.8%。本年收支结余3 550.67亿元,年末滚存结余76 990.28亿元。

资料来源:财政部网站

5.3.2 政府预算解读:保障和改善民生,好钢用在刀刃上——从预算报告看中央财政投向

2018年,积极的财政政策取向不变,聚力增效为主旋律。2018年汇总中央和地方预算,全国一般公共预算收入183 177亿元,增长6.1%。加上调入资金2 853亿元,收入总量为186 030亿元。全国一般公共预算支出209 830亿元,扣除2017年地方使用结转结余及调入资金后增长7.6%。赤字23 800亿元,与2017年持平。

1. 积极财政政策继续发力,减税降费逾1万亿元

"2018年,积极的财政政策取向不变,减税降费仍是积极财政政策的重要举措之一。"预算报告提出,按照三档并两档的方向,调整增值税税率水平,重点降低制造业、交通运

输等行业税率，优化纳税服务。预计全年再减税 8 000 多亿元。加上进一步清理规范政府性基金和行政事业性收费等各种收费，将减轻税费负担 1 万亿元以上。

降成本，是推进供给侧结构性改革的重要措施，也是实体经济发展的迫切要求。近年来，我国率先大幅减税降费，"放水养鱼"，增强企业后劲。仅营改增一项，已经累计减税超过 2 万亿元。加上采取小微企业税收优惠、清理各种收费等措施，共减轻市场主体负担 3 万多亿元。

2. 保障和改善民生，好钢用在刀刃上

在 2018 年的"国家账本"中，民生支出成为重点保障领域。预算报告显示，2018 年我国一般公共预算支出安排中，教育支出占比 15%，社会保障和就业支出占比 12.4%，城乡社区支出占比 10.1%，农林水支出占比 9.2%，医疗卫生与计划生育支出占比 7.3%。具体安排如下：

（1）按照精准扶贫、精准脱贫方略，多渠道筹措资金，瞄准特定贫困群众精准帮扶，进一步向深度贫困地区聚焦发力。中央财政补助地方专项扶贫资金 1 060.95 亿元，比 2017 年增长 23.2%。

（2）着力解决突出环境问题，促进生态环境质量总体改善。中央财政共安排大气、水、土壤三项污染防治资金 405 亿元，比 2017 年增长 19%。

（3）加强就业和社会保障。从 2018 年 1 月 1 日起，提高企业和机关事业单位退休人员基本养老金及城乡居民基础养老金水平。

（4）推进健康中国建设。全面推进城乡居民医保制度整合，将城乡居民基本医疗保险财政补助标准提高 40 元，达到每人每年 490 元。将基本公共卫生服务项目年人均财政补助标准再提高 5 元，达到每人每年 55 元。

综上所述，2018 年中央对地方一般性转移支付进一步加大，增强地方特别是中西部地区财力，积极促进区域协调发展。同时，调整优化财政支出结构，提高财政支出的公共性、普惠性，加大对三大攻坚战的支持，更多向创新驱动、"三农"、民生等领域倾斜，有利于推进基本公共服务均等化。"要全面实施绩效管理，进一步提高资金使用效益，让财政资金的每一分钱花到实处，花出效果。"

5.3.3 主要名词解释

积极的财政政策：通常通过减少税费或增加财政支出，扩大总需求，促进经济稳定增长。

一般性转移支付：它是指中央政府对有财力缺口的地方政府（主要是中西部地区），按照规范的办法给予的补助。它包括均衡性转移支付、民族地区转移支付、农村税费改革转移支付、调整工资转移支付等，地方政府可以按照相关规定统筹安排和使用。

专项转移支付：它是指上级政府为实现特定的宏观政策目标，以及对委托下级政府代理的一些事务进行补偿而设立的专项补助资金。资金接受者需按规定用途使用资金。

中央财政赤字：一般为中央政府年度收不抵支的差额，通过发债弥补。由于我国设立中央预算稳定调节基金，中央财政赤字计算公式为

$$中央财政赤字 = 中央财政收入 + 调入中央预算稳定调节基金收入 - 中央财政支出 - 安排中央预算稳定调节基金支出$$

财政预算绩效管理：是以一级政府财政预算（包括收入和支出）为对象，以政府财政

预算在一定时期内所达到的总体产出和结果为内容，以促进政府透明、责任、高效履职为目的所开展的绩效管理活动。

本 章 小 结

　　政府预算是政府财政的收支计划，是以收支平衡表形式表现的、具有法律地位的文件。我国的政府预算根据一级政府一级预算的预算设置体系由中央预算和地方预算两部分组成。国务院和各级人民政府是我国政府预算的执行机构。

　　政府决算是对政府预算的总结。

　　预算管理体制是指规定一国预算的组成体系，是为了处理中央和地方政府之间以及地方各级政府之间的财政分配关系，确定各级财政的收支范围和管理权限的一项重要制度。预算管理体制的实质是正确处理中央与地方之间财权、财力的划分，也就是财权、财力如何集中与分散的问题。分税制是指在国家各级政府之间明确划分事权及支出范围的基础上，按照事权和财权相统一的原则，结合税种的特性，划分中央与地方的税收管理权限和税收收入，并辅之以补助制度的预算管理体制模式。

课堂延伸思考

　　1. 为什么要建立国有资本经营预算？什么是全口径预算？全口径预算中提到的四本预算主要指哪四本预算，它们分别有什么特点？

　　2. 简述政府预算的特点和编制原则。

　　3. 查阅资料，试对我国国税、地税机构合并的背景进行分析。

　　4. 2017年，我国财政收入总量为182 705亿元，占GDP（827 122亿元）比重达22.1%，公众税负的"痛感"复苏。由此倒逼政府公开预决算和"三公"支出，并开始进一步讨论公共财政。与此同时，土地财政、房地产调控困局等顽疾日益显现出当前财政体制的缺陷，也倒逼政府进一步完善财税运行体制。阅读上述资料后回答以下问题：

　　（1）什么是土地财政，土地财政是否可以促进当地经济的发展？

　　（2）公共财政的实质是什么，公众税负的痛感主要体现在哪些方面，它和公共财政有什么关系？

　　（3）请结合当前我国的经济形势，谈谈你对中国推行公共财政的思考。

　　5. 利用政府预算的相关知识解读当年我国的政府工作报告，以便更好地指导自己的生活与学习。

　　6. 分析我国2017年中央和地方预算执行情况，解读我国2018年中央和地方预算草案的报告，思考我国财政助力乡村振兴具体有哪些体现。

　　7. 查阅2015年、2018年我国股市行情，结合2010年我国股市行情对比分析发生股灾的原因，找出逆市中上涨的股票，分析该类股票所属行业产业特征以及国家政策对该类行业产业支持情况，从而找出两者的关系以提升自己的投资能力。

第 6 章

认识金融

财经新闻回放

镜头一：中国股市 20 年 10 大牛股传奇：万科 A 涨 1458 倍

1991 年 1 月 29 日，万科 A 登陆 A 股市场，当时，一位名叫刘元生的个人投资者购买了万科 370.76 万股。在这之后的近 20 年间，随着万科 A 送股、配股，加上其通过二级市场增持的部分，他拥有的万科 A 逐年增加。到 2010 年，刘元生的持股数高达 1.34 亿股，持股市值为 9.07 亿元。据万得资讯对两市个股上市以来涨幅统计显示，万科 A 以累计 1458 倍的涨幅位居两市之首。

镜头二：汤婆婆的存款单

家住四川成都水碾河的汤婆婆 1977 年将 400 元存进银行，40 年后凭着一张泛黄的存款单，她可以连本带息取出 835.82 元。40 年前，400 元是一间房的价格，而现在 835.82 元在成都仅可以买到 0.07 平方米住房⊖。

镜头三：来自货币供应量的担忧

截至 2019 年 6 月末，我国广义货币（M2）余额 192.14 万亿元，狭义货币（M1）余额 56.77 万亿元。而 2009 年年末，我国广义货币余额为 60.6 万亿元，狭义货币余额为 22.0 万亿元；10 年时间，年广义货币供应量与狭义货币供应量分别增长了 217%和 158%，而 2009 年我国 GDP 总量为 34.95 万亿元，2018 年达到 90 万亿元，10 年增长 158%。显然，老百姓对未来通胀预期的担忧不无道理，当 GDP 的增长速度明显低于货币供应量的增长速度，流动性过剩带来的必定是通货膨胀。

本章预习

30 年前，人们和银行打交道主要是为了存钱和取钱，老百姓很少关心利率的问题。当货币当局告诉我们，某月的通货膨胀率为 5.1%，而同期一年期的定期存款利率为 2.25%，储户还要承担 20%的利息所得税⊖时，人们奔走相告，负利率时代已经来临，中央银行随

⊖ 2018 年 9 月成都新房均价 11 941 元/平方米。
⊖ 根据 1999 年修订的个人所得税法和对储蓄存款利息所得征收个人所得税的实施办法，中国自 1999 年 11 月 1 日起，对储蓄存款利息所得征收个人所得税，储蓄存款利息所得个人所得税税率为 20%；自 2007 年 8 月 15 日起，适用税率调减为 5%；根据《财政部、国家税务总局关于储蓄存款利息所得有关个人所得税政策的通知》（财税〔2008〕132 号）和《国家税务总局关于做好对储蓄存款利息所得暂免征收个人所得税工作的通知》（国税函〔2008〕826 号）规定，自 2008 年 10 月 9 日起暂免征收储蓄存款利息所得个人所得税。

时会有升息的可能。于是，人们纷纷调整自己的个人投资理财方案，电台和报刊都有专门的版面谈论金融问题和报道金融信息。中央银行的货币政策再也不是经济学家的事，在这样一个时代，老百姓的金融意识正日益提高，因为谁也不愿意让自己辛苦赚来的财富在一夜之间缩水。

同时，人们开始感受到金融的奇妙：金融可以圆你的"住房梦""汽车梦""创业梦"。金融无疑让老百姓的生活发生了质的飞跃。现代市场经济是金融经济。通过这一章的学习，我们将对金融的概貌有所了解，同时还将告诉大家利率、消费信贷等有关信用方面的知识。

| 本章学习线路图 |

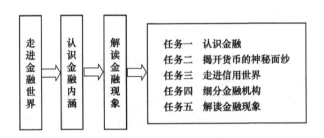

6.1 金融概述

6.1.1 什么是金融

根据"资金融通论"对金融概念的描述，我们把金融定义为：金融就是货币资金的融通，即通过货币流通和信用渠道以融通资金的经济活动㊀。其中，融通的对象为货币或资金；融通的方式采用有借有还的信用方式；融通的机构主要为银行及其他非银行金融机构；融通的场所则是金融市场。从广义上来说，凡是货币资金融通、筹集、分配、运用及其管理，都属于金融活动的范围。例如，货币及货币资金的借贷，票据的买卖，债券、股票等证券的发行、转让及外汇的买卖等，都是金融活动。金融活动既包括专业金融活动，还包括国家、企业、社会组织、个人的非专业金融活动。随着全球经济联系日益紧密，国家之间的金融活动也构成了金融的一部分。

显然我们日常生活中谈到的金融其范围要相对小得多。在现实经济生活中，人们更多地会把货币发行当局发行货币，企业和个人的存款储蓄，银行等机构的贷款发放，国际货币市场上货币的汇兑，有价证券的发行，还有保险、信托等活动看作是金融活动。这就是狭义上金融的概念，它主要包括货币、信用、金融机构（主要是银行）和金融市场四部分，本章所研究的金融主要是狭义上的金融。

㊀ 王绍仪，《财政与农村金融》，中国农业出版社，2002年。

6.1.2 直接金融和间接金融

专栏 6-1

创业板制造财富故事

新闻回放：对于爱尔眼科的董事长陈邦先生来说，2009 年是个幸运年。1997 年当他拿着 3 万元积蓄起家，只是采取"院中院"的模式与公立医院捆绑合作，在公立医院中设立眼科专科做近视检查和常规眼科手术时，怎么也不会想到，12 年后，随着 2009 年 10 月 30 日，爱尔眼科登陆创业板，按上市首日收盘价 51.9 元计算，陈邦的身家会攀至 43.5 亿元。

术语解析：创业板（Growth Enterprises Market，GEM）属于地位次于主板证券市场的二板证券市场，以纳斯达克市场为代表，在中国特指深圳创业板。创业板市场在上市门槛、监管制度、信息披露、交易者条件、投资风险等方面和主板证券市场有较大区别。其目的主要是扶持中小企业，尤其是高成长性企业，为风险投资和创投企业建立正常的退出机制，为自主创新国家战略提供融资平台，为多层次的资本市场体系建设添砖加瓦。我国的创业板开板时间为 2009 年 10 月 23 日，首批 28 家创业板公司于 2009 年 10 月 30 日正式开始交易，截至 2018 年 9 月 14 日，在创业板上市的公司数已经达到 730 家，流通总市值达到 25 933.41 亿元[①]。

专栏点评：如今，商业银行不再是居民理财的唯一窗口；很多寻常百姓也都"被百万富翁"。世界在变化，财富在飞速增长。创业板作为直接融资平台为像陈邦一样的人缔造财富神话提供了可能；而商业银行的房贷机制让寻常百姓觉得在杭州一套 82 平方米的房子以 200 万元[②]买下是捡了便宜，尽管房产位置远离市中心。是的，正是直接融资与间接融资平台使财富梦想成为现实。

简单地说，金融最基本的功能是实现社会的融资和集资。由于单位经济主体的资金供求不可能总是处于一种绝对平衡的状态，即在某一时期，总会出现一部分人资金闲置，而同时另一部分人有好的项目却为找不到资本而苦恼。通过金融活动可以使资金从没有生产投资机会的人手里流向有这种机会的人手里成为可能。

显然通过贷款者和借款者资金的相互借贷，可以调剂社会资金的余缺，使资金需求者达到更高的生产目标，实现利润；而资金的供应者则获取利息收入，从而提高整个社会的经济效益。

资金的融通根据是否通过银行等中介机构来进行融资，可分为直接融资和间接融资两种，如图 6-1 所示。

[①] 该数据为深圳证券交易所 2018 年 9 月 14 日公布的数据。
[②] 2018 年 8 月杭州新房均价约为 25 574 元/m²。

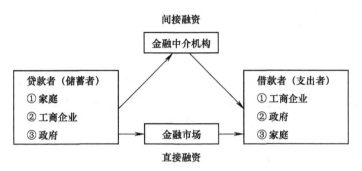

图 6-1 社会资金流动图

直接融资是指政府、企业和家庭等直接从金融市场上向企业、居民等筹资的活动。一般来讲，它是指通过发行债券、股票以及商业信用等形式融通所需资金。间接融资是以金融部门为中介，由金融部门（如商业银行、信用中介、储蓄机构）通过吸收存款、存单等形式积聚社会闲散资金，然后以贷款等形式向非金融部门（如企业等）提供资金。

直接融资和间接融资具有不同的特点，同时又有紧密的联系。在现代市场经济条件下，直接融资一般是政府或企业以发行证券的形式在资本市场上公开进行融资活动，其发行的证券代表着一定的财产权（如股票）或债权（如国债、企业债券），这些有价凭证一般可以在市场上公开交易。筹资者发行证券往往是以自身的财产、信誉、盈利前景等为保证进行的，因此，在发行证券之前，必须进行资产评估、会计审计、律师公证等工作，证券发行之后，筹资者必须定期进行充分的信息披露。政府对证券市场进行严格管理，贯彻"公开、公正、公平"及"诚实信用"的原则，以保护广大投资者的利益。直接融资筹资范围广、规模大、可以连续筹资而且具有社会宣传效应等特点。间接融资主要是银行与企业之间的借贷关系，具有聚少成多、短借长贷、分摊风险、降低信息成本和交易成本等优点。

目前，我国主要融资形式也有直接融资和间接融资两种。但直接融资在整个社会融资总额中所占比例不到两成；间接融资，即银行信贷则占到整个社会融资总额的八成以上。从中不难看出，银行在当前社会融资中占据着主要地位。随着我国经济的发展，金融体制改革的深入，势必进一步推进融资过程中的投资主体多元化、资金来源多渠道、投资方式多样化，直接融资与间接融资之间的差距将趋于平衡。

6.2 揭开货币的神秘面纱

6.2.1 什么是货币

1. 货币的含义

在生活中，"财富""钱"往往成为货币的代名词，但对于经济学家来说，货币只具有一种特定的含义。马克思认为，货币是从商品世界中分离出来的固定充当一般等价物的特殊商品，它反映着商品生产者之间的关系。而现代经济学家则把货币定义为：在商品或劳务的支付中或债务的偿还中被普遍接受的任何东西。在信用货币时代，你不仅可以使用钞票和硬币，而且可以使用从银行账户上开出的支票、汇票作为货币。显然马克思关于货币的定义已经不能完整地描述货币的特性。

需要注意的是，当我们提到"钱"这个词时，往往会同其他几个相关的概念混淆。事实上，对于"财富""收入"，我们都会把它们叫作"钱"，但同货币的概念是有所区别的。"财富"不仅包括货币，而且包括与所有权有关的任何东西。当有人告诉你"小张家很有钱"时，他可能想表达的是小张家有许多现金、存款，而且还有股票、汽车、房产等。"收入"则是个流量的概念，它反映的是某人某一单位时间内收益的流量，而货币则是个存量的概念。当你哥哥告诉你他找到一份挣大钱的工作时，显然，你并不知道他有多少钱；但如果你哥哥告诉你他口袋里有1 000元时，你对这笔钱的多少是有数的。

因此，我们这里提到的"钱"是个货币的概念，它与"收入""财富"的概念是有区别的。

2. 货币形态

历史上的货币形态主要是金属铸币，如铜铸币、铁铸币、金银铸币等，其中金币是足值货币，即作为商品的价值和作为交换中介的价值完全相等的货币。

随着货币形式的发展，出现了代表金银币执行货币职能的代用货币——纸质货币，它作为金属货币的替代物在市场上流通，充当商品交换的媒介，可以与所代表的金属货币自由兑换。后来，代用货币进一步发展，演变为信用货币。

信用货币是一种国家政权强制提供的购买力信用，不以任何贵金属为基础，由国家发行并强制流通。信用货币的主要形式是纸币和存款货币。目前世界各国发行的货币，基本都属于信用货币。纸币并不具有商品那样的价值，它只是一种标志，是政府赋予持有者支取商品和劳务的法定权利。在现代社会，几乎所有国家的纸币都是"法定不兑现的"货币，即不能兑换成它所代表的同等价值的足值黄金。我国的货币是人民币，它以国家信用为基础的纸币和以银行信用为基础的存款货币的形式存在。

随着现代电子技术的发展及广泛运用，货币形态进一步发展为"电子货币"，如信用卡等。在电子技术较发达的市场化工业国家，"电子货币"已成为极其普遍使用的支付手段。在我国，越来越多的人也开始使用"牡丹卡""长城卡""金穗卡"等。随着电子技术的进一步发展，"现金"将逐渐被"电子货币"或"数字货币"所取代，最终将可能出现支付交易而无需"现金"的情况。

 **延伸阅读**

电子货币、互联网货币与比特币

电子货币是采用电子技术和通信手段在信用市场上流通的，以法定货币单位反映商品价值的信用货币。最常见的电子货币是各种银行发行的储蓄卡和信用卡。电子货币是在传统货币基础上发展起来的，它们虽然在货币的本质、职能和作用等方面是相同的，但也有明显的差别。电子货币是以电子数据的形式来储存、传输和显示其价值的，它没有传统货币的大小、重量和印记，比传统货币流通速度快。传统货币可以在任何领域里流通，而电子货币只能在信用卡市场、转账领域里流通，而且要借助传统货币去反映和实现商品价值，来结算债权、债务关系。传统货币是国家发行并强制流通的，电子货币是银行等金融机构发行的，是自愿使用的。

电子货币的功能主要有以下四个方面：①结算功能，代替现金，直接用于消费；②储蓄功能，可以存款、取款；③兑现功能，可以兑换为传统货币；④消费贷款功能。

互联网货币又称为虚拟货币、数字货币，这与我们现实中使用的货币全然不同。在"互联网社会形态"里，人们根据自己的需求成立或者参加社区，同一社区成员基于同种需求形成共同的信用价值观，互联网货币就是在此基础上形成的"新型货币形态"。

互联网货币通常没有以商品为基础的价值，社区成员的信任成为互联网货币存在的基本要素。社区成员可以通过从事社区活动来增加该种货币的持有量。人们没有意识到，信用卡积分、手机卡积分、会员卡积分、航空里程、累积的信誉度其实也是"货币"的表达形式。互联网货币还可以表现为比特币、Q币、亚马逊币、Facebook币、各种虚拟社区币。

一句话，互联网货币不直接以实体经济为支撑，不直接与实体经济相挂钩，它的发行、使用、运作都存在于虚拟社区之中。与主权货币相比，互联网货币超越了国家、政府和地区的概念，消除了制度、所有制形态和种族的差异，发行主体多为特定社区，较少体现政府意志，发行具有一定的自主权，是个人信用得到群体强烈认可的一种表现。

6.2.2 货币的职能

专栏 6-2

庞氏骗局在继续

华尔街 200 多年的历史走过了德鲁时代，留下了坦贝尔的驻足，有过庞兹与麦道夫的相遇，上演了安然和贝尔斯登的故事。然而，就在麦道夫事件发生的同时，世界各地还在重复上演着这个简单的骗局：

2009 年 2 月 5 日，一位 75 岁的日本商人被日本警方逮捕，他曾向投资者承诺 36%的年回报。到案发时，他诈骗了数万名投资者，金额达 14 亿美元。

2009 年 3 月 17 日，一位加拿大华裔被当地证监会警告停止投资业务。此前，他曾向投资者承诺每周 1%的回报。

2009 年 5 月 23 日，英国两名男子被警方拘捕，他们被指控涉及一桩 2.5 亿英镑的骗局。
……

资料来源：纪录片《华尔街》解说词

专栏点评：纵观形形色色的金融骗局，最基本的特点就是以高额或者稳赚不赔的投资回报为诱饵，诱使贪婪的人上钩。通过利诱、劝说、亲情、人脉等方式吸引越来越多的投资者参与，从而形成金字塔式的投资者结构。为什么人们会一次次地被简单的骗局所迷惑？一切源于货币所特有的职能，使货币散发出与众不同的无穷魅力。

货币的职能是货币本质的体现。货币作为固定的一般等价物，主要有五种职能：价值尺度、流通手段、支付手段、贮藏手段和世界货币。其中的价值尺度和流通手段是货币的基本职能，其他三种职能为货币的派生职能。

1. 价值尺度

人们可以在经济社会中用货币来计量商品和劳务的价值。货币之所以能充当价值尺度，就是因为货币本身也是商品，也有价值。当商品和劳务的价值用货币来表现时，就成了商品和劳务的价格。例如，我国用人民币、美国用美元、英国用英镑等来表示本国的商品和劳务的价值。

显然，使用货币作为商品的计算单位，可以减少交易成本，提高社会效益。需要指出的是，当货币执行价值尺度功能时，只需要观念上的货币。商场老板拿100元的实物货币放置在价值100元的牛仔裤边的行为显然是可笑的。

2．流通手段

流通手段，即交易媒介，是指货币充当商品交换的媒介。在没有货币的物物交换（W-W）条件下，商品所有者只能拿着自己的商品去找持有自己所需商品的所有者交换。有了货币，则只需把商品换成货币，再用货币来换所需要的商品（W-G-W）。这样货币就成了商品买卖的媒介。经济社会几乎所有的市场交易都是用通货和支票或汇票的形式来支付的。货币充当交换媒介的职能对经济效率的提高和商品流通范围的扩大起了很大的促进作用。

当然，作为流通手段的货币一定要是现实的货币。

3．支付手段

当货币用来清偿债务或缴纳赋税、租金，支付工资等时，货币便执行了支付手段职能。支付手段不同于"一手交钱一手交货"的商品交易，它是价值单方面的转移。经济生活中工资是在劳动力被购买、使用后才支付的，银行吸收存款和发放贷款，都是货币作为支付手段职能在起作用的表现。此外，分期付款、信用卡等都是现代经济生活中货币支付手段职能的重要表现。

**延伸阅读**

第三方支付与移动支付

第三方支付是指具备一定实力和信誉保障的独立机构，采用与各大银行签约的方式，通过与银行支付结算系统接口对接而促成交易双方进行交易的网络支付模式。第三方支付行业的业务目前主要是由传统的支付型业务和新型的金融科技服务业务构成，其中支付型业务分为移动POS支付、移动支付、互联网支付、POS服务和跨境支付服务五大类。中国国内目前的第三方支付产品主要有支付宝、微信支付、百度钱包、PayPal、中汇支付、拉卡拉、财付通等。

移动支付也称手机支付，是允许用户使用其移动终端（通常是手机）对所消费的商品或服务进行账务支付的一种服务方式。单位或个人通过移动设备、互联网或者近距离传感直接或间接向银行金融机构发送支付指令产生货币支付与资金转移行为，从而实现移动支付功能。移动支付将终端设备、互联网、应用提供商以及金融机构相融合，为用户提供货币支付、缴费等金融业务。

目前我国第三方移动支付产品主要有支付宝、财付通（微信支付，以下同）、翼支付等几种。艾媒咨询发布的报告显示：2018年第一季度支付宝与财付通两大巨头占据中国第三方移动支付交易规模市场份额的90.6%，市场集中度高，但随着国家对互联网金融安全日益重视，银联推出的云闪付，其制度优势会对支付宝、财付通等造成一定冲击。

数据显示，2017年，银行业金融机构共处理移动支付业务375.52亿笔，金额202.93万亿元，同比分别增长46.06%和28.80%。随着中国第三方移动支付产品的完善以及消费者支付观念的转变，移动支付将会进一步普及。

资料来源：中国银行保险监督管理委员会网站

4. 贮藏手段

贮藏手段是指货币退出流通领域，被人们当作独立的价值形态、社会价值和一般代表物保存起来的职能。同股票、债券、土地、房产等资产一样，货币也具有价值储藏功能，我们可以利用货币的价值贮藏功能将自己取得收入的时间和花费这笔收入的时间分离出来。在现代社会，人们除了以金银积累和保存价值外，更多的还是采取银行存款和储蓄等方式。

专栏6-3

恶性的通货膨胀加速国民党政府的垮台

新中国成立前夕，国民党政府已经穷途末路，面临着巨额财政赤字。于是，国统区不可避免地出现了货币贬值、物价飞涨和恶性通货膨胀，饥民和抢购的人群比比皆是。虽然上海等地的印钞厂在国民党政府的动员下连连赶印纸币，但仍供不应求，以致到美国、英国去印刷钞票。抗日战争结束后两年，国统区的货币发行量增加了25倍。1937年可以买2头牛的钱，1943年才能买1只鸡，1946年只能买1个鸡蛋，到了1947年就仅仅够买1~3盒火柴了。国统区的人民在发薪后第一件要做的事就是去抢购粮食等生活必需品，若是稍有耽搁，恐怕一个月的工资就不够用了。所以，肩背手提着成捆钞票急急忙忙去购物的人们已经成了当时国统区街头的常景。

专栏点评： 在信用货币制度条件下，货币作为价值储藏手段的优劣主要依赖于物价水平的高低。在通货膨胀时期，人们在以货币形式持有其财富时便显得较为踟蹰。

5. 世界货币

世界货币是指贵金属（如黄金和白银）越出国内流通领域，在世界市场上执行一般等价物的职能。在信用货币制度条件下，汇率相对稳定、可以自由兑换的硬通货（如美元）执行着世界货币的职能。

6.2.3 货币制度

货币制度是伴随着金属铸币的出现而开始形成的。为了维护货币的流通，各个国家都在货币方面制定了种种法律，货币制度就是从这些法律中逐步发展起来的。

1. 货币制度的概念及内容

货币制度是指由国家法律所确定的本国货币的流通结构和组织形式。货币制度的内容主要包括作为本位货币的金属材料的确定、货币单位的确定、本位币和辅币的铸造及流通制度的确定以及纸币的发行制度和金准备制度等几项内容。

（1）规定本位货币的金属是货币制度的基础。不同的金属作为货币材料，构成了不同的金属货币制度。根据流通中货币材料的不同,可将金属货币制度分为银本位制、金银复本位制和金本位制三种类型。现在世界各国都实行不兑现的货币制度,在法令中则无任何金属材料充当货币的规定。

(2) 货币单位的确定。它包括规定货币单位的名称及其单位货币所包含的货币金属量和成色两个方面。后来由于货币材料的变化以及信用货币制度的确立,有的货币单位已逐步脱离了金属重量的概念。

(3) 在货币的铸造与发行历史上,货币的铸造权通常由国家所垄断,即由国家铸币厂按标准规格铸造,但并不排斥也有私人受权办厂造币的情况。在金属货币制度下,流通中的货币一般有本位币和辅币之分。本位币是指用法定货币金属材料按国家规定的货币单位所铸造成的货币,它是一国的基本通货,具有名义价值(面值)与实际价值(金属本身价值)一致的特点。辅币一般用较贱金属铸造,实际价值小于名义价值,为不足值货币。在金属货币制度下,本位币具有无限法偿能力而辅币则只有有限法偿能力。纸币本位制度下,纸币的发行权由国家货币管理当局所垄断。

(4) 建立金准备制度。金本位制度下货币发行的准备为金准备,又叫黄金储备,它是一国货币稳定的基础。黄金储备一般都由中央银行掌握。金准备主要有以下三个作用:①作为时而扩大时而收缩的国内金属货币流通的准备金;②作为支付存款和兑换银行券的准备金;③作为国际支付的准备金。1929~1933年的世界性经济危机以后,资本主义各国曾一度相继放弃过金本位制。第二次世界大战后布雷顿森林体系虽然又暂时恢复了金本位制,但是"美元危机"最终使各国放弃了金本位制。在不兑现的纸币制度下,黄金的地位已大大下降,现在只存在作为国际收支最后支付手段的准备金的作用。

2. 我国的货币制度

我国现行的货币制度是人民币制度。人民币的最初发行是在1948年12月1日,它标志着新中国货币制度建立的开端。

人民币是信用货币,它采取的是不兑现的银行券形式。1955年3月1日,我国又发行了新版人民币,同时建立了辅币制度。这种主辅币流通制度一直保持到现在。具体来说,我国现行的货币流通制度的内容主要有以下几个方面:

(1) 实行纸币流通制度,人民币是唯一法定通货。《中华人民共和国中国人民银行法》对人民币做了如下规定:"中华人民共和国的法定货币是人民币,以人民币支付中华人民共和国境内一切公共的和私人的债务,任何单位和个人不得拒收",而且"任何单位和个人不得印刷、发售代币票券,以代替人民币在市场上流通"。

(2) 人民币的单位、主币和辅币。人民币的主币单位为"元",辅币单位是"角""分"。它们之间的兑换比例是:1元等于10角,1角等于10分。

(3) 人民币的发行和流通。人民币由中国人民银行统一印刷、统一发行。中国人民银行是国家唯一的货币发行机关,并在全国范围内实行统一的货币管理。

(4) 我国的外汇储备。外汇储备包括黄金、外币汇票和以外币表示的本票、外国有价证券以及国外短期存款等。它是国家经济储备的一种形式,主要用于保持国际收支平衡,有时也用于急需商品的进口,调节一国的汇率。我国的外汇储备由中国人民银行集中掌握,统一管理。

(5) 人民币的对外关系。我国人民币仍是非完全自由兑换货币。可自由兑换货币是指持有者可以自由将其兑换为另一种货币,政府不对这种兑换设置任何限制。人民币的兑换目前是受到限制的，仅限于经常项目下的自由兑换。随着我国国际地位的上升，人民币最终必然实现完全的自由兑换。

延伸阅读

离人民币自由兑换梦想还有多远

对于一个来自没有外汇管制的国家的人来说，货币自由兑换也许是件理所当然的事，美元出了美国也是"硬通货"。但是对于大多数国家来说，只要出了国门，自己国家的货币就不管用了。这其中的原因正是因为前者实现了货币完全自由兑换，即不仅放开了经常项目，资本项目下的货币汇兑同样是自由的。这相当于取消了国际资本流动的限制，实现了资本项目的自由化。毫无疑问，货币兑换的最高境界是自由兑换。

货币完全自由兑换好处良多，谁不愿意自己国家的货币在国际上也是硬通货呢？然而，它需要很高的先决条件：国内经济实力雄厚，合理的汇率机制和健全的宏观经济政策，健全的金融体系和金融市场，良好的国际收支状况以及成熟的监管等。在人民币汇率完全自由浮动前，保持一定的资本管制仍然是需要的。

2016年10月1日，人民币正式纳入国际货币基金组织（IMF）特别提款权单位（SDR）一篮子货币，成为继美元、欧元、日元及英镑之后的第五种入篮货币。这是人民币国际化的一个重要里程碑。借助一带一路平台，通过政府援助、商业贷款、政策性贷款、直接投资以及发行基础设施债券等方式，解决沿线国家的资金缺口，使人民币在沿线国家推广使用，人民币借助一带一路平台沿着周边化、区域化的路径，最终实现人民币国际化的目标。

资料来源：中证网

6.3 走进信用世界

6.3.1 信用的含义及发展历程

1. 什么是信用

专栏 6-4

信用危机逼停助学贷款

新闻回放： 每年的6~7月，又逢大学生离校高峰期，数以万计的学生即将离开母校。贷了助学贷款的毕业生如何还款又成为学校、银行最为重视的问题之一。全国目前已有多所高校被列入暂停发放助学贷款的"黑名单"。

"银行为什么不给我们发放贷款呀？"

"因为你们的学哥学姐们没及时还钱！他们不还钱，银行就觉得我们学校诚信不够呀，就不放贷款。"

这是在学校听到的一段对话。

财政与金融

专栏点评：我们不得不思考这样一个问题：在信用制度不完善的今天，约束大学生还贷的只有舆论和良知，怎样找到一种有力的保障体系是我们应该关注的问题。

资料来源：新闻周刊

在日常生活中，我们经常可以听到有关信用方面的话题，但它们所代表的意义是有所不同的。显然，"西安宝马彩票案"对博彩业诚信的考验，以及2004年高考考生的诚信考试承诺书所表现出的信用更多地表现为一个伦理学范畴，它是一种参与社会和经济活动的当事人之间建立起来的以诚实守信为道德基础的践约行为，即我们通常所说的"讲信用""守信誉""一诺千金"，它是一种普遍的处理人际关系的道德准则。而资本借贷活动中，授信人和受信人的信用约定则是一个经济学、法律学的范畴。

现代市场经济条件下所指的信用，更多地是指经济学、法律学概念上的信用，它表现的是在商品交换或其他经济活动中，交易双方所实行的以契约（合同）为基础的资金借贷、承诺、履约的行为。这里的信用关系双方即是借贷关系双方：授信人（借出方）和受信人（贷入方）。在借贷活动中，授信人和受信人根据各自的利益要求（授信人通常是为了收回本金和获得利息，受信人通常是为了获得自己所缺乏的经营资本），按照契约（合同）规定的条件、范围、时间进行资金借贷运动，就是信用活动。如果双方都能够按照契约（合同）履行自己的承诺，那么他们的行为过程就是履行信用。

因此，所谓信用，就是指在商品交换或其他经济活动中，授信人在充分信任受信人能够实现其承诺的基础上，用契约关系向受信人放贷并保障自己所贷的本金能够回流和增值的价值运动。

信用是和商品生产、货币流通、市场贸易、资本借贷等市场经济关系相联系的范畴，在市场经济中，信用主要表现为资本借贷运动，是资本价值运动的一种特殊形式。其特点是：贷款者将货币贷给借款者，约期归还，借款到期后除归还本金外，还需支付一定的利息。在这种信用关系中，贷款者在贷出一笔资金的同时获得了一种权利，即可以要求借款人以后偿还一笔资金的权利，又称债权。借款人则承担以后偿还一笔资金的义务，又称债务。由于在经济活动中，货币被广泛地作为支付手段，所以这种债务偿还通常是用支付一定的货币金额来完成的。在比较成熟的市场经济中的大部分交易，都是以信用为中介的交易，因此信用是现代市场交易的一个必备的要素。

2. 信用的产生和发展

同商品交换、货币流通一样，信用也是一个古老的经济范畴。私有制是货币与信用存在的共同前提，而赊账则是人类历史上最早的信用关系。赊账意味着授信人给予受信人的未来付款承诺以信任。赊账的方式使得物流和货币流由原来的无信用中介的交易方式，转而被以信用为中介的交易所取代。现代金融业就是信用关系发展的产物。随着商品经济不断发展，信用超出了商品买卖的范围，作为支付手段的货币（信用货币）本身也加入了交易的过程，出现了借贷活动。贷款意味着债权人给予债务人未来还款付息的承诺以信任。现在通行的纸币（信用货币）本身，也是在这种信用关系的基础上产生的。在市场经济发展的过程中，信用交易大大降低了交易成本，扩大了市场规模。所以，现代市场经济是一种建立在错综复杂的信用关系之上的经济，现代市场经济是信用经济。

信用发展的三个不同阶段：

（1）信用的道德化阶段，是最早形成的。我国古代有丰富的信用道德的文化思想资源。

例如，儒家文化有许多对君子的行为规范，如："言必信，行必果"，还有"君子一言，驷马难追"；要成为"君子"，就必须成为一个有信用的人；而"小人"，则看重利益，不讲信用，不要信誉。

在我国民间，也有借钱或借物时要守信用的习惯。例如"好借好还，再借不难"，这句俗语虽简单，但是意义深刻。即使在现代民间小额金钱借贷中，依然适用这些习惯。一旦某人借钱不还，特别是有钱也不还时，他在商业社会中的信用度便极大降低了。最后，他会被人们视为"赖账"的人，被人们淘汰出商业社会。现在，我国民间仍然处于信用的道德化阶段之中，民间的小额借款有时不用写借据，全凭借款者的个人信用。这就是信用的道德化阶段的表现。

政府在市场上也享有非常高的道德性信用。在很多情况下，老百姓对政府的信用深信不疑。

（2）信用的商业化阶段，是将信用记录当作一种"信息商品"进入市场，像所有商品那样可以买卖。在发达国家的市场上有专门经营"信用记录"的公司，这些公司从各种金融机构有偿收集客户们的信用记录资料，将这些信用记录的原始资料整理后，输入计算机的数据库。现在，信用记录公司已经发展到了将数据库通过网络同各个金融机构相连接，随时提供在线服务。当银行和信用卡公司需要了解或调查某个客户信用记录时，可随时从信用记录公司购买这些记录资料。

由于有了信用记录资料商业化,在金融市场上就形成了"市场信用的纪律和制度约束"。信用的约束方式表现在：商业银行和信用卡公司对于信用记录不好的客户，就不会发放贷款或提供信用卡。这是对客户个人的信用记录商业化。

而且，在现代社会中，金融机构的信用也被商业化了。国际上有几家著名的金融机构信用评级公司，如美国的标准普尔公司、穆迪公司等，专门对金融机构进行信用评级。这就是这些公司的生意，它们每天经营的是对金融机构的信用评级。

金融机构在国际市场上发行债券，其发行价格和发行成本与该金融机构的信用级别有相当大的关系。当金融机构的信用级别越高时，其发行债券的成本越低；反之，金融机构的信用级别越低，其发行债券的成本就越高。所以，这些信用评级公司的评级方法与技术，也成为商业市场的知识产品。

延伸阅读

信用评级

信用评级最早产生于美国，从债券评级开始。穆迪公司的创始人约翰·穆迪首次建立了衡量债券倒债风险的体系，并按照倒债风险确定债券等级。此后，信用评级在美国投资界风行，1918年，美国政府规定，凡是外国政府在美国发行债券的，发行前必须取得评级结果。

信用评级在美国的历史和金融发展史上证明是成功的,世界各国都在借鉴美国的经验，相继建立起本国的评估机构。穆迪和标准普尔公司已成为全球性的评估机构，其确定的级别在许多国家都具有通用性的权威。在我国，信用评级基本上是于1987年与企业发行债券同步产生的。

（3）信用的证券化阶段，是指原来由一个或两个担保人来承担的贷款信用，转而采用由大众来担保。保险经营就是信用契约化的典型。保险公司是没有能力单独承担担保风险的，但是保险公司通过一个风险分散的特殊经营，由大众买保险后来分担风险，就可以承担较大的风险了。

同样的道理也适用于贷款的担保经营方面。当担保人采用发行债券的方式，将担保的风险分散给大众时，担保人的风险也同样可以减少。这种做法就是信用的证券化。通过发行证券的方法，以支付一定利息为条件，向大众出售担保证券、债券或契约，以及商业票据，可以筹集到大众担保的资金。到了信用证券化的阶段，有关信用的法律就更加容易执行了。

信用好的大型金融机构可以以较低的成本发行债券，再将低成本获得的资金转给融资成本较高的小型公司，这通常是大型国际银行总行对海外分行提供资金的主要方法，这也相当于总行对分行的信用担保的一种证券化。

信用的证券化是采用市场的方法，将信用担保的履行变成依靠市场来保障，而不是基于个别金融机构或个别人的道德水平。

6.3.2 主要的信用形式

按照现代社会信用运作的主体来划分，一般可以把信用形式简单分为个人信用、企业信用和政府信用三种形式，其中企业信用包含商业信用和银行信用。

1. 个人信用

个人信用是指个人通过信用方式，向银行等金融机构获得自己当前所不具备的预期资本或消费支付能力的经济行为。它使得个人不再是仅仅依靠个人资本积累才能进行生产投资或消费支出，而是可以通过信用方式向银行等金融机构获得预期资金或消费支付能力。"消费信贷"是个人信用最基本的形式。

（1）消费信用。它是指消费者为了购买自己可以自由支配的消费资料和服务，而从银行或商店接受的一种信用形式。消费信用主要包括两种形式：①由销售方提供给消费者的采用分期付款、延期付款等形式的销售信用；②由金融机构提供给消费者的采用直接融资形式的消费者金融。

（2）我国消费信贷现状。我国的消费信贷始于20世纪80年代，以亚洲金融危机为分水岭，可以分为两个不同的阶段。1997年亚洲金融危机爆发前，中国消费信贷业务处于试点探索阶段，消费信贷业务发展较为缓慢，信贷规模小、品种少，仅限于住房、汽车、教育助学等有限的领域，消费信贷并没有引起商业银行的重视，在很大程度上是作为一项政策性贷款实施的。1997年亚洲金融危机爆发后，中国受到较大的外部冲击，出口规模锐减，消费和投资需求严重不足，就业压力增加，为此，中国政府制定了以扩大内需为目标的宏观经济政策，支持和鼓励商业银行开展消费信贷业务。自此，消费信贷业务摆上了各家商业银行的重要议事日程，驶入了规模扩张的快车道。

近20年，中国的消费信贷市场获得了巨大发展，消费信贷余额从有统计数据的1997年的172亿元，发展到2017年年底的31.519 4万亿元，20年增加了31.502 2万亿元，增长1832%左右。随着消费信贷市场的发展，各银行均将个人消费信贷作为重点业务发展，消费信贷和个人金融业务在银行信贷业务中的地位也日益突出。2017年年末，我国全部金融机构人民币各项贷款余额 120.1 万亿元,全部金融机构人民币消费贷款余额 31.519 4 万亿元,比上一年度增加 6.471 7 万亿元。其中,个人短期消费贷款余额 6.804 1 万亿元,增加 1.872 4 万亿元;个人中长期消费贷款余额 24.715 4 万亿元,增加 4.599 3 万亿元。消费信贷占金融机构信贷余额比例达到 26.24%⊖。

目前,我国消费信贷主要有住房、汽车、助学贷款、大件耐用消费品、个人信用卡透支和其他贷款等品种。自开办消费信贷以来,住房信贷一直居于主导地位,其比重基本在 60%~75%。截至 2017 年年末,全部金融机构人民币消费贷款余额 31.519 4 万亿元,其中个人住房消费性贷款余额 21.9 万亿元,占比达到 69.48%。

(3) 个人消费信贷展望。启动消费信贷,刺激消费,推动内需已成为当前一个紧迫的话题。在当前的经济环境下,启动消费信贷应做好以下几方面工作:

1) 扭转消费观念,培育潜在消费者。我国居民在消费结构上一直是以衣食住行等"必需性支出"占主体地位,而在旅游、教育、娱乐、保健等方面的"选择性支出"则占较小比重。居民消费结构由"必需性支出"为主向"选择性支出"为主转变是消费结构实现现代化的一个重要标志。以日本为例:1997 年日本家庭"选择性支出"仅占支出总额的 43.1%;而到 1998 年,"选择性支出"比例大大提高到 49.5%,与"必需性支出"的比例已十分接近,现在则已大大超过了"必需性支出"的比例。

2) 优化信用卡盈利结构,大力开拓信用卡消费业务。

自 1985 年 6 月,中国银行珠海分行发行我国第一张信用卡——中银卡,标志着信用卡在我国诞生,信用卡业务已经发展了 30 多年,在发展的初期,国内使用信用卡的客户比较少,但发展至今,我国信用卡市场已取得了突破性的发展。据中国支付清算协会的数据,截至 2018 年 1 月末,信用卡和借贷合一卡共计发行 6.12 亿张,人均持卡量 0.44 张。2009~2017 年信用卡累计发卡量的年均复合增速为 15.47%。2017 年信用卡行业发展速度明显加快,当年累计发卡量同比增长 26.45%。

银行信用卡业务的盈利为收入扣除相应成本部分,其中信用卡业务的收入主要来自于利息收入、分期手续费收入、商户回佣、年费以及取现手续费等,信用卡的成本主要包含发卡成本、资金成本、运营维护成本、营销成本、坏账风险损失等。从盈利构成上来看,目前我国国内商业银行信用卡收入主要来源于利息收入,利息收入在总收入中占比一般在 45%左右,但是国外以利息收入为盈利模式的银行该项占比通常在 65%以上,相较而言国内的利息收入占比仍有提升空间。

3) 做好消费信贷的风险防范。目前我国消费信贷的风险主要表现为消费者的信用和道德风险。我国由于没有个人基本账户,所以银行无法了解消费者的信用好坏。而通过消费者就职单位调查,工作量太大,而且单位也没有义务为消费者承担信用担保。在这种情况下,一旦持卡人出现无法支付借款的情况,银行将出现信用风险。为了防范信用风险,2003 年,中国人民银行成立征信管理局,成为征信业监管机构,2004 年中国人民银行建成全国统一的个人信用信息基础数据库,2005 年中国人民银行建成全国统一的企业信用信息基础数据库,并上线运行,为征信业提供了基础数据支持,2010 年 6 月 26 日,中国人民银行征信中心把企业和个人征信系统成功切换至上海运行,并正式对外提供服务。为防范信用违约风险跨市场、跨行业、跨地域转移,中国人民银行不断完善金融信用信息基础数据库,

---

⊖ 数据来源:2017 年统计公报。

财政与金融

实现了信用卡、贷款、信用担保、融资融券等金融领域负债信息的全覆盖。截至 2017 年 5 月底,累计有 3 000 家机构接入数据库,收录了 9.26 亿自然人、2 371 万户企业和其他组织的相关信息;2017 年 1~5 月,个人信用信息报告日均查询 343 万次,企业信用报告日均查询 22 万次。

金融信用信息基础数据库

根据《征信业管理条例》规定,国家设立金融信用信息基础数据库,为防范金融风险,促进金融业发展提供相关信息服务。

金融信用信息基础数据库由专业运行机构建设、运行和维护。该运行机构不以营利为目的,由国务院征信业监督管理部门监督管理。

金融信用信息基础数据库(简称征信系统)由企业信用信息基础数据库和个人信用信息基础数据库组成。其中,企业信用信息基础数据库(简称企业征信系统)是由中国人民银行组织建立的全国统一的企业信用信息共享平台,其日常的运行管理由中国人民银行征信中心承担。该数据库采集、保存、整理企业信用信息,为商业银行、企业、相关政府部门提供信用报告查询服务,为货币政策、金融监管和其他法定用途提供有关信息服务。个人信用信息基础数据库(简称个人征信系统)是由中国人民银行组织各商业银行建立的个人信用信息共享平台。个人征信系统就是由一个专门的机构给每个人建立了一个"信用档案"(即个人信用报告),再提供给各家银行、数据主体本人、金融监管机构、司法部门以及其他政府机构使用。该数据库采集、整理、保存个人信用信息,为金融机构提供个人信用状况查询服务,为货币政策和金融监管提供有关信息服务。

目前,中国人民银行征信中心(http://www.pbccrc.org.cn)负责金融信用信息基础数据库的建设、运行和维护。

资料来源:中国人民银行网站

信用卡恶意透支的克星

新闻回放:最高人民法院、最高人民检察院于 2009 年 12 月 15 日联合发布了《关于妨害信用卡管理刑事案件具体应用法律若干问题的解释》(以下简称《解释》),并于 2009 年 12 月 16 日起施行。《解释》对信用卡"恶意透支"构成犯罪的条件做了明确的规定,并对"恶意透支"认定处罚的相关问题和对"以非法占有为目的"做了界定,以区别于善意透支的行为。

根据《解释》,持卡人以非法占有为目的,超过规定限额或者规定期限透支,并经发卡银行两次催收后超过 3 个月仍不归还的,应当认定为"恶意透支"。

资料来源:新华网

专栏点评:之所以会出现信用卡恶意透支现象是因为没有建立一套完善的消费信贷风

险防范系统。只有在全社会形成一套良好、完善的社会信用体系，消费信贷才不会只停留在纸上谈兵的阶段，才会成为刺激消费、扩大内需的一个重要的经济措施。显然，《解释》为信用卡消费信贷风险防范提供了法律保障。

2．企业信用

企业信用是企业在资本运营、资金筹集及商品生产流通中所进行的信用活动。它由商业信用和银行信用所组成。

（1）商业信用。

它是企业间在商品交易时，以赊销或预付货款的形式提供的信用。商业信用是在商品买卖双方相互了解、信任的条件下，由于买方资金不足无法及时支付，卖方允许买方在购买商品时以延期付款的方式支付货款的一种经济行为。双方的信用关系是直接信用，采用的信用工具形式主要是商业票据（如图6-2所示）。商业信用主要形式有赊销、分期付款、预付货款等。

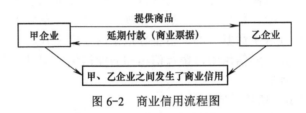

图6-2　商业信用流程图

商业信用有以下三个特点：①商业信用是以商品形式提供的信用，其对象是商品，所以它所贷出去的资本是处于产业资本循环过程中的最后一个阶段的商业资本。这种信用活动同时包含了两种不同性质的经济行为——买卖和借贷。这样一方面解决了买方企业资金不足的问题，另一方面也使卖方企业实现了商品的销售，所以相对于卖方来说，商业信用可以起到促销的目的。②商业信用的债权人和债务人都是企业。③商品生产和流通状况决定商业信用的兴衰。在经济繁荣时期，生产扩大，商品增加，商业信用的规模和数量也会相应增加；反之，商品减少，商业信用的规模和数量则会缩小。

商业信用的上述特点也同时决定了商业信用的局限性：首先，商业信用的数量、规模和期限都有一定的制约；其次，商业信用有较严格的方向性；最后，商业信用还受到其信用程度的制约，发生商业信用的范围只局限于有产品销售关系的企业之间，无法满足其他企业的信用需要。因此，商业信用不可能成为一国最基本的信用形式。

专栏6-6

信用缺失已经阻碍中国经济发展

在我国，大多数人把信用等同于银行信用。其实，对比银行信用而言，工商企业之间的商业信用更为基本，信用危机在此也表现得更为明显。

据有关部门提供的资料显示，在发达市场经济中，企业间的逾期应收账款发生额占贸易总额的0.25%～0.5%，而在我国，这一比率高达5%以上，且呈逐年增长势头。涉及信用的经济纠纷、债权债务案件以及各种诈骗案件大量增加。

专栏点评：由于企业间信用缺失，在一些全国性商品交易会上，很多国内企业宁愿放弃大量订单和客户，也不肯采取客户提出的信用结算方式，交易方式向现金交易、以货易货等更原始的方式退化发展。而在欧美国家中，企业间的信用支付方式已占到80%以上，纯粹的现金交易方式已越来越少。这表明信用危机已阻碍了我国经济活力的产生。

资料来源：市场导报

（2）银行信用。

银行信用也是一种企业信用，是以货币资本借贷为经营内容，以银行及其他金融机构为行为主体的信用活动。

银行信用是在商业信用基础上发展起来的一种间接信用。银行信用与企业商业信用相比，具有以下差异：①作为银行信用载体的货币，在它的来源和运用上没有方向限制，既可以流入，也可以流出。②由于金融交易的数量和规模一般都比较大，因此现代银行信用较之企业信用发展更快。银行信用产生以后，在规模、范围、期限上都大大超过企业的商业信用，成为现代市场经济中最基本的、占主导地位的信用形式。

还需要指出的是，在企业信用中，银行信用和商业信用之间具有非常密切的联系。二者之间的关系可做如下理解：

1）商业信用始终是一切信用制度的基础。

2）只有商业信用发展到一定阶段后才出现银行信用。银行信用正是在商业信用广泛发展的基础上产生与发展的。

3）银行信用的产生又反过来促使商业信用进一步发展与完善。

4）商业信用与银行信用各具特点，各有其独特的作用。二者之间是相互促进的关系，并不存在相互替代的问题。

3．政府信用

政府信用又称国家信用，是指一国政府作为债务人向社会举债、筹措资金的一种信用形式。政府信用的基本方式是发行政府债券，即政府向国内的企业、居民和团体发行公债券和国库券，向银行借债以及向国外发行债券或借款。

除了上述三种信用形式外，还有租赁信用、国际信用等信用形式。

6.3.3 信用工具

资金的供应者和资金的需求者要实现资金的融通往往要借助一定的工具，如股票、债券等，一些人会通过出售股票而筹集到他们所需要的资金，而另一些人则通过购买股票而达到他们投资的目的。显然，这些工具对于实现资金融通是非常重要的。

1．什么是信用工具

信用关系最初是以口头或挂账的形式确立的，后来才发展到了凭证形式，于是产生了信用工具。所谓信用工具，是以书面形式发行和流通，用来证明资金贷者与借者之间的权利、义务关系的合法书面证明。

2. 信用工具的特征

民间借条是信用工具吗

张平借了 5 000 元钱给一个朋友，当时让朋友写了一张欠条，如今朋友只还了部分借款，其余部分数次催要无果。为此，张平向律师咨询，律师说，如果借贷双方出现纠纷，债权人可以先和债务人协商，寻求解决。如果协商未果，债权人可以凭借条或欠条向当地法院起诉债务人，因为借条或欠条是双方债务关系的证明，具备法律效力。

专栏点评：借条是借入人向出借人借取钱物或进行其他民事行为时，向出借人出具的书面凭据。从法律上来说，具备法律效力。但它同股票、债券等信用工具却有本质上的区别，信用工具有其固有的特征。

信用工具的特征主要有：

（1）偿还性。各种信用工具（除了股票以外）在发行时一般都具有不同的偿还期。偿还期是指借款人从拿到借款开始，到借款全部偿还清为止所经历的时间。从长期来说，有 10 年、20 年、50 年，永久性债务是借款人同意以后无限期地支付利息，但始终不偿还本金，这是长期的一个极端。而银行活期存款的偿还期实际等于零。

（2）流动性。流动性即信用工具的可转让性或变现性，是指金融资产在转换成货币时，其价值不会蒙受损失的能力。除货币以外，各种金融资产都存在着不同程度的不完全流动性特征，即这些金融资产在没有到期之前要想转换成货币的话，或者需要打一定的折扣，或者需要花一定的交易费用。一般来讲，信用工具如果具备下述两个特点，就可能具有较高的流动性：①发行信用工具的债务人信誉高，在以往的债务偿还中能及时、全部履行其义务。②债务的期限短。这样它受市场利率的影响很小，转现时所遭受亏损的可能性就很少。显然上述的民间借条并不具备流动性的特点，所以它不是信用工具。

（3）安全性。安全性是指投资人顺利收回本金而不会遭受损失风险的保障度。具有风险性是各类信用工具的共同特征，但风险大小则与每种信用工具的设计有关。投资风险一般可分为三类：①信用风险，即债务人不履行债务的风险。这种风险的大小主要取决于债务人的信誉以及债务人的社会地位。②市场的风险，这是金融资产的市场价格随市场利率的上升而跌落的风险。当利率上升时，金融证券的市场价格就下跌；当利率下跌时，则金融证券的市场价格就上涨。证券的偿还期越长，则其价格受利率变动的影响越大。③流动风险，这是指企业在筹资过程中遇到困难从而不能履行与金融工具有关的承诺的风险，以及为偿付与金融工具有关的承付款项而在筹资时可能遇到困难的可能性。一般来讲，本金安全性与偿还期成反比，即偿还期越长，其风险越大，安全性越小。本金安全性与流动性成正比，与债务人的信誉也成正比。

专栏 6-8

读懂金融新闻

新闻回放：国内债券市场在经历了连续三年的大幅波动后，过去一直被奉为是"金边债券"的国债价格在强烈的升息预期下从 2004 年初起也大幅下跌，特别是以 020005 为代表的超长期和长期债券的跌幅更是远远超出了大家的想象——其净价几乎已经跌到面值的一半，其票面利率（2.9%）甚至远低于目前一年期央行票据 3.3% 的收益水平，各投资机构损失惨重。投资于债券市场的各类机构，特别是商业银行已清醒地认识到债券市场的大牛市已宣告结束，买到债券就能赚钱的时代已经一去不复返了，至此，包括各商业银行在内的所有专业性投资机构不得不重新审视债券市场的风险。

专栏点评：国债有"金边债券"之称，但这并不意味着所有由中央政府发行的债券就没有任何风险。极度通货膨胀的预期以及加息周期的来临都会加大国债投资的风险。

（4）收益性。收益性是指信用工具能定期或不定期地给持有人带来收益的特征。信用工具收益性的大小，是通过收益率来衡量的，其具体指标有名义收益率、实际收益率、平均收益率等。信用工具的收益包括两个方面：①固定收益，如债券持券人可按债券票面上注明的利率取得固定利息收益；②即期收益，如股票按市场价格卖出时，获得的差价收益。

各种信用工具的收益与风险呈正相关关系，高收益的金融工具往往风险也高，低收益的信用工具往往风险也低。货币市场信用工具期限短，如银行活期存款的偿还期几乎为零，因而风险小；而资本市场信用工具期限长，如股票的期限则无限长，所以风险大。政府以外的直接融资信用工具发行人，信用度不如银行等金融机构，因而信用风险相对大，而其收益也相对较高；反之，间接融资信用工具风险就小得多。信用工具表现出的风险与收益的对应关系，是由债权人或投资者的心理和行为决定的，在收益相同的情况下，债权人或投资者决不会选择高风险的信用工具。为了追求较大的收益，投资者必然要承受更高的风险。银行存款、国债、股票风险对比表见表 6-1。

表 6-1　银行存款、国债、股票风险对比表

	银行存款	国债	股票
收益率①（一年期）	1.50%	2.78%②	不定
风险分析	收益率极低，风险低，面临通货膨胀、货币贬值等风险	利率较银行存款利率稍高，风险较小	风险极高，收益不稳定

① 收益率为 2017 年的资料。
② 为 2017 年记账式附息（三期）国债。

3. 信用工具的种类

信用工具按其流动性来划分，可分为两大类：①具有完全流动性的金融工具。这是指现代信用货币。现代信用货币有两种形式：纸币和银行活期存款，可看作是银行的负债，已经在公众之中取得普遍接受的资格，转让是不会发生任何麻烦的。②具有有限流动性的信用工具。这些信用工具也具备流通、转让、被人接受的特性，但附有一定的条件，包括存款凭证、商业票据、股票、债券等。本章仅介绍具有有限流动性特征的信用工具。

(1) 票据。它是指具有一定格式，载有一定金额、一定日期，到期由付款人对持票人或指定人无条件支付一定款项的书面债务凭证。在货币或商品的让渡中，票据是反映债权债务的发生、转移和偿付而使用的一种信用工具。在一定的范围内，票据可以代替现金起到流通手段和支付手段的作用，也可以作为一种信贷工具进行融资。它简化了借贷手续和追偿手续，方便了债权的自由转让。

票据有汇票、本票、支票三大类。这些票据按记载收款人方式的不同，可分为记名票据和不记名票据。前者在票面上记载收款人的姓名，可由收款人以背书方式转让，付款人只需向收款人或指定的人付款；后者则在票面上不记载收款人的姓名，可不经背书而直接以交付票据为转让，付款人也可以对任何执票人付款。票据按付款时间的不同则可分为即期票据和远期票据（支票除外）。前者见票后即须付款，后者则在到期日付款，具体又可分为定期付款票据和见票后定期付款票据。票据的主要行为有出票、背书、承兑、保证、贴现等。

1）汇票，是出票人向受票人签发的，由付款人按约定的付款期限对指定的收款人无条件支付一定金额的票据。汇票是一种常用的信用工具。汇票上必须有表明其为汇票的文字：一定的货币金额，出票人、收款人、付款人名称，支付期限，支付地点，出票日期，出票人签名。出票人自己可以为收款人，也可以为付款人。汇票在出票人开出时并不具有法律效力，经付款人或其委托银行签字或盖章后（承兑），才能作为有效的有价证券。

根据签发人的不同，汇票可分为银行汇票和商业汇票。银行汇票是由银行签发，交由汇款人寄给收款人，凭以向指定银行兑取款项的汇款凭证；商业汇票是收款人对付款人签发的，要求付款人于一定时间内无条件地支付一定金额给收款人的一种商业票据。

按承兑人不同，商业汇票可分为银行承兑汇票和商业承兑汇票。商业承兑汇票可以由付款人签发并承兑，也可以由收款人签发交由付款人承兑。商业汇票的付款人为承兑人。银行承兑汇票是由出票人签发并由其开户银行承兑的票据，每张票面金额最高为1 000万元（含）。银行承兑汇票按票面金额向承兑申请人收取手续费，不足10元的按10元计。承兑期限最长不超过6个月。承兑申请人在银行承兑汇票到期未付款的，按规定计收逾期罚息。

商业汇票的持票人需要资金的，可持未到期的商业汇票连同贴现凭证向银行申请贴现。贴现期限最长不超过6个月，贴现率按中国人民银行的规定执行，单张汇票金额不超过1 000万元人民币。贴现银行也可持未到期的商业汇票向其他银行转贴现，也可向中国人民银行申请再贴现。贴现、转贴现和再贴现的期限从其贴现之日起至汇票到期日止。实付贴现金额按票面金额扣除贴现日至汇票到期前一日的利息计算。

2）本票，由债务人签发并承诺在见票时或指定日期无条件支付一定金额给收款人或持票人的票据。本票有出票人和收款人两个当事人，出票人就是付款人。一份完备的本票应有如下内容：①票面上注有"本票"字样；②分别签明出票和付款的日期和地点；③有一定票面额；④写明收款人或指定代收人的姓名；⑤付款者无条件到期承付的签字。本票可分为商业本票和银行本票两种。商业本票由企业或个人签发，有远期和即期之分。银行本票是由银行签发的票据，一般是即期的，由申请人将一定金额的资金交存银行，由银行签发并交其凭以作为支付工具，由银行保证付款，可以见票即付或代替现金使用。

3）支票，由活期存款人签发的、委托其开户银行在见票时无条件支付一定金额给收款人或持票人的票据。支票是一种支付证券，有出票人、收款人和付款人三个当事人。支票的付款人只限于银行，其余任何单位都不得发行支票。支票的主要内容有：①付款单位和收款单位的名称、账号和开户行；②款项金额；③款项用途；④签发日期和转账日期；⑤付款单位签章等。

支票按是否支付现金可分为现金支票和转账支票。现金支票可用来向银行提取现金；转账支票则只能通过银行进行划拨转账，不能提取现金。支票按是否记载收款人可分为记名支票（或称抬头支票）和不记名支票（或称来人支票），前者记明收款人名称，后者则没有。支票按支付期限可分为即期支票和定期支票。前者银行见票立即付款；后者写有付款日期，银行在支票到期时才予以付款。另外，还有保付支票，即经持票人或出票人的请求，由付款银行在支票上记载"保付"字样，并加盖签章的支票，这种支票由银行保证支付，不得退票。还有银行或旅行社签发的专门为到国内外旅行游览者支取款项的旅行支票，使用这种支票比随身携带现金安全方便，可在指定城市的银行兑取现金。

支票是以存款人在银行有足够的存款或透支额度为基础的支票经过背书，可以流通转让，具有通货作用。出票人的存款或透支额度不足时，付款银行可以退票，拒绝付款。签发的支票金额超过银行存款账户余额的空头支票，是套取银行信用、破坏金融秩序的一种违法行为，应该严格取缔，并对当事人处以罚款甚至追究刑事责任。持票人对拒绝付款的支票，可以依法进行追索。

延伸阅读

签发"空头支票"是否构成诈骗犯罪

我国《票据法》《票据管理实施办法》等将签发空头支票列为禁止行为，但签发了空头支票并取得了财物却不一定构成票据诈骗罪。《票据诈骗法》条例中未规定"以非法占有为目的"，但规定了"进行诈骗活动""骗取财物的"。要骗取财物，行为人主观上必须是故意的，如果签发了空头支票并取得了数额较大的他人财物，但没有"骗取财物"主观意图，不应认为是票据诈骗。

签发空头支票在实际操作中有几种情形：

1）签发的支票付款时账户中没有存款余额。

2）签发的支票在付款时账户中存款余额不足。

3）在支票签发时账户中存款余额足以支付支票款项，但在付款时，账户中存款余额却不足或没有存款余额。

造成误签"空头支票"的情形有：

1）签发的支票当时因账户中存款不足，出票人与收款人双方约定到某日后将支票解付。

2）有的企业内部转账制度管理不严，将已签章的空白支票交由供销人员签发，因不知账户内确切存款余额而多头签发，造成空头支票。

3）有的是因为银行在办理结算、转账、汇款等业务时出现"压单""压票"，使本应进账的款项被例外拖延，而导致在支票付款时账户内款额不足等。

如果基于上述原因而形成的空头支票，即使取得数额较大财物，一般也不宜以票据诈骗定罪。

（2）股票。它是股份公司发给股东以证明其所购入的股份，并有权取得权益的书面证书。股票作为股东向公司入股，获取收益的所有者凭证，持有它就拥有公司的一份资本所有权，成为公司的所有者之一。股东不仅有权按公司章程从公司领取股息和分享公司的经营红利，还有权出席股东大会，选举董事，参与企业经营管理的决策。因此，股东的投资意愿通过其行使股东参与权而得到实现。同时，股东也要承担相应的责任和风险。

股票是一种永不偿还的有价证券，股份公司不会对股票的持有者偿还本金。一旦购入股票，就无权向股份公司要求退股，股东的资金只能通过股票的转让来收回，将股票所代表的股东身份及其各种权益让渡给受让者，而其股价在转让时受到公司收益、公司前景、市场供求关系、经济形势等多种因素的影响。所以说投资股票是有一定风险的。

在股票市场中，发行股票的公司根据不同投资者的投资需求，发行不同的股票。按照不同的标准，股票可分好几类。我们通常所说的股票是指在上海、深圳的证券交易所挂牌交易的A股，这些A股也可称为流通股、社会公众股、普通股。除此之外，目前我国的股票还有B股、H股和N股。B股股票是人民币特种股票，以人民币标明面值，以外币认购和买卖，在境内（上海、深圳）证券交易所上市交易。H股和N股是我国的股份有限公司在境外发行并上市的股票，其中，在我国香港证券交易所流通的叫H股，在美国证券交易系统流通的叫N股。

（3）债券。它是债务人向债权人出具的，在一定时期支付利息和到期归还本金的债务凭证。债券有四个特点：①发行人是借入资金的经济主体；②投资者是出借资金的经济主体；③发行人需要在一定时期还本付息；④反映了发行者和投资者之间的债权债务关系，而且是这一关系的法律凭证。

现代意义上的中国债券市场从1981年国家恢复发行国债开始起步，经过30年左右的发展，我国债券市场的整体框架初步形成。目前我国债券市场上的主要品种有：

1）国债，是财政部为筹措资金而发行的债券。国债是目前债券市场上流动性最佳、风险最低的债券。

2）金融债券，是由银行和非银行金融机构发行的债券。目前，我国的金融债券主要是由国家开发银行、进出口银行等政策性银行发行的政策性金融债券。

3）企业债券，是企业依照法定程序发行，约定在一定期限内还本付息的债券。我国债券市场上的企业债券可分为普通企业债券和可转换（公司）债券两类。其中，可转换债券是指在一定条件下能够转换成公司股票的企业债券，一般为上市公司所发行。目前，普通企业债券均在中央国债登记结算公司发行登记，发行后可申请到证券交易所上市交易；可转换债券在证券交易所发行并上市。

另外，债券按付息方式不同可划分为零息债券和附息债券；按利率确定方式不同可划分为固定利率债券和浮动利率债券；按偿还期限不同可划分为短期债券、中期债券和长期债券等。

（4）股票与债券的区别。股票与债券是金融市场上最主要的两种投资工具，对于投资者而言，股票、债券的区别在于以下几个方面：

1）权利关系不同。股票是所有权凭证，股票所有者是发行股票的公司的股东；债券是债权凭证，债券持有者与发行债券的公司之间是债权债务关系。

2）风险程度不同。一般情况下，债券本金得到保证，收益相对固定，风险相对较小；而股票价格受市场和企业状况变化的影响较大，风险相对较大。

3）收益情况不同。债券有规定的利率，可获固定的利息，收益相对固定；股票的红利不固定，一般视公司经营情况而定，其收益是不确定的。

4）影响价格变动的因素不同。在政治、经济环境不变的情况下，影响债券价格的主要因素是利率；股票的价格则受供求关系的影响巨大。

5）投资回收方式不同。债券投资是有一定期限的，投资者到期收回本金；股票投资是无限期的，除非公司破产、进入清算，投资者不得从公司收回投资，如要收回，只能在证券交易市场上按市场价格变现。

延伸阅读

金融工具的创新

1．个人支票账户

凡有正常收入的居民、个体工商户，均可凭身份证到银行开立个人支票储蓄专户，开户起存金额为人民币 1 000 元，个人签发支票的金额起点为 100 元；个人支票除参与经济往来结算外，还可用于购物消费，支付劳务费、公用事业费、医疗费等；现金支票只限在开户储蓄所提取现金，此外个人支票户还可享受专线电话查询账户资金余额等服务。据悉，目前全国的各家商业银行已全部具有使用个人支票的业务。

2．银行电子汇兑

目前，中国工商银行、中国农业银行、中国银行、中国建设银行，都拥有先进的电子汇兑系统，无论居民个人在银行有无开立账户，若需以最快的速度汇款到外地单位或个人，均可到银行办理电子汇兑划付，一笔资金可在 24 小时内抵达对方的账户，每笔汇款仅收取 1% 的汇费，最高汇费限额为 50 元。适遇节假日，银行将设立汇款专门窗口，可免去汇款者排队之苦。

3．信用卡汇款

信用卡汇款是利用银行信用卡通存通兑特性，实行远距离资金划拨的一种汇款方式。银行向汇款者收取的费用一般为每笔资金的 1%。目前在全国各大中城市联网的信用卡如牡丹卡、龙卡、金穗卡、长城卡等都有这些功能。

6.4 利息和利息率

数据显示，我国的 CPI（消费者价格指数）在 2010 年 11 月份达到 5.1%。如果以此来对照同期的存款利率，按一年期存款利率 2.50% 计算，实际利率为 -2.60%。它意味着你将 10 万元存进银行，一年后它的实际价值变成了 97 400 元，2 600 元就白白地"蒸发"了。在这样的条件下，老百姓纷纷调整了自己的理财思路，开放式基金、信托产品、房地产投资、汇市、股市、黄金、债券等各种投资工具都成为可选投资工具。

6.4.1 利息和利率的定义

1．利息

利息即借贷资金的买卖价格，是资金所有者因贷出货币的使用权而从借款人处取得的一种报酬，或者说是借款人到期支付给贷款人的超过其使用资金的代价。利息是信用活的产物，它来源于劳动者所创造出的剩余价值的一部分。

2．利率

利率也称为利息率，是一定时期内利息与本金的比率，一般分为年利率、月利率、日利率三种。年利率以百分比表示，月利率以千分比表示，日利率以万分比表示。日利率习惯上叫"拆息"，是以日为时间单位计息，它一般按本金的万分之几来表示。如果本金为存款，则利率为存款利率；如果本金为贷款，则利率为贷款利率。

利率的换算。目前我国民间储蓄存款多用月利率表示。为了计息方便，三种利率之间可以换算，其换算公式为

$$年利率 \div 12 = 月利率$$
$$月利率 \div 30 = 日利率$$
$$年利率 \div 360 = 日利率$$

6.4.2 利率的种类

1．单利和复利

单利和复利是计算利息的两种方法。单利是指在计算利息时，不论借贷期限长短，仅以本金计算利息，所生利息不再加入本金重复计算利息。其计算公式为

$$I = P \times i \times n$$
$$S = P + I = P(1 + i \times n)$$

式中，P 表示本金，I 表示利息额，i 表示利率，n 表示借贷期限，S 表示本利和。

复利是相对单利而言的，它是计算利息时，按一定的借贷期限（如1年），将所生利息转为本金一并计息的方法。复利的计算公式为

$$S = P \times (1+i)^n$$
$$I = S - P$$

一般而言，单利计算更多地应用于短期信用，复利计算更多地适用于长期信用。

延伸阅读

储蓄存款利息计算小知识

（1）计息起点。储蓄存款利息计算时，本金以"元"为起息点，元以下的角、分不计息，利息的金额算至分位，分位以下四舍五入。分段计息算至厘位，合计利息后分以下四舍五入。

（2）不计复息。各种储蓄存款除活期（存折）年度结息可将利息转入本金生息外，其他各种储蓄不论存期如何，一律于支取时利随本清，不计复息。

（3）存期计算规定。

1）算头不算尾。计算利息时，存款天数一律算头不算尾，即从存入日起算至取款前一天止。

2）不论闰年、平年，不分月大、月小，全年按360天，每月均按30天计算。

3）对年、对月、对日计算。各种定期存款的到期日均以对年、对月、对日为准。即自存入日至次年同一月同一日为对年，存入日至下月同一日为对月。

4）定期储蓄到期日，如遇例假不办公，可以提前一日支取，视同到期计算利息，手续同提前支取办理。

2．名义利率和实际利率

名义利率是以名义货币表示的利息率，也就是借贷契约和有价证券上规定的利率，它不考虑通货膨胀因素对货币币值本身的影响。而实际利率是指物价不变，从而货币购买力不变条件下的利率，它是剔除了通货膨胀因素以后的真实利率。理论上讲，实际利率＝名义利率－通货膨胀率。

实际利率等于名义利率，这种情况在现实生活中很少出现，因为物价总在变动。当物价上涨率高于名义利率时，实际利率就成为负数，通常称为"负利率"，负利率不利于储蓄和投资，从而对经济有消极影响。

3．固定利率和浮动利率

按在借贷期内利率是否可调整，利率可分为固定利率和浮动利率两大类。固定利率是指在借贷期内，利率不随借贷货币资金的供求状况而波动，即不做调整的利率。它具有简便易行、易于计算等优点。在借款期限较短或市场利率变化不大的情况下，可采用固定利率。浮动利率是指利率在借贷期内随市场利率的变化而定期调整的利率。调整期限和调整基准等由借贷双方协定。实行浮动利率，手续繁杂，不可避免地增加计算利息成本，但它能使借贷双方承担的风险损失降到较低水平。

4．市场利率和公定利率

市场利率是指在货币借贷市场上由借贷双方通过竞争而形成的利率。市场利率随借贷资金供求关系的变化而变化。公定利率是指一国政府通过金融管理部门或中央银行确定的利率。它反映了非市场力量对利率的干预：①公定利率的变化代表了政府货币政策的意向，市场利率随公定利率的变化而变化；②市场利率反映了借贷资金的供求状况，是国家制定公定利率的重要依据。

此外，利率还可分为长期利率和短期利率、一般利率和优惠利率等。

 **延伸阅读**

利率市场化

2010年12月17日，时任央行行长周小川在《财经》年会上表示，下一步将根据"十二五"规划的要求，有规划、有步骤、坚定不移地推动利率市场化。

利率市场化是指利率由市场供求来决定。换言之，将利率的决策权交给金融机构，由金融机构根据资金状况和对金融市场动向的判断来自主调节利率水平，形成以央行基准利率为基础，以货币市场利率为中介，由市场供求决定金融机构存贷款利率的市场利率体系和利率形成机制。

利率市场化将打破国内商业银行的"大锅饭"，进入优胜劣汰的时代，考验商业银行的效率、管理、创新、服务等方面。利率市场化将使银行业的竞争更充分，不同风险管理、产品服务的银行，给客户提供的利率不同，由此创造的利润也不同。在此背景下，国内银行现有的盈利模式被打破，银行业绩不再简单地"靠天吃饭"。在同样的宏观经济背景下，银行之间的盈利水平将逐渐拉开差距。对银行股投资者来说，判断一个上市银行盈利能力的强弱，其评价因素将比现在复杂，有的银行没准会让现在的股东"大跌眼镜"。

资料来源：中国经济时报

6.4.3 决定和影响利率变化的因素

1．平均利润率

利率与平均利润率有着密切联系。在其他条件不变的情况下，平均利润率高，则银行就要按较高的利率收取或支付利息。因为即使支付较高利息，生产和经营仍能获得较多的利润，借款者仍然多。相反，平均利润率下降时，利率也会相应地下降。

2．货币资金的供求关系

利率的高低主要是由借贷双方在货币市场上相互竞争所决定的。在其他条件一定的情况下，借贷资本的供给大于需求，利率下跌；借贷资本的需求大于供给，利率则上升。

3．国家经济政策的影响

在现代市场经济条件下，利率不再完全随着借贷资本供求状况的变化而自由波动，它还要受到国家经济政策的调节和控制，而成为一种重要的货币政策工具。中央银行利用手中所掌握的货币政策工具，通过变动再贴现率调节信用规模和货币供给，或直接干预各种存贷利率，这些都会对利率水平产生影响。例如，我国根据国内外经济形势的变化，为了扩大国内需求，刺激生产和消费，采取了积极的财政政策和货币政策，从1996年5月～2002年2月止，连续8次降低银行的存、贷款利率，同时连续2次降低银行准备金率，从而使公定利率降低到一个较低的水平。

4．国际利率水平

国际利率水平对本国利率的影响，是通过货币资金在国际间的流动而实现的。国内利率水平与国际利率水平的状况，会直接影响资金在国际间的流动。当国内利率水平高于国际利率水平时，外国货币资金就会向国内流动，如果要限制外国货币资金大量流入，就要降低国内利率；反之，当国内利率水平低于国际利率水平时，国内资金就会外流，如果要限制国内资金的流出，则要提高国内利率。由此可见，国际利率水平对国内利率水平的确定或变化也有重要影响。

总之，影响利率变化的因素是多种多样的，除了上述主要因素之外，还有历史传统、物价水平、经济周期等因素，它们都会对利率的变动产生不同程度的影响。

6.4.4 利率的作用

利率是重要的经济杠杆，利率的变化能调节和影响经济的发展。

1．利率对投资的作用

利率影响现期的投资活动。利率的变动会影响证券投资活动。证券的市场价格与市场利率成反比,如果利率上升,则证券价格下跌;如果利率下跌,则证券价格上涨。利率与证券价格的这种关系,使得人们在所持有的金融资产的安排上可以在货币与证券之间进行选择,以期获利。如果预期利率将下跌(即证券价格将上涨)则人们愿意现在少存货币和多买证券,以便将来证券价格上涨时卖出证券获利;反之,预期利率的上升使得人们愿意多存货币和少存证券,即把手里的证券卖出,转换为货币,以避免将来证券价格下跌时遭受损失。

利率的变动还通过调节储蓄而影响未来的投资规模。从宏观角度来看,利率对投资者行为的影响表现为对投资规模、投资结构等方面的影响上。一方面,在投资收益不变的条件下,利率上升意味着投资成本增加,必然使那些投资收益较低的投资者退出投资领域,从而使投资需求减少。而利率下跌则意味着投资成本下降,从而刺激投资,使社会总投资增加。另一方面,利率的行业结构会影响国民经济各部门、各行业以及社会生产各个方面的投资比例关系,而利率的期限结构则会影响投资的期限结构。如果长期利率过高,则会抑制期限较长的投资,相对增加人们对短期投资的需求;相反,如果短期利率过高,长期利率相对较低,则会刺激长期投资,使一部分投资需求由短期转为长期。

2. 利率对经济的作用

银行的存款利率使银行能集中暂时闲置的各种货币资金,将它们转化为可贷资金,从而能够对资源起配置作用。如果贷款利率高,使用贷款资金的成本就大,那些利润较低、效益差的企业就会减少投资,从而减少贷款,这就会使资金资源流向效益好、利润高的企业;相反,如果贷款利率低,效益差的企业也可获得投资所需的贷款,这就会浪费有限的资源。同时,国家通过采用差别利率、利率优惠与惩罚制度,可以用较低的优惠利率支持重要行业、企业和短线产品的生产,也可以以较高的利率和加收利息的办法抑制对一些行业、企业和长线产品的投资。这样能够调节产业结构、企业结构和产品结构。如果在地区间、行业间、企业间实行差别利率,还能促使资金在地区、行业、企业间的转移。

总的来说,利率变动主要是通过贷款人和借款人对利率变动的反应来影响投资的,但利率作用的发挥又往往受到各种因素的限制,尤其受制于社会平均利润率的变动与社会资本状况。利率的作用还取决于金融市场的完善程度。金融市场越是发达,利率作为价格信号就越能反映市场资本供求,同时作为调节经济的杠杆,利率的变动就越容易通过金融市场作用于整个经济。

由此可见,利率调节作用的实际效果决定于一国经济发展的实际状况。经济高涨时,尽管利率上升也很难抑制投资增加;当经济萎缩时,尽管当局压低利率,也刺激不了投资的增加。再者,一国经济越发达,利率的作用就越明显;反之,在越不发达的国家中,利率被扭曲得越严重,对经济也就失去了调节作用。

延伸阅读

国外是如何建立诚信的

世界上的信用制度已建立 150 年左右,有两种方式:①欧洲式,即央行和政府出面,深度介入,资信评估机构实际上成为政府的附属;②美国式,完全交付市场化的公司去做,具体地说,就是设立信用记录公司,对金融市场参加者的信用状况进行调查登记,将记录资料输入计算机数据库,数据库一直连续跟踪客户的信用变化情况。当金融机构需要调查某一客户的信用时就要向信用记录公司购买该客户的信用记录资料，信用记录公司提供有偿的信用服务。

信用档案是个人的第二身份证。西方已经普遍建立个人信用制度，个人可以通过信用方式获得支付能力而进行消费、投资和经营。个人信用可以通过一系列有效的数据、事实和行为来标明，良好的个人信用档案可以视作个人的第二身份证。人可以自由流动，每个人都有一个终生的社会安全号，通过这个无法伪造的号码，每个人拥有一份资信公司做出的信用报告，任何银行、公司或业务对象都可以付费查询这份报告。在美国，这样的信用档案十分严密。有过不良的民事记录，甚至刑事记录的，如诈骗、空头支票、欠款不还、破产等，在你要贷款、上保险和求职时，都比清白人麻烦得多，要多掏利息或保险费。例如，你开的汽车由于你的原因出了事故，以后保险公司就要提高你的保险费率。因此，美国人民非常重视培养自己的信用。在这样的社会中，不是人们不想要滑头，而是制度约束人必须诚实。

再来看看犹太人的契约精神。犹太人是世界上最商业化的民族。在美国，有句流行语："美国人的钱装在犹太人的口袋里。"犹太商人之所以富甲天下，与他们的契约精神不无关系。在经济活动中，犹太人特别重视契约在经济交往中的重要性，强调时间准确的意义。犹太人做生意时，签订契约之前一定要对交易的每一个环节都做详细的讨论，在签约时更是谨慎。他们会推敲合同的每一个条款，甚至对各条款中的每一个概念都详加考虑，力求字斟句酌，一旦签约，不管发生什么困难也要履行契约，绝不毁约。犹太人的时间观念特别强，犹太人拜客一定要事先预约，准时到达，同时恪守约会时间，绝不拖延。他们也用同样的态度对待来客，来访的客人必须有预约，对于超过约定时间的客人往往会不客气地打发走。

资料来源：中华财会网

6.5 细分金融机构体系

专栏6-9

银行会倒闭吗

银行会倒闭吗？答案是肯定的：会。

1995年，新加坡巴林公司期货失利，巴林银行遭受高达14亿美元的巨额损失，最终无力继续经营而宣布破产。巴林银行集团曾有200多年历史，素以发展稳健、信誉良好而闻名遐迩，其客户多为显贵阶层，英国女王伊丽莎白二世也曾经是其客户。但一次投资失误，导致这个曾是英国历史最久、名声显赫的老牌商业银行破产。

1998年，因严重资不抵债并爆发系统性支付危机，成立不到3年的中国海南发展银行被迫关闭，成为中国金融史上第一家，也是唯一一家被行政机关关闭的银行机构。

2002年，创建于1828年的德国施密特银行宣告破产，34亿欧元家财付诸东流。

2008年雷曼兄弟的倒闭引发了美国中小银行倒闭潮，截至2010年5月底，全美倒闭银行数增至81家。国际金融体系为之一片混乱，全球经济复苏遥遥无期。

专栏点评：从全球范围来统计，每天都有成千上万的新企业成立，每天也会有成千上万家企业倒闭，为什么银行的倒闭会引起如此大的震动？为什么各国政府会如此重视银行业的监管？因为，作为资金融通的主要机构，商业银行是以货币作为经营对象的特殊企业。

6.5.1 金融机构及金融机构体系

任何一个经济社会中,金融机构体系都发挥着多方面的重要作用。一个健全、有效的金融机构体系能够促进经济长期增长,并保证宏观经济的稳定;相反,一个残缺而低效率的金融机构体系将会对经济的增长和稳定产生负面影响,更为严重的是,金融机构体系的崩溃将导致整个经济的衰退乃至崩溃。1929年的全球经济大萧条、1997年的亚洲金融危机,以及2008年由美国次贷危机引发的国际金融危机带来的全球经济的低迷与萧条就是明证。接下来我们将集中讨论金融机构体系的一般构成、业务分工及我国目前金融机构体系的构成、业务分工等问题。

1. 金融机构概述

金融机构是指经营货币、信用业务,从事各种金融活动的组织机构。它为社会经济发展和再生产的顺利进行提供金融服务,是国民经济体系的重要组成部分。

金融机构是因经济主体之间资金融通的需要而产生的。一个国家由许多经济单位组成,每一个单位日常都会发生收支,有的单位收入大于支出,则是盈余单位,有的单位支出大于收入,则为赤字单位。盈余单位要千方百计地把多余资金应用出去,而赤字单位也要千方百计地找到资金来源,这样就会产生资金从盈余单位到赤字单位的流动。而在实际生产经营过程中,由于资金供求双方对供求时间、数量的不一致性,或者贷方对借方资信状况不了解等因素,各经济主体之间要形成借贷关系很难。而由金融机构作为信用中介,就可以解决这些问题。

首先,金融机构可以通过自身的信用行为将分散、小额的货币资金汇聚成一个巨大的资金量,积少成多,以满足各种不同量的资金需求;其次,金融机构可以将资金期限续短为长,满足不同期限的借款需求。同时,金融机构的产生还可以降低融资成本和提高资金运用的安全性。由于金融机构是一个高度社会化的服务机构,拥有广泛的信息来源、遍布各地的分支机构、金融业务种类齐全、经营规模大等特点,使银行的单位筹资成本比其他企业和部门更低。从安全的角度讲,金融机构稳定性强、信誉良好、资金雄厚、分散投资等优势可以减少或控制风险,满足人们追求资金流动性的要求。因此,对于借贷双方来说,他们自己做不到或需要付出较高代价才能做到的事,通过金融机构却很容易完成。

2. 金融机构体系概述

金融机构体系是指金融机构的组成及其相互联系的统一整体。在市场经济条件下,各国金融机构体系大多数是以中央银行为核心来进行组织管理的,因而形成了以中央银行为核心、商业银行为主体、各类银行和非银行金融机构并存的金融机构体系。

金融机构种类很多,目前世界各国通常将它分为银行与非银行金融机构两大类。其中,银行在整个金融机构体系中处于非常重要的地位。银行类金融机构主要有中央银行、商业银行和专业银行三大类。其中,中央银行是金融机构体系的核心,商业银行是金融机构体系的主体。非银行金融机构的构成十分庞杂,主要包括保险公司、信托公司、证券公司、租赁公司、财务公司、退休养老基金、投资基金等。此外,随着经济全球化、金融全球化的不断发展,各国还普遍存在着许多外资和合资金融机构。

3. 我国的金融机构体系

(1)我国金融机构体系的演变。

我国的金融机构体系大致经历了以下两个发展阶段:

第一阶段：1979年以前，我国建立的是"大一统"模式的金融机构体系，中国人民银行实际上是当时我国唯一的银行，其分支机构按行政区划逐级普遍设立于全国各地，各级分支机构按总行统一的计划办事。它既执行中央银行的职能，管理全国的金融事务，又作为具体办理信贷业务的专业银行，执行专业银行的职能，其业务活动的开展服从于实现国家统一的计划任务与目标。

第二阶段：1979年以来我国金融体系的变革与发展。金融是现代经济的核心。改革开放以来，随着经济体制改革的不断推进，在金融领域也进行了一系列的改革，从而使我国的金融机构体系出现了一系列深刻的变化。

我国的经济改革是从农村开始的，与此相配套，金融改革也从农村开始。1979年2月，我国恢复了中国农业银行，中国人民银行的农村金融业务全部移交中国农业银行。1979年3月，恢复了中国银行，将外汇业务从中国人民银行分离出来，专门由中国银行经营。1979年8月，恢复了中国人民建设银行（1998年已更名为中国建设银行）。之所以称为"恢复"，是因为这些银行在20世纪50年代都曾经成立过，但不久就取消了。至此，我国的金融机构体系已形成了四大银行并存的局面，即中国人民银行，主要办理城市工商企业存贷结算业务；中国农业银行，主要面向农村办理存贷结算业务；中国银行，主要办理外汇存贷结算业务；中国人民建设银行，主要办理基本建设存贷结算业务。四大银行各有分工，不能跨范围、交叉经营，其中中国人民银行既是中央银行，又是办理具体业务的专业银行（在当时叫专业银行，不叫商业银行），一身兼二任。这种模式既不利于其他银行开展业务，也不利于金融宏观调控。因此，为了更好地管理国内金融业，也为了加强金融业的国际交往，1983年9月，国务院做出了关于中国人民银行专门行使中央银行职能的决定，规定中国人民银行不再办理工商信贷和储蓄业务，集中精力专门管理全国的金融事业。同时，新成立中国工商银行，将原来由中国人民银行办理的业务转由中国工商银行承办。于是，1984年1月，中国工商银行正式成立。至此，一个以中国人民银行为领导，中国工商银行、中国银行、中国农业银行、中国人民建设银行四大国有专业银行为主体的银行体系正式形成。

1984年开始，围绕中央银行建立宏观金融调控体系、四大专业银行开展专业银行企业化活动以及开拓和完善金融市场等内容，我国金融业进行了一系列改革。1987年成立了交通银行，这是我国按商业银行要求建立的第一家商业银行，以后又陆续建立了10多家商业银行。20世纪90年代初，为了有效地推进四大国有专业银行的商业化改革，相继建立了多家政策性银行，办理原来由四大专业银行办理的政策性业务。

与此同时，改革开放以来，我国非银行金融机构也得到了迅猛发展。1979年10月成立了中国国际信托投资公司，1980年中国人民保险公司恢复国内保险业务，1981年12月成立了专司世界银行等国际金融机构转贷款的中国投资银行。另外，以农村信用社为代表的合作金融机构也获得了恢复和发展。农村信用社改革开放之前就有，改革开放后有了大幅度的发展。1997年以前农村信用社由中国农业银行管理，之后，农村信用社从中国农业银行独立出来，1979年河南驻马店市成立了我国第一家城市信用社，1984年后，全国各大中城市均相继成立了城市信用社，1995年开始，部分城市的信用社合并改组为城市合作银行，1998年后又纷纷改建为城市商业银行。

从1984年起，我国形成了中央银行、专业银行的二元银行体制。中国人民银行履行对银行业、证券业、保险业、信托业的综合监管。20世纪90年代以来，为了进一步开拓和完善金融市场，1990年12月和1991年7月上海和深圳的两个证券交易所相继建立，之后，经营证券业的证券机构和基金组织不断增加。1992年8月，国务院决定成立证券委员会和中国证券监督管理委员会（即证监会），将证券业的监管职能从中国人民银行分离出来。1998年，国务院决定成立保险监督管理委员会（即保监会），将保险业的监管职能从中国人民银行中分离出来。2003年，十届人大一次会议决定，成立银行监督管理委员会（即银监会），建立了银监会、证监会和保监会分工明确、互相协调的金融分工监管体制。同时，自1979年第一家海外银行在北京开设办事机构以来，境外金融机构数量也不断增加，设置的地点从特区向沿海大中城市和内地大中城市扩散，1996年我国开始向外资银行有限地开放人民币业务。在引进外资金融机构的同时，我国金融机构在境外设立的分支机构也不断增加。

（2）我国现行的金融机构体系。

经过多年的改革和发展，我国目前已基本形成了以中央银行为核心，以商业银行和政策性银行为主体，多种金融机构并存，分工协作的金融体系。我国现行的金融机构体系图如图6-3所示。

具体根据金融机构的性质和功能的不同，我国的金融机构分为两大类：

1）代表国家对金融业实施监督管理的金融监管机构，包括：中国人民银行（中央银行）、中国银行保险监督管理委员会、中国证券监督管理委员会。我国金融业实行分别由银保监会、证监会监管银行、保险、证券的金融监管制度。2018年4月8日，中国银行保险监督管理委员会在京揭牌，标志着新组建的中国银行保险监督管理委员会正式挂牌运行，银保监会的主要职责是依照法律法规统一监督、管理银行业和保险业，维护银行业和保险业合法、稳健运行，防范和化解金融风险，保护金融消费者合法权益，维护金融稳定。

2）经营性金融机构：

① 银行金融机构包括：大型商业银行、股份制商业银行、城市商业银行、农村商业银行等商业银行，国家开发银行、中国进出口银行以及中国农业发展银行等政策性专业银行，外资银行分行、外国银行代表处以及中外合资银行等外资银行。

② 非银行金融机构包括：保险公司、证券公司、信托投资公司、资产管理公司、财务公司、金融租赁公司、农村及城市信用合作社、投资基金、汽车金融公司、货币经纪公司、消费金融公司等。

截至2017年年末，我国银行业金融机构法人共4 549家，即银监会批准持牌经营的总行级机构有4 549家。其中，开发性金融机构1家、政策性银行2家、国有大型商业银行5家、邮储银行1家、股份制商业银行12家、金融资产管理公司4家、城市商业银行134家、住房储蓄银行1家、民营银行17家、农村商业银行1 262家、农村合作银行33家、农村信用社965家、村镇银行1 562家、贷款公司13家、农村资金互助社48家、外资法人银行39家、信托公司68家、金融租赁公司69家、企业集团财务公司247家、汽车金融公司25家、消费金融公司22家、货币经纪公司5家、其他金融机构14家。多元化的机构体系为实体经济、广大百姓提供了差异化、多层次的金融服务。

第6章 认识金融

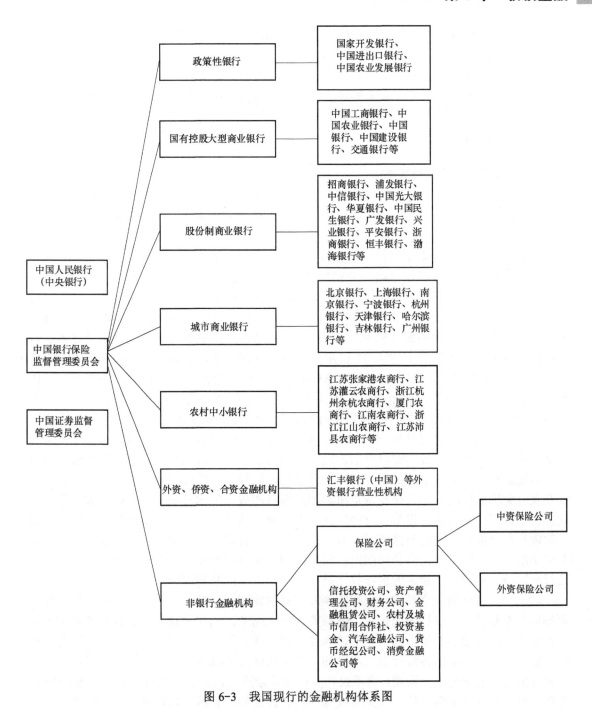

图 6-3 我国现行的金融机构体系图

延伸阅读

银行中的"第一"

交通银行是我国第一家股份制商业银行,第一家业务综合化银行(所有业务都可经营),第一家企业化的商业银行(自主经营、自负盈亏、自担风险、自我发展,实行董事会领导下的总经理负责制），也是我国第一家按经济区域设置分支机构的银行。交通银行是国家控股的股份制金融企业，成立于1987年，总行设在上海。

目前，我国上市的金融企业已经达到72家，其中上市银行15家，上市证券公司24家，上市保险公司8家，上市多元金融公司25家（截至2017年12月31日，境内上市）。

6.5.2 认识中央银行

1. 中央银行的产生与发展

中央银行是一个国家金融体系中居于中心地位的金融机构或组织，担负着管理银行、非银行金融机构以及金融市场的责任，是统领一国金融机构体系、控制全国货币供给、实施国家货币政策的最高金融机构。

中央银行制度产生于17世纪末，最早可以追溯到1668年的瑞典国家银行和1694年的英格兰银行。两家银行均是由商业银行逐渐发展而来的，最初只是为了统一货币发行，并不具备现代中央银行的职能。到了19世纪，由于世界经济突飞猛进的发展，相应地带来了金融机构的蓬勃发展。其中，在19世纪中叶，英格兰银行受英国政府的督促，逐渐积累经验，发展成为中央银行的鼻祖。到了19世纪末，几乎所有欧洲国家以及日本、埃及等国均设立了中央银行。进入20世纪后，世界各国更是积极地进行中央银行的建设，在1921~1939年成立的中央银行就有31家之多。第二次世界大战以后，许多新兴的国家也开始设立中央银行。时至今日，中央银行的存在已被视为国家独立的象征之一，中央银行在现代信用制度下的存在和发展有其客观必然性，主要表现在以下几个方面：

（1）中央银行的建立是统一发行银行券的需要。在银行业发展的初期，众多私人银行均从事银行券的发行业务。银行券的流通支付能力取决于发行银行的信誉。随着银行数量的不断增加和银行业竞争的加剧，出现了许多银行因经营不善而无力保证自己所发行的银行券及时兑现的情况。尤其在经济危机时期，银行的破产倒闭使银行券的信誉大大受损，既损害了持有人的利益，也给社会经济的发展带来了混乱。此外，众多分散的小银行所发行的银行券只能在有限的地区流通。基于这些原因，客观上要求信用货币的发行权应该走向集中统一，由国家出面将货币的发行权集中到一家资金雄厚、信誉卓著的大银行，集中发行全国统一流通的、稳定的银行券，是中央银行产生的基本原因。

（2）中央银行的建立是统一票据交换和清算的需要。随着银行数量的不断增加，银行业务也在不断扩大，银行间的债权、债务关系越来越多，也越来越复杂。这些债务关系若不及时清算，就会影响资金的顺畅周转和经济的顺利运行。但当时没有统一的票据清算机构，银行票据清算是由各银行独立清算的。清算业务如果以各银行自行轧差当日清算的方式来分散进行就变得十分困难，这不仅使异地结算矛盾突出，连同城结算也成问题。所以，客观上要求建立一个全国统一而又有权威性的、公正的清算机构来提供这方面的服务。

（3）中央银行的建立是充当最后贷款人的需要。随着生产的发展和交换的扩大，信用规模也在不断扩大，商业银行贷款的数量在不断增加，贷款期限在不断拉长，风险也在不断增大。首先，商业银行靠自己的存款发放贷款已经不能满足社会对资金的需求，银行经营的规模需要扩大，相应地，各种风险和不确定性也在增加。其次，随着商业银行贷款规模的扩大，若出现大量提现，而贷款又不能按时收回，将会降低银行的支付能力，很有可能发生银行支付危机。再者，银行同业间因为业务的往来会发生相互的拆借、透支，但这只是暂时的，如果某个银行出现支付危机问题，将会造成连锁反应，最后使整个金融业陷入困境。因此，为了保护存款人的利益和整个国家金融业的稳定，客观上需要有一家统一的中央银行，适当集中商业银行等金融机构的现金准备，充当"最后贷款人"的角色。

（4）中央银行的建立是金融业监督管理的需要。商品经济的发展引起了金融业越来越激烈的竞争，为了保证银行和金融业的健康发展，减少金融运行的风险，有必要组建专门的机构对金融业实行统一监管和调控。这一机构不仅在业务上能与一般银行有密切联系，而且还能依据政府的意图制定相应的金融政策和管理条例，统一管理和监督全国的货币金融活动。

综上所述，中央银行是在银行业发展过程中，从商业银行中独立出来的一种银行。中央银行是一国金融机构的核心，处于金融机构体系的中心环节。中央银行代表国家对金融机构实行监管，管理金融市场，维护金融体系的安全运行，制定一国的货币政策，实施金融宏观调控，并代表政府与国外金融机构打交道。

纵观世界各国，中央银行的形成大致有两条途径：①由私人银行或商业银行逐渐演变而来，如英格兰银行即为演变型的中央银行；②由政府出面直接组建，20世纪以后建立的中央银行大多是这种形式。

当今世界各国，除了极少数国家以外，几乎都设立了中央银行。但其名称有所不同，有的直接叫中央银行，有的称为储备银行。各国中央银行尽管在成立时间、规模大小、地位等方面各不相同，但它们实质上都执行着中央银行的职能，起着中央银行的作用。

我国的中央银行是在经济体制和金融体制改革过程中，从"大一统"的国家银行中分离出来的。1983年9月，国务院决定，中国人民银行专门行使中央银行的职能，集中力量进行金融宏观调控和管理，研究和制定金融方针政策。

延伸阅读

欧洲中央银行

随着欧盟经济货币一体化的深入发展，欧洲中央银行于1998年6月宣布成立。1999年1月1日成功启用欧元。这表明欧洲中央银行已顺利运作，并正常发挥中央银行的职能，成功地屹立于世。

当今，经济全球化和金融自由化是大势所趋。与此同时，经济与金融区域化方兴未艾，欧洲中央银行和欧元的出现正是这两股趋势的集中体现。欧洲中央银行跨越欧元区19个经济发达的主权国家行使中央银行职能，这是世界各央行发展过程中史无前例的创新，标志着中央银行制度和职能的革命。

资料来源：欧洲中央银行官网

2．中央银行的性质与职能

（1）中央银行的性质。

中央银行的性质是指中央银行自身所具有的特殊属性。中央银行是制定和执行金融方针、政策、法令制度，代表国家管理金融事业的特殊的金融机构。

中央银行并不是企业，不以营利为目的，无论是何种途径建立的中央银行，都具有"发行的银行""银行的银行""政府的银行"这三个基本属性。

1)发行的银行。所谓发行的银行,就是中央银行垄断了银行券的发行,成为全国唯一的货币发行机构。这也是中央银行不同于商业银行和其他金融机构的独特之处。中央银行独占了货币发行权,就可以通过掌握货币的发行,直接影响整个社会的信贷规模和货币供给总量,通过货币供给量的变动,作用于经济过程,从而实现中央银行对国民经济的控制。

2)银行的银行。中央银行作为银行的银行有两层含义:一是指作为银行,它仍然可以办理存、贷、汇业务,只是业务的对象是一般的商业银行和其他金融机构或政府;二是作为特殊的金融机构,中央银行需要对商业银行和其他金融机构提供最后的资金支持,是整个金融体系的最后贷款者。中央银行的这一性质,主要体现在中央银行与商业银行及其他金融机构的相互关系上。

① 集中商业银行的准备金。这是中央银行制度形成的重要原因之一。商业银行从社会各阶层吸收来的存款,绝不能全部用来发放贷款和进行其他投资,而必须保留一部分现金以备客户提取。但商业银行业务经营的首要目的是为了营利,因此,它们往往只保留少量准备金,大部分用来贷款。这样一旦遇到客户集中提取,许多银行就会破产。因此,为了防止危机的发生,各国中央银行都规定,商业银行必须按所吸收的存款的一定比例向中央银行缴纳准备金,这使中央银行能够通过各种手段,在一定程度上影响商业银行的现金准备,从而控制全国的信贷规模与货币供应量。

② 中央银行对商业银行提供信贷。商业银行需要补充资金时,可将其持有的票据向中央银行申请再贴现,或申请日拆性贷款。如果中央银行资金不足,则可发行银行券。中央银行是商业银行的最后贷款人,这是中央银行一个极为重要的属性。通过向商业银行提供信用,中央银行可以加强对商业银行的监督与控制。

③ 办理商业银行之间的清算。清算是指为避免现金支付的麻烦,而以转账形式了结债权债务关系。商业银行都在中央银行开立了账户,并在中央银行拥有存款,这样,商业银行之间的债权债务关系就可以通过其在中央银行的账户进行结算。这也有利于中央银行通过清算系统,对商业银行体系的业务进行全面而又及时的了解、监督和控制。

3)政府的银行。中央银行是政府的银行,是指中央银行对一国政府提供金融服务,同时中央银行代表国家利益从事金融活动,实施金融监管。中央银行作为政府的银行具体表现在以下几个方面:

① 中央银行代理国库收支。即各级财政部门都在中央银行开立账户,国库资金的收缴、支出、拨付、转账结算等均委托中央银行无偿办理。此外,中央银行还代国库办理公债券、国库券的发行和还本付息事宜。

② 中央银行向政府融资。中央银行不仅代理国库贷款、执行国库出纳和结算,而且对政府提供贷款。在政府财政状况稳定的情况下,中央银行以国库券贴现或政府债券抵押的方式向政府提供短期贷款。

③ 中央银行保管国家黄金外汇储备。一国的黄金外汇储备数量的多少是一国国力强弱的标志,也是一国维持对外经济活动稳定的物质条件。中央银行负有持有和管理国家黄金外汇储备的责任。为此,中央银行应随时研究国际收支及外汇市场动态,保持适当的国际储备,及时调整储备结构,避免外汇风险。

④ 中央银行制定并监督执行金融监管法规。中央银行必须代表国家制定相应的金融法

规、政策和基本制度,并配合其他部门对商业银行及其他金融机构进行监督管理。

⑤ 中央银行代表政府从事国际金融活动。作为政府的银行,中央银行还代表政府参加国际金融组织,出席各种国际性会议,从事国际金融活动,以及代表政府签订国际金融协定,在国内外经济金融活动中,充当政府的顾问,提供经济金融情报和决策建议。

(2)中央银行的职能。

中央银行的职能是指中央银行自身所具有的功能,是中央银行性质的具体体现或细化。具体表现在以下几个方面:

1)金融调控职能。中央银行作为一个国家机关,是一国最高的金融管理机构,其首要职能是金融调控职能。也就是说,中央银行为实现货币政策目标,通过金融手段,对整个国家的货币、信用活动进行调节和控制,进而影响国民经济的运行。

2)公共服务职能。这是中央银行以银行的身份向政府、银行及其他金融机构所提供的金融服务。中央银行向政府提供的服务主要包括:向政府融资;代理国库收支业务;代理国债发行,办理债券到期时的还本付息;为国家掌管黄金外汇等国际储备等。中央银行为银行及其他金融机构提供的服务主要包括:保管各银行的存款准备金;为金融机构融通资金;办理支付清算业务;为社会提供服务等。

3)金融监管职能。这是指中央银行依法对金融机构及其业务和金融市场实施规制与约束,促使其依法稳健运行的一系列活动的总称。该职能主要包括:制定并监督执行有关金融管理法规、政策和制度,使管理对象有章可循,有法可依;对各类金融机构业务活动进行监管;监督管理金融市场等。

3. 中央银行的业务

(1)中央银行的负债业务。

中央银行的负债业务是形成其资金来源的业务,也是它运用经济手段对金融实施宏观调控的基础。中央银行的负债业务主要包括:

1)货币发行业务。中央银行的货币是通过再贴现、再贷款、购买证券、收购金银与外汇等而投入市场,形成流通中的货币,以满足国民经济发展对流通手段和支付手段的需要,促进商品生产的发展和商品流通的扩大。但是,投入市场的每张货币都是中央银行对社会公众的负债,而现代中央银行对所发行的货币并不承担兑现义务,因此,这种负债在一般情况下,事实上成为长期的无须清偿的债务。

货币发行是中央银行的主要负债业务,中央银行通过货币发行业务,可以达到两个目的:①向社会提供流通手段和支付手段,满足社会经济发展和商品流通对货币的需求;②中央银行通过发行货币筹集资金,满足中央银行履行各项职能的需要。

中央银行的货币发行有经济发行和财政发行两种。经济发行是指中央银行根据国民经济发展的需要适度地增加货币发行,货币的发行量正好能适应经济发展的需要,没有出现过度的发行。财政发行是指为了弥补财政赤字而引起的货币发行,因为这种发行没有考虑经济需要,所以容易造成发行过多,导致货币量过多,物价上涨。正因为现实中会出现货币的不适度发行,所以在货币发行中掌握一定的原则是非常重要的。中央银行货币发行的原则很多,主要有:垄断发行原则,即货币发行权高度集中于中央银行;信用保证原则,即货币发行有一定的黄金和有价证券作保证,从而有效地防止财政发行;弹性发行原则,即货币发行要有一定的弹性(伸缩性和灵活性),以适应不断变化的经济情况。

2) 存款业务是中央银行重要的负债业务。中央银行的存款业务与一般商业银行的存款业务是有区别的。商业银行的存款业务是其资金来源的重要组成部分，并且其资金来源决定了资金运用；而中央银行则是通过资产运用来创造货币，创造资金来源。所以，两者经营存款业务的出发点不同。中央银行的存款业务分为两大类：政府和公共机构存款、商业银行等金融机构存款。

政府和公共机构在中央银行的存款包括财政金库存款和政府及公共机构的经费存款。这两部分存款在其支出之前存于中央银行，就形成中央银行重要的资金来源。商业银行等金融机构在中央银行的存款，包括法定存款准备金和超额存款准备金。法定存款准备金是指商业银行根据法律规定必须按一定比例转存中央银行的部分。超额存款准备金是指商业银行在中央银行存款超过法定准备金的部分。中央银行的存款业务是与中央银行的存款准备金制度密切相关的，存款准备金制度是中央银行根据法律规定、宏观经济管理以及维持金融机构资产流动性的需要，规定商业银行等金融机构缴存中央银行准备金的比率和结构，并根据货币政策的变动对既定比率和结构进行调整，借以间接地对社会货币供应量实行调控。

在现代存款准备金制度下，存款准备金是中央银行重要的资金来源。现在，中央银行集中存款准备金的原始目的已经发生了根本的改变，从最初的为了增强商业银行等金融机构面对存款人大量挤兑存款的应付能力发展成为中央银行控制货币供给的主要政策工具。此外，商业银行等金融机构通过中央银行办理它们之间的债务清算，所以为清算需要必须缴存一定的超额存款准备金，以便于清算能够及时、顺利地进行。

另外，中央银行吸收的存款中还有外国存款、特种存款等。

3) 代理国库业务。中央银行作为政府的银行，一般都由政府赋予其代理国库的职责。一国财政的收入与支出都由中央银行代理。由于财政支出一般总要集中到一定的数量再拨付使用，且一般使用单位也是逐渐使用的，因此，收支之间会存在一定的时间差，收大于支的数量就形成了一个可观的余额。同时，那些依靠国家拨给行政经费的行政事业单位的存款，也都由中央银行办理。这样，金库存款、行政事业单位存款就构成了中央银行的重要资金来源。

4) 其他负债业务。除上述负债业务以外，中央银行的负债业务还应包括对国际金融机构的负债和向国外政府的借款等。

(2) 中央银行的资产业务。

中央银行的资产业务是指中央银行运用其负债资金的业务活动，主要包括以下几个方面：

1) 政府贷款。中央银行的政府贷款是在财政由于收支时间差造成不平衡而急需大量的紧急支出，或在年终决算出现收支不平衡时，给予的资金支持。它分为正常贷款、财政透支、直接购买政府债券和间接购买政府债券四种形式。

2) 商业银行贷款。它是指中央银行在商业银行等金融机构资金周转发生困难时，对其提供的资金融通。对商业银行贷款的主要形式有再贴现和再贷款两种。无论是哪种方式，都是中央银行对金融机构提供资金融通。但再贴现与再贷款是有区别的，首先，再贴现是在金融机构获得资金时就已收取利息；再贷款则在贷款归还后才收取利息。其次，再贴现时，金融机构获得的是扣除贴息后的票面金额余额，即获得部分资金；再贷款却可获得全额资金。因此，再贴现和再贷款对金融机构增加现金准备和扩充信贷规模具有不同的作用。最后，若再贷款采用信用贷款形式，则有可能超越生产和流通发展的需要，引起过多的货币投放。为此，目前各国中央银行承办的商业银行贷款业务，一般都以有保证的再贴现和再抵押贷款为主。

3）金银和外汇储备。中央银行作为货币发行的银行，不仅要保持币值稳定，而且还要维持汇率的平衡。为此，中央银行必须掌握和管理一定数量的金银和外汇储备，以平衡国际收支、稳定币值和汇率。由于金银、外汇储备占用了中央银行的资金，所以构成了中央银行的资产业务。

中央银行持有外汇储备时，首先要根据储备资产的安全性、灵活性和收益兑现性来考虑它们的构成比例问题，争取分散风险、增加收益、获得最大的灵活性；其次要根据本国的国际收支情况和国内经济政策来确定合理的外汇储备量，避免黄金外汇储备过多造成的资源浪费或储备过少所面临的丧失国际支付能力的可能。

4）有价证券买卖。中央银行的有价证券买卖业务主要是指中央银行在公开市场上买卖政府发行的长期或短期债券，包括国库券和公债券，其中尤以国库券为主。中央银行买卖有价证券的目的不在于营利，而是为了调节资金供求，实现银根的松紧适度，确保国民经济的健康发展。买卖证券不是目的，而是调节宏观经济的一种手段。一般来讲，当银根需要紧缩，减少市场货币供给时，则卖出证券；反之，当需要放松银根，增加市场货币供给时，则买进证券。

（3）中央银行的中间业务。

中央银行的中间业务是指中央银行为商业银行和其他金融机构办理资金的划拨清算和资金转移。这类业务并不涉及中央银行负债或资产状况的变化。由于中央银行集中了金融机构的存款准备金，因而金融机构彼此之间由于交换各种支付凭证所产生的应收应付款项，都可以通过中央银行的存款账户划拨来清算，中央银行从而成了全国清算中心。中央银行中间业务的种类很多，视各国中央银行职能的差异而不尽相同，一般包括资金清算业务、各种代理业务和审批业务。其中最主要的是资金清算业务。参加中央银行票据交换的银行均须遵守票据交换的有关章程，并在中央银行开立往来账户，缴纳清算保证金并支付清算费用。只有清算银行可以参加中央银行的票据交换，非清算银行要办理票据清算只能委托清算银行办理。

中央银行不仅为商业银行办理票据交换和清算，而且还在全国范围内为商业银行办理异地资金转移。中央银行为了提供上述服务，必须设有电子划拨系统，并将全国各主要地区的主要政府部门和银行用网络连接起来。

4．我国的中央银行

我国的中央银行是中国人民银行。它是在国务院领导下制定和实施货币政策、对金融业实施监督管理的宏观调控部门。与世界各国的中央银行一样，中国人民银行是通货发行的银行、银行的银行和政府的银行。

根据2003年12月27日第十届全国人民代表大会常务委员会第六次会议《关于修改〈中华人民共和国中国人民银行法〉的决定》的规定，中国人民银行履行以下职责：发布与履行其职责有关的命令和规章；依法制定和执行货币政策；发行人民币，管理人民币流通；监督管理银行间同业拆借市场和银行间债券市场；实施外汇管理，监督管理银行间外汇市场;监督管理黄金市场;持有、管理、经营国家外汇储备、黄金储备;经理国库;维护支付、清算系统的正常运行;指导、部署金融业反洗钱工作,负责反洗钱的资金监测;负责金融业的统计、调查、分析和预测;作为国家的中央银行,从事有关的国际金融活动以及国务院规定的其他职责。

目前,中国人民银行的分行是按照经济区域设置的,而中心支行和支行是按行政区域设置的。

随着金融业的发展和金融改革的不断深入,中国人民银行对金融业的监管发生了很大的变化,陆续成立了中国证券监督管理委员会、中国银行保险监督管理委员会,分别行使对证券业、保险业和银行业的监督管理职能,中国人民银行不再行使此项监管职能。

 **延伸阅读**

中国银行保险监督管理委员会的主要职责

2018年4月8日,中国银行保险监督管理委员会在京揭牌,标志着新组建的中国银行保险监督管理委员会正式挂牌运行。

中国银行保险监督管理委员会贯彻落实党中央关于银行业和保险业监管工作的方针政策和决策部署,在履行职责过程中坚持和加强党对银行业和保险业监管工作的集中统一领导。主要职责是:

(1)依法依规对全国银行业和保险业实行统一监督管理,维护银行业和保险业合法、稳健运行,对派出机构实行垂直领导。

(2)对银行业和保险业改革开放和监管有效性开展系统性研究。参与拟订金融业改革发展战略规划,参与起草银行业和保险业重要法律法规草案以及审慎监管和金融消费者保护基本制度。起草银行业和保险业其他法律法规草案,提出制定和修改建议。

(3)依据审慎监管和金融消费者保护基本制度,制定银行业和保险业审慎监管与行为监管规则。制定小额贷款公司、融资性担保公司、典当行、融资租赁公司、商业保理公司、地方资产管理公司等其他类型机构的经营规则和监管规则。制定网络借贷信息中介机构业务活动的监管制度。

(4)依法依规对银行业和保险业机构及其业务范围实行准入管理,审查高级管理人员任职资格。制定银行业和保险业从业人员行为管理规范。

(5)对银行业和保险业机构的公司治理、风险管理、内部控制、资本充足状况、偿付能力、经营行为和信息披露等实施监管。

(6)对银行业和保险业机构实行现场检查与非现场监管,开展风险与合规评估,保护金融消费者合法权益,依法查处违法违规行为。

(7)负责统一编制全国银行业和保险业监管数据报表,按照国家有关规定予以发布,履行金融业综合统计相关工作职责。

(8)建立银行业和保险业风险监控、评价和预警体系,跟踪分析、监测、预测银行业和保险业运行状况。

(9)会同有关部门提出存款类金融机构和保险业机构紧急风险处置的意见和建议并组织实施。

（10）依法依规打击非法金融活动，负责非法集资的认定、查处和取缔以及相关组织协调工作。

（11）根据职责分工，负责指导和监督地方金融监管部门相关业务工作。

（12）参加银行业和保险业国际组织与国际监管规则制定，开展银行业和保险业的对外交流与国际合作事务。

（13）负责国有重点银行业金融机构监事会的日常管理工作。

（14）完成党中央、国务院交办的其他任务。

资料来源：中国银行保险监督管理委员会网站

6.5.3 认识商业银行

1．商业银行的产生与发展

（1）商业银行的产生。

银行是在货币产生、发展的基础上产生的。大家知道，我们现在的货币都来自银行，但银行的产生比货币的产生要晚得多。随着社会生产力的发展，社会制度的变革，银行的演进经历了从货币兑换业到货币经营业、早期银行、近现代银行的漫长发展过程。

银行一词来源于意大利。中世纪的威尼斯是著名的世界贸易中心，各国商人云集于此，进行贸易活动。为了便于商品的交换，商人们需要把各自携带的各地货币兑换成当地货币，于是便出现了由专门的货币兑换商从事兑换活动的货币兑换业。最初，他们只是办理货币兑换的技术性业务，从中收取一定的手续费。随着商品交换的扩大，经常往来于各地的商人，为了避免长途携带和保管货币的风险，就把货币交给兑换商代为保管，并委托他们办理支付、结算和汇款。随着业务范围的逐步扩大，货币兑换业逐步发展成为货币经营业。但纯粹形式的货币经营业仍然主要从事货币的兑换、保管、收付、结算、汇兑等货币流通的技术性业务，并不经营货币贷放业务。

随着商品经济的不断发展，货币经营业务进一步扩大，货币经营业者手中聚集的货币越来越多，并且他们发现，这些长期集成的货币余额相当稳定，因此，为了谋取更多的利润，他们就利用这些资金办理放款业务，并用支付存款利息的方法，广泛吸收社会上暂时闲置的资金，经营起信贷业务。这样，货币经营业就发展成为集存、贷款和汇兑支付、结算业务于一身的早期银行了。当时意大利的威尼斯银行就是在这一背景下产生的。因此，"银行"一词始于意大利语"banca"，意为"长凳、桌子"，是最早市场上货币兑换商营业用的。古法语词"banque"也有这个意思，英语转化为"bank"，原意为"存钱的柜子"。在我国，过去曾以白银充当通用货币，经商的店铺也称"行"，故译作"银行"。

英国的早期银行是由金匠业发展而来的。17世纪中叶，美洲大陆的发现使大量的金子流入英国，带来了金匠业的高度发达。为了安全起见，人们经常将金子铸币送到金匠铺代为保管。金匠便替顾客代为保管金子，并签发保管收据，收取手续费。金匠在业务经营过程中发现保管的金子除一部分用于顾客支取外，余下的部分相当稳定，可以将其贷放出去，赚取高利。这就使金匠的职能发生了变化,具有了信用中介功能,演变成了早期银行。

这些早期银行都具有高利贷的性质,随着资本主义生产关系的确立和资本主义商品经济的发展,高利贷性质的银行业已不能适应资本扩张的需要。高利贷不仅侵吞了资本主义企业的大部分利润,而且严重地阻碍了资本主义经济的发展。因此,新兴的资产阶级一方面展开对高利贷的斗争,另一方面呼唤适应资本主义发展需要的新兴银行。正是在这两大因素的促动下,现代银行才应运而生。

现代商业银行主要通过两条途径产生:①由旧的高利贷银行转变过来;②根据资本主义经济发展的需要,按资本主义原则,以股份公司的形式建立的新型股份银行。起主导作用的是后一条途径。1694年成立的英格兰银行是最早出现的股份制银行,该行在一开始就正式规定贴现率在 4.5%~6%,大大低于早期银行的贷款利率。英格兰银行的成立标志着现代银行制度的建立,意味着高利贷在信用领域的垄断地位被打破。与早期银行相比,现代银行表现出三个特征:①利息水平低;②业务范围扩大;③信用创造功能。其中,信用创造是现代银行区别于早期银行的本质特征。

(2)商业银行的发展。

尽管各国商业银行产生的条件不同,称谓也不完全一致,但其发展基本上是循着两种传统:①英国式融通短期资金传统,即银行主要以提供短期商业性贷款为主要业务;②德国式综合银行传统,即银行除了提供短期商业性贷款外,还提供长期贷款,甚至直接投资于企业股票和债券,替公司包销证券,参与企业的决策与发展,并为企业合并与兼并提供财务支持和财务咨询的投资银行服务。

商业银行是以经营工商业存、放款为主要业务,以利润最大化为其主要经营目标,并具有创造活期存款能力的银行。在西方国家,商业银行以其机构数量多、业务渗透面广和资产总额比重大等优势在整个银行体系中处于极其重要的地位,它是整个金融机构体系的骨干和中坚,也是最早出现的现代银行机构,在国外有"金融百货公司"之称。

2. 商业银行的性质与职能

(1)商业银行的性质。

商业银行是以追求最大利润为目标,以多种金融负债筹集资金,以多种金融资产为其经营对象,能利用负债进行信用创造,并向客户提供多功能、综合性服务的金融企业。与普通工商企业相比,商业银行既有一般企业的共性,又有其自身明显的特点。商业银行与从事商品生产、流通和服务的企业一样,其经营活动的目的都是为了获得利润,而且是最大限度的利润。但是,商业银行又不是一般的企业,它是经营货币商品的特殊企业。商业银行的活动范围不是一般的商品生产和商品流通领域,而是货币信用领域。一般企业创造的是使用价值,而商业银行创造的是能充当一般等价物的存款货币。在资金来源上也与一般企业不同,它的自有资本很少,主要靠吸收存款等借入资本从事经营。

商业银行也不同于其他金融机构。相对于中央银行,商业银行是面向工商企业、公众及政府经营的金融机构,而中央银行是只对政府和金融机构提供服务的具有银行特征的政府机关。中央银行创造的是基础货币,并在整个金融体系中具有特殊的地位,承担着领导者的职责。

第6章 认识金融

专栏 6-10

银行"新职务"成为市民的"金融百货公司"

老百姓兜里日渐丰满,去银行的原因不断翻新。投资理财意识今非昔比,折射出百姓生活的巨大变迁。往日人们去银行大多是存取款,银行只是市民的"保管箱"。如今,人们到银行更多的是办按揭、买保险、购基金、炒外汇,商业银行成了市民的"金融百货公司"。

人们钱包鼓了,银行"储蓄池"因而也跟着不断涨满,储蓄存款余额每每刷新纪录。以储蓄为主要营生的银行本身,也悄然发生着改变,银行不再单纯是居民存钱的"保管箱",定期、活期也不再是百姓存钱的唯一选择,国债、保险、基金等金融新品迭出,银行已成为"金融百货公司"。老百姓去银行不再为单一的储蓄,个人理财、买保险、购基金、炒外汇、银证通,投资渠道日益增多,投资日益呈现多元化。很多市民坚持"不把鸡蛋放在一个篮子里"的原则,基金、外汇、保险、定期储蓄等金融品种样样都买一点,以获得稳固的收益。

资料来源:汕头日报

专栏点评:相对于其他金融机构,商业银行能够提供更多、更全面的金融服务,能够吸收活期存款。而其他金融机构不能吸收活期存款,只能提供某一方面或某几方面的金融服务。随着金融自由化和金融创新的发展,商业银行经营的业务和提供的服务范围越来越广泛,现代商业银行正在向着"万能银行"和"金融百货公司"的方向发展。

(2)商业银行的职能。

1)信用中介职能。信用中介职能是商业银行最基本的职能,也是最能反映其经营活动特点的职能。商业银行一方面通过集中社会各种暂时闲置的货币资金,使其成为银行最重要的资金来源;另一方面将集中起来的货币资金,再贷放出去投向需要资金的企业。银行实际上成了货币资金贷出者与借入者之间的中介。值得注意的是,在商业银行实现资金由盈余者向短缺者转移的过程中,资金的所有权并没有改变,改变的仅仅是资金的使用权。商业银行的信用中介职能对于国民经济的正常运转和发展有着重要意义,它把闲置的货币资金集中起来,使资金积少成多,续短为长,使资本得以最充分有效的运用,从而大大提高全社会对资本的使用效率,促进生产的发展。

2)支付中介职能。支付中介是指商业银行利用活期存款账户,为客户办理各种货币结算、货币收付、货币兑换和转移存款等业务活动。支付中介是商业银行的传统职能,借助于这一职能,商业银行成了工商企业、政府、居民的货币保管者、出纳人和支付代理人,这使商业银行成为社会经济活动的出纳中心和支付中心,并成为整个社会信用链的枢纽。

商业银行在经营货币的过程中代理客户支付,是通过存款在账户上的转移来实现的。商业银行充当支付中介,为收付款双方提供资金转账服务,大大减少了现金的使用,节约了社会流通费用,缩短了结算过程,加速了货币资金的周转,从而促进了现代经济的发展。

3）信用创造职能。信用创造是商业银行的一个特殊职能。信用创造是指商业银行利用其可以吸收活期存款的有利条件，通过发放贷款，从事投资业务，而衍生出更多存款，从而扩大社会货币供给量。当然这种货币不是现金货币，而是存款货币，它只是一种账面上的流通工具和支付手段。

信用创造职能也是商业银行区别于其他金融机构的一个重要特点。商业银行通过创造流通工具和支付手段，可以节约现金使用，节约流通费用，并且还能满足经济发展对流通和支付手段的需要。

4）金融服务职能。金融服务职能是商业银行发展到现代银行阶段的产物。市场经济的高度发展和人们生活质量的不断提高，使得各行各业甚至家庭生活都对金融业提出了更多、更高的服务需求。商业银行利用其在国民经济中的特殊地位，及其在提供信息中介和支付中介业务过程中所获得的大量信息，运用计算机等先进手段和工具，为客户提供各种各样的金融服务。这些服务主要有代理收付、信息咨询、财务咨询、计算机服务等。通过提供这些服务，商业银行一方面扩大了社会联系面和市场份额，另一方面也可以为银行取得不少费用收入，同时也加快了信息传播，提高了信息技术的利用价值，促进了信息技术的发展。

3. 我国的商业银行

从银行监管的角度，目前我国按照大型商业银行、股份制商业银行和城市商业银行等进行分类。截至2017年年末，我国大型商业银行有5家——中国工商银行、中国农业银行、中国银行、中国建设银行、交通银行，股份制商业银行有12家——中信银行、光大银行、华夏银行、广发银行、平安银行、招商银行、浦发银行、兴业银行、中国民生银行、恒丰银行、浙商银行、渤海银行。⊖经过几年的建设和发展，我国基本形成了以大型商业银行为龙头，其他股份制商业银行以及城市商业银行差异化经营、多方位服务的商业银行格局。

专栏 6-11

图6-4为2018年年末我国银行业各金融机构资产（境内）持有比例。

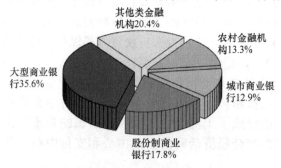

图6-4　2018年年末我国银行业各金融机构资产（境内）持有比例⊖

专栏点评：截至2018年12月31日，我国银行业金融机构本外币资产268万亿元，同

⊖ 根据中国银行保险监督管理委员会网站数据整理。
⊖ 根据中国银行保险监督管理委员会网站数据整理。

比增长 6.3%。数据显示，五大国有大型商业银行资产（境内）持有比例达到 35.6%，保持绝对龙头地位，股份制商业银行和城市商业银行通过其差异化经营拿到了 30.7%的资产持有占比，农村金融机构和其他类金融机构资产持有比例达到了 33.7%。我国基本形成了较为合理的商业银行格局。

6.5.4 认识政策性银行

1. 政策性银行的概念和特点

政策性银行是指由政府和政府机构发起、出资创立、参股或保证的，不以营利为目的，在特定的业务领域内从事政策性融资活动，以贯彻和配合政府的社会经济政策或意图的金融机构。政策性银行与一般商业银行一样都是以货币这一特殊商品为经营对象的，但与商业银行相比，政策性银行又有自身的特点，主要有以下几个方面：

（1）政府控制性。政策性银行一般都由政府直接出资创立，完全归政府所有。即使有些政策性银行不完全由政府设立，也往往由政府参股或保证。因而政策性银行具有国家银行的主体性质。从组织形态上看，世界各国的政策性银行基本上均处于政府的控制之下。

（2）非营利性。政策性银行以贯彻国家产业和社会发展政策为己任，一般从事一些具有较高金融风险和商业风险的融资活动，因此它不以利润最大化为经营管理目标。当然，政策性银行在实际经营活动中也要实行独立核算，以最小的成本去实现国家赋予的政策使命。

（3）资金来源与运用的特殊性。政策性银行的资金来源除国家拨款外，主要通过发行债券、借款和吸收长期存款获得；为了特殊的政策意图，政策性银行往往不与商业银行进行竞争，它的资金运用方向主要是国家产业政策、社会发展计划中重点扶持的项目，这些贷款一般期限长、利率低，不适合商业银行从事。

（4）信用创造的差异性。政策性银行一般不办理活期存款业务，其负债是银行体系已经创造出来的货币，所以不实行存款准备金制度，其资产一般为专款专用。因此，与商业银行不同，政策性银行通常不具有派生存款和增加货币供给的功能。

2. 我国的政策性银行

1994 年以前，我国没有专门的政策性金融机构，国家的政策性金融业务分别由国有专业银行承担。从 1994 年开始，为了实现政策性金融与商业性金融的分离，以解决专业银行身兼二职的问题，相继建立了国家开发银行、中国进出口银行和中国农业发展银行三家政策性银行。

（1）国家开发银行。

国家开发银行成立于 1994 年 3 月，总部设在北京，注册资本约 4 212 亿元，1996 年设立了第一家分行，即武汉分行，并在深圳、西安等地设有代表处。国家开发银行的成立，目的是为了更有效地集中资金和力量保证国家重点建设，解决经济发展中的"瓶颈"制约，增强国家对固定资产投资的宏观调控能力。其主要任务是：支持国家重点建设，从资金来源上对固定资产投资的总量及结构进行调节和控制，按社会主义市场经济原则，建立投资约束和风险责任机制，提高经济效益。

国家开发银行的业务范围包括：管理和运用国家核发的预算内经营性建设资金和贴息资金；向国内金融机构发行金融债券和向社会发行财政担保的建设债券；办理有关的外国政府和国际金融机构贷款的转贷，经国家批准在国外发行债券，根据国家利用外资计划筹借国际商业贷款等；向国家基础设施、基础产业和支柱产业等大中型基本建设和技术改造项目及配套工程发放贷款；办理建设项目贷款条件评审、咨询和担保业务，为重点建设项目物色国内外合作伙伴，提供投资机会和投资信息。

（2）中国进出口银行。

中国进出口银行成立于1994年7月，总部设在北京，注册资本1 500亿元，全部由国家财政拨给。中国进出口银行不设营业性分支机构，但根据业务发展需要可在业务量相对集中的一些大城市设立办事处或代表处，负责调查、统计、监督、业务代理等事宜。中国进出口银行主要通过提供优惠出口信贷，增强我国商品的出口竞争能力，促进我国对外贸易的发展。

中国进出口银行的业务范围包括：经批准办理配合国家对外贸易和"走出去"领域的短期、中期和长期贷款，含出口信贷、进口信贷、对外承包工程贷款、境外投资贷款、中国政府援外优惠贷款和优惠出口买方信贷等；办理国务院指定的特种贷款；办理外国政府和国际金融机构转贷款（转赠款）业务中的三类项目及人民币配套贷款；吸收授信客户项下存款；发行金融债券；办理国内外结算和结售汇业务；办理保函、信用证、福费廷等其他方式的贸易融资业务；办理与对外贸易相关的委托贷款业务；办理与对外贸易相关的担保业务；办理经批准的外汇业务；买卖、代理买卖和承销债券；从事同业拆借、存放业务；办理与金融业务相关的资信调查、咨询、评估、见证业务；办理票据承兑与贴现；代理收付款项及代理保险业务；买卖、代理买卖金融衍生产品；资产证券化业务；企业财务顾问服务；组织或参加银团贷款；海外分支机构在进出口银行授权范围内经营当地法律许可的银行业务；按程序经批准后以子公司形式开展股权投资及租赁业务；经国务院银行业监督管理机构批准的其他业务。

（3）中国农业发展银行。

中国农业发展银行成立于1994年，总部设在北京，注册资本570亿元，在全国设有分支机构。中国农业发展银行主要承担国家收购粮、棉、油以及扶贫等政策性金融业务，支持我国农业现代化，扶持农民走上致富之路。

中国农业发展银行的业务范围包括：办理粮、棉、油等主要农副产品的国家专项储备贷款；办理粮、棉、油等主要农副产品的收购、调销、加工贷款；办理国务院确定扶贫和农业综合开发贷款；办理国家确定的小型农、林、牧、水利基本建设和技术改造贷款；办理业务范围内开户企事业单位的存款和结算；发行金融债券；办理境外筹资。

办好政策性金融机构要做三件事

政策性金融业务的实施可以有两种方式：①任何金融机构都可以办理，财政按项目给予补贴；②让专门的机构办理，财政再对专门机构给予补贴。后一种方式更便于管理。1994年，我国金融体制改革选择了成立三家政策性银行专门承担政策性金融业务。

总结国内外的经验，办好政策性金融机构要做三件事：

（1）必须统一对政策性银行经营目标的认识。政策性银行体现政府经济政策取向，它按贷得出、收得回的金融方式运行，但它不以营利为目的，不能与商业银行竞争。

（2）必须为每一家政策性银行独立立法，政策性银行依法经营。政策性银行是特殊的法人，商业银行法不适用于它。

（3）要严格政策性银行的预算管理和考核，尽可能地降低运行成本。如果要求政策性银行坚持不以营利为目标，坚持不与商业银行竞争的宗旨，在财务预算中就要有所体现。

本 章 小 结

金融是指货币资金的融通。其融通的对象是货币及货币资金，融通的方式是有借有还的信用方式，融通的机构是金融机构，融通的场所是金融市场。因此，有关资金的借贷、有价证券的买卖等都属于金融活动的范围；货币是购买商品或劳务时被普遍接受的任何东西，它同财富、收入是不同的概念，尽管在日常生活中我们都用"钱"表示。人们之所以喜欢货币是因为它固有的职能；信用是指在商品交换或其他经济活动中，授信人在充分信任受信人能够实现其承诺的基础上，用契约关系向受信人放贷并保障自己所贷的本金能够回流和增值的价值运动。通过信用工具的买卖可以实现借贷双方资金的转移。信用工具是一种债权债务证书或所有权证书，信用工具可以转让流通。目前市场上主要的信用工具有票据、股票和债券等；利息是借贷资金的买卖价格，中央银行可以通过调整利率水平实现一国的宏观经济目标。

金融机构使资金盈余者和资金不足者相互联系，进而实现资金余缺调剂，在金融活动中日益发挥着重要作用。到 20 世纪末，我国建立起了比较健全的金融中介体系，各类金融机构有了相当程度的发展：除五家大型商业银行外，企业集团设立的银行、股份制商业银行、信托投资机构、财务公司、融资租赁公司、保险公司、城市和农村信用社等金融机构纷纷建立，中国人民银行独立行使中央银行职能，中国金融机构的发展进入了新的阶段。我国的非银行金融机构主要包括保险公司、信托投资公司、财务公司、证券公司、金融租赁公司等。中央银行并不是企业，不以营利为目的，无论是何种途径建立的中央银行，都具有"发行的银行""银行的银行""政府的银行"这三个基本属性。商业银行的职能主要是：信用中介职能、支付中介职能、信用创造职能、金融服务职能。商业银行的特点表现为：它是企业，是从事货币资金交易的金融企业，是有创造货币功能的特殊金融企业。政策性银行是指由政府和政府机构发起、出资创立、参股或保证的，不以营利为目的，在特定的业务领域内从事政策性融资活动，以贯彻和配合政府的社会经济政策或意图的金融机构。国家开发银行、中国农业发展银行、中国进出口银行是我国的三家政策性银行。

课堂延伸思考

1. 如果你是企业决策者,在通货紧缩的经济形势下你愿意采用商业信用的形式销售本公司的产品吗?

2. 如果你有一笔资金,你愿意以 20%的利率借给邻居呢?还是愿意以 10%的利率存入银行,为什么?

3. 现代社会就是信用社会,请你谈谈对这一观点的看法。

4. 为什么我国的商业信用发展缓慢?

5. 2010 年 11 月份 CPI 达到 5.1%,而银行一年期存款利率只有 2.50%,这使得我国当时处于一种实际"负利率"的状态。试讨论"负利率"对个人理财的影响。

6. 谈谈你对建立我国个人信用制度的想法。

7. 资料引入:

2010 年 6 月银行借道信托放贷或超千亿元;银行中间业务的盈利能力及信托公司的业务空间将被大大压缩;不排除诱发房地产行业资金链断了的风险。为避免银行借道信托公司规避信贷监管,银监会再出严厉措施。

据悉,各信托公司 2010 年 7 月 2 日晚六七点陆续接到各地银监局的电话通知,要求全面暂停银信合作业务。由于银信合作业务规模约占信托行业的 2/3,一些信托公司的业务空间将被大大压缩。请问:

(1) 信托投资公司是否属于金融机构?信托公司有什么特点?我们把钱交给信托公司理财是否不会亏损?为什么?

(2) 银监局为什么要阻止银信合作业务?

8. 收集美国次贷危机的相关资料,分析金融业监管的重要性。

9. 2004 年以来,中央一号文件连续十多年聚焦"三农"问题,三农问题年年谈却一直难以解决,究其原因与金融对农村的支持力度不够有密切的关系。一直以来,我国城市和农村金融发展都呈现出极大的不均衡,主要表现在农村地区金融网点分布较少、金融服务较落后、"三农"和中小企业获取贷款支持较难等方面,这些对加快我国农村经济发展和缩小城乡发展差距产生不利影响,针对以上问题,我国原银监会于 2006 年 12 月 20 日出台了《关于调整放宽农村地区银行业金融机构准入政策、更好支持社会主义新农村建设的若干意见》,于是我国新型农村金融机构的发展揭开了帷幕,自 2007 年试点设立村镇银行以来,原银监会将"立足县域、立足支农支小"作为村镇银行培育发展的基本目标和工作要求,持续强化市场定位监管,积极引导主发起人有效履职。村镇银行落实监管要求,坚持扎根县域、坚守定位、专注农小、做精做优,在完善农村金融组织体系、激活农村金融供给市场、优化城乡金融资源配置等方面做出了积极贡献,已成为服务乡村振兴战略、助力普惠金融发展的金融生力军。截至 2017 年年末,村镇银行机构组建数量已达 1 601 家,对弥补农村金融机构的短缺起到了一定的积极作用。请你就新型农村金融机构的基本定义、特征、作用以及如何控制风险等方面谈谈自己的看法。

第7章 解读商业银行业务

财经新闻回放

截至 2017 年年末,中国工商银行总资产 260 870.43 亿元,比 2016 年年末增加 19 497.78 亿元,增长 8.1%。从结构上看,客户贷款及垫款(简称"各项贷款")净额占总资产的 53.2%,比 2016 年年末上升 0.3 个百分点;证券投资净额占比 22.1%,下降 0.6 个百分点;现金及存放中央银行款项占比 13.9%,与 2016 年持平。

总负债 239 459.87 亿元,比 2016 年年末增加 17 898.85 亿元,增长 8.1%。其中,客户存款余额 192 263.49 亿元,比 2016 年年末增加 14 010.47 亿元,增长 7.9%。从期限结构上看,定期存款增加 4 508.58 亿元,增长 5.2%;活期存款增加 8 981.36 亿元,增长 10.0%;同业及其他金融机构存放和拆入款项余额 17 065.49 亿元,比 2016 年年末减少 3 102.50 亿元,下降 2.0%。⊖

本章预习

通过新闻回放,我们初步了解到当前我国商业银行所经营的业务种类主要包括资产业务、负债业务。其中,资产业务包括贷款业务、证券投资业务等;负债业务包括存款业务、同业及其他金融机构存放和拆入款项等。经过前面的学习,我们已经知道金融是资金的融通和货币的流通;金融活动要通过商业银行等金融机构在日常的业务经营过程中反映出来。那么,我国商业银行在经营中主要开展了哪些具体的业务?其在经营管理过程中应遵循哪些原则?在金融电子化的今天,商业银行在业务上又进行了哪些创新呢?在本章的学习过程中你将找到答案。

本章学习线路图

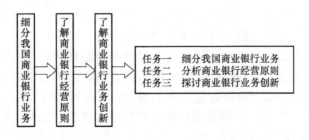

任务一 细分我国商业银行业务
任务二 分析商业银行经营原则
任务三 探讨商业银行业务创新

⊖ 资料来源:中国工商银行股份有限公司 2017 年中期报告(A 股),www.icbc.com.cn。

7.1 细分我国商业银行业务

我国商业银行的业务一般分为负债业务、资产业务和中间业务三类。负债业务和资产业务是商业银行最基本的信用业务,也是商业银行的主要业务。中间业务是负债业务和资产业务的一种派生,同样是商业银行业务活动的重要构成部分。

7.1.1 负债业务

我国商业银行的负债业务主要是指其资金来源的业务,是银行经营资产业务和中间业务的基础,从广义上看,主要包括自有资本、存款业务和借款业务。其中存款和借款属于商业银行吸收的外来资金。

1. 自有资本

自有资本是指商业银行自身拥有所有权并可永久性支配的资金,是商业银行经营各项业务的本钱,也是商业银行存在和发展的前提与基础。商业银行的自有资本主要包括两类:一级资本和二级资本。一级资本包括股本、资本公积、盈余公积、未分配利润和少数股权;二级资本包括重估储备、一般准备、优先股、可转换债券、混合资本债券和五年及五年期以上的长期债券。具体以中国建设银行为例,其股东权益变化表见表 7-1。

表 7-1 中国建设银行股东权益变化表

(单位:百万元)

	2017 年 12 月 31 日	2016 年 12 月 31 日
股本	250 011	250 011
其他权益工具—优先股	79 636	19 659
资本公积	134 537	134 543
其他综合收益	(29 638)	(1 211)
盈余公积	198 613	175 445
一般风险准备	259 680	211 193
未分配利润	886 921	786 860
归属于本行股东权益	1 779 760	1 576 500
少数股东权益	16 067	13 154
股东权益总额	1 795 827	1 589 654

资料来源:中国建设银行股份有限公司 2017 年年度报告(A 股)

(1)股本。股本是商业银行资本的主要构成部分和基础,包括普通股和优先股。

(2)资本公积。资本公积包括股票溢价、法定资产重估增值部分和接受捐赠的财产等形式所增加的资本。它可以按照法定程序转增资本金。

(3)盈余公积。盈余公积是由于银行内部经营和外部规定而产生的,分为营业盈余和资本盈余两种。营业盈余是商业银行从每年的营业利润中逐年累积而形成的。资本盈余是商业银行在发行股票时,发行价格超过面值的部分,即发行溢价。

(4)未分配利润。未分配利润即银行税后利润减去普通股股利后的余额。

(5)准备金。准备金即商业银行为了应付意外事件的发生而从税后收益中提取的资金。准备金又分为资本准备和坏账准备。资本准备是商业银行为应付股票资本的减少而提留的。坏账准备是为了应付资产的损失而提留的。

（6）资本票据和债券。资本票据（偿还期限较短的银行借据）和债券是商业银行的债务资本，属于附属资本。商业银行用发行资本票据和债券的方式筹集资本的好处是可以减少银行的筹资成本。因为银行的这部分债务不必保留存款准备金，银行对资本票据和债券支付的利息要少于对普通股和优先股支付的股息。不利之处是，由于这部分资本属于非永久性资本，有一定的期限，因而限制了银行对此类资本的使用。

总资本（一级资本与二级资本之和）（减去对应资本扣减项后）与风险加权资产⊖的比例即资本充足率（CAR），反映商业银行在存款人和债权人的资产遭受损失之前，该银行能以自有资本承担损失的程度。规定该项指标的目的在于抑制风险资产的过度膨胀，保护存款人和其他债权人的利益，保证银行等金融机构正常运营和发展。

各国金融管理当局一般都有对商业银行资本充足率的管制，目的是监测银行抵御风险的能力。作为国际银行监督管理基础的《巴塞尔协议》规定，资本充足率（CAR）的目标标准比率为8%。用公式表示为

$$CAR=资本/风险 \geqslant 8\%$$

专栏 7-1

27国就《巴塞尔协议Ⅲ》达成一致，全球银行面临资本补充

新闻回放：2010年9月12日，巴塞尔银行监管委员会管理层会议在瑞士举行，27个成员国的中央银行代表就加强银行业监管的《巴塞尔协议Ⅲ》（以下简称《协议》）达成一致。该改革方案主要涉及最低资本要求水平，包括将普通股比例最低要求从2%提升至4.5%，建立2.5%的资本留存缓冲和0~2.5%的逆周期资本缓冲。

《巴塞尔协议Ⅲ》要求各成员国从2013年1月1日起将协议列入法律当中，并且要求从当日起各成员国的商业银行必须满足其最低要求。特别地，新协议对一级资本做出了全新的定义，只包括普通股和永久优先股。会议还决定各家银行最迟在2017年年底完全接受最新的针对一级资本的定义。

专栏点评：此协议是近几十年来针对银行监管领域的最大规模改革。各国央行和监管部门希望这些改革能促使银行减少高风险业务，同时确保银行持有足够储备金，能不依靠政府救助，独立应对今后可能发生的金融危机。

资料来源：每日经济新闻网

在我国，除了《商业银行法》对商业银行的资本充足率有规定外，中国银监会发布的《商业银行资本管理办法（试行）》中更明确规定了商业银行的资本充足率的最低监管要求：总资本⊖与风险加权资产的比例不得低于8%，其中，核心一级资本与风险加权资产的比例不得低于5%，一级资本与风险加权资产的比例不得低于6%。

⊖ 风险加权资产是根据风险权数（权重）计算出来的资产。根据中国银行业监督管理委员会2012年6月7日发布的《商业银行资本管理办法（试行）》的规定，商业银行风险加权资产包括信用风险加权资产、市场风险加权资产和操作风险加权资产。其中，权重法下信用风险加权资产为银行账户表内资产信用风险加权资产与表外项目信用风险加权资产之和。其中，现金及现金等价物的风险权重为0%；个人住房抵押贷款的风险权重为50%；商业银行被动持有的对工商企业股权投资在法律规定处分期限内的风险权重为400%；商业银行对工商企业其他股权投资的风险权重为1 250%。

⊖ 商业银行总资本包括核心一级资本、其他一级资本和二级资本。商业银行应当按《商业银行资本管理办法（试行）》第三章的规定计算各级资本和扣除项。其中，核心一级资本包括：实收资本或普通股、资本公积、盈余公积、一般风险准备、未分配利润及少数股东资本可计入部分。

随着我国大型国有银行和一些中小型银行的上市，我国商业银行整体抗风险能力不断增强，资本充足率不断提高。自 2013 年我国商业银行开始正式执行《商业银行资本管理办法（试行）》以来，截至 2017 年年底，商业银行核心一级资本充足率为 10.75%，与 2016 年年末基本持平；一级资本充足率为 11.35%，较 2016 年年末上升 0.1 个百分点；资本充足率为 13.65%，较 2016 年年末上升 0.37 个百分点。○一其中，中国工商银行等上市银行的资本充足率如图 7-1 所示。

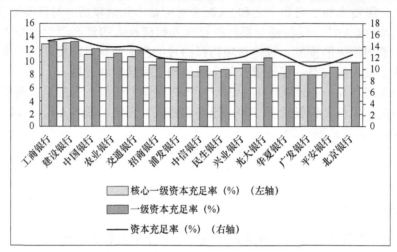

图 7-1　主要上市商业银行资本充足率

资料来源：各商业银行 2017 年度报告

2. 存款业务

存款是商业银行最传统的资金来源，也是商业银行最主要的负债（如图 7-2 所示）。任何商业银行总是千方百计增加存款，因为只有增加资金来源，才能扩大放款和投资规模，增加利润收入。

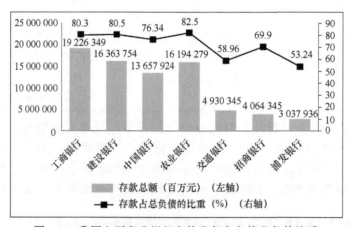

图 7-2　我国主要商业银行存款业务占负债业务的比重

资料来源：各商业银行 2017 年度报告○二

○一 资料来源：中国银保监会官方网站。
○二 图 7-1 和图 7-2 的数据截止于 2017 年 12 月 31 日。

第7章 解读商业银行业务

从总体上来看，目前我国商业银行所吸收的存款，主要来源于以下几个方面：①企业在生产经营过程中暂时闲置的货币资金。企业在生产经营过程中，由于各种各样的原因必然会出现一部分暂时闲置的资金。例如：为补偿固定资本消耗所提取的折旧基金在固定资产更新前所表现的形式；产品销售所得收入在没有立即购买原材料、燃料、支付职工工资之前的表现形式；准备用于再生产的资金在没有凑足或动用前的表现形式等。这些闲置资金一般都要存入商业银行，以备后用。②贷款的尚未支用部分。企业在向商业银行取得贷款后，往往会将所得贷款的尚未支用部分存放在该行自己的活期存款账户上，这也是商业银行的一笔存款。这部分存款是通过"贷转存"形成的，因而也被称为"水分存款"，是商业银行挤存款水分时的首要目标。因为这部分存款的时间往往很短，因此，在讨论银行资金实力时，必须扣除这一因素。③社会其他闲置资金。除了企业的闲置资金外，尚未进入产业界的游离资金或闲置资金也是商业银行的存款来源。例如，个人为养老、婚嫁、出国、防止失业、子女上学等目的而储蓄的货币，以及个人收入尚未支用的部分等。除此之外，各级政府及社会团体的存款、同业存款、外国政府及社会团体的存款也是商业银行存款的来源。

我国商业银行吸收的存款，按不同的标准可分为不同的类型，按业务类型分，可以分为公司存款和个人存款；按存款的期限又可以分为活期存款和定期存款；按币种结构还可以分为人民币存款和外币存款。以中国工商银行股份有限公司为例，其存款业务分类见表 7-2。

表 7-2 中国工商银行股份有限公司存款业务分类表

（金额单位：人民币百万元）

项目	2017年12月31日 金额	占比（%）	2016年12月31日 金额	占比（%）
公司存款				
定期	4 487 885	23.3	4 176 834	23.4
活期	6 069 804	31.6	5 271 686	29.6
小计	10 557 689	54.9	9 448 520	53.0
个人存款				
定期	4 559 714	23.7	4 419 907	24.8
活期	3 820 392	19.9	3 720 374	20.9
小计	8 380 106	43.6	8 140 281	45.7
其他存款①	288 554	1.5	236 501	1.3
合计	19 226 349	100.0	17 825 302	100.0

① 主要包括汇出存款和应解汇款。

资料来源：中国工商银行股份有限公司 2017 年度报告（A 股）

（1）公司存款。公司存款是企业在生产和流通过程中以货币形态存在的资金。它包括企业准备用于购买原材料、燃料、辅助材料和用于支付职工工资的货币准备金，以及准备用于扩大再生产的积累基金。根据企业存款的性质和用途不同，一般可分为两类，即企业结算户存款和企业专用基金存款。前者是活期存款，后者主要是定期存款。

（2）个人存款。这是城镇居民为了储存价值，取得利息，而把一部分现金集中到银行的存款。因此，我国的储蓄存款是指居民个人在银行的存款。储蓄存款按期限长短及特点不同，可分为活期储蓄、定期储蓄、定活两便储蓄、华侨储蓄、外币储蓄等种类。

（3）活期存款。活期存款是指存款人可以随时存取的存款。它主要用于交易和短期支付，支付时通常使用银行规定的支票，所以又将这种存款称为支票存款。活期存款的形式主要有支票存款账户、旅行支票和本票等。商业银行经营的活期存款流动性很大，存取频繁，手续比较烦琐，而且要提供许多相应的服务，如存、取款及转账等，成本较高，银行对这种存款一般只支付很低的利息。活期存款往往是商业银行重要的资金来源。

（4）定期存款。定期存款是相对于活期存款而言的，其期限固定而且比较长，是商业银行稳定的资金来源。定期存款的期限通常有3个月、6个月、1年、3年、5年甚至更长的期限。其利率水平也是随着期限的延长而提高，利息构成存款人的收入和银行的成本。定期存款一般是到期才能提取，到期后也可以续存。但一般情况下，为了赢得客户，银行允许提前支取，但要扣除提前日期的利息。定期存单一般不能转让和流通，但是可以作为质押品从银行贷款。

（5）外币存款。它是指以本国货币以外的外国货币形式存入银行的存款。为了加强与世界经济的交流，促进我国经济的健康发展，吸收外币存款是我国商业银行的必然业务。目前我国商业银行吸收的外币存款，按存款对象可分为甲种外币存款、乙种外币存款和丙种外币存款三种。甲种外币存款是指各国驻华机构、境外企业、团体，境内的机关、团体、企事业单位的存款；乙种外币存款是指外国人、外籍华人、华侨，港、澳、台同胞个人的外币存款；丙种外币存款是指持有外币的中国境内居民所存入的外币存款。

延伸阅读

外币存款也有学问

目前个人外币储蓄存款起存期分为活期、1个月、3个月、6个月、1年、2年六个档次，按《储蓄管理条例》的规定，存期越长利率越高，期满按存入时挂牌利率计息，逾期按活期利率计息。且各外币存款的利率受各国政治、经济因素的影响，中国人民银行对其经常进行不同的升降调整，居民在储蓄外币时在"币种、存期、方式"等方面要注意以下三点：

（1）币种兑换应"少兑少换"。一是由于目前人民币在资本账户还不能自由兑换，当换存人民币的收益小于直接存外币时，不要轻易兑换，因为一旦将外币换成人民币以后，若再想换回外币是比较困难的。二是银行对外币与本币之间、外币与外币之间的兑换要收取一定的兑换费用，并且银行在兑换时是按"现钞买入价"收进，而不是按"外汇卖出价"兑换，前价要低于后价许多，储户将有一定的损失。三是将人民币通过黑市兑换成外币存入银行以保值的做法，实际上是一种得不偿失的行为，尤其是许多的外币根本就没有人民币的利率、汇率坚挺，不如存人民币合算。

（2）存期选择应"短平快"。一般不要超过1年，以3～6个月的存期较合适，一旦利率上调时或之后不久，就可以到期转存、续存。

（3）存取方式应"追涨杀跌"。这是因为在一般情况下，当某外币存款利率拾级上升，将会有一段相对稳定的时间；而当其震荡下降时，也将会有一段逐级盘下的下降过程。所以，一方面当存入外币不久遇利率上升时，应立即办理转存。虽说已存时间利息按活期计算有损失，但转存以后获得的利息收入可大大地高于损失。当已存外币快到期时遇利率上升时,这时便可放心地稍等期满支取后再续存,使既拿到原到期利息,又赶上了高利率起存机会。另一方面,存期内遇利率下调,并超过了预先设定的心理止损价位,而且其汇率也出现了震荡趋降的走势时,便不能心疼因提前支取所造成的利息损失,而应果断提前支取"杀跌",并将其兑换成其他硬货币存储,以避免造成更大的利息损失。

资料来源:外汇网

---

3. 借款业务

商业银行用借款的方式筹集资金,也是其负债业务的重要构成部分,主要有以下几条途径:

(1) 向中央银行借款。中央银行是银行的银行,是银行的"最后贷款人",当商业银行资金不足时,可以向中央银行借款。商业银行向中央银行借款的方式主要有两种,即再贴现和再贷款。再贴现是商业银行将自己已经贴现但尚未到期的商业票据向中央银行申请再一次贴现。这是商业银行从中央银行取得资金融通的最重要、最普遍的形式。再贷款是商业银行从中央银行所取得的贷款,它可以是信用贷款,也可以是抵押贷款。一般来讲,中央银行对再贷款的控制要比再贴现严格,条件也复杂,商业银行不能过多地依赖于这种方式取得资金。

中国人民银行的再贷款业务是从1984年开始的,主要用于支持农副产品收购、国家重点建设、国有大中型企业生产、外贸收购以及清理"三角债"等政策性需要。1993年,国务院决定实行改革,再贷款的权力集中到了中国人民银行总行。1994年以后,随着金融改革的不断深入,中国人民银行的再贷款发放对象主要是政策性银行,特别是农业发展银行和国家开发银行。从长远看,再贷款的长期发展趋势将是逐步减少。

(2) 银行同业拆借。它是指商业银行之间以及商业银行与其他金融机构之间相互提供的短期资金融通。在这种拆借业务中,借入资金的银行主要是用以解决本身临时资金周转的需要,期限较短,多为1~7个营业日。同业拆借一般都通过各商业银行在中央银行的存款准备金账户,由拆入银行与拆出银行之间用电话或电传通过专门的短期资金公司或经纪人来安排等方式进行。

(3) 发行金融债券。金融债券是银行为了筹措资金而发行的一种债务凭证。对于债券购买者来说,它是一种债权证书,债券持有者有权从发行债券的银行取得固定利息,并到期收回本金;对于银行来说,则可以筹集一部分资金,形成债券发行银行的一项重要资金来源。

我国商业银行从1985年开始发行金融债券。中国工商银行和中国农业银行于1985年首次发行5亿元金融债券,面额为20元、50元、100元三种,期限一年,年息9%,一次还本付息,不能提前兑现,不能流动、转让,认购对象全部为个人。所筹集的资金主要用于发放特种贷款,支持效益好、产品为市场急需的企业发展生产。随后,中国建设银行、中国银行等也发行了金融债券。

2014年8月,为落实党中央、国务院"扩内需、保增长、调结构、惠民生"战略部署的具体举措,中国人民银行和中国银行业监督管理委员会联合制定并发布了《中国人民银行 中国银行业监督管理委员会公告》,允许符合条件的金融租赁公司、汽车金融公司和消费金融公司发行金融债券,并明确规定了申请发行金融债券的具体条件。

专栏 7-2

允许金融租赁公司、汽车金融公司和消费金融公司发行金融债券

新闻回放：为规范金融租赁公司、汽车金融公司和消费金融公司发行金融债券行为，保护投资者的合法权益，根据《中华人民共和国中国人民银行法》《中华人民共和国银行业监督管理法》《全国银行间债券市场金融债券发行管理办法》《金融租赁公司管理办法》《汽车金融公司管理办法》和《消费金融公司试点管理办法》等法律法规和相关规定，中国人民银行和中国银行业监督管理委员会联合制定并发布了《中国人民银行 中国银行业监督管理委员会公告》（其他[2014]8 号，以下简称《公告》），允许符合条件的金融租赁公司、汽车金融公司和消费金融公司发行金融债券，并明确规定了申请发行金融债券的具体条件。《公告》自发布之日起施行。金融租赁公司和汽车金融公司发行金融债券的申请核准程序、发行承销、登记托管、信用评级和信息披露等事宜，仍按照《全国银行间债券市场金融债券发行管理办法》和《全国银行间债权市场金融债券发行管理操作规程》等执行。

专栏点评：允许金融租赁公司、汽车金融公司和消费金融公司发行金融债券，是在控制风险的前提下稳步扩大发债主体的范围、加快债券市场发展的重要步骤。金融租赁公司主要通过出租生产设备等方式为承租人提供融资支持，中小企业是其重要服务对象。允许金融租赁公司发债，有利于拓宽其资金来源渠道，促进融资租赁业务开展，并增强其支持中小企业发展的能力。汽车金融公司主要为汽车购买者及销售商提供金融服务。允许汽车金融公司发债，有利于拓宽其融资渠道，推动汽车消费信贷业务开展，进而扩大国内汽车消费需求，支持汽车产业振兴。

资料来源：中国银保监会网站、中国经济网

我国商业银行发行的金融债券主要有三种类型，即普通金融债券、累进利息金融债券和贴水债券。根据不同种类的金融债券，银行实行三种不同的利息率：①固定利率，就是规定金融债券的期限，通常为一年期，到期按固定利率支付利息。这种利率一般适用于普通金融债券。②累进利率，就是先规定金融债券的期限，这种期限又分为最低期限和最高期限。达到最低期限，债券即算到期，以后可以随时支取本息，但债券最长不能超过最高期限，否则，银行对逾期部分不再支付利息。债券从发行日起到最低期限，实行最低档次的利率。在最低期限和最高期限之间，再划分若干个时间界限，分别规定不同档次的利率。这样，同一金融债券可以同时适用几个等级的利率，期限越长则利率越高。③贴水债券，就是券面上不附有息票，发行时按规定的折扣率以低于票面价值的价格出售，到期按票面价值偿还本金的一种债券。

7.1.2 资产业务

商业银行资产业务是指商业银行通过不同的方式和渠道将聚集的资金加以运用并取得收益的各种经营活动，主要包括现金资产业务、贷款业务和证券投资业务等，以中国建设银行股份有限公司为例，其资产业务分类见表 7-3。

第 7 章 解读商业银行业务

表 7-3 中国建设银行股份有限公司资产业务分类表

(金额单位：百万元)

	2017年12月31日		2016年12月31日		2015年12月31日	
	金额	占总额百分比(%)	金额	占总额百分比(%)	金额	占总额百分比(%)
客户贷款和垫款总额	12 903 441		11 757 032		10 485 140	
贷款损失准备	(328 968)		(268 677)		(250 617)	
客户贷款和垫款净额	12 574 473	56.84	11 488 355	54.80	10 234 523	55.78
投资①	5 181 648	23.42	5 068 584	24.18	4 271 406	23.28
现金及存放中央银行款项	2 988 256	13.51	2 849 261	13.59	2 401 544	13.09
存放同业款项及拆出资金	500 238	2.26	755 288	3.60	663 745	3.62
买入返售金融资产	208 360	0.94	103 174	0.49	310 727	1.69
应收利息	116 993	0.53	101 645	0.49	96 612	0.52
其他②	554 415	2.50	597 398	2.85	370 932	2.02
资产总额	22 124 383	100.00	20 963 705	100.00	18 349 489	100.00

① 包括以公允价值计量且其变动计入当期损益的金融资产、可供出售金融资产、持有至到期投资及应收款项类投资。
② 包括贵金属、衍生金融资产、对联营和合营企业的投资、固定资产、土地使用权、无形资产、商誉、递延所得税资产及其他资产。

资料来源：中国建设银行股份有限公司 2017 年度报告（A 股）

1. 现金资产业务

现金资产是商业银行持有的，可以无风险地加以运用的，最具有流动性的资源。它包括以下几类：

（1）库存现金。它是指商业银行保存在金库中的现钞和硬币，主要用于应付日常业务支付的需要。任何一家营业性的银行，为保证对客户的支付，都必须保存一定数量的现金。但库存现金是一种非营利性资产，而且保存它还需要花费大量的保卫费用，因此，库存现金不宜太多，要保持适度。

（2）在中央银行的存款。它是指商业银行存放在中央银行的资金，即存款准备金。它包括法定存款准备金和超额存款准备金。法定存款准备金是按照法定比例向中央银行缴存的存款准备金。超额存款准备金是指在存款准备金账户中，超过了法定存款准备金的那部分存款。由于法定存款准备金一般不能动用，商业银行能动用的只是超额存款准备金部分。通常，超额存款准备金的多少，决定了商业银行能够再度进行贷款和投资规模的大小。商业银行保留超额存款准备金的目的，主要是为了银行之间票据交换差额的清算，应付不可预料的现金提存和等待有利的贷款和投资机会。

专栏 7-3

央行下调部分金融机构存款准备金率以置换中期借贷便利

新闻回放：经国务院批准，中国人民银行决定，从 2018 年 4 月 25 日起，下调大型商业银行、股份制商业银行、城市商业银行、非县域农村商业银行、外资银行人民币存款准备金率 1 个百分点。同日，上述银行将各自按照"先借先还"的顺序，使用降准释放的资金偿还其所借央行的中期借贷便利（MLF）。

术语解析：存款准备金是指金融机构为保证客户提取存款和资金清算需要而准备的在中央银行的存款，中央银行要求的存款准备金占其存款总额的比例就是存款准备金率。中央银行通过调整存款准备金率，可以影响金融机构的信贷扩张能力。

专栏点评：央行此次下调存款准备金率主要是为了引导金融机构加大对小微企业的支持力度，增加银行体系资金的稳定性，优化流动性结构。以 2018 年一季度末数据估算，操作当日偿还 MLF 约 9 000 亿元，同时释放增量资金约 4 000 亿元，大部分增量资金释放给了城商行和非县域农商行。

资料来源：中国人民银行网站、新浪财经

（3）存放同业的存款。它属于非营利性资产或低营利性资产，是商业银行在其他银行的活期存款，其目的是为了自身清算业务的便利。商业银行在业务经营过程中，为了提高清算效率和补偿代理行所提供的各种服务，一般均会在同业存放一定的资金。这种同业存款往往数额较大，而且资金占用方能将其用于贷款或投资。因此，位于地区或全国性行政或经济中心的大型商业银行都在为吸引同业存款而进行激烈的竞争。

2. 贷款业务

贷款业务是商业银行的一项最主要的资产业务，是商业银行业务经营的主体。在美国，贷款业务约占商业银行全部资产业务的 60%。在我国，在商业银行业务日趋综合化、全面化的今天，贷款业务仍然是其资产业务的主体（如图 7-3 所示）。因此，商业银行如何使每笔贷款都能发挥应有的经济效益，已成为其经营中的核心问题。

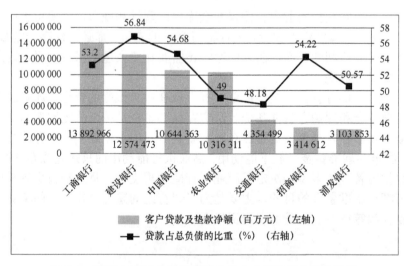

图 7-3 我国主要商业银行贷款业务占全部资产业务的比重

资料来源：各商业银行 2017 年度报告

我国商业贷款业务种类很多，按不同的标准可以分为以下几个类别：

（1）按贷款的保障条件来分，商业贷款可分为信用贷款和担保贷款（以中国建设银行有限公司为例，见表 7-4）。

表 7-4　中国建设银行有限公司按担保方式划分的贷款业务分类表

（金额单位：百万元）

	2017 年 12 月 31 日		2016 年 12 月 31 日	
	金额	占总额百分比（%）	金额	占总额百分比（%）
信用贷款	3 885 329	30.11	3 471 042	29.52
保证贷款	2 123 492	16.46	1 964 685	16.71
抵押贷款	5 539 863	42.93	5 095 325	43.34
质押贷款	1 354 757	10.50	1 225 980	10.43
客户贷款和垫款总额	12 903 441	100.00	11 757 032	100.00

资料来源：中国建设银行有限公司 2017 年度报告

1）信用贷款是指商业银行完全凭借款人的信誉，无须提供担保或抵押而发放的贷款。信用贷款的手续比较简单，借款人首先提出借款申请，经贷款银行审查合格后，借款人按要求填写书面借款借据，并经借贷双方签名盖章后即可取得贷款。但这类贷款风险较大，对贷款人的要求较高。

2）担保贷款是指具有一定的财产或信用作为还款保证的贷款。它具体可分为抵押贷款、质押贷款和保证贷款。抵押贷款是指以借款人或第三方的财产作为抵押物所发放的贷款；质押贷款是指以借款人或第三方的动产或权利作为质物所发放的贷款；保证贷款是指贷款人按《中华人民共和国担保法》规定的保证方式以第三人承诺在借款人不能偿还贷款本息时，按规定承担连带责任而发放的贷款。保证人为借款人提供的贷款担保为不可撤销的全额连带责任保证，包括贷款合同内规定的贷款本息和由贷款合同引起的相关费用。保证人还必须承担由贷款合同引发的所有连带民事责任。

（2）按业务类型划分，贷款业务可分为公司贷款、个人贷款和票据贴现（以中国工商银行股份有限公司为例，见表 7-5）。

表 7-5　中国工商银行股份有限公司按业务类型划分的贷款业务分类表

（金额单位：百万元）

项目	2017 年 12 月 31 日		2016 年 12 月 31 日	
	金额	占比（%）	金额	占比（%）
公司类贷款	8 936 864	62.8	8 140 684	62.4
票据贴现	351 126	2.5	719 993	5.5
个人贷款	4 945 458	34.7	4 196 169	32.1
合计	14 233 448	100.0	13 056 846	100.0

资料来源：中国工商银行股份有限公司 2017 年度报告

1）公司贷款是指企业为了生产经营的需要，向银行或其他金融机构按照规定利率和期限筹措资金的一种借款方式。企业的贷款主要是用来进行固定资产购建、技术改造等大额长期投资。它包括流动资金贷款、项目贷款和房地产贷款。

2）个人贷款是指银行向个人发放的用于满足其各种资金需求的贷款。个人贷款业务属于商业银行贷款业务的一部分，包括个人消费贷款、个人经营贷款、信用卡透支等。

而个人消费贷款是指商业银行发放给消费者，使他们在有财力付款前享受商品和劳务的贷款。个人消费贷款分为住房按揭贷款和个人综合消费贷款；个人综合消费贷款包括但不限于耐用品消费贷款、教育助学贷款、旅游贷款、汽车贷款等。按借款对象不同，个人消费贷款还可分为直接贷款和间接贷款，直接贷款是指商业银行将贷款直接发放给消费者个人；间接贷款是指商业银行将资金贷给商业企业，再由商业企业向消费者个人赊销商品和劳务。

专栏 7-4

央行：多措并举 加大对新消费领域的支持

新闻回放： 经国务院同意，中国人民银行、银监会联合印发《关于加大对新消费领域金融支持的指导意见》（银发〔2016〕92 号，以下简称《意见》）。《意见》从积极培育发展消费金融组织体系、加快推进消费信贷管理模式和产品创新、加大对新消费重点领域金融支持、改善优化消费金融发展环境等方面提出了一系列金融支持新消费领域的细化政策措施。《意见》提出：加快推进消费信贷管理模式和产品创新；鼓励银行业金融机构探索运用互联网等技术手段开展远程客户授权，实现消费贷款线上申请、审批和放贷；合理确定消费贷款利率水平，优化绩效考核机制；创新消费信贷抵质押模式，开发不同首付比例、期限和还款方式的信贷产品，推动消费信贷与互联网技术相结合；加大对养老家政健康消费、信息和网络消费、绿色消费等新消费重点领域的金融支持。

在经济转型、消费升级的大背景下，中国消费信贷市场正展现出惊人的发展潜力。央行数据显示，截至 2017 年年末，我国金融机构消费贷款余额达 31.5 万亿元，是 2012 年年末的 3 倍，年均增长率约为 24.7%。信用卡发卡量和贷款余额持续增长。2012 年和 2015 年，我国信用卡发卡量从 3 亿多张增至 5.9 亿张，信用卡贷款余额从 1.1 万亿元增至 5.6 万亿元。央行援引 WIND 数据称，2013 年到 2016 年互联网消费金融业务交易规模从 60 亿元增至 4367 亿元。根据艾瑞咨询的预测，未来几年消费信贷有望保持年均 20%以上的增速，到 2020 年规模有望达到 41 万亿元。同时，据专家估计，到 2020 年"非银行金融机构"在个人贷款市场的比重有望从目前的 4%提升至两成左右。依托快速成长且日趋规范的互联网金融，"线上"有望成为消费信贷重要的增长极。

资料来源：搜狐财经、新浪财经、第一消费金融

专栏点评： 尽管目前的个人贷款市场上，商业银行依然是"绝对主力"。但因为缺乏在央行的信用记录，中国有数量众多的人处于传统金融服务覆盖面的"灰色地带"。新型金融机构可借助互联网和大数据技术，导入社保、商业保险、纳税等多元个人信息，使信用成为可以变现并创造价值的"交易货币"，并为此类人提供消费金融服务。

3）票据贴现是一种特殊的贷款。它是指商业银行应客户的要求，以现款或活期存款买进客户持有的未到期商业票据的方式发放的贷款。按现行规定，目前银行承兑汇票和商业承兑汇票①均可以向银行申请办理贴现业务。未到期票据贴现额的计算公式为

---

① 详见《中国人民银行关于促进商业承兑汇票业务发展的指导意见》（银发〔2006〕385 号）。

贴现银行付款额=票据面额×(1-年贴现率×未到期天数/360 天)

(3) 按贷款期限来分,贷款业务可分为短期贷款、中期贷款、长期贷款。短期贷款是指贷款期限在 3 个月~1 年的贷款(含 1 年);中期贷款是指贷款期限为 1~5 年(含 5 年)的贷款;长期贷款是指贷款期限在 5 年以上(不含 5 年)的贷款。目前我国商业银行一般以中长期贷款业务为主,以中国工商银行为例,截至 2017 年 12 月 31 日,其公司类贷款中,中长期贷款占比高达 68.6%。

(4) 按贷款用途来分,贷款业务可分为流动资金贷款和固定资产贷款。

1) 流动资金贷款是指商业银行为满足企业流动资金周转需要而发放的贷款,主要包括周转贷款、临时贷款、结算贷款、卖方贷款、贴现、科技开发贷款及保证贷款。根据贷款期限,流动资金贷款又可分为临时(3 个月以内)、短期(3 个月~1 年)、中期(1~3 年)三种。流动资金贷款的贷款对象主要是工商企业。

2) 固定资产贷款是指商业银行为满足企业进行固定资产再生产的资金需要而发放的贷款,包括项目贷款和房地产贷款。

(5) 按贷款的质量和风险程度来分,贷款业务可分为正常贷款、关注贷款、次级贷款、可疑贷款和损失贷款。其中,次级贷款、可疑贷款和损失贷款属于不良贷款(以中国工商银行为例,见表 7-6)。

表 7-6 中国工商银行股份有限公司按贷款五级划分的贷款业务分类表

(金额单位:百万元)

项目	2017 年 12 月 31 日		2016 年 12 月 31 日	
	金额	占比(%)	金额	占比(%)
正常	13 450 486	94.50	12 261 034	93.91
关注	561 974	3.95	584 011	4.47
不良贷款	220 988	1.55	211 801	1.62
次级	81 209	0.57	109 434	0.84
可疑	108 854	0.76	82 505	0.63
损失	30 925	0.22	19 862	0.15
合计	14 233 448	100.00	13 056 846	100.00

资料来源:中国工商银行股份有限公司 2017 年度报告

1) 正常贷款是指借款人能够履行借款合同,有充分把握按时足额偿还本息的贷款。

2) 关注贷款是指贷款的本息偿还仍然正常,但是发生了一些可能会影响贷款偿还的不利因素。如果这些因素继续存在下去,则有可能影响贷款的偿还,因此,需要对其进行关注,或对其进行监控。

3) 次级贷款是指借款人依靠其正常的经营收入已经无法偿还贷款的本息,而不得不通过重新融资或"拆东墙补西墙"的办法来归还贷款,表明借款人的偿还能力出现了明显的问题。

4) 可疑贷款是指借款人无法足额偿还贷款本息,即使执行抵押或担保,也肯定要造成一部分损失。这类贷款比次级贷款问题更加严重。

5) 损失贷款是指在采取了所有可能的措施和一切必要的法律程序之后,本息仍然无法收回，或只能收回极小部分。银行将这类贷款继续保留在资产账面上已经没有意义，应当在履行必要的内部程序之后，立即冲销。

按照贷款质量或风险程度划分贷款种类，有利于加强贷款的风险管理，提高贷款质量；有助于发现信贷管理和内部控制中存在的问题，从而有利于银行提高信贷管理水平，帮助银行稳健运行。

随着大型商业银行的股份制改革，我国商业银行的不良贷款率大幅下降；但随着我国经济转入新常态，自2013年起，商业银行的不良贷款率有上升的态势（如图7-4所示）。2017年，全球经济持续复苏，中国宏观经济保持平稳较快增长，银行业盈利增速回升，不良贷款率企稳甚至有所下降。截至2017年年底，商业银行按贷款五级分类的不良贷款余额为1.71万亿元，比年初下降4 900亿元，不良贷款率1.74%，比年初下降0.17个百分点。关注类贷款余额3.41万亿元，关注类贷款率3.49%。⊖

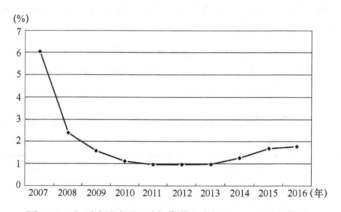

图7-4 主要商业银行不良贷款比例（2007～2016年）

资料来源：中国银行业监督管理委员会2016年报

3．证券投资业务

证券投资业务是指商业银行以其资金在金融市场上买卖有价证券的业务活动。证券投资是商业银行重要的资产业务，也是商业银行利润的主要来源之一。商业银行证券投资的主要对象是各种债券，包括政府债券、政府机构债券、地方政府债券、金融债券等。目前，世界上除德国、瑞士、奥地利等少数实行全能商业银行制的国家外，多数国家都明文规定商业银行不能购买工商企业的股票。

商业银行投资证券的主要目的包括：①增加收益，即通过灵活运用闲置资金，获取投资收益。证券投资的收益包括证券的利息和资本利得两个方面。②加强资产的流动性，即充当第二准备。当商业银行的资产不够满足流动性需要时，可在二级市场上抛售证券，尤其是短期政府债券，安全性和流动性都非常高，通常被当作商业银行的第二准备。③降低风险。通过选择多样化的证券组合，商业银行可以有效地分散风险。

近年来，商业银行证券投资业务快速增长，在商业银行资产业务中的比重不断增加，其收益占利息收入的比重已突破20%，部分中型银行甚至超过30%（如图7-5所示）。投资收益已成为银行业金融机构利润的重要组成部分。

⊖ 数据来源：《2017年四季度主要监管指标》，中国银行保险监督管理委员会网站。

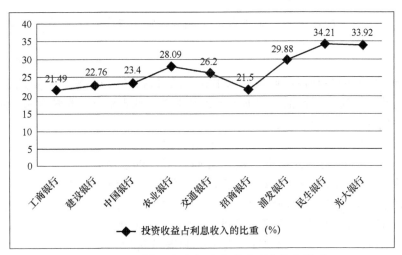

图 7-5 主要商业银行投资收益占利息收入比重

资料来源：各上市商业银行 2017 年度报告

7.1.3 中间业务

专栏 7-5

中间业务面临转型 银行寻求差异发展

新闻回放：2017 年，受行业监管政策趋严、债券和资本市场波动、营改增实施、降费让利、同比高基数等因素影响，商业银行中间业务发展承受较大压力，收入整体呈现稳中略降的态势。中国工商银行、中国建设银行等 14 家主要上市商业银行共实现手续费及佣金净收入 7 950.97 亿元（人民币，下同），仅比 2016 年增加 4.46 亿元，增速明显下滑，由 2016 年的 7.24%下降为 2017 年的 0.06%，营业收入的占比为 20.56%，比 2016 年略有减少。其中，银行卡、支付结算等传统中间业务收入仍是最大的中间收入业务来源。2017 年 14 家主要上市商业银行传统中间业务收入 5 480.30 亿元，占手续费及佣金收入的 60.80%，比 2016 年提高约 2 个百分点。但是，代理委托类业务明显收缩。14 家主要上市商业银行实现收入 1 124.18 亿元，同比降幅为 20.87%。这主要是由于在保险产品监管规范下，中短期投资理财保险、万能险、财险公司投资理财保险等高现价、高收益的趸缴保险产品大规模停售或限售，银保渠道畅销产品供给量下降，给银保渠道代理保险业务的保费增长带来压力。

同时，2017 年，受行业监管政策趋严、债券和资本市场波动、营改增实施等因素影响，商业银行投融资顾问、债券发行与承销、资产管理等业务收入相应减少，新型中间业务收入进入负增长区间。14 家主要上市商业银行共实现新型中间业务收入 2 828.87 亿元，同比减少 46 亿元，较 2016 年下降 1.60%。

预计 2018 年商业银行中间业务将顺应监管要求和环境变化，总体企稳改善。未来，信用卡收入作为消费金融的重要载体仍将保持快速增长，收入占比将进一步提高；商业银行加快布局电子支付领域，将使电子结算收入保持较快增长；理财业务逐渐回归资产管理本质，占比可能进一步下降，但仍然是重要的中间业务收入来源；托管类业务增长渠道有待在资本市场发展下进一步开辟。

资料来源：搜狐财经

术语解析：中间业务是指商业银行以中介人的身份代客户办理各种委托事项，并从中收取手续费的业务。其主要包括结算业务、信托业务、代理业务、租赁业务、银行卡业务、服务性业务、代保管业务等。

专栏点评：中间业务是近一个时期以来商业银行金融创新和业务拓展的重点。中间业务发展的规模、质量在很大程度上决定着商业银行的服务水平和竞争发展能力。随着各商业银行在财富管理、资产托管、融资顾问、银行卡等业务转型上的全面提速以及企业年金市场的扩容，未来我国商业银行中间业务将继续保持增长的态势。近年来，银行业按照国家和监管部门的要求认真规范服务收费，持续减费让利为企业降低成本（如中国工商银行对小微企业免收了26项各类手续和服务费用，仅此每年可为小微企业降低成本近70亿元）[①]。从另一方面来说，这也将加大银行中间业务的增收难度。

1. 结算业务

结算业务是商业银行存款业务的自然延伸。所谓结算，是指各经济单位之间因交易、劳务、资金转移等原因所引起的货币收付行为。交易双方的货币收付，除少量以现金方式进行外，大部分是通过双方在银行开立的存款账户上的资金划拨来完成的，因此，商业银行在这里扮演着重要的角色。

按照收付双方所在地点划分，结算业务可分为同城结算和异地结算。同城结算是指收款人和付款人在同一城市或地区的结算，其主要方式是支票结算。付款人根据其在银行的存款和透支限额，向收款人开出支票，收款人收到支票后，可以自己到付款人的开户行要求付款，也可以将支票交给自己的开户行，委托它向付款人收款。如果支票的收付双方恰好在同一银行开户，则银行只需将支票上所载的金额从付款人账户划转到收款人账户上就可以了。如果收付双方不在同一银行开户，银行就必须把支票送到票据交换所进行清算。

异地结算是指收款人和付款人不在同一地区的结算。其结算方式主要有汇款、托收、信用证和电子划拨四种。

汇款是指付款人委托银行将款项汇给外地的收款人。根据汇款的方式不同，汇款可以分为电汇、信汇、票汇三种。电汇是以电报或电传通知汇入行付款的一种结算方式；信汇是通过邮寄信汇委托书通知汇入行付款的一种结算方式；票汇是收款人凭汇出行开出的汇票到汇入行取款的一种结算方式。

托收是指由收款人向银行提供收款依据，委托银行向异地付款人收取款项。根据委托人是否提交货运单据，托收又可以分为跟单托收和光票托收两种。跟单托收是指委托人将附有货运单据的汇票交给托收银行代收款项的一种结算方式；光票托收是指委托人仅将汇票交给托收银行代收款项的一种结算方式。

信用证结算是指购货商委托其开户银行根据其所指定的条件向异地的销货商支付货款的一种结算方式。信用证结算对购货方和销货方都有利，保护了双方的利益，在国际贸易中普遍使用。但是，这种结算方式速度较慢。目前，我国对于普通的申请人，银行开立信

[①] 详见中国工商银行2017年度报告。

第7章 解读商业银行业务

用证时,一般都要向申请人收取信用证金额100%的保证金,当然,如果开证申请人是基本结算户,并且资信好,则可以适当少收保证金或免收保证金。

电子划拨是指通过建立各种地区性、全国性、国际性的大型电子网络来转移资金,实现资金的快速收付的一种结算方式。目前,我国几大国有商业银行都普遍建立了这种全国性的电子网络,实现了资金的24小时内到账。

延伸阅读

跨境贸易人民币结算试点稳步推进 商业银行国际结算量波动相对稳定

根据中国银行业协会发布的《人民币国际化报告(2017)》显示,截至2017年年末,跨境人民币结算试点已经实行八年有余,年度人民币跨境收付合计量已经超过9万亿元,人民币跨境收付占同期本外币跨境收付额度比例为22.3%,人民币连续七年成为我国第二大国际收支货币,香港、新加坡、伦敦、法兰克福等国际金融中心结合各自特点形成离岸人民币中心。

截至2017年12月末,人民币在国际收支货币中的份额为1.66%,人民币已成为全球第五大支付货币、第三大贸易融资货币和第五大外汇交易货币。人民币国际化的内生动力不断增强,境内外客户对人民币国际化的预期、人民币计价结算主动权等方面反映积极,约有60个境外央行和货币当局在中国境内持有人民币金融资产并把人民币纳入官方外汇储备。

据中国银行业协会贸易金融专业委员会不完全统计,2013~2017年我国商业银行整体国际结算量约为65 853亿美元、74 432亿美元、74 907亿美元、68 988亿美元和71 509亿美元,波动相对稳定。

中国工商银行2017年年报显示,截至报告期末,境内国际贸易融资累计发放667.30亿美元。国际结算量2.8万亿美元,其中境外机构办理1.1万亿美元。

中国银行数据显示,2017年,完成国际结算业务量3.95万亿美元,跨境人民币结算量3.83万亿元,中国内地机构跨境人民币结算量2.48万亿元,市场份额居商业银行首位。

资料来源:和讯网

2. 信托业务

信托即信用委托,是指商业银行接受个人、机构或政府的委托,代为管理、运用和处理所托管的资金或财产,并为受益人谋利的活动。商业银行通过办理信托业务,可以增加收益,扩大业务经营规模。在商业银行的信托业务中,客户是委托人,商业银行是受托人,享受信托财产利益的人为受益人。受益人一般由委托人指定,他可以是委托人本人,也可以是委托人指定的他人。

信托业务拓展了商业银行的业务领域,但是商业银行从事信托业务是否合适一直是一个有争议的问题。欧洲的大银行一般是全能型的银行,它们可以从事银行、证券、信托、保险等业务。我国各商业银行曾大量涉足信托业务,但是从1995年开始,根据分业经营、分业管理的原则,中国人民银行要求银行系统所办的信托投资公司(包括该类公司的分支机构及银行的信托部、证券部)与银行在机构、资金、财务、业务、人事、行政等方面彻底脱钩,或改为银行的分支机构。到1996年年底,这一工作基本完成。因此,目前在我国境内，商业银行不得从事信托投资业务。

3. 代理业务

代理业务是商业银行接受客户委托，以代理人的身份代理委托人指定的经济事务的业务。代理业务主要包括代理收付款业务、代理行业务、代理发行有价证券业务、基金托管业务、代理保险业务等。

代理收付款业务是指商业银行利用自身结算便利的优势，以委托人的名义代办各种指定款项的收付业务，如代理各项公用事业收费、代理行政事业性收费和财政性收费、代发工资、代扣住房按揭消费贷款还款等。

代理行业务是指商业银行代为办理其他银行的部分业务的一种业务形式。代理行分为两类：①国内银行之间的代理，如我国国家开发银行的一部分业务由中国建设银行代理；②国际银行之间的代理，如美洲纽约银行和芝加哥第一国民银行纽约分行都是中国建设银行在美国纽约的代理行。

代理发行有价证券业务是指商业银行接受政府或公司的委托，代理销售公债、公司债券、股票等有价证券的一种业务形式。

基金托管业务是指商业银行接受基金管理公司的委托，代理投资基金的申购、赎回及剩余资金保管的一种业务形式。

专栏 7-6

银行逐鹿超百万亿资产托管市场

新闻回放：自 2012 年以来，中国银行业资产托管规模增速保持在 50%以上。2016 年上半年年末，中国银行业资产托管规模首次超过百万亿人民币，达 103.5 万亿元，业务范围囊括了基金、保险、信托、银行理财、养老金、跨境投资、社会公益、交易支付等多个领域，并不断向创新型投融资领域延伸。超百万亿规模的银行托管行业，正成为大中型银行新的逐鹿场。例如，截至 2017 年年末，中国工商银行托管资产规模已达 15.5 万亿元，是目前国内托管规模唯一突破 15 万亿元的托管银行，稳居国内第一大托管银行地位。中国工商银行在证券投资基金、保险、银行理财、企业年金、基金专户、全球资产托管等主要托管产品领域均处于市场领先。

资料来源：新浪财经、中国贸易金融网

专栏点评：资产托管是商业银行涉及领域最广、专业化和综合化经营特征最为明显的中间业务之一，能够带来多方客户资源，成为银行与各金融子行业开展交流与合作的有效平台。它作为"资本节约型"业务，能够为商业银行带来稳定的中间业务收入和沉淀存款。因此，商业银行应协调资管、投行、销售、托管等业务条线，形成合力，共同拉动商业银行的综合效益。

代理保险业务是指商业银行接受保险公司委托代其办理保险业务的一种业务形式。商业银行代理保险业务时，往往与保险公司签订代理协议，代保险公司承接有关的保险业务。随着我国保险市场规模的快速扩张和外国保险公司的登陆，代理保险业务将成为我国银行潜力巨大的新兴的中间业务。

第 7 章 解读商业银行业务

专栏 7-7

短期银保理财紧急"刹车"

新闻回放： 2017年新年伊始，各家银行纷纷在各家门店最显眼位置摆放了最新的理财产品告示牌，眼尖的投资者发现，以往写得密密麻麻的中短期银保产品好像一下子失去了踪影，取而代之的是各类银行理财。

原来，这和保监会发布的一份《中国保监会关于进一步加强人身保险监管有关事项的通知》有关，在这份通知中，监管部门明确指出，从2017年1月1日开始，中短存续期产品季度规模保费收入占当季总规模保费收入比例高于50%的寿险公司，一年内不予批准其新设分支机构。业内人士分析，保监会此举主要是针对保险市场普遍的"短钱长投"现象进行重拳整治。

专栏点评： 作为代理销售渠道的银行，为留住客户资金，需想办法积极帮助客户办理转保业务。例如，除了提供年化收益率不错的银行理财产品外，也可向客户推荐一些具备长期保障特性且收益率也不错的年金保险产品或者长期保险理财产品以及基金等产品。

资料来源：网易财经、搜狐财经

4. 租赁业务

租赁业务是指由商业银行出资购买一定的商品租赁给承租人，然后通过租金收回资金的一种经济行为。租赁业务主要包括融资性租赁、操作性租赁和综合性租赁三大类。融资性租赁是以融通资金为目的的租赁，其基本做法是，先由承租人直接向制造厂商选好所需设备，再由出租人购置后出租给承租人使用，承租人按期交付租金。这里，商业银行支付了全部资金，等于提供给承租人百分之百的信贷。在这种租赁形式中，商业银行只负责资金，至于设备的安装、保养、管理、维修、保险等均由承租人负责。操作性租赁也叫经营性租赁或服务性租赁，是由商业银行向承租人提供的一种特殊服务的租赁，这种特殊的服务主要是指设备的短期使用或利用服务。综合性租赁实际上是租赁与其他贸易形式相结合的租赁方式，租赁可以与补偿贸易、加工装备、包销、买方信贷等方式相结合。

在我国，随着现代企业制度的建立，市场竞争日趋激烈，许多企业都迫切需要运用租赁方式，特别是融资性租赁方式，进行内涵式的扩大再生产。但是，由于我国金融体制改革正在进行之中，商业银行的运行机制尚未完善，所以租赁业务在我国商业银行中还处于起步阶段。

专栏 7-8

巨额增资获批 工银租赁将凭180亿注册资本重回行业榜首

新闻回放： 天津银监局公告，对工银金融租赁有限公司（以下简称工银租赁）将未分配利润70亿元转增注册资本的请示已做出同意批复。增资完成后，工银租赁注册资本由110亿元变更为180亿元，中国工商银行仍保持唯一股东身份。

财政与金融

凭借这笔巨额增资，工银租赁将超越国家开发银行旗下国银租赁126.42亿元的注册资本规模，重夺国内金融租赁公司注册资本第一之位。截至2017年年底，工银租赁总资产规模达3 148.94亿元，净利润为35.68亿元，两项指标均居全国69家金融租赁公司之首。

本轮增资70亿元，不但高于工银租赁历次增资金额，也追平了2018年上半年交银航空航运金融租赁有限公司将注册资本从15亿元变更为85亿元的增资金额，与之并列成为迄今为止国内金融租赁行业的最大规模增资。相比设立时20亿元的注册资本，工银租赁本次增资后的注册资本较当年已是增加8倍。

据了解，工银租赁主要聚焦"航空、航运、大型设备"三大业务领域，尤以航空业务最为抢眼，资产比重最大。2018年3月15日，由工银租赁100%持股、意在整合工银租赁航空租赁业务的工银航空金融租赁有限公司在香港完成注册登记，注册资本80亿元。公开资料显示，截至2017年年底，工银租赁经营和管理的飞机总数达609架，已交付飞机355架，资产规模逾千亿元人民币，机队价值位列国内第一、全球第六。

统计数据显示，含工银租赁在内，2018年至少已有8家金融租赁公司获批增资，增资总额接近240亿元。业内人士表示，金融租赁公司多涉及航空、船舶、大型设备等重资产行业，对资金实力和资产规模较一般的融资租赁公司需求更高，随着行业业务规模的不断扩大，金融租赁公司争相扩张资本金的现象仍会延续。

业内人士表示，根据监管要求，融资租赁行业在经营杠杆率、对外融资额度、同业拆借等多个方面都会受到资本净额的约束，加之这个行业从事的多是重资产驱动业务，所以在业务规模上受资本金影响较大。而且对银行系金融租赁公司来说，受监管以及关联交易的限制，不能直接从母行授信，所以主要是通过母行交叉授信以及增加资本金来获得发展资金。

资料来源：中商情报网、每日经济新闻

专栏点评： 从政策环境看，金融租赁行业不断收到利好信号。2013年，国务院指出，金融租赁产业在我国是新高地；2015年9月，国务院出台《关于促进金融租赁行业健康发展的指导意见》，首次将金融租赁纳入国民经济战略版图。而伴随我国经济结构调整的持续进行，以及供给侧改革的深入开展，金融租赁发展前景将会继续向好。

5. 银行卡业务

银行卡是指由银行发行的具有消费信用、转账结算、存取现金等全部或部分功能的信用支付工具。按照不同的标准可以将银行卡分为不同的类型，根据清偿方式不同，可将银行卡分为贷记卡、准贷记卡和借记卡，借记卡又可进一步分为转账卡、专用卡和储值卡；根据结算的币种不同，可将银行卡分为人民币卡和外币卡；根据使用对象不同，可将银行卡分为单位卡和个人卡；根据载体材料不同，可将银行卡分为磁性卡和智能卡（IC卡）；根据使用对象的信誉登记不同，可将银行卡分为金卡和普通卡。

从国际发展情况来看，美国从20世纪50年代开始发行银行卡，经过近20年的发展和探索后，各发卡银行才纷纷走向联合，并最终产生了专门为发卡银行联网，通用联合经营服务的专业化银行卡联网组织。日本、韩国等其他国家银行卡产业的发展历程也大致相同。

我国银行卡业务起步较晚，1985年开始发行银行卡，但由于各银行独立发展和分散经营，早期发展速度一直很慢。"金卡工程"实施以前，到1993年，我国银行卡的发卡量不足400万张。"金卡工程"（2002年）实施以来，特别是最近几年有关部门加大了发展力度后，银行卡业务呈现出飞速发展的态势，此后每年增速均在10%以上。自2010年以来，信用卡发卡量增速有所放缓，但银行卡交易量持续较快增长。

截至2018年第一季度末，全国银行卡在用发卡数量70.13亿张，环比增长4.79%。其中，借记卡在用发卡数量64.00亿张，环比增长4.84%；信用卡和借贷合一卡在用发卡数量共计6.12亿张，环比增长4.23%。全国人均持有银行卡5.04张，其中，人均持有信用卡0.44张。

银行卡交易量增长较快。2018年第一季度，全国共发生银行卡交易431.10亿笔，金额220.82万亿元，同比分别增长40.23%和12.63%。其中，存现业务21.02亿笔，金额17.01万亿元；取现业务38.42亿笔，金额17.36万亿元；转账业务181.19亿笔，金额165.84万亿元；消费业务190.47亿笔，金额20.61万亿元。银行卡渗透率达48.92%，环比上升0.13个百分点；银行卡人均消费金额达1.48万元，同比增长35.02%；银行卡卡均消费金额为2 938.82元，同比增长21.22%；银行卡笔均消费金额为1 082.02元，同比下降19.39%。⊖

延伸阅读

银行卡相关小知识

（1）银行卡：是指由商业银行（含邮政金融机构，下同）向社会发行的具有消费信用、转账结算、存取现金等全部或部分功能的信用支付工具。

（2）持卡人：银行卡的合法持有人，即与卡对应的银行账户相联系的客户。

（3）ATM（Automatic Teller Machine）：即自动柜员机，持卡人可自行操作，办理账户余额查询和提取现金等业务的自助式终端设备。

（4）POS（Point of Sales）：能够接受磁条卡信息，具有通信功能，并接受柜员的指令而完成金融交易信息和有关信息交换的设备。

（5）特约商户：与收单行签有商户协议，受理银行卡的零售商、个人、公司或其他组织。

（6）发卡行：发行银行卡，维护与卡关联的账户，并与持卡人在这两方面具有协议关系的机构。

（7）收单行：是指跨行交易中兑付现金或与商户签约进行跨行交易资金结算，并且直接或间接地使交易达成转接的银行。

（8）账单日：银行每月对持卡人在账单周期内的交易本金、费用等进行汇总并结计利息的日期。每个客户只有一个账单日，银行在随新卡附上的信函以及每份对账单上均有注明。

（9）到期还款日：发卡银行规定的持卡人应该偿还其全部应还款额或最低还款额的最后日期。

6. 服务性业务

服务性业务是指商业银行以转让、出售信息和提供智力服务为主要内容的业务，具体包括技术咨询业务和评估咨询业务两类。技术咨询业务主要有建设工程审价、建设工程监理、企业财务咨询、企业资信咨询、经济政策咨询、投资咨询、综合理财等；评估咨询业

⊖ 资料来源：《央行支付体系总体运行情况（2018年第一季度）》，新浪财经，2018年5月24日。

务主要包括企业资产评估、企业信用等级评定、贷款抵押物评估、投资项目评估、企业破产清算等。商业银行开展服务性业务的主要目的，一方面是为其经营管理服务，另一方面也为社会经济发展服务。

7. 代保管业务

代保管业务是指商业银行设置保管箱库，接受单位和个人的委托，代其保管各种贵重物品和单证的一种业务形式。保管业务分为露封保管和密封保管两种。露封保管是指客户委托代保管物品交给商业银行时没有加封；密封保管是指客户委托代保管物品交给商业银行时自己外加包装物，并予以封闭，以包裹或箱柜形式入库寄存保管。

随着我国存贷利差越来越小，商业银行传统的利润来源——存贷利差收入不断下降。因此，商业银行为了保证收益稳定，都非常重视中间业务的开拓。可以预见，中间业务必将成为金融业竞争的焦点所在。

7.1.4 表外业务

表外业务是指商业银行资产负债表以外的业务，即由商业银行从事的不列入资产负债表内且不影响当时银行资产、负债总额的各种经营活动。广义的表外业务泛指所有能给银行带来收入而又不在资产负债表中反映出来的业务。根据这一定义，商业银行的所有中间业务都属于表外业务。狭义的表外业务仅指涉及承诺和或有债权的活动，即银行对客户做出某种承诺，或者使客户获得对银行的或有债权，当约定的或有事件发生的时候，银行承担提供贷款或支付款项的法律责任。

表外业务和中间业务虽然都属于收取手续费的业务，并且都不在银行的资产负债表中反映，但是银行对它们所承担的风险是不一样的。在经营中间业务的过程中，银行只是处于中间人或服务者的地位，不承担任何资产负债方面的风险。而表外业务虽然不直接形成商业银行即时的资产或负债，但对银行来说却是一种潜在的资产或负债，在一定条件下，如客户违约，这些潜在的资产或负债就会转化为现实的资产或负债，因此，银行要承担一定的风险。

常见的表外业务有担保业务、贷款承诺业务、金融工具创新业务等。担保业务是指银行应委托人的要求，作为担保人向合同的受益人出具书面保证，对委托人的债务或应履行的合同义务承担损失的赔偿责任，具体业务包括商业银行对客户的正式担保、跟单信用证、备用信用证等。贷款承诺业务具体有承兑票据、承诺贷款限额、承诺透支限额、承诺循环贷款、发行商业票据等。金融工具创新业务是指银行在法律规定的范围内，为满足不同层次和不同目的投资者的需求，在遵循金融资产的安全性、流动性和收益性的前提下，灵活运用和重新组合原有的金融工具及其交易，包括货币利率互换、金融期货与期权合约、远期利率协议、有价证券的各种指数交易工具等，并创造新的金融工具，以获得投资者的青睐。

专栏 7-9

银行表外业务再引监管关注 表外更趋规范

新闻回放：根据中国人民银行发布的《中国金融稳定报告》显示，2011 年年末，银行业金融机构表外业务（含委托贷款和委托投资）余额为 39.16 万亿元，为表内总资产的

35.1%，同比增加 5.96 万亿元，增长 17.98%。而到 2015 年年末，银行业金融机构表外业务（含委托贷款）余额达到 82.36 万亿元，比 2014 年年末增长 24.48%，表外资产规模相当于表内总资产规模的 42.41%，比 2014 年年末提高 3.07 个百分点。

高速扩张的银行表外业务正在受到更趋严格的监管。为化解新形势下金融风险，防范系统性金融风险，银监会自 2016 年起，发布、实施了一系列针对表外业务的管理办法，监管的加强一定程度上遏制了表外业务的扩张势头。2016 年 11 月 23 日，银监会发布《商业银行表外业务风险管理指引（修订征求意见稿）》（以下简称《指引》），以适应新形势下商业银行表外业务发展出现的新变化和新趋势，进一步加强商业银行表外业务管理。2016 年 12 月，中国人民银行决定 2017 年第一季度对金融机构的宏观审慎评估（MPA）将正式把表外理财纳入广义信贷范围，以引导金融机构加强对表外业务风险的管理。2017 年 4 月，银监会下发《关于银行业风险防控工作的指导意见》。

在监管加强背景下，表外业务增速放缓，有助于防止表外业务的局部风险演化为系统性全局风险。银监会数据显示，2017 年前三季度表外业务增速有所下降，其中理财余额比年初减少 2.6 万亿元、委托贷款同比少增 0.83 万亿元、特定目的载体投资增速比 2016 年同期下降 47 个百分点，释放了部分潜在风险。

预计随着监管的进一步收紧，表外业务的规模与增速将有所回落；担保承诺等业务的审查机制进一步完善，表外业务结构失衡现状将得到改善；"类信贷"通道业务的关闭，将减少表内业务转移出表的情况；表外理财纳入 MPA 考核，打破刚性兑付思路，银行表外理财业务将进一步受限。

资料来源：和讯银行、经济日报

专栏点评：表外理财底层资产的投向主要包括类信贷、债券等资产，与表内广义信贷无太大差异，同样发挥着信用的扩张作用。表外理财业务增长较快，不仅会积累宏观风险，还不利于"去杠杆"的落实。更重要的是，表外理财虽名为"表外"，但资金来源一定程度上存在刚性兑付，出现风险时银行往往不得不表内化解决，未真正实现风险隔离。因此，将表外理财纳入广义信贷范围，能够使监管机构更加全面准确地衡量风险，引导金融机构审慎经营。

7.2 解读我国商业银行经营原则

商业银行是特殊的企业，为了获得最大限度的利润，同时又能满足存款人提取存款的需要，商业银行在业务经营上必须遵循安全性、流动性和效益性的原则。

7.2.1 安全性原则

安全性，即商业银行资产免遭风险的能力。商业银行在业务经营过程中应尽量避免各种不确定因素的影响，保证稳健经营与健康发展。商业银行作为信用中介机构，在其业务经营过程中面临着各种各样的风险，主要有：①信用风险，又称违约风险，是指借贷双方产生借贷行为后，借款方不能按时归还贷款方本息而使贷款方遭受损失的可能性。信用风险的存在非常广泛，商业银行的所有业务都有可能面临信用风险，其中以信贷业务的信用风险最大。近年来世界性的银行呆账、坏账问题就反映出信用风险对商业银行影响的严重性。②利率风险，是指金融市场上利率变动引起资产价格变动或商业银行业务协定利率跟不上市场利率变化所带来的风险。③汇率风险，是指因汇率变动而引起的风险。对于既有本币资产又有外币资产的商业银行来说，汇率风险是无处不在的。④内部风险，是指商业银行因内部经营管理不善、决策失误等原因造成的风险。

专栏 7-10

牵一发而动全身，德意志银行破产可能动摇欧洲银行业体系根基

新闻回放：2016 年 12 月 20 日，贝莱德智库高级董事华逸文接受 CNBC 采访时表示，"如果德意志银行将面临破产风险，那么欧洲银行业体系或许也将面临巨大冲击。德意志银行首席执行官克莱恩正试图引领该银行业务回归至可持续发展的模式。德意志银行此前经历困难重重，但前路依然曲折。"

2018 年 6 月 28 日，美联储公布压力测试的第二个环节——压力测试质量环节（qualitative section）结果：《2018 综合资本分析与检查：评估框架与结果》（Comprehensive Capital Analysis and Review 2018: Assessment Framework and Results）。此次压力测试参与检测的共有 18 家银行。报告显示，德意志银行未通过该环节的测试，美联储认为"整个公司的资本规划存在重大缺陷"，而德意志银行也是唯一一家未得到通过的银行。报告指出，德意志银行在风险管理、数据管理，以及应对压力测试的方法都存在问题。美联储认为，"德意志银行目前的这些缺陷会影响其未来扩充资本的能力。"德意志银行在其官网发布声明表示，其美国部门正在推进引进重大投资改善资本状况和公司的基础设施。

资料来源：网易财经、东方财富网

专栏点评：商业银行作为经营货币的特殊企业，其存、贷、结算等业务涉及国民经济各部门，牵涉到千家万户，因此，其经营好坏不仅会影响银行，而且会影响企业与存款人的利益。商业银行的倒闭将危及社会公众，容易导致金融风暴乃至社会动荡，所以商业银行在经营过程中，必须将安全性原则放在首要位置上。

7.2.2 流动性原则

流动性是指商业银行在经营过程中能够随时满足客户提现和必要的贷款需求的支付能力。它包括资产的流动性和负债的流动性。资产流动性是指商业银行在资产不受损失的情况下迅速变现的能力。负债的流动性是指商业银行能以较低的成本随时获得所需要的资金。

商业银行之所以要坚持流动性原则，主要是因为一旦商业银行不能应付客户提取存款或满足客户贷款需求以及商业银行本身需求时，便会出现流动性危机。而流动性危机将严重损害商业银行的信誉，甚至导致商业银行破产。因此，为了保持资产良好的流动性，商业银行设立了三道防线：第一道防线是商业银行的库存现金，它是完全流动性资产，可以随时满足客户的支付需要；第二道防线是商业银行所拥有的流动性极强的存款或债权，如在中央银行的存款、存放同业的款项等，这些是商业银行随时可以调度支配的财产；第三道防线是商业银行所持有的流动性很强的短期有价证券，如商业票据、银行承兑汇票、国库券、同业短期拆借等。这些资产在市场上一般能够迅速地出售、贴现或立即收回。通常，第一道防线与第二道防线被称为商业银行的一级准备，第三道防线被称为商业银行的二级准备。

专栏 7-11

银行业 2018 年第二季度流动性水平保持稳健

新闻回放：银保监会日前发布 2018 年第二季度银行业主要监管指标数据。截至第二季度末，商业银行流动性比例为 52.42%，较第一季度末上升 1.02 个百分点；人民币超额备付金率 2.19%，较第一季度末上升 0.67 个百分点。流动性水平保持稳健。截至第二季度末，商业银行（不含外国银行分行）核心一级资本充足率为 10.65%，较第一季度末下降 0.06 个百分点；一级资本充足率为 11.20%，较第一季度末下降 0.07 个百分点；资本充足率为 13.57%，较第一季度末下降 0.07 个百分点。风险抵补能力较为充足。

资料来源：东方财富网

专栏点评：在金融去杠杆背景下，监管层加强了对银行微观业务层面诸如层层嵌套、杠杆叠加、隐形担保等绕开监管扩张杠杆行为的检查，特别是随着大资管新规落地，银监与非银监系统之间加强了合作，加大了对非银行间体系资产产品通道业务的监管，将杠杆水平降低至合理水平，使流动性水平保持稳健。

7.2.3 效益性原则

商业银行业务经营的效益性包括经济效益和社会效益两个方面。讲究经济效益、追求利润最大化是商业银行从事经营活动的主要动力，也是商业银行经营的基本目标和总目标。较高的经济效益就意味着较多的留存盈余，从而为商业银行扩大经营规模、开拓业务提供了资金保证。在现实经济生活中，任何一个银行家都必须认真考虑如何切实提高银行的经济效益。

20 世纪 80 年代以来，商业银行逐渐走向全能化，进入现代商业银行阶段。现代商业银行在追求经济效益的同时，也十分注重社会效益。它们通过向社会公众提供多样化的金融产品和优质的服务，不断提高公众信誉和自身形象，取得了较好的社会效益。其实，社会效益与经济效益是相辅相成的，较好的经济效益能使商业银行有更强的经济实力为社会公众提供更好的服务，从而取得较好的社会效益。而较好的社会效益又可以为商业银行创造更好的经济效益。尤其是在当今银行业竞争日趋激烈的情况下，讲究效益性，正确处理好经济效益与社会效益之间的关系，已成为各大商业银行业务经营的一项重要原则。

如何处理好商业银行业务经营三大原则之间的关系，是商业银行面临的一个经常性问题。一般来讲，安全性是商业银行经营的保障，流动性是商业银行经营的前提，效益性是商业银行经营的目标。商业银行必须从实际出发，统一协调，寻求三大原则的最佳组合。

7.3 探讨商业银行业务创新

7.3.1 近年来的商业银行业务创新

1. 信贷资产证券化

专栏 7-12

中国银行间市场资产证券化发行规模累计破万亿

新闻回放：据中诚信国际信用评级有限责任公司（以下简称"中诚信国际"）发布《2016年中国银行间市场资产证券化信用年报及展望》，截至2016年年末，中国银行间市场资产证券化发行规模累计破万亿，产品类型日益增多，参与机构不断丰富，银行间市场资产证券化进入深化发展阶段。

中诚信国际统计显示，2016年，银行间市场信贷资产证券化产品共发行108单，发行规模3 908.53亿元；信托型资产支持票据共发行5单，发行规模达120.81亿元。从产品类型来看，公司信贷类资产支持证券（CLO）产品仍然是银行间市场证券化产品的主要类型之一，但之前独大的局面已被打破，零售类贷款资产支持证券逐渐占得半壁江山。

在成熟国家资产证券化市场，零售类贷款证券化产品比重一直较高。中诚信国际认为，我国银行间市场的这种结构变化主要由于，一是消费升级推动零售类金融市场快速发展，而零售类贷款资产证券化作为帮助发起机构盘活资产的有效手段之一，得到了快速发展；二是随着宏观经济增速放缓成为常态，企业贷款需求下降，银行不良率高升，CLO基础资产信用质量下沉，CLO发行放缓。

资料来源：中国经济网

专栏点评：自改革开放以来，我国商业银行业务创新主要集中于以存款为主的负债业务，资产业务创新相对缺乏。资产证券化是我国商业银行资产业务创新的重要体现，也是近30年来国际金融领域最重大的金融创新和发展最迅速的金融工具。

（1）信贷资产证券化的含义。

信贷资产证券化是指把欠流动性但有未来现金流的信贷资产（如银行的贷款、企业的应收账款等）经过重组形成资产池，并以此为基础发行证券。

（2）信贷资产证券化的分类。

根据产生现金流的证券化资产的类型不同，信贷资产证券化可分为住房抵押贷款证券化（Mortgage-Backed Securitization，MBS）和资产支撑证券化（Asset-Backed Securitization，ABS）两大类。其区别在于前者的基础资产是住房抵押贷款，而后者的基础资产则是除住房抵押贷款以外的其他资产。

（3）开展资产证券化业务的意义。

资产证券化不仅是世界金融领域最重大和发展最快的金融创新，而且是一种金融市场创新和金融制度创新。它对一国的投融资体制、信用机制、资源配置方式、风险管理、金融监管等金融结构的各个方面都会产生深远影响，并会极大地促进一国金融结构的调整和优化，尤其在促进商业银行转变经营机制方面具有重大意义。

1）资产证券化能改善银行信贷期限结构，提高金融系统的稳定性。近年来，随着市场环境的日益复杂化，银行很难完全驾驭期限错配形成的流动性风险和利率风险。对一部分中长期贷款实施证券化，可使银行灵活调整资产负债结构，显著提高风险控制和管理能力。

2）资产证券化能促进银行转变盈利模式，提高资本充足率。信贷资产证券化后，银行将相应的资产和利差转给投资者，自己继续管理贷款、收取管理费用，既能更好地发挥其行业优势，又能转变盈利模式。资产真正转移后，银行为承担业务风险而准备的资本金也可相应减少，资本充足率会有所提高。

（4）我国商业银行资产证券化业务开展情况。

经过多年的发展，资产证券化已成为美国资本市场最重要的融资工具之一，美国资产证券化市场也成为规模超过联邦政府债券市场的固定收益债券市场。相对而言，我国资产证券化的起步较晚，但在监管当局的大力推进和金融机构的积极参与下，我国资产证券化经历了一场从无到有、快速发展和不断突破的过程。

2005年3月，国家开发银行和中国建设银行获准作为试点单位，分别进行信贷资产证券化和住房抵押贷款证券化的试点，这也标志着我国本土证券化的试点正式开始。

2005年4月，中国人民银行、银监会共同颁布实施《信贷资产证券化试点管理办法》，拉开我国信贷资产证券化业务的帷幕。

2005年年底，国家开发银行41.7727亿元的信贷资产支持证券和中国建设银行30.19亿元的个人住房抵押贷款支持证券在银行间市场顺利发行，标志着我国信贷资产证券化试点工作取得了阶段性成果。

2007年，国内第二批资产证券化发行启动，上海浦发银行、中国工商银行、兴业银行、浙商银行及上汽通用汽车金融公司等机构，相继发行了基于对公信贷资产、小企业信贷资产及汽车贷款等资产池的证券化产品。

2008年，受美国次级抵押贷款市场危机所带来的连锁效应影响，商业银行资产证券化的热情也降到冰点，信贷资产证券化市场停滞，没有发行一单产品。

2010年2月，银监会发布《商业银行资产证券化风险暴露监管资本计量指引》，确保商业银行按照资产证券化业务的经济实质从事资产证券化交易，对因从事资产证券化业务而形成的风险暴露审慎计提监管资本，避免出现资本充足率被高估的状况。

2015年，我国资产证券化市场发展提速，在备案制、注册制、试点规模扩容等利好政策的推动下，市场发行日渐常态化，规模持续增长，流动性明显提升，创新迭出，基础资产类型持续丰富，并形成大类基础资产产品，市场参与主体类型更加多样，产品结构设计更加丰富。在我国经济转型升级的大环境下，资产证券化是激活存量资产、提高资金配置效率的重要工具，也是金融企业和实体企业转型发展的有效选择。

2016年，资产证券化市场继续保持快速发展势头，迈向万亿级规模。

2017年以来，国内金融监管环境逐渐趋于严格。2017年3月，银监会连续下发"三违反""三套利""四不当"多项监管文件，全面开展银行业专项治理工作，规范银行业经营行为，防范金融风险；2017年4月，国家发展改革委《关于2017年深化经济体制改革重点工作的意见》中提出，在严格控制试点规模和审慎稳妥的前提下，稳步扩大银行不良资产证券化试点参与机构范围[1]；2017年6月，中国人民银行发布《内地与香港债券市场互联互通合作管理暂行办法》，提出符合中国人民银行要求的境外投资者可通过"北向通"投资内地银行间债券市场，标的债券为可在内地银行间债券市场交易流通的所有券种，该办法拓宽了银行间市场信贷资产证券化产品的投资者范围；2017年12月1日，中国人民银行、银监会联合发布《关于规范整顿现金贷业务的通知》，该通知从供给端限制了银行业金融机构的助贷、联合贷业务开展模式，从投资端限制了银行业金融机构投资现金贷ABS产品，对市场产生较大影响；2017年12月22日，中国银监会发布《关于规范银信类业务的通知》，提出商业银行不得通过信托通道将表内资产虚假出表，这将对部分私募ABS产品产生一定影响。

2018年1月5日，中国银监会发布《商业银行大额风险暴露管理办法（征求意见稿）》[2]。征求意见稿期间，银保监会根据收到的164条反馈意见进一步完善了《商业银行大额风险暴露管理办法（征求意见稿）》中与结构化产品风险暴露计算、匿名客户监管要求有关内容，包括：允许符合条件的资产管理产品和资产证券化产品不使用穿透方法，即对于风险暴露小于一级资本0.15%的基础资产，如果银行能够证明不存在人为分割基础资产规避穿透要求等监管套利行为，可以不使用穿透方法，将风险暴露计入产品本身，无需视为对匿名客户的风险暴露。对于基础资产较为分散的资产管理产品和资产证券化产品，逐笔识别最终债务人并计算风险暴露存在一定困难。《商业银行大额风险暴露管理办法（征求意见稿）》结合国内实际情况，允许符合条件的产品不使用穿透方法，避免上述产品因无法穿透被全部计入匿名客户，有助于提升监管规定的可操作性，并降低银行合规成本。

2018年1月13日，中国银监会发布《关于进一步深化整治银行业市场乱象的通知》，提出"以信贷资产或资管产品为基础资产，通过特定目的载体以打包、分层、份额化销售等方式，在银行间市场、证券交易所市场以外的场所发行类资产证券化产品，实现资产非洁净出表并减少资本计提等"被视为违规开展表外业务，对私募ABS出表和资本计提产生重大不利影响。总体来看，在金融监管趋严的背景下，私募ABS的发展将会受到较大冲击，但对银行间市场ABS整体具有利好作用。

2. 电子银行业务

专栏 7-13

小张的电子银行交易

小张是一名金融专业的在校大学生。寒假快到了，火车站到学校来出售团体学生票。于是他带着银行卡去学校门口的自助银行取了300元钱，购买了火车票。他上网浏览银行购物商城，发现一条价值78元的围巾特别适合妈妈，于是通过网上银行支付购买了这条围巾作为新年礼物送给妈妈。这学期，他还把奖学金进行了股票投资实践，并开通了手机炒股业务，方便随时查看股市行情。春节快到了，股票行情似乎不错，为了他那为数不多的资金的安全，他在下午收盘之前通过手机炒股软件卖掉了大部分收益不错的股票，并通过

---

[1] 第二批试点名单包括国家开发银行、中信银行、中国光大银行、华夏银行、中国民生银行、兴业银行、平安银行、浦发银行、浙商银行、北京银行、江苏银行、杭州银行12家银行。
[2] 该办法自2018年7月1日起执行。

第 7 章　解读商业银行业务

网上银行第三方存款业务把资金转回了自己的银行账户。他不禁感叹信息技术给银行业务经营带来的前所未有的变革和给居民带来的种种便利。

专栏点评：从 2012 年互联网金融起步至今，随着科技的进步，微信银行、直销银行、银行商城及与互联网企业合作等模式相继登场，推动商业银行逐渐进入互联网直接获客阶段，不再仅仅依赖于导入线下客户。与此同时，依托资源的优化整合，实现更多场景化的新产品与服务，业务模式更加丰富，逐步形成品牌特色。未来一个时期商业银行电子银行的转型之路的实现路径与载体是发挥电子银行的优势，即将商业银行线上与线下、对公与对私、产品与服务、平台与渠道等有机结合，形成良性的循环体系。

资料来源：网易财经

自 20 世纪 80 年代起，以计算机信息处理技术和电子通信技术为代表的高新技术的不断开发和运用，迅速渗透到社会生活的各个方面，不断改变着人们赖以生存的社会环境。人类的社会经济形态经历农业经济、工业经济后，也正步入到一个全新的时代——信息技术时代。在这场大变革中，作为社会经济命脉的金融业也无疑受到了电子信息技术的深刻影响。借助新技术的威力，一种全新的商业银行经营管理理念挑战着传统的商业银行经营模式，这就是电子化网络银行。

美国 1995 年 10 月 18 日建立了世界上第一家网络银行——安全第一网上银行（Security First Network Bank），又被称为虚拟网络银行或纯网络银行。自此以后在全世界范围内，以网上银行为主的电子银行如雨后春笋般迅速发展。

根据中国银行业监督管理委员会 2006 年 3 月 1 日施行的《电子银行业务管理办法》，电子银行业务是指商业银行等银行业金融机构利用面向社会公众开放的通信通道或开放型公众网络，以及银行为特定自助服务设施或客户建立的专用网络，向客户提供的银行服务。

电子银行业务包括：利用计算机和互联网开展的银行业务（以下简称网上银行业务）；利用电话等声讯设备和电信网络开展的银行业务（以下简称电话银行业务）；利用移动电话和无线网络开展的银行业务（以下简称手机银行业务）；以及其他利用电子服务设备和网络，由客户通过自助服务方式完成金融交易的银行业务。

下面我们重点来看网上银行业务和手机银行业务。

（1）网上银行业务。

1）网上银行的定义。网上银行又被称为"3A 银行"，因为它不受时间、空间限制，能够在任何时间（anytime）、任何地点（anywhere）、以任何方式（anyhow）为客户提供金融服务。

网上银行发展的模式有两种：①完全依赖于互联网的无形的电子银行，也叫"虚拟银行"，它是指没有实际的物理柜台作为支持的网上银行。这种网上银行一般只有一个办公地址，没有分支机构，也没有营业网点，采用国际互联网等高科技服务手段与客户建立密切的联系，提供全方位的金融服务。以美国安全第一网上银行为例，它成立于 1995 年 10 月，是在美国成立的第一家无营业网点的虚拟网上银行，它的营业厅就是网页界面，当时银行的员工只有 19 人，主要的工作就是对网络的维护和管理。②在现有的传统银行的基础上，利用互联网开展传统的银行业务交易服务，即传统银行利用互联网作为新的服务手段为客户提供在线服务，实际上是传统银行服务在互联网上的延伸。这是目前网上银行存在的主要形式，也是绝大多数商业银行采取的网上银行发展模式。因此，事实上，我国还没有出现真正意义上的网上银行，也就是"虚拟银行"，国内现在的网上银行基本都属于第二种模式。

2）网上银行业务的优势。与传统银行业务相比，网上银行业务有许多优势。

① 大大降低了银行经营成本，有效提高了银行盈利能力。开办网上银行业务，主要利用公共网络资源，不需设置物理的分支机构或营业网点，减少了人员费用，提高了银行后台系统的效率。

② 无时空限制，有利于扩大客户群体。网上银行业务打破了传统银行业务的地域、时间限制，即能在任何时候、任何地方、以任何方式为客户提供金融服务，这既有利于吸引和保留优质客户，又能主动扩大客户群，开辟新的利润来源。

③ 有利于服务创新，向客户提供多种类、个性化服务。通过银行营业网点销售保险、证券和基金等金融产品，往往受到很大限制，主要是由于一般的营业网点难以为客户提供详细的、低成本的信息咨询服务。利用互联网和银行支付系统，容易满足客户咨询、购买和交易多种金融产品的需求，客户除办理银行业务外，还可以很方便地进行网上买卖股票、债券等，网上银行能够为客户提供更加合适的个性化金融服务。

3）网上银行业务介绍。目前商业银行的网上银行业务主要有：

① 基本网上银行业务，包括在线查询账户余额、交易记录，下载数据，转账和网上支付等。

② 网上投资，提供包括基金、保险、股票、期权、共同基金投资等多种金融产品服务。

③ 网上购物，提供网上购物的协助服务（网上支付）等。

④ 个人理财助理，是国外网上银行重点发展的一个服务品种。各大银行通过网络为客户提供理财的各种解决方案，提供咨询建议，或者提供金融服务技术的援助，从而极大地扩大了商业银行的服务范围，并降低了相关的服务成本。

⑤ 企业银行服务，是网上银行服务中最重要的部分之一。企业银行服务一般提供账户余额查询、交易记录查询、总账户与分账户管理、转账、在线支付各种费用、透支保护、储蓄账户与支票账户资金自动划拨、商业信用卡等服务。此外，还包括投资服务等。部分网上银行还为企业提供网上贷款业务。由于企业服务品种比个人客户的服务品种更多，也更为复杂，对相关技术的要求也更高，所以能够为企业提供网上银行服务是商业银行实力的象征之一。

⑥ 其他金融服务。除了银行服务外，大部分商业银行的网上银行均通过自身或与其他金融服务网站联合的方式，为客户提供多种金融服务产品。

（2）手机银行业务。

1）手机银行的定义。手机银行是指以电子网络为支持，以移动电话为接口设备，以IC卡为安全控制工具，为客户提供安全、方便和快捷的服务。因此，也有人将手机银行称为移动银行。

作为一种结合了货币电子化与移动通信的崭新服务，手机（移动）银行业务不仅可以使人们在任何时间、任何地点处理多种金融业务，而且极大地丰富了银行服务的内涵，使银行能以便利、高效而又较为安全的方式为客户提供传统和创新的服务，而移动终端所独具的贴身特性，使之成为继ATM、互联网、POS之后银行开展业务的强有力工具，越来越受到国际银行业者的关注。

2）手机银行的主要形式。手机银行主要分为三种形式：①在电信商提供给手机用户的STK智能卡上，加上银行的增值服务项目，即由手机、GSM短信中心以及银行系统组成。

手机与短信中心通过 GSM 网络连接，而短信中心再与银行之间通过网络连接。这样就实现了手机与银行的联系，用户就可以通过手机完成网络业务。②无线应用协议（WAP），使手机直接与互联网相连，实现网络银行上的各种服务。③通过双卡手机，使用银行 IC 卡上网，完成各种交易。

3）手机银行（WAP）业务介绍。

① 基本业务，包括账户管理、信息查询（含住房公积金业务和个人贷款业务查询）、客户服务。

② 转账汇款业务，包括同行汇款、跨行汇款、定活转账、通知存款以及本外币转账等。

③ 缴费业务。

④ 信用卡业务，包括查询信用卡的余额、交易明细等信息，并向信用卡归还账户透支的人民币、外币欠款的功能，同时支持信用卡分期付款功能。

⑤ 投资理财业务，包括手机股市、基金业务、国债业务、外汇业务、贵金属买卖（人民币纸黄金）、银期转账、小额购汇业务等。

近年来，随着商业银行进一步完善涵盖网上银行、手机银行、电话银行、自助银行、家居银行的电子银行服务渠道，优化产品功能和业务流程，提升客户体验，国内各商业银行的电子银行客户数稳步增长，交易量快速提升，电子渠道对传统渠道的替代能力持续增强。据各上市银行 2017 年度报告显示，中国工商银行电子银行交易额达到 646 万亿元，同比增长 7.8%，电子银行业务笔数占全行业务笔数比 2016 年提高 2.86 个百分点至 94.86%；建设银行电子银行业务收入达 93.41 亿元，增幅 23.17%，个人网上银行交易额 36.35 万亿元，个人手机银行交易额 57.32 万亿元，增长 87.59%；而招商银行零售电子渠道综合柜面替代率达到了 98.24%，较 2016 年提高 1.94 个百分点，其中招行 App（手机银行）交易金额 17.87 亿元，同比增长 47.69%。

3．理财业务

（1）理财业务的产生。

理财业务是我国商业银行继电子银行、银行卡、衍生产品、资产证券化等新业务之后最重要的一项业务创新。

现代理财业务在 20 世纪起源于美国，大致经历了三个阶段。第一阶段为 20 世纪 30 年代～60 年代，是其产生时期，可以称之为"推荐销售"阶段，如保险公司在客户分析的基础上销售人寿保险产品。第二阶段是 20 世纪 60 年代～80 年代，是其发展时期，可以称之为"套餐服务"阶段，如商业银行将风险特征不同的存款、基金、保险等产品组合起来，向客户销售。第三阶段是 20 世纪 90 年代以后到现在，是其成熟时期，可以称之为"量身定做"阶段，如商业银行根据客户的风险承受能力和风险偏好综合利用股票、债券、信托、基金以及各类衍生品为客户提供全面的、个性化的金融服务。

现代理财业务是商业银行在市场细分的基础上，根据不同客户或者客户群的金融服务需求，将客户关系管理、财务规划、资金管理、投资组合管理等融合在一起形成的综合化、个性化的一种服务方式。它的本质特征是个性化、组合化、综合化，即针对特定客户群体个性化的金融需求，通过多种金融工具与交易方式的组合与创新，实现银行服务方式与经营模式的综合化。

从商业银行个人理财业务的发展趋势看，个人理财业务以其批量大、风险低、业务范围广、经营收益稳定等优势，在商业银行业务发展中占据重要位置。

（2）个人理财业务的定义。

根据中国银行业监督管理委员会 2005 年颁布的《商业银行个人理财业务管理暂行办法》，个人理财业务是指商业银行为个人客户提供的财务分析、财务规划、投资顾问、资产管理等专业化服务活动。

商业银行个人理财业务按照管理运作方式不同，分为理财顾问服务和综合理财服务。理财顾问服务是指商业银行向客户提供的财务分析与规划、投资建议、个人投资产品推介等专业化服务；综合理财服务是指商业银行在向客户提供理财顾问服务的基础上，接受客户的委托和授权，按照与客户事先约定的投资计划和方式进行投资和资产管理的业务活动。

（3）理财业务创新的意义。

1）理财业务连通了投资与融资。银行是融资型的中介机构，理财是直接投资行为，银行理财业务将投资与融资连通在一起，改善了银行的业务结构，缓释了金融风险。

2）理财业务连通了客户的多样化需求与银行的创新冲动。国内居民财富迅速扩张对金融服务在深度与广度上提出了更多、更高的需求，银行自身为实现战略转型必然产生金融创新的内在冲动，理财业务将两者有效地结合起来，满足了双方的需求。

3）理财业务连通了银行内部全流程的再造，推动银行建立以客户为中心的组织体系，推进包括投资交易、营销推广、客户关系管理、市场细分等在内的银行全面能力建设。特别是理财业务考验着银行的风险管理能力。理财业务的风险管理最终目的不是也不可能根本消除风险，而是识别、计量与控制风险。随着竞争的加剧与深化，银行业务的利润更多来源于对风险的管理能力。

4）银行理财业务连通了宏观金融政策与微观银行主体，如 QDII 基金、港股直通车等银行理财业务的开展，不仅深刻地改变了银行自身的发展路径，也对国家金融政策与货币政策的有效性产生了积极的作用。

延伸阅读

银行的理财产品

从客户投资的角度，商业银行的理财产品主要有以下几种分类：

（1）投资本金由本币、外币两种货币组成，以人民币理财产品和外币理财产品的模式运作，到期后分别以原币种支付本金及收益；以人民币作为投资本金，将此本金产生的利息兑成外币以外币理财模式运作，以外币返还本外币理财的整体收益。

（2）保本固定收益型、保本浮动收益型和非保本浮动收益型理财产品。

1）保本固定收益型理财产品是指保证本金的理财产品，其收益固定，适合承受风险偏小的投资者。

2）保本浮动收益型理财产品的收益率取决于银行投资方向正确与否和实际盈亏情况，适合稳健型投资者。

3）非保本浮动收益型理财产品适合风险承受力较强的投资者。

（3）货币型、债券型、信托型、结构挂钩型、股票型、打新股型及其他理财产品。该种分类是按产品投资方向来区分的。

1）货币型理财产品是指与汇率挂钩的理财产品。货币型理财产品比较受人关注。

2）债券型理财产品一般投资于央行票据或债券，属于稳定、风险相对比较低的投资。

3）信托型理财产品一般不保证本金和收益，相对于其他挂钩结构型产品风险较低。

4）结构挂钩型理财产品的收益率与结构产品相联系，一般属保本浮动收益型。常见的结构挂钩型理财产品有汇率挂钩型理财产品、股票挂钩型理财产品和商品价格挂钩型理财产品等。

5）股票型理财产品适合风险承受力较强的投资人群。

6）打新股型理财产品适合风险偏好、承受力很强的投资者，要求投资者个人资金能力也比较强。

资料来源：中国经济网、《经济日报》

专栏 7-14

央行等四部门正式发布资管新规 银行保本理财产品打破"刚性兑付"

在征求意见稿发布 5 个多月，并接受了来自市场近 2 000 条修改意见之后，百万亿规模的国内大资管行业迎来了系统性规范文件，《关于规范金融机构资产管理业务的指导意见》（以下简称《意见》）昨天（2018 年 4 月 27 日）傍晚正式出台。

非标、通道、嵌套……在普通人不知云里雾里的专业词汇背后，《意见》出台的真正意义在哪里？打破"刚性兑付"、限制非标投资、延长过渡期，一系列的新规将如何重塑整个大资管市场？又将给投资者特别是普通老百姓的理财生活带来怎样的影响呢？

统计数据显示，截止到 2017 年年末，国内银行表外理财产品资金的余额是 22.2 万亿元，信托公司受托管理的资金信托余额 21.9 万亿元，公募基金 11.6 万亿元，私募基金 11.1 万亿元，证券公司资管计划 16.8 万亿元，还有基金公司资管计划、保险公司资管计划等，整个国内的大资管盘子近百万亿元的规模，昨天迎来了统一的《意见》，意义之重大可见一斑，主要体现在：

首先是《意见》打破"刚性兑付"，将使资管产品的风险收益协调起来，实现良性循环。《意见》对打破"刚性兑付"做出了一系列细化安排：在定义资管业务时，要求金融机构不得承诺保本保收益，产品出现兑付困难时不得以任何形式垫资兑付。同时，引导金融机构转变预期收益率模式，强化产品净值化管理，并明确核算原则。另外还明示刚性兑付的认定情形，并分类进行惩处。

同时，面对整个金融业防范系统性风险的重要任务，降杠杆是必然趋势。此次《意见》一方面明确要求，金融监督管理部门对各类金融机构开展资管业务平等准入，给资管机构投资非标等开了一条正路。同时规范嵌套层级，允许资管产品再投资一层资管产品，但所投资的产品不得再投资公募证券投资基金以外的产品，禁止开展规避投资范围、杠杆约束等监管要求的通道业务，等等。

更为值得注意的是，相比之前的征求意见稿，此次出台的《意见》将过渡期延长到 2020 年年底，给予金融机构充足的调整和转型时间。多数分析人士认为，经过一段时间的消化和更为平缓的过渡期设置，《意见》的出台对整个市场的短期影响将表现得更为平滑。

资料来源：央广网

术语解析：广义上的刚性兑付指的是一款资产管理产品（包括银行保本理财产品），不论其实际的投资业绩如何、底层资产实际表现如何，发行该产品的金融机构均会兑付给投资人本金以及承诺的或者隐形承诺的收益。

专栏点评：再平滑，多层嵌套的加杠杆产品最终要消失，"刚性兑付"也不再会是投资者闭着眼睛买理财的"保护伞"，公募私募产品的分类和各种投资限制终将使得高风险的资管产品与资金量较小的普通老百姓隔离。在重塑资管产品的同时，《意见》将改变老百姓未来的投资理财理念和行为。

7.3.2 危机十余年后全球银行业最新变化[一]及发展趋势

由美国次贷危机诱发的国际金融危机自爆发至今已十余年，全球银行业在此期间发生的变化可以用"时移世易"和"翻天覆地"来形容。十余年间，原本由欧美银行主导的全球银行业，中资银行因危机冲击带来的"此消彼长"效应而迎来持续爆发式增长，无论在一级资本（或称"核心资本"）还是资产规模或是盈利总额和跨境业务增长势头均全面超越全球其他主要经济体的银行。

1. 金融全球化格局变化

在原有主导世界银行业的欧美银行缩减跨境业务的同时，中国、加拿大和日本及部分发展中国家银行跨境业务爆发式增长。

国际清算银行披露的数据显示，国际金融危机以来，跨境资本流动总额以绝对数额计算缩减了65%，其中一半是由跨境贷款缩减造成的，而欧洲银行则是跨境贷款的最大缩减者。自2007年以来，欧洲银行跨境贷款缩减了7.3万亿美元，缩减幅度达45%。其中欧元区间的跨境贷款缩减额占总缩减额的一半，并且其以银行同业间借贷为主。瑞士、英国和美国的部分银行也占缩减跨境业务整体的较大比重。

导致上述欧美银行缩减跨境业务的主要因素包括：国别风险再评估的结果、海外业务的营利性不如本土业务、有关国家政府为刺激本国经济而推出系列鼓励本国银行增加国内信贷措施、新的关于资本和流动性的监管规则明显抑制了银行扩大海外业务的复杂程度。以汇丰控股为例，自2011年以来，汇丰控股采取了一系列重大举措，围绕从"世界性本地银行"向"领先国际性银行"为核心实施实质性转型，主要体现在：①重新聚焦。主要举措包括：构建"六重过滤决策机制"并应用于日常业务决策过程中；处置或退出78项业务或资产；业务覆盖的国家和地区从原来的87个缩减到73个，并自2011年以来，从15个国家和10条业务线全面退出；按既定方针和程序进行持续的业务重整。②简化业务组织管理。主要举措包括：简化全球管理结构；简化原有8乘8的管理架构；削减13%的全职员工人数。③以项目形式重塑企业内涵。主要项目包括：推行实施"全球标准"；执行新的行为守则标准；推进经强化的企业文化。再以花旗银行为例，该行曾经占据全球领先位置多年，但一样无法逃脱国际金融危机引发的"滑铁卢"，不得不大刀阔斧"瘦身"并简化业务模式。

在欧美银行跨境业务缩减的同时，中国银行业在这十余年间的境内外业务却以前所未有的速度增长。作为全球最大经济体的美国，其银行体系之庞大和国际化程度之高是国际公认的，但到2012年年末，美国整体银行业资产总余额只有14.6万亿美元。中国银行业金融机

[一] 资料来源：陈顺殷. 危机十年后全球银行业新格局[J]. 中国金融，2018（18）：47-49。

构资产总额仅在 2008～2012 年这五年时间内的增加额就超过美国同期银行业整体规模。值得一提的是，为应对雷曼兄弟破产所引发的金融危机所引致的银行流动性和信贷紧缩，美联储在 2008～2012 年的这五年时间里，通过实施量化宽松政策给美国银行业持续注入了 2.5 万亿美元，以不断抵消美国银行业个体在危机后不得不持续去杠杆化令资产不增反减的情况。据估计，美国银行业这五年去杠杆化令其整体资产减少了 0.4 万亿～0.5 万亿美元。在这一加一减的综合作用下，美国银行业的资产在这五年大约增加了 2.1 万亿美元。

与此同时，中国银行业金融机构这五年时间的资产增加额，也远远超过全球西方经济体四大央行资产加总额 9.8 万亿美元（其中，美联储为 3.9 万亿美元、欧洲央行为 3.2 万亿美元、日本银行 2.1 万亿美元和英格兰银行为 0.6 万亿美元）。2012 年，中国国内生产总值为 8.9 万亿美元，占全球 GDP 总和约 12.2%。同期，中国银行业金融机构的资产总值约占全球银行业金融机构资产总值总和的 33.1%。

2．银行体系的变化

银行体系随宏观经济环境和金融市场环境变化而变化，金融市场发达和成熟度高的国家银行资产占本国 GDP 的比例和增速远低于金融市场发达和成熟度相对低的国家。

在过去的十余年时间里，全球银行业已通过强化资产负债表管理、调整业务策略和业务运营模式、收缩产品组合和重新调整自身国际地理布局等一系列措施，以适应新的宏观经济环境。毋庸置疑，部分上述策略举措仍在不少银行特别是欧洲大型银行的执行举措中，其推行结果直接影响欧美银行的盈利能力，欧元区银行和美国银行机构的股本回报率分别从 2006 年的 10.7%和 12.5%下降到 2016 年的 4.4%和 9.3%。

在此期间，西方银行和中资银行的业务发展路径和态势反差明显（见表 7-7），这种反差体现在：西方银行严控资产规模增长，中资银行资产连年超高速增长；西方银行资本实力保持稳定，中资银行资本实力明显提升；西方银行因国际监管环境发生系列性变化而为合规经营付出巨大代价；西方银行大幅收缩海外业务特别是信贷相关业务，而中资银行则大举拓展海外业务特别是信贷业务；西方银行业务在不断简化的同时，中资银行的业务在不断复杂化；在西方银行回归银行传统的同时，中资银行不遗余力地尝试跳出银行传统。反观中国银行业在过去十余年的业务发展所出现的某些偏差情况，一方面可以印证上述的"反差"，另一方面也可以印证我国监管机构 2017 年发起的"三三四十"的监管治理是一种迟来的"监管纠偏的补课"。

表 7-7　全球五大区域银行体系整体数据比较

（单位：亿美元）

	2008 年			2017 年		
	一级资本	资产	税前利润	一级资本	资产	税前利润
中国	3 484	67 633	850	20 570	290 190	3 220
欧元区	15 966	491 537	-161	13 950	261 340	1 370
日本	3 829	92 708	165	6 860	134 850	550
英国	3 345	112 666	-512	4 120	75 220	370
美国	901	126 111	-911	14 060	160 550	2 250

注：上述数据为各区域入选全球 1 000 家银行的相应数据合计数。

资料来源：英国《银行家》杂志

值得一提的是，国际金融危机爆发后，全球各国在"治疗"危机冲击带来的创伤的对策选择往往与有关国家资本市场发达和成熟程度有着十分密切的关系。以美国为代表的发达国家，因其资本市场成熟度高和直接融资占比高，危机爆发后更多是利用资本市场，包括股票资本市场（特别是破产、清盘和收购合并）、债务资本市场和衍生工具市场进行社会经济的平衡和再平衡并取得较好的市场化效果。而资本市场成熟程度较低的国家则往往侧重推行量化宽松货币政策，通过其银行体系"放水"，较容易造成高杠杆的"后遗症"。根据国际清算银行所公布的数据：美国、英国、德国和比利时等发达国家在2008~2016年，其国内银行资产额相当于国内生产总值的比率不升反跌；同期，巴西、中国、日本和加拿大的比率则分别增加了64%、56%、28%和20%。与此同时，作为国际金融中心的中国香港和苏黎世这一比率则分别增加了32%和47%。

3. 全球金融监管驱动银行业发展新格局

国际金融危机爆发后，全球各国监管机构和国际组织纷纷推行实施各种新的监管举措，包括推行实施旨在提升资本吸收损失能力和提升银行自身存续经营能力的巴塞尔资本协议Ⅲ、推进旨在防范系统性风险的全球系统性重要银行及全球系统性重要银行须额外增加的资本充足比率和信息披露安排。其他主要监管新举措还包括：全面推行行为监管，重建市场对金融体系的信心，提升更高的资本和资金要求，实行更严格的流动性要求，强化操守和合规管理，强化对外资银行的在地监管、篱笆隔离安排和子行化安排，加大压力测试的覆盖层面和密度，强化模型风险管理，等等。

在上述多方面的监管举措综合作用下，一方面，银行普遍强化风险管理和内部控制能力，银行体系更健康，拥有更高的资本充足比率和更充裕的流动资产及更低水平的不良贷款比率。另一方面，这些措施也限制了银行业的整体盈利水平：全球银行业已恢复全面盈利；一级资本仅增加至2008年水平的一倍；资产回报率虽有明显改善，但仍远远落后于危机前（见表7-8）。

表7-8 2008年和2017年全球1 000家银行整体数据比较

（单位：亿美元）

	2008年	2017年	增减变化幅度
税前利润加总数	1 150	11 120	+966.96%
一级资本加总数	42 760	82 350	+192.59%
总资产加总数	963 950	1 236 530	+128.28%
一级资本比率回报率（%）	2.69%	13.50%	1 081基点
资产回报率（%）	0.12%	0.90%	78基点

资料来源：英国《银行家》杂志

4. 中资银行系统重要性持续提升，美资银行地位依然稳固

目前，国际银行业无论是监管者还是从业者，均普遍接受了金融稳定理事会在认定全球系统性重要银行所采用的认定标准和指标，并以此作为一家银行国际化程度或在全球银行体系中的"江湖地位"的衡量标准。"全球系统性重要银行"是2008年国际金融危机爆发后，全球监管机构首次提出的新概念。名单的确定是国际银行业监管评估的客观过程与结果。巴塞尔银行监管委员会（BCBS）组织各国金融专家和高管，经过两年的联合工作，从定量和定性两方面进行评估。定量指标主要从全球活跃程度、规模、关联度、可替代性、复杂性五大类别评估一家银行对全球金融体系的重要性，各占20%的权重。

根据对来自12个国家的73家候选银行的测算结果，金融稳定理事会（FSB）于2011年11月发布了首批29家全球系统性重要银行名单，其中美国8家、英国和法国各4家、日本3家、德国和瑞士各2家、荷兰、西班牙、意大利、瑞典、比利时和中国各1家。

2013年11月、2014年11月和2015年11月，中国工商银行、中国农业银行和中国建设银行先后分三年入选全球系统性重要银行。值得一提的是，在所有被认定为全球系统性重要银行中，大部分入选的美资银行无论在2012年还是在2017年，均居第2至第4区间。而中资银行入选银行数目从最初只有1家增加到4家，到了2017年，其中3家入选的中资银行已从第1区间上升到第2区间，这无疑体现了中资银行在全球银行体系中的重要性的迅速提升。

与此同时，欧洲的老牌银行的国际影响力明显减弱，并让位于中资银行和加拿大银行。

5. 全球银行业发展趋势

面对2008年以来经济格局转变、金融监管强化和市场竞争等环境约束，向轻型化转型成为全球银行业发展的一大趋势。轻型化即为轻资产，控制规模扩张；轻业务，大力发展无需或较少消耗资产与资本即可带来收入的业务；轻成本，通过优化管理结构等方式，降低管理成本。银行业轻型化转型应当注重政策变化，完善业务布局，引入数字化科技力量。⊖

本 章 小 结

我国商业银行的业务一般分为负债业务、资产业务和中间业务三类。负债业务和资产业务是商业银行最基本的信用业务，也是商业银行的主要业务。中间业务是负债业务和资产业务的一种派生，同样是商业银行业务活动的重要构成部分。商业银行的负债业务主要是指其资金来源的业务，是银行经营资产业务和中间业务的基础，主要包括资本金业务、存款业务和借款业务。其中存款和借款属于商业银行吸收的外来资金。商业银行资产业务是指商业银行通过不同的方式和渠道将聚集的资金加以运用并取得收益的各种经营活动，主要包括现金资产业务、贷款业务和证券投资业务等。中间业务是指商业银行以中介人的身份代客户办理各种委托事项，并从中收取手续费的业务，主要包括结算业务、信托业务、代理业务、租赁业务、银行卡业务、服务性业务、代保管业务等。商业银行在经营业务的过程中必须遵循三大原则，即安全性、流动性和效益性。近年来，在金融创新的浪潮下，商业银行进行了包括信贷资产证券化、电子银行、个人理财等业务创新。

课堂延伸思考

1. 我国商业银行的存款业务有哪些？商业银行的贷款业务又是如何分类的？请结合某家商业银行进行阐述。

2. 备受关注的中国版"巴塞尔Ⅲ"终于面世——原银监会2011年5月3日宣布，于2012年1月1日起施行银行业监管新标准，全面提升资本充足率、贷款损失准备等监管标准，要求境内银行在过渡期结束后达标。新监管标准对银行业提出了更为严格的资本要求。

⊖ 资料来源：《中国银行第四季度经济金融展望报告》，金融界（百家号），2018年9月28日。

请问：

(1) 什么是资本充足率？

(2) 新监管标准将对我国商业银行的业务经营模式产生怎样的影响？

3. 据原银监会统计，2010~2014 年，银行业税后利润增速分别为 34.50%、39.23%、20.74%、15.4%、10.5%，2015 年则锐减为 2.39%，同比大幅下滑；2016 年和 2017 年有所回升，为 5.04%和 6.15%。

但是 2017 年上市银行非息收入却出现小幅负增长，全年同比减少 4.0%，其在营业收入中的比重由 2016 年的 30.6%下降至 28.5%，其中五大行、股份行、地方性银行的这一比例同比分别变动−7.2%、4.5%、1.3%。主要是由于全年非息收入增长面临较多不利因素，一是受高基数影响，非息收入增长面临较大的压力；二是在严监管及各项政策，如自查自纠、减费让利、保险新政等综合实施的影响下，行业新型中间业务收入增长乏力。其中大行非息收入的负增长主要由于理财业务收入的大幅下降及保险代理类业务的减少所致。

整体来看，2017 年银行卡业务在中间业务收入中的占比提升 10.4 个百分点，一方面信用卡收入作为消费金融的重要载体仍然保持较快的增长；另一方面，银行主动提升银行卡业务领域投入以弥补中间业务增长的缺口。结算收入受益于进出口贸易的回暖以及银行加快布局电子支付领域保持平稳增长。代理类业务受制于保险新政，总体占比降低 3.3 个百分点。新兴中间业务收入如托管理财类业务在非息收入中的占比进一步下降 3.0 个百分点，但仍然是重要的中收来源。投行业务方面与债券承销、非标业务相关的收入仍面临显著压力，占比下降 1.6 个百分点。

请问：

(1) 什么是商业银行的中间业务？

(2) 我国商业银行的中间业务主要有哪些？

(3) 商业银行的中间业务与表外业务有何异同？

4. 材料解读：

在银行坏账规模不断攀升的情况下，银行如何发放贷款以及贷款去向更受关注。2016 年 11 月 30 日，银监会浙江监管局公示了新一批行政处罚信息，9 家银行收到罚单，多数银行受罚是由于贷款业务出现不合规操作。

例如：中国农业银行绍兴分行因发放用途不真实贷款、贷前调查不尽职且新增贷款形成不良，被罚款 50 万元；中信银行绍兴分行因贷款发放不审慎，被罚款 30 万元。

此外，浦发银行绍兴分行因违规代保管经客户签章但关键条款空白信贷资料，被罚 25 万元；还有 5 家城商行、农商行、村镇银行等小型银行分别因办理无真实贸易背景银行承兑汇票业务、发放无真实用途小额贷款降低户均贷款金额等原因被处以 25 万~40 万元不等的罚款。

据不完全统计，在银监部门公示的罚款缘由中，贷款业务是其中的一个"重灾区"，违规做法主要包括贷款审核不审慎、违规发放关系贷款、以贷转存虚增存贷规模等。此外，银行贷款出现贷后资金监测不力，导致贷款被挪用或者信贷资金流向股市、房市等也很常见。

请问：

(1) 上述银行被处罚的原因是什么？

(2) 银行经营管理的原则是什么？应如何处理好各原则之间的关系？

第 8 章

解读货币供求

财经新闻回放

2018 年以来，按照党中央、国务院部署，中国人民银行继续实施稳健中性的货币政策，根据经济金融形势变化，加强前瞻性预调微调，适度对冲部分领域出现的信用资源配置不足……加大金融对实体经济尤其是小微企业的支持力度，为供给侧结构性改革和高质量发展营造适宜的货币金融环境。一是适度增加中长期流动性供应，保持流动性合理充裕。1 月、4 月、7 月三次定向降准，并搭配中期借贷便利、抵押补充贷款等工具投放中长期流动性。三是……增加支小支农再贷款和再贴现额度，下调支小再贷款利率 0.5 个百分点……

总体来看，稳健中性的货币政策取得了较好成效，银行体系流动性合理充裕，市场利率中枢有所下行，货币信贷和社会融资规模适度增长，宏观杠杆率保持稳定。2018 年以来，广义货币供应量 M2 增速保持在 8%以上，6 月末，广义货币供应量 M2 余额为 177.0 万亿元，同比增长 8.0%，增速比 3 月末低 0.2 个百分点。狭义货币供应量 M1 余额为 54.4 万亿元，同比增长 6.6%，增速比 3 月末低 0.5 个百分点。流通中货币 M0 余额为 7.0 万亿元，同比增长 3.9%。上半年现金净回笼 1 056 亿元，同比少回笼 270 亿元。6 月末，基础货币较年初则减少了 3 400 亿元。

下一阶段，中国人民银行将按照党中央、国务院的决策部署，以习近平新时代中国特色社会主义思想为指导……紧紧围绕服务实体经济、防控金融风险、深化……创新和完善金融宏观调控……把好货币供给总闸门，保持流动性合理充裕，根据形势变化预调微调。

资料来源：《2018 年央行第二季度货币政策执行报告》

本章预习

经过第 6 章的学习，我们已经了解了货币的基础知识，明白了货币在经济发展和日常生活中的巨大作用，但是货币是如何供应的？货币供应的形式除了现金还有哪些形式？通过新闻回放，我们了解了 2018 年上半年我国的货币供应状况，了解到货币供应量有三种形式：M0、M1、M2。这些专业术语代表什么意思？同时，2018 年我国实施稳健中性的货币政策，截至 2018 年 7 月 5 日，连续 3 次下调部分金融机构存款准备金率（定向降准）。如何理解稳健中性的货币政策？如何理解 2018 年 1 月、4 月、7 月三次定向降准的决定？如何理解基础货币下降与流动性合理充裕这一看似矛盾的现象呢？通过本章对货币供求理论的学习，你一定会找到答案。

> **本章学习线路图**

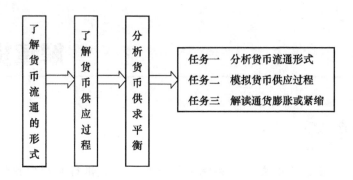

8.1 认识货币流通

我国 2018 年第二季度货币供应量统计表见表 8-1。

表 8-1 货币供应量统计表（截至 2018 年 6 月末）

	余额（万亿元）	余额比同期增长（%）
货币和准货币（M2）	177	8.0
货币（M1）	54.4	6.6
流通中现金（M0）	7.0	3.9

资料来源：中国人民银行网站

根据表 8-1，我们可以明确货币供应量包括：M0、M1、M2。货币为什么要分成这样的层次，让我们首先了解一下货币流通的过程。

8.1.1 货币流通和商品流通

1. 货币流通和商品流通的区别

货币流通是指货币作为流通手段和支付手段在经济活动中所形成的连续不断的收支运动。商品流通是指两种不同的使用价值的互换。

在经济生活中之所以会形成货币流通，是因为商品流通所致。商品流通就是两种不同的使用价值的互换（即 W—W，W 代表商品），货币作为一般等价物，是把这个交换的过程分解成为买（G—W，G 代表货币）和卖（W—G）两个阶段，这种分解解决了不同使用价值之间的交换的困难，使商品流通得以顺利实现。但是货币介入交换过程并没有改变商品流通的实质，货币只是作为交换媒介为商品流通服务，是商品流通借以实现的形式和外在表现形式。因此，货币流通实质上是商品流通的实现形式和表现形式，商品流通才是货币流通的基础和实质内容。

2. 货币流通和商品流通的关系

商品流通决定货币流通。由于货币源于商品，所以在商品流通和货币流通的关系上，商品流通始终是第一位的，它不但决定货币流通的规模，也决定货币流通的方向和速度。

随着商品经济的发展，商品的内涵也在不断扩大，不仅那些有形的用于交换的劳动产品是商品，而且那些无形的用于交换的非劳动产品也是商品，如资本、劳动力、技术乃至信息等都成为可交易的商品，同样，货币流通的范围随之进入了上述领域。

货币流通对商品流通有反作用。当货币流通速度不畅时，会造成商品的积压，阻碍商品的正常流通。

8.1.2 货币流通的形式

日常生活中作为交换媒介和支付手段的货币有现金和非现金（存款货币）两种，与之相对应，货币流通也有现金流通和非现金流通两种形式。

1．现金流通

现金流通是指直接以现金作为商品流通手段和支付手段的货币运动。银行是现金流通的中心，中央银行通过有计划地投放货币和回笼货币来调节货币流通量，使之与商品流通量以及其他经济活动对货币的需求相适应。

我国现金投放的渠道主要有：工资性支出，农副产品采购支出，工矿及其他产品采购支出，行政企事业管理费支出，城乡个体经营收支，汇兑收支，兑换外币收支等；而现金的回笼则是商业部门通过销售商品收回货币（商品回笼），通过交通、邮电、文化娱乐和公用事业单位的各种服务事业的收费回笼货币（服务回笼），通过国家向企业、居民征收各种税款（财政回笼），通过银行吸收存款和收回各种贷款（信用回笼）。

当我们每天拿着现金消费时，也许大多数人并没有想过印制一张纸币，或铸造一枚硬币需要多少成本，没有想过现金大量流通又需要多少成本。市场货币流通量增加，一方面说明我国经济保持了一定的发展速度，市场交易活跃；另一方面，也意味着中央银行货币流通成本的增加。其实，现实生活中的大部分交易都是通过银行转账的形式完成的，随着商品交换规模的不断扩大，现金主要功能已逐步转向居民个人和单位的小额零星支付，而经济主体之间的大额支付则主要通过转账结算来完成。

2．非现金流通

非现金流通又称银行转账，是指收付款双方通过各自的银行账户，用转账结算的办法完成货币收付的货币运动。非现金流通是直接通过银行进行的，因而货币流通不超出银行的范围。

3．现金流通与非现金流通的联系

无论是现金流通中的现金，还是非现金流通中的存款货币，都属于信用货币。两者在一定条件下可以相互转化。当企业把现金存入银行，原来的现金流通就变成了非现金流通，而客户提现，则使原来的非现金流通变成了现金流通。

8.1.3 货币层次的划分

货币层次的划分是指将流通中的货币按照其流动性的强弱进行相关排列，分成若干层次并用符号代表的一种方法。货币层次的划分标准是货币流动性的强弱。所谓流动性是指金融资产转变为现实的购买力，并使持有人不遭受损失的能力。显然流动性越大的货币转化成其他资产的能力越强,安全性也就越高。现金是流动性最强的货币,所以总会有人心甘情愿地把自己资产的一部分以现金的形式保存,尽管他们心里也明白,这样做是有风险或损失的,即我们日常所讲的持币成本。

根据货币流动性的强弱,我国把货币划分为以下几个层次:

M0=流通中的现金

M1(狭义货币)=M0+企业单位活期存款+农村存款+机关团体部队存款+个人持有的信用卡类存款

M2(广义货币)=M1+企业单位定期存款+城乡居民储蓄存款+外币存款+信托类存款

M3=M2+金融债券+商业票据+大额可转让存单等

由于定期存款和金融资产不是现实购买力,所以作为用于媒介商品流通的货币实际供应量是指M1。事实上,直接影响一国社会总供求平衡的是M1,它也构成了我国货币供应量的内容。中央银行的货币供应量公告其实是指向社会投放或回笼了多少M1。而M2则是广义的货币供应量的概念。各国政府总是通过对M1和M2的调控来最终实现一国经济稳定发展的目的。

8.2 分析货币供给过程

央行年内第五次下调金融机构人民币存款准备金率

新闻回放:中国人民银行决定,自2015年10月24日起,下调金融机构一年期存贷款利率0.25%,同时对商业银行和农村合作金融机构等不再设置存款利率浮动上限;自同日起,下调金融机构人民币存款准备金率0.5个百分点,以保持银行体系流动性合理充裕,引导货币信贷平稳适度增长。同时,为加大金融支持"三农"和小微企业的正向激励,对符合标准的金融机构额外降低存款准备金率0.5个百分点。按2015年9月末人民币存款134万亿元测算,降准0.5个百分点将释放流动性约6700亿元,考虑对符合"三农"和小微标准的金融机构有额外降准,预计释放流动性规模在7500亿左右。

资料来源:中国人民银行网站

专栏点评:此次双降的国内背景为:①外汇占款持续下降导致基础货币供给不足;②猪周期见顶带动通胀回落。而从全球来看,欧洲央行释放宽松信号。因此,业内普遍认为央行此举是为国内货币宽松铺平道路。

那么,中国人民银行为什么要调整存款准备金率?调整后有什么影响呢?为什么下调存款准备金率会扩大信贷规模?回答这些问题,需要我们首先了解货币供给过程。

货币的供给过程示意图如图8-1所示。

通过图8-1可知:

(1)货币是由中央银行和商业银行供应,银行是货币供给的主体。

(2)货币的供应不仅是流通中的现金,还包括存款货币。

(3)M0、M1、M2是货币供给的客体。

（4）存款货币的供应有乘数效应（通常用 m 表示）。
（5）有乘数效应的货币被称为基础货币（通常用 B 表示）。
（6）总的货币供应量（通常用 M 表示），$M=mB$。

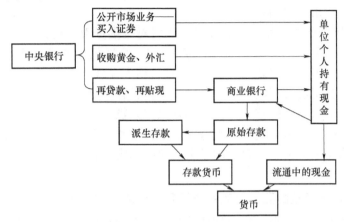

图 8-1　货币的供给过程示意图

在很多人的观念中，我们手中的货币，是由印钞厂印出来的。其实现代社会的货币供给是由银行创造的。了解这一点，对我们正确理解现代经济与金融的运行非常重要。

当储户把钱存入某家商业银行时，该商业银行不可以把这些钱全部贷出去，否则当储户来取钱时很有可能发生银行没钱支付的现象，当恐慌的储户都跑到银行取钱时，就会发生挤兑现象，甚至导致银行的破产。为此，各国中央银行规定商业银行不能把储户的存款都贷出去，必须留下一部分准备金，以备储户来提款。我们把商业银行按规定必须存入中央银行的存款占银行吸收存款的比率叫准备金率。例如，中央银行规定法定准备金率是 10%，如果储户存了 100 元钱，商业银行必须把 10 元钱交到中央银行，剩下的钱才能贷出去，这叫法定准备金。

那么银行又是怎样把钱创造出来的？我们来看以下例子。假设我国的法定准备金率是 10%，一个储户有 1 000 元钱存入中国工商银行，中国工商银行必须把 100 元钱留下交给中央银行，它只能贷出 900 元钱。有一个人正好去中国工商银行借 900 元钱，他要买一个录音机，他把这 900 元钱交给商场柜台，这家商场又把这 900 元存入了中国农业银行。当中国农业银行收到这笔钱的时候，这 900 元钱它不能都贷出去，必须把 90 元钱上缴中央银行，它只能贷出 810 元钱。如此往复下去，一个储户的 1 000 元存款，通过银行系统不断的存贷过程，最后变成了多少钱呢？结果发现，商业银行存款总额变成了 10 000 元，其中新增贷款是 9 000 元，法定准备金是 1 000 元。至此，市场货币总量变成了 10 000 元。通过这个例子我们可以看到钱是通过中央银行和商业银行的信用活动创造出来的，银行是货币供给的总闸口。

由此可见，现代信用货币制度下，货币供给是通过中央银行提供的基础货币，在货币乘数的作用下，经过商业银行的信用创造来完成的。

8.2.1　中央银行基础货币的供应

1. 什么是基础货币

基础货币也称货币基数（Monetary Base），因其具有使货币供应总量成倍放大或收缩的能力，又被称为高能货币（High-powered Money）。根据国际货币基金组织《货币与金融统计手册》（2000年版）的定义，基础货币包括中央银行为广义货币和信贷扩张提供支持的各种负债，主要是指银行持有的货币（库存现金）和银行外的货币（流通中的现金），以及银行与非银行在货币当局的存款。

1994年，我国开始进行基础货币统计。当时对基础货币的统计定义为"基础货币=金融机构库存现金+流通中现金+金融机构准备金存款+金融机构特种存款+邮政储蓄转存款+机关团体在中国人民银行的存款"。其中，金融机构库存现金包括商业银行、政策性银行、城乡信用社、财务公司所持有的现金；金融机构特种存款是中国人民银行为了吸收农村信用社多余的流动性货币设立的特别账户，通常账户余额很小，并且不活跃。

简单地说，基础货币由流通中的现金（包括公众和商业银行持有的现金）和商业银行以及其他金融机构在中央银行的存款准备金（包括法定准备金和超额准备金）构成，其实质为中央银行的负债。

2. 引起基础货币增减的因素及其对市场货币流通量的影响

作为银行体系内存款扩张、货币创造的基础，基础货币数量大小对货币供应总量有决定性的影响。

为了搞清楚基础货币变化与市场货币流通量增减之间的关系，我们首先来分析表8-2所示的中央银行的简易资产负债表。

表8-2 中央银行的简易资产负债表

资产	负债
国外净资产	流通中货币
对政府债权净额	准备金存款
对商业银行债权	
其他项目净值	
资产合计	负债合计

从表8-2中我们可以看出，基础货币由现金和存款准备金两部分构成，而这二者都是中央银行的负债。由于所有可能引起资产变化的项目都会使负债发生变化，从而引起基础货币的增减变化，所以中央银行投放基础货币的数量主要受以下三方面因素的影响：

（1）国外净资产的变化。国外净资产由外汇、黄金占款和中央银行在国际金融机构的净资产构成。当该部分的数额发生增减，则会相应地引起基础货币的增减。例如，当中央银行向国内某企业按照$1=￥6.9223的外汇牌价购入外汇1万美元，中央银行的国外净资产将增加1万美元，同时，该企业在它当地的往来银行的账户上将增加6.9223万元人民币⊖，即银行得到了6.9223万元人民币存款，在该银行没有把这笔钱贷出去之前，银行在中央银行的准备金将增加6.9223万元（超额准备金加上法定准备金），所以基础货币将增加6.9223万元。一国的顺差过大，往往会引起一国的通货膨胀。因为当一国的顺差过大时，为减缓本币升值压力，中央银行购入的外汇就会增多，外汇占款就会增加，从而势必引起基础货币投放过多，最终造成通货膨胀，引起本国货币对外升值对内贬值就是这个道理。所以，通过外汇买卖可以增加或减少基础货币的投放。

⊖ 该笔人民币就称为外汇占款。

（2）对政府债权净额的变化。中央银行通过认购政府债券或贷款给财政部门弥补赤字，把基础货币注入流通领域。当中央银行通过在公开市场买入政府债券 300 亿元时，如果卖出者为一般商业银行，则中央银行对政府债权净额会相应增加 300 亿元，而同时，如果所有的支付都通过银行转账来实现，则商业银行的存款会增加 300 亿元，准备金也就增加了 300 亿元，基础货币相应增加 300 亿元，这意味着中央银行通过买入政府债券的形式向市场注入了 300 亿元资金。如果卖出者为个人，中央银行全部用现金支付，则流通中的现金就会增加 300 亿元，从而使基础货币增加 300 亿元，市场货币增加 300 亿元。

（3）对商业银行债权的变化，即对商业银行再贷款、再贴现。中央银行可以通过商业银行把基础货币注入流通领域。如果中央银行向商业银行发放再贷款 300 亿元，则中央银行对商业银行的债券就会增加 300 亿元，这 300 亿元马上会变成商业银行的存款，所以在商业银行没有贷款之前，商业银行在中央银行的准备金就会增加 300 亿元，即基础货币增加 300 亿元。依次类推，中央银行对商业银行的再贷款所产生的基础货币影响效应也是如此。

另外，中央银行还可以通过调整其他项目净值来影响基础货币。例如，固定资产的增减变化以及中央银行在资金清算过程中应收应付的增减变化，都会对基础货币量产生影响。

综上所述，作为发行的银行，中央银行可以通过发行货币增加基础货币的投放；作为银行的银行，中央银行可以通过向商业银行提供贷款，增加商业银行的原始存款，影响基础货币；此外，中央银行也可以利用公开市场业务通过买卖政府债券影响基础货币。

但是基础货币的投放仅仅是给商业银行提供供应货币的原动力，至于市场上到底能产生多少货币，这还要看商业银行的派生存款能力。

8.2.2 商业银行派生存款的创造

在部分准备金制度和非现金结算制度的条件下，商业银行只要能够保证法定的存款准备金，就可以利用吸收的存款发放新的贷款。从而为市场注入几倍于基础货币的货币供应。为了搞清楚商业银行的货币创造过程，我们首先必须弄清楚以下几个概念：

（1）原始存款。它是指商业银行因接受客户（企业和个人）的现金或中央银行签发支票所形成的存款。原始存款对于银行来说是现金的初次注入，是银行扩张信用创造存款通货的基础。正因为如此，几乎每一家商业银行都会把吸收居民的储蓄存款作为竞争的重点。由于现金和中央银行签发的支票都属于银行向流通中注入的货币量，所以商业银行能吸收到多少原始存款，首先取决于中央银行发行多少货币，发行的货币越多，则可以成为商业银行原始存款的基数就越大；其次，商业银行原始存款的多少还取决于商业银行对中央银行发行货币的吸收程度。如果商业银行没有再贷款和再贴现的需求，则通过中央银行得到的原始存款就会减少。

（2）派生存款。它是指商业银行通过对原始存款进行放款、购买有价证券等方式创造出来的新存款。商业银行吸收到原始存款后，只按规定留一部分作现金准备应付提存，其余部分则可用于放款和投资。可见，原始存款是商业银行信用扩张、创造派生存款的基础。

原始存款同派生存款相比具有如下特点：①在原始存款量的变化中，商业银行处于被动的接受地位；②原始存款是创造派生存款的基础；③吸收原始存款可增加商业银行的支付准备金，增强银行的清偿能力。

（3）准备金。银行创造派生存款的条件是银行信用的存在和准备金制度。准备金是商业银行为应付日常需要的库存现金和在中央银行的存款,它分为法定准备金和超额准备金。

1)法定准备金是指按银行法的规定商业银行不能放贷营利的存款。简单地说,法定准备金就是央行规定其下属的各个金融机构必须持有的最低量准备金。

2)超额准备金是商业银行尚未贷放出去的部分存款,即总准备金减去银行或存款机构按货币当局规定必须保留的法定准备金后的剩余部分。在市场经济发达的国家的银行体系运行中,超额准备金对商业银行的资产业务规模有很重要的影响。在一般情况下,超额准备金增加,意味着该银行的潜在放款或投资能力增强,但在这部分准备金未运用之前,超额准备金数额越大,潜在的利息损失也就越大。在相反的情况下,也会出现相反的作用或效果。超额准备金的形成,实际上是银行有能力扩张,却没有将自身的信用放款业务扩张到最大限度的结果,同时,保留超额准备金,大多是为了预防意外的大额提现或结清存款,或者是为了购买证券,所以西方有许多经济学家把超额准备金称为风险准备金。

1. 商业银行派生存款的创造过程

在广泛使用非现金结算的条件下,取得银行贷款或投资款项的客户并不(或不全部)支取现金,而是转入其银行存款账户。这就在原始存款的基础上,使商业银行系统形成一笔新的存款。接受这笔存款的银行,除保留一部分作准备金外,其余部分又可用于放款和投资,从而又派生出存款。这个过程继续下去,就可以创造出大量的派生存款。

原始的1000元钱是一个储户放进去的,如果该储户不在同一家银行开户,全部转账,不提现金,商业银行将扣除法定准备金后的余额全部贷出。之后每发生一次贷款行为,银行都要把法定准备金交给中央银行,如此循环往复,我们发现货币供给竟然增加到10 000元,是原始资金量的10倍,这是法定准备金为10%的情况。商业银行货币创造过程见表8-3。如果法定准备金是5%呢,就变成了20倍,初始的1000元钱就变成了2万元钱。

表8-3 商业银行货币创造过程

银行名称	存款额	法定准备金	贷款余额
A	1 000	100	900
B	900	90	810
C	810	81	729
D	729	72.9	656.1
……	……	……	……
合计	10 000	1 000	9 000

市场存款总额为10 000元,其中1 000元为原始存款,9 000元为派生存款。

原来,人们用的钞票尽管是印钞厂印出来的,但是作为货币供给,却是银行通过信用创造出来的。我们同时还可以看到,只有通过银行的信贷活动,所创造的新存款,才是现有货币量的增加。所以,当大家把钱放进银行的时候,经济就开始加快了。因为你把钱放进银行,银行把它贷给别人,别人再放进银行,银行接着再贷出去,一笔钱就这样一直存贷下去,货币供给量就会成倍地增加,经济规模和增长速度可能成倍地放大。

2. 影响商业银行派生存款能力的因素

其实银行创造派生存款的能力并不是无限的,它要受到两个限制:

(1)它要受存款准备金的限制。法定存款准备金率越大,存款扩张倍数越小。中央银行把提高或降低法定存款准备金率作为紧缩或扩张信用的一个重要工具。

（2）提现率也是影响派生存款量的一个重要因素。如果有一天大家都准备把钱从银行取出来放到自己床下藏起来的时候，商业银行能用于贷款的存款会越来越少，当然，通过商业银行派生的存款也会成倍减少。用公式表示为

$$存款总额=原始存款×1/（法定存款准备金率+提现率+超额准备金率）$$

根据上述公式可以看出，影响商业银行派生存款能力的因素主要有原始存款、法定存款准备金率、提现率和超额准备金率。除此之外，还有一些其他的影响商业银行派生存款的因素，如定期存款比率 t、定期存款准备的现金准备率 t_i 等。

因此，较完整的公式应该为

$$m=1÷（I+e+c+t×t_i）$$

式中　m——货币乘数；
　　　e——超额准备金率；
　　　I——法定存款准备金率；
　　　c——提现率（现金漏损率）；
　　　t——定期存款比率；
　　　t_i——定期存款准备的现金准备率。

根据上述可知，从技术上讲，流通中的货币是由银行创造和供应的，但是很显然，如果没有企业和部门的贷款需求，则商业银行就不能通过贷款的形式来派生存款；如果企业、单位和居民持有现金增加，或者如果有一天大家都准备把钱从银行取出来自己持有的时候，这个通过商业银行派生存款的经济链条就断掉了，最后的结果则很可能手中的钱也不值钱了，因为那时的经济可能已经瘫痪了，物价已经飞涨了。这是因为现代社会的经济与银行之间，是一环扣一环彼此相连、密不可分的，我们生活中的货币供应，是在银行循环往复的存贷过程中制造出来的。

所以从根本上来说，流通中货币的供应要受到社会再生产内在经济因素的制约。

8.2.3　货币供给量的调控

1．货币供给量

货币供给量是某一时点上，流通中的货币存量，通常称为货币供应量（货币流通量）。货币供应量是存款机构以外的经济主体所拥有的货币总量，是银行体系资产负债表中一定时点上的负债总额，即中央银行的负债和商业银行的负债。总的货币供应量应由基础货币和商业银行派生创造货币两部分构成，即总的货币供应量 $M=mB$。因此调控货币供应量可以通过调控基础货币和货币乘数来实现。

2．基础货币供应量的调控

随着我国金融市场的逐步完善和发展，中央银行进一步加大了公开市场的操作力度。公开市场操作已成为中央银行灵活调节货币供应的日常性、政策性工具。此外还可以通过央行对商业银行的债权规模控制和外汇、黄金占款规模控制来实现控制货币供应量的目的。

3．货币乘数的调控

根据商业银行派生存款创造的原理分析（$m=1÷（I+e+c+t×t_i）$），因此调节货币乘数主要是

通过调整法定存款准备金率、超额准备金率和现金漏损率来实现的。其具体的表现见表8-4。

表8-4　货币乘数的调控表现

变量的变动		m
法定存款准备金率	↑	↓
超额准备金率	↑	↓
现金漏损率	↑	↓

8.3　分析货币需求

8.3.1　什么是货币需求

专栏8-2

老王对货币需求的分析

老王到了退休的年龄，省吃俭用，存了点钱。他准备让自己享受一下现代化的生活。新换了冰箱，新装了空调……当做完所有的这一切，老王的财富得到了重新分配：一部分变成了财产，一部分变成了存款，一部分购买了国债。但不管老王如何理财，有一点可以肯定，为了用于日常的支付，老王身边必须有一部分财富是以货币的形式存在的，这部分财富就构成了老王对货币的需求。也就是说，对于老王而言，只有这部分财富才是真正用来购买商品的。

专栏点评：由于在商品流通过程中，货币的主要功能是用于交换商品，所以对于老王来说，中央银行应该提供的货币数量并不是老王的全部财富，而仅仅是用于日常支付的那一部分。我们把像老王一样的对货币需求的总额加起来，就构成了全社会个人对货币的需求；同样，企业、政府也会产生类似的对货币的需求。三者的总和就构成了全社会的货币需求。

因此，货币需求是指国家、单位和个人愿以货币形式持有其所拥有的财产所形成的对货币的需求。

8.3.2　产生货币需求的原因

我们都知道，当某人将自己的一部分财产以货币的形式持有时，由于货币的时间价值问题，他会遭受货币贬值的风险，我们把它叫作"持币成本"。在这种情况下，为什么还会有人甘冒上述风险，把自己的一部分财产以货币的形式持有呢？

根据凯恩斯的《就业利息和货币通论》，一个人的流动性偏好"系此人在各种不同情况下以货币形式保存的其资产的价值"，流动性偏好的程度"用货币或用工资单位加以衡量。"⊖在流动性偏好理论中，凯恩斯假定人们对货币需求出于三个动机：①交易动机；②谨慎动机；③投机动机。

（1）交易动机："由于个人或业务上的交易而引起的对现金的需要。"⊖对个人来讲，

⊖ 见《就业利息和货币通论》，凯恩斯（高鸿业译），P169。
⊖ 见《就业利息和货币通论》，凯恩斯（高鸿业译），P174。

收入的取得是定期的,而两次收入之间的日常花费是经常的、持续的,所以个人必须经常保持一部分货币以作日常之用。对企业来讲,其收支活动在时间上不可能保持一致,企业必须保持一定数量的货币以备日常之用。政府也是如此。

(2)谨慎动机:"为了安全起见,把全部资产中的一部分以现金形式保存起来。"⊖货币需求的谨慎动机有两层含义:①防止意外出现的支出,防范意外事故或保障可能出现的有利投资机会;②"保证一部分资源的未来现金价值。"⊜完全着眼于货币对未来债务偿付的保值作用,实际上是把货币作为一种资产来看待。凯恩斯认为,人们意愿持有的预防性货币余额的数量主要取决于人们对未来交易水平的预期。他认为这些交易与收入成比例变动。因此人们出于谨慎动机的货币需求量与他们的收入成比例。

(3)投机动机:"即相信自己比一般人对将来的行情具有较精确的预期。"⊜人们出于投机动机继而持有货币来源于货币的贮藏功能,把货币作为一种资产来对待,预期利率的变动而调整货币持有量以谋求收益。因此利率是影响货币需求量的重要因素。凯恩斯把贮藏货币的资产分成两类:货币和债券。在凯恩斯所处的年代,支票存款是没有利息的,所以持有货币的预期回报率为零。而对于债券来讲,债券的预期收益来自两方面:利息收入和预期资本利得。人们持有货币还是债券取决于两者之间的预期回报率。若预期利率上升,则债券价格预期下跌,从而得到负值资本利得,即资本损失,进而愿意持有货币而不愿意持有债券。若预期利率下降,则债券价格预期上升,从而得到正值资本利得,即资本增值,进而人们愿意持有债券而非货币。由此可见,利率上升导致货币需求下降,货币需求同利率水平负向相关。

从某种程度上来说,正是人们愿意持有货币的动机构成了货币的需求。

专栏 8-3

银行存款增速小幅放缓,互联网理财、货币基金成分流主因

新闻回放:央行数据显示,2017 年全年,人民币存款增加 13.51 万亿元,同比少增 1.36 万亿元;2018 年 3 月末,人民币存款余额 155.65 万亿元,同比增长 10.3%,增速比 2017 年同期低 2.7 个百分点;其中,个人储蓄存款降幅更为惊人。数据显示,四大行和中资全国性大型银行个人存款中的储蓄存款余额在 2018 年第一季度均出现负增长,其中,定期储蓄存款创下 2016 年有统计以来的新低。截至 2018 年 3 月末,四大行个人定期储蓄存款余额同比降幅超过 7%,中资全国性大型银行同比下降 8.2%。

资料来源:中国人民银行网站、中国基金报

专栏点评:自 2012 年以来,银行存款利率不断走低,而与此同时货币基金、银行理财之类的产品收益率却在不断走高,导致存款流失较快,居民存款理财化趋势明显。除互联网理财规模持续上升外,银行理财、货币基金等都在"分吃"居民银行存款的"大蛋糕"。多数业内人士对于 2018 年存款回暖预期并不乐观。在个人投资多元化背景下,银行揽储压力可能会越来越大。

⊖ 见《就业利息和货币通论》,凯恩斯(高鸿业译),P174。
⊜ 见《就业利息和货币通论》,凯恩斯(高鸿业译),P174。
⊜ 见《就业利息和货币通论》,凯恩斯(高鸿业译),P174。

8.3.3 货币流通规律

个人、企业和政府的交易动机、预防动机以及投资动机构成了货币的需求。马克思通过对金属货币流通条件下的货币流通现象的考察,找到了流通中货币需要量的规律。尽管现在我们使用的货币都是信用货币,但该流通规律仍然有一定的借鉴意义。

1. 马克思的货币需求理论——金属货币流通规律

货币流通规律,就是一定时间内商品流通过程中所需货币量的规律。马克思认为,在金属货币条件下,一定时期内流通中所需要的货币量与待实现的商品价格总额成正比,与同一单位货币流通速度成反比。由于价格总额取决于商品的数量和单位商品的价格,所以货币流通规律可以用公式表示为

$$M = \frac{QP}{V}$$

该公式表示,一定时期内商品流通中所需要的货币量(M),取决于三个因素:①参加流通的商品数量(Q),参加流通的商品总量越大,所需要的货币量就越多;②商品价格水平(P),商品价格水平越高,所需要的货币量就越多;③货币流通速度(V)。一定时期内的货币流通速度越快,流通中需要的货币量就越少。

上述公式是从货币执行流通手段职能的角度来考察的。当货币执行支付手段职能时,由于存在信用销售、到期支付和相互抵消支付的情况,所以当货币作为流通手段和支付手段时,流通中所需要的货币量应该调整为

流通中所需的货币量=(待实现的商品价格总额+到期支付的价格总额−相互抵消的支付总额)/同一单位货币流通速度(次数)

金属货币流通规律是货币流通的一般规律,它对于纸币流通、信用货币流通具有同样的意义。

2. 纸币流通规律

从货币的发展分析可以看出,纸币是代表金属货币执行流通职能的,所以流通中要投入的纸币量必须同它象征的金属货币实际需要量相一致。纸币流通规律就是流通中所需的金属货币量决定纸币流通量的规律,即纸币的发行总量必须和流通中的金属货币需要量相一致。

流通中全部纸币代表的价值量=流通中的金属货币需要量

由于纸币的发行量可以人为增加或减少,因此,事实上两者要达到一致往往显得比较困难。更多的时候是纸币发行总量低于或高于流通中的金属货币需要量。到底两者在数量上是否吻合,通过单位纸币所代表的价值量指标可以测定,计算公式为

单位纸币所代表的价值量=流通金属货币需要量/流通中发行纸币总量

当纸币发行量超过流通中的金属货币需要量时,单位纸币所代表的价值量就小,就会引起纸币贬值、物价上涨现象,从而影响国民经济和人民生活水平的稳定。反之,就会引起银根紧缩,商品流通不畅,商品生产萧条。所以,必须把一国的纸币发行量控制在它所代表的金属货币量的限度内。例如,如果流通中的待销售的商品价格总额为 100 亿元,单位货币的流通速度为 5 次,流通的实际纸币发行总量为 100 亿元,则根据计算公式可以得

到流通中的金属货币需要量为 20 亿元，单位纸币所代表的价值量为 0.2，说明单位纸币只能购买到价值 0.2 的商品。纸币过量发行，最终导致货币贬值，通货膨胀。

马克思的货币流通规律为市场货币流通量的测定提供了理论依据，而市场货币流通的实际数量则是由银行系统利用各种货币供应渠道，向市场投放货币所形成的。

8.4 解读通货膨胀与通货紧缩

通货膨胀和通货紧缩是当今经济学界面临的主要问题。尤其是 20 世纪 60 年代以来，通货膨胀成为一种常规性、世界性的经济现象。到了 20 世纪 70 年代，许多西方国家的通货膨胀率达到两位数以上。通货膨胀成为许多经济学家关注的焦点和面临的课题。但进入 20 世纪 90 年代，世界各国又普遍出现了通货紧缩现象，经济衰退，失业率不断攀升，经济学家又面临着新课题。

8.4.1 通货膨胀

专栏 8-4

通胀年头如何保值而不贬值

新闻回放："你可以跑不赢刘翔，但一定要跑赢 CPI（居民消费价格指数）"，如今，这句话已不再是一句单纯的口号，更是很多人理财的最基本目标。2010 年 11 月 CPI 数据 5.1% 的出炉，让市民们储蓄理财的信心再次受到打击。据国家发改委当时透露的数据，2010 年 CPI 的全年涨幅在 3.3% 左右。通货膨胀，可能是 2010 年老百姓嘴里出现频率最高的一个经济术语。在专家们为通胀是否到来、何时到来而争论的时候，通胀预期早已弥漫在每个人的生活之中。20 世纪八九十年代的通胀，曾经让国人疯狂抢购物资以抵御物价飙涨，而如今面对即将到来的通胀，我们有了炒股、买房、购金、套现等更多的投资方式，但这些真的可以抵御通胀对我们资产的侵蚀吗？

资料来源：北京商报

专栏点评：中国 2009 年以来再次出现物价显著上升的趋势，快速增长的经济使国内需求达到了近十年来的高峰。通货膨胀问题重新成为社会各界共同关注的内容。

1. 通货膨胀的概念

对消费者来说，买东西能够"物超所值"是一件美事；如果不能，至少"一分钱"也要买到"一分货"。但是，如果过去能买到"一分货"的"一分钱"，现在却只能买到半分钱的商品，就是发生了通货膨胀。

通货膨胀是指纸币发行量超过商品流通中实际需要的货币量而引起的纸币贬值和物价持续上涨的经济现象，它是纸币流通条件下特有的现象。通货膨胀具有两个基本特征：纸币因发行量过多而急剧贬值，物价则因纸币贬值而全面上涨。

在理解通货膨胀这一定义时，应注意以下几个问题：

(1) 通货膨胀是纸币流通下一种特有的货币现象。

在金属货币流通的条件下，由于金属货币本身具有内在的价值，所以它可以通过储藏手段发挥蓄水池和排水池的作用，自发调节市场货币流通量。

但在纸币流通的条件下，一方面纸币在技术上、制度上有无限供给的可能；另一方面纸币或纸币化的银行券本身没有内在的价值。因此，当纸币的流通量超过金属货币必要量时，过多的纸币就不会像金属货币一样退出流通，结果造成过多的价值符号只能以纸币贬值和物价上涨的形式强制地使货币供求达到平衡。由此可见，通货膨胀是纸币流通条件下的产物。

(2) 通货膨胀是指一般价格水平的持续的普遍的上升。

通货膨胀不是价格水平短期或一次性的上升，而是价格水平的持续上升。当财经新闻的主持人告诉我们本月的物价上涨率为 1.2%时，这只表示这个月的物价水平比上个月上升了 1.2%，这可能是一次物价变动，其中的高通货膨胀率只是暂时而非持久的。例如，由于季节性的原因引起的短期物价上涨，这种形式的物价上涨并不是真正意义上的通货膨胀。只有当通货膨胀率在一段时间内（通常是一年）持续很高时，经济学家才会说发生了通货膨胀。

(3) 通货膨胀不是指个别商品价格水平的上升，而是指价格总水平即所有商品和劳务价格的加权平均值上升，即总体物价水平持续并较为明显的上涨。

现实生活中，往往会出现个别商品由于供不应求等非常因素最终导致该类商品的价格有所上升，而其他商品则保持在一个相对稳定的水平。如果该类商品的供求达到平衡，则商品的价格就会自然回落。因此，如果物价的上涨仅仅是在个别商品中体现，这种物价上涨并不是一种通货膨胀现象。经济学中的通货膨胀必须是全社会大多数商品的物价水平普遍上涨。

(4) 通货膨胀可以是开放的，也可以是隐性的。

开放的通货膨胀直接表现为一般物价水平的上涨，在完全开放的市场经济中，货币供求的平衡主要通过物价上涨的形式来实现。而隐性通货膨胀的物价并没有上升，供求的不平衡主要通过商品紧缺、限量供应、凭票供应、黑市买卖等形式表现出来。例如，我国三年困难时期发生的商品短缺现象实质上就是通货膨胀。所以，通货膨胀有时并不一定表现为物价的上升。

2．通货膨胀的测定

通常情况下，通货膨胀总是通过物价上涨的形式直接表现出来，因此，衡量通货膨胀的指标主要是物价指数。物价指数是反映一定时期所有物价普遍上涨的相对数。

专栏 8-5

新闻回放：2010 年 4 月～2011 年 7 月我国 CPI 上涨图，如图 8-2 所示。

国家统计局发布的数据显示，2011 年 7 月份 CPI 较 2010 年同期增长 6.5%，全国居民消费价格总水平环比上涨 0.5%。增速高于 6 月份的 6.4%，再创 2008 年 6 月以来的新高。

分析人士表示，这无疑将加大官方继续推出紧缩措施的可能性。不过物价在官方大力收紧货币信贷之下持续高企，或许反映出当前的通货膨胀并非一味采取紧缩政策就能够得到抑制的。

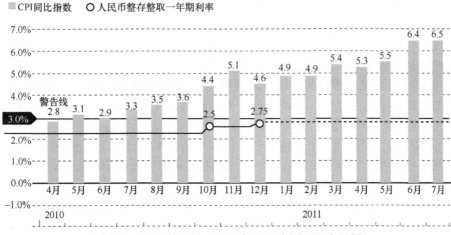

图 8-2　2010 年 4 月～2011 年 7 月我国 CPI 上涨图

资料来源：中国网

专栏点评： 上述消息向我们传递了我国 2011 年存在着通货膨胀压力的信息，它也构成了政府下阶段可能实施紧缩型宏观调控政策的依据。

测定通货膨胀的指标主要有以下几个：

（1）批发物价指数。它是根据若干种商品的批发价格编制而成的，用以反映商品批发价格的变化趋势和程度的一种价格指数。

（2）零售物价指数（也称消费物价指数、生活费用指数）。它由各国政府或私人机构根据本国居民吃、穿、用等日用消费品的零售价格以及水、电、住房、交通、医疗、文化娱乐等费用编制计算而成的一种综合物价指数，用以测定一定时期居民生活费用水平的变化趋势和程度。目前这是各国常用的以测定本国通货膨胀的指标。

（3）国民生产总值折算价格指数。它是根据一国当年价格计算的国民生产总值与按照不变价格计算的国民生产总值的比率，由于它包括的范围广，所以能较为全面、准确地反映一国物价水平的变化趋势，但操作有一定的难度。

（4）通货膨胀率。通货膨胀会影响居民的购买力。通货膨胀率的计算依据是物价水平，用公式表示为

通货膨胀率=（当期价格水平−上一期价格水平）/上一期价格水平

在现实生活中，一般可以用物价指数来表示通货膨胀的程度，如专栏 8-5 中，我国居民消费价格总水平同比上涨 6.5%，告诉我们的是我国 2011 年 7 月的通货膨胀率为 6.5%。

3．通货膨胀的成因

通货膨胀产生的直接原因是：发行的纸币（包括信用货币、电子货币等）太多，超过流通中所需要的货币量，在市场上形成有过多的货币去购买价格总额已定的商品，其结果就是物价普遍上涨。但一国发生通货膨胀的具体原因往往是不同的。事实上，如垄断价格的上涨、政府财政赤字增加、投资和消费需求膨胀等因素，都有可能造成通货膨胀。下面阐述几种常见的引起通货膨胀的原因。

（1）需求拉动的通货膨胀。需求拉动的通货膨胀是指总需求过度增长所引起的通货膨

胀，即"太多的货币追逐太少的货物"。根据货币供求规律，如果总需求上升到大于总供给的地步，由于劳动和设备已经充分利用，因而要使产量再增加已经不可能，在纸币流通的条件下，过度的需求必然会引起物价水平的普遍上升。所以，可能会引起总需求增加的任何因素都可以是造成需求拉动的通货膨胀的具体原因。

（2）成本推进的通货膨胀（供给型通货膨胀）。成本推进的通货膨胀是指由于厂家生产成本增加造成成本向上移动，最终引起一般价格总水平的上涨。引发生产厂家生产成本增加的原因大致有：工资过度上涨；利润过度增加；进口商品价格上涨等。

1）工资推进的通货膨胀。工资推进的通货膨胀是指工资过度上涨所造成的成本增加而推动价格总水平上涨。工资上涨使得生产成本增长，从而引起物价的上升。在现实经济中，强大的工会组织的存在往往可以使工人获取过高工资的愿望得以实现，如果工资增加的幅度超过了劳动生产率的提高，则提高工资就会导致成本增加，从而导致一般价格总水平上涨，而且这种通胀一旦开始，还会引起"工资—物价螺旋式上升"，工资物价互相推动，形成严重的通货膨胀。工资的上升往往从个别部门开始，最后引起其他部门的攀比。

2）利润推进的通货膨胀。利润推进的通货膨胀是指厂商为谋求更大的利润导致的一般价格总水平的上涨。在不完全竞争市场上，具有市场支配力的垄断和寡头厂商往往可以通过减少生产数量而提高价格，以便获得更多的利润，结果导致价格总水平上涨。

3）进口成本推进的通货膨胀。造成成本推进的通货膨胀的另一个重要原因是进口商品的价格上升，如果一个国家生产所需要的原材料主要依赖于进口，那么进口商品的价格上升就会造成成本推进的通货膨胀。例如，20世纪70年代的石油危机期间，石油价格急剧上涨，而以进口石油为原料的西方国家的生产成本也大幅度上升，从而引起通货膨胀。该类通货膨胀又叫作输入型的通货膨胀。

（3）混合型通货膨胀。在实际中，造成通货膨胀的原因并不是单一的，因各种原因（需求和成本）同时推进的价格水平上涨，就是混合型通货膨胀。假设通货膨胀是由需求拉动开始的，即过度的需求增加导致价格总水平上涨，价格总水平的上涨又成为工资上涨的理由，工资上涨又形成成本推进的通货膨胀。

4．通货膨胀对经济的影响

过高的通货膨胀必然会给一国经济带来灾难性的恶果。经济好比一辆在荒原中不断自我加速的汽车，而通货膨胀就是促使经济自我加速的燃料。适度的燃料（通货膨胀）可以使汽车（经济）稳定运行，但如果这种燃料过猛，除非有外部提供的强大制动力使汽车减速，否则它将使汽车在某个时点落入悬崖或撞向绝壁，导致货币体系崩溃，经济系统瓦解，甚至政府更迭或社会动乱。即使经济不处于恶性通货膨胀状态，但对通货膨胀预期的恐慌同样会对社会稳定造成致命的影响，而且温和的通货膨胀往往会导致恶性结果。所以通货膨胀从总体上来说对社会经济的发展是不利的，尽管有一些关于促进论的观点认为在一定时期内适度的通货膨胀可以刺激经济增长。

（1）通货膨胀对收入分配和财产分配的影响。通货膨胀使社会财富重新分配，对依靠固定收入维持生活的人不利。事实上，靠领取救济金、退休金和依靠转移支付生活的居民，最容易受到通货膨胀危害。而那些利润收入者，如生产厂家则会从中受益。结果是有人变得更穷，有人变得更富。在雇主与工人之间，通货膨胀将有利于雇主而不利于工人。收入再分配效应还会使债权方的利息受到损失，而债务方则因少支付实际利息而获益。在通货膨胀时期,政府往往会因为发行债券而减少债务负担,如果采用累进税率,政府还会利用通货膨胀税来实现对公众财富的掠夺。

(2)通货膨胀对经济稳定的影响。由于物价总水平掩盖下的各部门经济发展不平衡、消费偏好结构的变动而产生的相对价格变动,使经济繁荣必然有一定的通货膨胀相伴随。较高的或恶性通货膨胀将严重损害经济。在通货膨胀时期,会出现抢购惜售、囤积居奇、哄抬物价等现象,使商品流通秩序混乱;恶性的通货膨胀将不利于经济的正常运行;通货膨胀还会导致货币贬值,削弱消费者的实际购买力,致使居民生活水平普遍下降;最终通货膨胀会导致经济衰退,税源减少,财政收入减少,使政府的运作陷入困境。但是,从表面上看,似乎适度的通货膨胀有利于经济增长,因此有人提出用适度通货膨胀政策来促进经济增长和增加就业。但由于人们对通货膨胀的预期往往会引发更加严重的通货膨胀,所以通货膨胀从总体上来说对一国经济的正常发展是不利的。

(3)通货膨胀对投资者的影响。由于通货膨胀有利于债务人,不利于债权人,交易中的现金交易将增加,银行信用会因为资金来源的减少而萎缩。在物价大幅度上涨、出现通货膨胀时,尽管投资者的名义收益和本金不变,或者有所上升,但是只要收益的增长幅度小于物价的上升幅度,投资者的收益和本金的购买力就会下降,通货膨胀侵蚀了投资者的实际收益。

除此之外,通货膨胀还可能对社会稳定产生一定的影响。一些人由于通货膨胀给自己带来损失或使其在竞争中失败,而产生对政府的不满,产生抱怨以致失望,从而引起社会的不稳定。

专栏8-6

开源、节流对抗通货膨胀

什么都涨,只有工资不见涨,这是广大上班族的普遍感受。而对于大多数人来说,对抗通货膨胀无外乎两条路:开源与节流。而网络无疑是帮助我们实现这两个目标的捷径。

在年轻白领中间流传着几招"节流秘籍":多参加团购。现在的团购网不但能购买日常生活用品,还能购买大量的服务性产品,如美发、餐饮、机票、电影票等。团购的价格往往比市价便宜很多。参加团购的商户通常实力较强,希望通过团购集聚人气。

不过"团迷"们也提醒新手注意,首先,团购之前一定要多了解产品或服务商家的品质,留意团购者的留言,结合自身实际需求尽量采购有知名度的产品或服务。

其次,上折扣网、返利网买实惠。口碑好的折扣网能提供的名牌产品折扣价很实惠,商品质量也有保证。而返利网则能把购买商品的积分返还成现金,非常实用。

资料来源:中国证券报

专栏点评:虽然不是每个人都能辞职开网店,实现"开源",但网络可以帮助我们"节流",这在一定程度上可以对抗通货膨胀。

5. 通货膨胀的治理

通货膨胀在任何条件下都是由于货币的供应量超过实际需要量所引起的,即社会供求的不平衡是通货膨胀的最典型的形式,所以对通货膨胀的治理主要可以从控制货币的供应量和增加社会的有效需求两方面着手。

（1）控制货币供应量。由于通货膨胀是作为纸币流通条件下的一种货币现象，其最直接的原因就是流通中的货币量过多，所以各国在治理通货膨胀时所采取的一个重要对策就是控制货币供应量，使之与货币需求量相适应，减轻货币贬值和通货膨胀的压力。

对于需求拉动的通货膨胀，调节和控制社会总需求是关键。可以通过实施正确的财政政策和货币政策来实现。在财政政策方面，通过紧缩财政支出，增加税收，谋求预算平衡，减少财政赤字可以实现控制社会总需求的目的。在货币政策方面，主要是紧缩信贷，控制货币投放，减少货币供应量。财政政策和货币政策相配合综合治理通货膨胀，其重要途径就是通过控制固定资产投资规模和控制消费基金过快增长，从而实现控制社会总需求的目的。

（2）增加商品有效供给，调整经济结构。治理通货膨胀的另一个重要方面就是增加有效商品供给：主要通过降低所得税等方法来刺激投资和生产；通过减少消耗，降低成本，提高经济效益，来提高投入产出的比例；同时，通过调整产业和产品结构，支持短缺商品的生产。最终通过增加有效供给实现货币供求平衡的目的。

（3）其他政策。除了通过调节供求关系达到治理通货膨胀的目的之外，还可以使用包括限价、减税、指数化等其他政策来实现治理通货膨胀的目的。

治理通货膨胀的一般原则是，有步骤地逐步紧缩货币的供给与需求，渐进地调节各种关系，以最小的代价治理好通货膨胀，实现经济的"软着陆"。

8.4.2 通货紧缩

专栏 8-7

日本通货紧缩的新性质

20世纪90年代初，日本经济泡沫的破裂迫使日本结束原来政府主导的经济体制，进行痛苦的转型，转向现代市场经济，这场转型提高了日本的生产率，降低了生产成本。有人认为通货紧缩是好的，因为虽然日本已经历十年的通货紧缩，但东京依然是全球物价最高的城市之一，人们会欢迎物价的略微下跌，再者经济也平稳发展，有什么好担忧的呢？但是，本轮通货紧缩和20世纪90年代的情形大为不同。日本经历了全球金融危机的冲击，出口的锐减和日元的突然升值带来了巨大的通缩压力，在这一情况下，物价下跌的唯一原因是需求的疲软。面对消费的不振，企业纷纷试图削减成本，但现在削减成本已经不像20世纪90年代改革期间那么容易，如果政府不采取宽松财政政策，并向陷入困境的企业提供贷款，局面会变得更加糟糕。总而言之，与20世纪90年代不同，日本正在经历的是一场不良的通货紧缩，日本决策者不能再做温水里的青蛙，也不能再做无益的相互指责，而应迅速采取应对措施。

资料来源：21世纪经济报道

专栏点评：日本的通货紧缩始于1997年的金融危机，此次危机以山一证券公司的破产为导火索，之后通货紧缩状况持续。2001年3月，是自民党政权于第二次世界大战后第一次承认通货紧缩。2006年，消费者物价指数转为正数，通货紧缩局势暂时得到控制。不过好景不长，2008年秋天，在世界金融危机的冲击下，日本国内消费急速下滑，2009年3

月起消费者物价指数再次转为负数。至 2010 年 10 月，消费者物价指数已连续 20 个月同比下降；至 2013 年 6 月，日本的消费物价指数一直都在 0 上下徘徊。从 2013 年 7 月开始，日本消费物价指数才逐渐上升，日本经济才开始走出通货紧缩。

1．通货紧缩的概念

目前，国内经济学界对通货紧缩的看法持有两种观点：①货币主义观点，如弗里德曼有句名言"通货膨胀在任何时候任何地方都是一种货币现象"。如果说货币供应量增加导致通货膨胀，那么与此相反，货币供应量减少则导致通货紧缩。②实体经济论，通货紧缩不在于货币和信用的供给不足，而在于有利可图的投资机会相对减少和缺乏适当的贷款对象。它通常与经济衰退相伴随，表现为投资的边际收益下降，由此造成银行信用紧缩，信贷增长乏力，消费和投资需求减少，企业普遍开工不足，非自愿失业增加，收入增长速度持续放慢，各个市场普遍低迷。从通俗的角度分析，通货紧缩是指社会价格总水平即商品和劳务价格水平持续下降，货币价值持续升值的过程。

通货紧缩的特征是"三低一高"，即低增长、低投资、低消费和高失业。经济学家们普遍认为，以消费者物价指数（CPI）来衡量整体物价走势最为适当，当 CPI 连续两个季度持续走低，并且这种物价下跌是经济运行中出现的趋势和走向时，即已出现通货紧缩的征兆。

对于通货紧缩问题，我们可以从以下几方面做进一步的理解：

这种物价下降不是由于技术的进步和劳动生产率的提高而引起，不是存在于个别部门和部分商品，也不是在相对较短的时间内，而是在较长的时间内，商品和劳务的价格总水平普遍地、持续地下降。

但是对于一国经济是否出现了通货紧缩目前仍有争论。一般认为物价水平长时间的负增长就可以认为是该国经济出现了通货紧缩。

通货紧缩除了价格总水平的持续下降外，还可以通过商品有效需求不足、经济出现衰退、投资风险加大、失业增加和工资收入下降等表现出来。

历史上曾出现过通货紧缩，最典型的是 1929～1933 年的世界经济萧条。对于这次经济危机的原因，人们至今有不同的解释。

2．产生通货紧缩的原因

（1）物价水平持续下降。从实体经济的角度来看，除了技术进步导致成本下降情况之外，物价水平持续下降导致通货紧缩，不外乎供给过剩和有效需求不足两个方面。以下以 1997 年东南亚金融危机后我国出现的通货紧缩为例分析。

1）供给方面原因。商品过剩是引发通货紧缩的重要因素。当时，我国许多重要产品的生产能力利用率都很低，如果考虑高库存情况，生产能力的闲置就更为严重。严重的供给相对过剩是通货紧缩的重要原因。造成生产能力过剩的根源是长期以来的盲目投资和重复建设，是速度型经济增长方式的必然结果。各地方和各行业的盲目投资和重复建设作为计划经济向市场经济转换过程中的顽症，在我国经济生活中始终没有得到很好的解决，长期积累形成的负面效应表现为经济效益低下，资源浪费严重，库存大量增加和各地区产业结构的趋同，加剧了我国生产能力过剩。生产能力的过剩必然导致市场供过于求，价格下降。此外，生产者还可能进行过度竞争，引起价格的进一步下跌。

2）需求方面原因。有效需求不足是引起通货紧缩的另一个关键因素。在开放的经济条件下，有效需求包括四个方面：居民消费、企业投资、政府支出（在"第 3 章　解读财政支出"中已讲，此处不再赘述）和出口。

① 居民消费方面，从居民消费角度分析，城乡居民收入增长放慢，加上对未来就业岗位以及住房、养老、医疗、子女教育等不确定性的预期支出明显增加，从而导致居民持币待购的现象严重。从农民收入增长来看，一方面乡镇企业效益大幅度下降，使农村非农收入直线减少；另一方面农产品价格降低，各类物价指数负增长，农村实际收入增长缓慢，有些地区甚至负增长。这加剧了供给相对过剩，引起了价格持续下降。

同时，由于收入两极分化，高收入阶层消费趋向饱和，边际消费倾向递减。低收入阶层由于收入增长缓慢，有效购买力不足，消费需求受到收入和购买能力的制约，不能转化为现实的消费。

② 企业投资方面，从企业角度分析，产品供给能力普遍过剩也造成了企业行为的非理性，尤其是低层次重复投资造成技术含量低的产品大量过剩。在现实中，国有企业改革进展缓慢，使得效率低下的企业不能自由退出，导致市场经济中企业进入和退出的机制不畅通。其后果是：第一，价格下降的幅度必然大于正常市场经济；第二，价格下降的时间持续较长；第三，比较高效的企业严重受到伤害，出现利润率过低、研发活力减弱、长期竞争能力下降等现象。同时物价的持续下跌会使企业家对利润率预期降低，减少投资需求。

③ 出口方面，经济全球化和世界范围内科学技术的不断突破，加剧了全球范围的商品结构性过剩。1997年金融危机爆发不仅使世界经济增长率大幅度下降，而且使生产能力大量过剩，需求减少，导致国际商品价格大幅度下降；同时，一些国家和地区为摆脱经济危机，大幅度贬值本国货币，向世界市场低价出口其商品，大大增加了我国商品出口的竞争压力，而商品出口已成为我国总需求的重要组成部分，出口的受阻，必然影响国内的商品供求，在特定时期或范围出现国内商品供大于求，价格下跌的态势，因而1999年出现了物价下降、通货紧缩的迹象。

（2）产生通货紧缩的货币层面原因。

1）直接影响物价的货币供应量应该是货币的流量而不是存量。根据费雪的货币交易方程式变形可得

$$V=PT/M$$

式中　V——货币流通速度；

　　　P——物价水平；

　　　T——各类商品的交易总量；

　　　M——货币存量。

因此，货币存量上升的话，货币流通速度是可能下降的，货币存量的增减并不能完全影响物价水平。尽管中央银行的货币供应量逐年增加，但货币流通速度的放缓实际上是减少了市场货币的流通量。

2）货币供应传导机制存在障碍。1998年以来，我国中央银行采取了适当增加货币供给量，积极支持国民经济增长8%的货币政策。现在看来，达到这一货币政策目标并不轻松，也并不顺利。问题不在货币政策制定者，而在货币供应的传导机制。在典型的市场经济中，货币政策作用路径主要表现为：货币供给→利率水平→投资→总产量。对我国有关数据分析表明，货币供给与利率水平、利率、投资均不存在明显负相关的关系；货币供给（主要是M1的供给）与投资、投资、产量存在明显的正相关的关系。因而货币政策作用的路径主要表现为：货币供给→投资→总产量。

3）一国市场化改革的进程同时也是货币化和金融深化的过程。因此，货币化和虚拟经济的发展对货币的需求日益增大，特别是虚拟经济正常发展对货币的潜在需求相当大。这必然会导致商品市场上的所需流通的货币减少，这也是造成通货紧缩的货币方面的原因。

（3）通货紧缩深层次原因的思考。中国正处于体制转轨的特定历史环境中，由体制转轨引起的社会经济关系的调整，在很大程度上影响着人们的行为和人们对未来的预期，中国出现通货紧缩现象及随之伴生的种种问题，在相当大程度上是源于体制转轨，是体制转轨中的代价，即改革成本。

1）体制转轨过程中引起的问题。由于体制转轨时期市场机制发育的不完善特别是市场竞争的不充分，再加上计划机制对市场竞争机制的干预与限制，致使在我国有些行业如金融、电信、电力等部门形成垄断格局。对于行业准入的限制使得社会资金无法投入这些行业，延长了无效供给过多与有效供给不足并存的局面，而且阻碍了结构调整。这些垄断企业通过加大工资成本分摊、制定垄断高价的手段来大幅提高本行业职工的收入水平，使其远远超出其他竞争充分的行业的从业人员的收入水平，使得城镇地区收入差距不断扩大。随着体制转轨的深入，国有企业的社会负担与人员负担的剥离与转移，在城镇地区出现了大量的失业、下岗人员，再加上农村大量剩余劳动力的挤压，失业和下岗人员的增多是不可避免的，这是从传统体制向市场经济体制转轨过程中必然会出现的，只有在体制转轨之后才能改变这种局面。

2）体制转轨过程中的心理预期变化。我国当时的情况是人们看到失业人数增多和国有企业部分职工下岗，对于收入增长的预期减弱，而老年人要考虑医疗改革后疾病医治要增加个人负担，中青年人要考虑将来买商品房，要考虑今后子女的教育费用，使支出增长预期显著增强。这种心理预期使储蓄倾向增强，消费倾向减弱，成为制约需求增长、导致通货紧缩的重要因素。

除此之外，亚洲金融危机也使我国承受了外需减少和进口商品价格下降的双重压力，更加加剧了当时我国的通货紧缩。

3. 通货紧缩的应对策略

通货紧缩直接表现为物价的持续下跌和货币的升值。它一方面会抑制消费，生产企业会因为商品的销售不畅而难以实现利润，从而打击生产者的积极性；另一方面通货紧缩还会加重债务人的负担，增加银行的不良资产，最终导致经济的衰退。所以在通货紧缩时期，如何拉动需求就成为政府工作的重点。

产生通货紧缩的物质基础是过剩经济生产大量的"多余"产品。这些产品由于超过了正常的社会消费以及社会再生产所必需的物质储备而成为多余的，从而形成总供给与总需求的矛盾。而货币层面的原因则是货币供应不足，从而造成内需不足。所以，治理通货紧缩也应从经济实体的供给和货币层面的供应两方面着手。

（1）调整产品结构，增加有效供给。众所周知，当供需矛盾突出时，在供需总量矛盾的背后，通常隐含结构性矛盾，这在我国的宏观经济中表现得就更为突出。因此治理当时的通货紧缩也主要从调整结构入手。

1）调整所有制结构。在亏损的国有企业中，中小企业占90%，这说明大部分国有中小企业效益低下。因此，政府应通过所有制结构的战略调整，对那些长期亏损的国有中小企业进行彻底清理，该破产的破产，该重组的重组，该卖掉的卖掉。收缩国有企业的战线，把主要力量放在提高质量和水平上，而不是放在外延型的规模扩张上。通过所有制结构的调整，会有大量产品无市场的国有企业退出竞争领域，将有助于减轻市场积压产品的压力，减少一部分无效供给。

2）调整行业结构。政府应果断地减少对煤炭、纺织、制糖等传统行业的投入，加大电子、航空、新材料、计算机等代表新兴技术领域的投资力度。美国之所以能在竞争日趋白热化的国际市场上始终扮演领导者的角色，显而易见的原因就是美国始终在那些高科技领域以及那些有发展潜力的新兴行业占有优势地位。我们在制定可持续发展战略时，也必须向高新技术产品倾斜，以求在日益激烈的国际市场竞争中争取主动。

3）调整产品结构。当时我国市场产品滞销并不是所有档次的产品都处于饱和状态，有些质优价廉的商品仍然是市场的宠儿，只是受大量的质次价高及一些假冒伪劣产品的冲击，销售空间极小，有些名优商品，只要有一点点品牌效应，马上就有大量的假货涌入市场，而一般消费者又难辨真假，使一些正品反倒没了市场。调整产品结构就是要将那些假冒伪劣商品淘汰出局，特别是对那些直接威胁消费者健康和生命的假药、假酒、劣质仪器等要通过工商、技术监督、卫生防疫、公安等部门的联合行动，运用行政、经济、法律等手段强制收缴、销毁，对那些制假、贩假者予以严厉处罚，对造成严重后果的必须追究其刑事责任，从而达到净化市场、减少无效供给的目的。在调整产品结构的同时，还应继续加大打击走私的力度。当时，政府加强了对反走私活动的领导，取得了一系列重大胜利，国内一些受走私冲击的商品价格回升明显。这也从一个侧面反映出走私对国内市场的冲击和影响之大。

4）调整技术结构。虽然对任何一个国家来说，其技术结构都存在高中低三个基本层次，但同经济发达国家相比，我国的中低技术在整个技术结构中占比过大。我们不能单纯为解决就业而过度依赖劳动密集型技术。劳动密集型技术吸收的劳动力较多，似乎可以缓解就业压力，但从长远看，其付出的代价更高。因为劳动密集型技术总是跟那些效率低、陈旧、过时的技术联系在一起，一个国家要避免被世界新技术浪潮所抛弃，必然要尽快淘汰落后技术。调整技术结构就是要顺应资本有机构成不断提高的要求，不断增加新技术在商品中所占的比重，减少落后技术提供的产品在市场的比重，从而减少部分无效供给。

（2）采用积极的货币政策。防止通货紧缩，扩张性的财政政策与扩张性的货币政策应当双管齐下。

货币政策一般是指政府通过中央银行运用货币政策工具，来调节货币供应量和信贷条件，以实现经济发展既定目标的经济政策手段。

实际上，货币政策主要包括两项内容：货币政策目标和货币政策工具。所谓货币政策目标是指货币政策要达到的最终目标，即经济发展的目标、经济增长率、通货膨胀率、失业率和国际收支平衡等。货币政策工具是指要实现货币政策目标所采取的手段，一般包括公开市场业务、贴现率和法定存款准备金率等。

（3）采用积极的财政政策。在经济萧条时期，总需求小于总供给，经济中存在通货紧缩，政府要通过积极的财政政策来刺激总需求，以实现物价稳定。积极的财政政策包括增加政府公共投入与减税。对政府公共工程投入的增加有利于鼓励投资，政府转移支付可以增加消费，这样就刺激了总需求；减少个人所得税（主要是提高起征点）可使个人支配收入增加，从而促使消费增加；减少公司所得税可以使公司收入增加，从而促进投资增加，这样也会增加总需求。

本章小结

货币流通随着商品流通的产生而产生，商品流通的规模和速度决定了货币流通的规模和速度。

货币的需求是政府、企业和个人以货币形式持有其所拥有的财产所形成的需求。经济主体因为交易的目的、储备的目的和投资的目的会产生对货币的需求。

在金属货币流通的条件下，货币的需求量与全社会的商品价格总额成正比，与单位货币的流通速度成反比。在纸币流通的条件下，纸币的发行总量必须和金属货币的需要量相一致，否则就会发生通货膨胀或通货紧缩现象。

银行是货币供应的总闸口。中央银行通过提供基础货币向市场供应货币，商业银行通过信用活动派生存款。市场货币供应量的多少最终取决于社会再生产的内在需求。

通货膨胀和通货紧缩是由于货币总供求的不平衡所造成的，这两种现象都不利于一国经济的正常发展。

课堂延伸思考

1. 如何理解外汇占款与流动性过剩的关系？
2. 2006 年以来，我国宏观经济运行出现了一些新现象。随着国际收支顺差的大幅度增长，外汇储备大幅增加，房地产市场价格也快速上扬，消费品价格指数也出现加速上扬的趋势。资产价格的迅速上扬，物价指数的攀升，原因都应该归结于当前的流动性过剩。一般而言，各国采取控制货币供给的增长来解决流动性过剩的问题，但也有学者提出，应提高有效货币需求来抑制通货膨胀。请思考如何提高有效货币需求。
3. 为对冲税期、政府债券发行缴款等因素的影响，维护银行体系流动性合理充裕，2018 年 8 月 17 日中国人民银行以利率招标方式开展了 900 亿元 7 天逆回购操作。什么是逆回购？如何理解这一措施？
4. 2009~2012 年中国通货膨胀变成焦点，越来越多的民众开始关注 CPI 数据，结合实际分析通货膨胀的成因和影响，思考通货膨胀时代到来时，个人应如何应对。
5. 2018 年中国人民银行 3 次下调部分金融机构存款准备金率（定向降准），请结合所学知识，联系实际对央行的这一政策进行简要分析。
6. 假设流通中的待销售商品价格总额为 100 亿元，单位货币的流通速度为 5 次，流通中的实际纸币发行总量为 100 亿元。请问，出现了什么样的货币现象？试分析影响货币需求量的因素。
7. 结合当前经济形势分析我国通货膨胀产生的原因、对经济的影响以及治理通货膨胀的方法。

第 9 章

解读金融市场

外资"加注"中国金融市场

2017 年以来,美国经济表现强劲、美联储加息以及美国政府对多国挑起的贸易争端和经济制裁,都推动美元持续走强,全球资本持续从新兴市场回流美国。受此影响,不少新兴市场国家 2018 年以来遭受了多轮股债汇齐杀,中国的金融市场同样受到牵连。不仅是外围不安定因素传导至国内,我国内部 2018 年以来也遭受着债市违约、股票爆仓、P2P 跑路等信用风险的多发性爆发,导致市场信心脆弱,加剧了金融市场的不佳表现。

然而有趣的是,面对当前的国内金融市场表现,境外投资者的心态似乎比境内投资者更为乐观,在市场不景气的当下,却持续加大对中国金融市场的投资力度。相关数据显示,股市方面,截至 2018 年 7 月底,外资持有 A 股自由流通股市值占比已升至 6%,已经趋近险资持股比例(6.7%)。2018 年 6 月以来,虽然全球贸易摩擦加剧,但外资投资 A 股的势头并未减弱,6、7 两个月,净流入 A 股市场的境外资金达 498 亿元。

外资加速布局中国金融市场,除了投资渠道更为开放、便利外,也与国外投资者类型更为多元化、投资理念更成熟有很大关系。中国金融投资者的投资理念相对单一趋同。例如:债券市场是以银行为投资主体,投资理念偏保守、风险偏好低;股票市场中散户参与多,追涨杀跌倾向重。投资理念一旦出现具有明显倾向性的趋同,很容易在市场波动中诱发羊群效应,出现市场"踩踏"引发恶性循环。

相比之下,国外投资者类型多样,投资风格和风险偏好差异也较大,甚至有不少投资者就属于金融"秃鹫",越是在市场预期悲观、价格下跌的时候,越是善于抓住抄底的机会。别人眼里看到的是损失和风险,他们眼里看到的则是机会与潜力。在 2018 年加速布局中国金融市场的国外投资者中,就不乏这类投资群体。因此,多类型的国外投资群体参与中国金融市场,对培养我国本土投资群体的多样化具有良好的示范效应。

资料来源:证券时报

通过前几章的学习和上面的财经新闻回放,我们已经了解了金融的基础知识,明确了以资本市场为代表的金融市场已经成为现代市场经济体系的核心。金融市场一方面为政府开辟了筹资渠道,为中央银行的宏观调控提供了政策工具,另一方面为工商企业筹资和投

第 9 章 解读金融市场

资提供了场所,为居民个人创造了借贷消费和投资获利的条件,在整个经济活动中发挥着重要的作用。它的一举一动、一起一落,都对这一体系中各个国家的经济发展和每一个人的生活产生重要的影响。通过本章的学习,你可以了解金融市场的各个组成要素,金融市场的概念、功能,金融市场的结构和组织方式,金融市场的参与者,金融市场工具以及金融市场的发展趋势等知识,初步了解和掌握金融市场的基本知识,熟悉金融市场交易的基本流程和规则,为工作和生活中参与金融市场活动奠定基础。

本章学习线路图

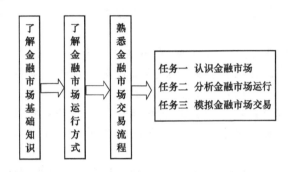

9.1 认识金融市场

金融市场的形成和发展

古罗马时期地中海沿岸的贸易活动已经发展起来,意大利人在这一时期发明了汇票结算。13~14 世纪欧洲大陆出现了许多商品集散地和贸易交易所,这就是证券交易所的前身。经济贸易形式的迅速发展引发了第一次工业革命,而与工业革命相伴的金融革命正是金融市场产生的历史动因。

金融革命首先是银行业的变革。14 世纪与 15 世纪之交是银行产生的年代,标志着金融关系发生了根本的变化。1337 年成立的梅迪西银行和 1407 年成立的圣乔治银行成为新式银行的先河。随后,欧洲大陆特别是西欧各国的银行业迅速发展。由于处于创始时期,银行倒闭时常发生,并频频诱发金融危机,从而也孕育了新的金融革命:债券与股票的产生和流通。17 世纪初,西欧出现了证券交易活动。比利时的安特卫普和法国的里昂被认为是出现证券交易活动最早的地区。1608 年,荷兰建立了世界上最早的证券交易所——阿姆斯特丹证券交易所,随后,1611 年建成阿姆斯特丹证券交易所大厦,这被认为是世界上最早的证券交易所大厦,标志着金融市场的形成。

金融市场发展至今已有几百年的历史,但其真正快速发展时期则是近五六十年。从 17 世纪到第一次世界大战以前,英国一直是世界上最大的殖民者,伦敦是国际贸易和金融中心,英国的证券市场也随之发展壮大。英国最早的股份公司是成立于 1600 年的东印度公司,1733 年在伦敦新乔纳森咖啡馆正式成立了英国第一家证券交易所,这就是伦敦证券交易所的前身。19世纪产业革命在世界范围内基本完成，欧美各国为了确立其产业资本，竞相在伦敦发行公债，英国国内出现了一个设立股份公司的高潮，从而使英国证券市场上的股票交易和债券交易都有了相当的规模。

美国的产业资本是在从英国引进生产技术和设备的基础上形成的。美国也积极利用股份公司制度，1725年设立了纽约证券交易所。到18世纪末期，美国证券市场进入急剧发展时期。美国在独立战争时发行了巨额国债，当时美国东北各州纷纷成立证券交易所以买卖这些国债。随后，各种股票也进入交易市场，到1817年纽约证券交易所正式组建时，美国的证券市场已经初具规模。19世纪30年代开始，美国各州的州债大量发行，吸引了外国资金特别是英国资金的流入，从而使美国金融市场逐渐成长为国际性的金融市场。

德国证券市场的发展历史可以追溯到16世纪，早在1585年法兰克福就已经出现了证券市场的雏形。法国在17世纪已经颁布过有关证券交易的法令，巴黎还曾与伦敦争夺过欧洲及世界金融中心的地位。日本的证券市场大约形成于明治时期，由于其经济中的重要产业被财阀控制，因此其证券市场也是封闭和排他的。总而言之，在第一次世界大战之前，世界各主要资本主义国家都先后发展了各自的证券市场，但发展比较缓慢且极不平衡。

从第一次世界大战开始到第二次世界大战结束是金融市场发展的重要转折时期。在此期间，英国的世界领先地位逐渐被美国取代，各国在世界经济中的地位和利益格局发生了重大变化。在此期间陆续发生了许多金融事件，如1914年战争爆发时的股票交易所关闭事件，1920年伦敦股票市场的崩溃，1920年和1929年纽约股票市场两次大崩溃等。商品经济更高阶段的来临对金融市场的发展起到了重要的推动作用。第二次世界大战之后，世界政治经济格局发生了重大变化，金融市场进入了急剧变革时期。许多大的国际金融市场先后形成，新的金融市场不断产生和发展。发展中国家和地区为了摆脱贫困，赶上西方发达国家，纷纷进行金融体制改革，逐渐培育和建立起金融市场，如新加坡、韩国、中国香港地区和中国台湾地区。目前，新加坡和中国香港地区已经成为亚太地区大型的金融市场之一，也是世界上大型的金融中心之一。

进入20世纪80年代之后，世界金融市场有了更大的发展，西方各国的金融市场逐渐地从单一化市场转变为综合化市场，有的国家出现了经营多种金融业务和提供综合服务功能的超级金融市场，金融工具的创新层出不穷，各种类型的机构投资者迅速崛起，金融市场的发展逐渐呈现出新的趋势。

专栏点评：金融市场是商品经济高度发展的产物，也是信用制度发展到一定程度的结果。金融市场产生的基础是信用及其制度，而信用制度的形成与发展是与商品经济的发展紧密相连的，是商品经济发展的直接结果。在资本主义生产方式建立之前，虽然信用和信用制度已经有所发展，但还没有产生真正意义上的金融市场。真正的金融市场是在商品经济发达的资本主义生产方式的基础上产生和发展起来的。

9.1.1　金融市场的内涵

金融市场是指货币资金借贷和金融商品交易的场所。经济学家对于金融市场（Financial

Market）有许多不同的定义，如："金融市场是金融工具转手的场所"[⊖]；"金融市场是金融资产交易和确定价格的场所或机制"[⊜]；"金融市场应理解为对各种金融工具的任何交易"[⊜]；"金融市场是金融工具交易的领域"^⑳；"金融是资金融通的交易活动"^⑮等。一般来讲，金融市场是指以金融资产为交易对象而形成的供求关系及其机制的总和。金融市场与其他市场相比有其特殊性，主要体现在以下几个方面：

1. 市场主体的特殊性

无论哪一种市场，市场参与者都是市场交易对象（商品）的供给方或需求方。金融市场也一样，但金融市场主体参与交易的目的有其特殊性，或进行资金融通，或进行投资。另外，金融市场主体有企业、个人、政府等，但最主要的交易主体是金融机构，同时政府部门也作为活跃的交易主体，以实现其调控市场的目的。

2. 市场客体的特殊性

金融市场的交易对象不是普通商品，而是货币资金或者是金融商品，如股票、债券、基金等。

3. 交易价格的特殊性

普通商品市场的商品交易价格是商品内在价值的外在表现，而金融市场上交易价格主要表现为资金借贷的利率，部分也表现为金融商品的未来收益，如股票的价格。

4. 交易场所的特殊性

普通商品市场一般都有其固定的交易场所，是有形市场，而金融市场大多表现为通过计算机信息处理而撮合成交的无形市场。有些金融市场是固定的，如股票市场；有些金融市场是不固定的，如许多直接借贷市场。

9.1.2 金融市场的功能

资本市场见证中国成长

从1990年开始这20多年，资本市场逐渐成为中国经济乐章中的一个重要音符。当年写在上海静安证券营业部小黑板的股票只有孤零零的两只，截至2018年7月，股票数量已达三千五百多只；上市公司从几家街道小厂子、乡镇企业，如今已囊括了能源、金融、电信等国民经济支柱产业；市场总市值超过40万亿元，在全球排名第二。中国证券登记结算有限公司最新数据显示，中国证券市场投资者数量已经超过1.35亿，具体来看，自然人投资者超过1.35亿，其中已开立A股账户投资者超过1.34亿，已开立B股账户投资者达到

⊖ 查理斯 R. 格依斯特，《A Guide to the Financial Markets》，Macmillan，1982年版，第1页。
⊜ 蒂姆 S. 肯波贝尔，《Financial Institutions, Markets, and Economic Activity》，McGraw-Hill Inc，1982年版，第2页。
⊜ 杜德雷 G. 卢科特，《Money and Banking》，McGraw-Hill Inc，1980年版，第111页。
⑳ 赵海宽、杜金富，《资本市场知识入门》，江西人民出版社，1993年版，第2页。
⑮ 何国华，《金融市场学》，武汉大学出版社，2003年版，第1页。

238.97 万。与此同时，非自然人投资者达到 36.47 万，其中已开立 A 股账户投资者 34.22 万，已开立 B 股账户投资者 2.29 万。公募基金、私募基金、QFII、养老基金、保险公司、社保基金以及企业年金等机构投资者逐步进入资本市场，机构投资者的力量迅速壮大，市场投资者结构明显合理。

资料来源：新华网

专栏点评：从专栏 9-2 我们可以看出资本市场对中国经济发展和普通百姓生活的深远影响。从 1990 年上海证券交易所和深圳证券交易所成立到 2018 年近 30 年的时间，以资本市场为主体的金融市场正发挥着越来越大的作用，在不确定的环境下架起了储蓄者与投资者、金融者与投资者之间的桥梁，对资本进行了时间和空间上的合理配置。

金融市场的功能主要有：

1. 融通资金的功能

融通资金是金融市场最基本的功能。金融市场可以有效地将资金从富余者手中融通到需求者手中，从而使资金富余者获取收益，使资金需求者得到满足。在经济活动中，资金富余者与需求者总是存在的，金融市场为双方实现各自的目标创造了条件、提供了媒介。首先，金融市场为资金供给方和需求方提供了交易的场所；其次，金融市场拥有许多金融商品，供给方和需求方可以找到合适的融资方式或渠道；再次，金融市场为资金融通提供了合理的价格或利率；最后，金融市场集中了交易信息，提供了高效的网络或交易机制，降低了融资成本。

金融市场有利于分散资金的集中与积累，有助于促使储蓄转化为投资，促进资本的形成。资本积累有限的个人投资者无法从事投资规模巨大的产业，如铁路、钢铁、石油等，但通过在金融市场上发行股票的方式则能很快完成这一任务。显然，金融市场发挥着把分散的小额资本迅速联合成巨额资本的资金集聚功能。对此，马克思有过生动的评述："假如必须等待积累去使某些单个资本增长到能够修建铁路的程度，那么恐怕直到今天，世界上还没有铁路。但是，集中通过股份公司转瞬之间就把这件事完成了。"一方面，在金融市场上，大额的资金需求可以面向社会以发行股票、债券、基金等方式筹措资金；另一方面，对于众多分散的小额资金富余者而言，可以通过购买不同数量的股票、债券和基金等金融商品获得投资机会，实现投资收益。金融市场提供了风险、收益、期限等条件不同的金融商品，适应了不同个人及企事业单位的投资需求，满足了不同的投资收益和风险偏好，极大地促进了资金的积累，促进了资本的形成。

2. 宏观调控的功能

金融市场是一国金融活动集中的地方，是国家进行宏观调控必须选择的场所和渠道，如同业拆借市场、回购市场、外汇市场等，都在国家的宏观调控中发挥着极其重要且不可替代的作用。在国家对金融市场的调控中，实施者主要是中央银行，调控对象主要是货币供求关系或利率、汇率水平，调控的目的是通过金融市场利率、汇率的变化引起金融市场主体的行为变化，进而引起整个社会经济主体的行为变化，从而调节国民经济的运行。中央银行可以通过公开市场业务，调节货币供应量，控制信贷规模，从而实现宏观调控经济的目标。

 专栏 9-3

央行公开市场连续两周净投放

新闻回放：央行 2018 年 8 月 20 日公告称，为对冲政府债券发行缴款等因素的影响，维护银行体系流动性合理充裕，当日中国人民银行以利率招标方式开展了 1 200 亿元逆回购操作。因公开市场昨日无逆回购到期，故单日净投放 1 200 亿元。至此，央行已连续第三个交易日在没有资金到期的情况下实施逆回购操作，也为连续第三个交易日实现净投放。本周公开市场上共有 1 300 亿元 7 天逆回购到期，无国库现金定存或中期借贷便利到期。

资料来源：东方财富网

专栏点评：针对月底将至，银行间市场资金面趋紧正在显现的现象，为了维持流动性相对稳定，央行通过逆回购操作规模、定向再贷款支持等方式以增大对资金面的支持，保持较为宽松的货币环境。

3. 优化资源配置的功能

资源配置功能是指金融市场可以合理引导资金的流向，实现资源的优化配置，提高资金的使用效率。金融市场上金融商品交易的实质是资金的流动，在市场信息渠道比较通畅的前提下，社会资金会朝着效益好、风险低的行业或企业流动，而资金的流动最终代表着社会资源的流动。社会资源是有限的，金融市场通过引导资金的合理流向，从而实现社会资源的优化配置。

4. 风险转移与分散的功能

通过金融市场交易，可实现风险的转移和规避，实现投资风险的分散。首先，金融市场作为一种有组织的市场，有完善的法规和制度，有良好的法律保障，市场交易行为规范，可在一定程度上降低信用风险和交易风险；其次，金融市场为金融商品提供了流动性，增强了金融商品的交易转让能力，有利于金融风险的及时转移；再次，金融市场提供了众多的金融商品，投资者可以根据自己的风险承受能力择优选择，或对金融商品进行组合投资，可降低和分散风险；最后，金融市场还提供了保值机会，投资者可以通过对冲保值，或通过现货、期货市场的套期保值等实现保值的目的。

9.1.3 金融市场的构成要素

金融市场有四个构成要素：金融市场的参与者（主体）、金融市场的交易对象（客体）、金融市场的交易价格和金融市场的交易组织方式。

1. 金融市场的参与者

金融市场的参与者是指在金融市场上从事货币资金借贷或金融商品交易的活动者，也称金融市场主体，它包括政府机构、中央银行、金融中介机构、工商企业、居民个人和外国参与者等。不同的金融市场参与者在市场上扮演不同的角色，实现不同的活动目的。

（1）政府机构。政府机构（包括中央政府、中央政府的代理机构和地方政府）是金融市场上资金的需求者，主要通过发行财政债券或者地方政府债券来筹集资金，用于国家基础设施建设，弥补财政预算赤字等；同时，国家财政筹集的大量收入在支出前形成的资金积余又可以使其成为资金的供给者。在国际金融市场上，不同国家的政府机构可以是资金的需求者，也可以是资金的供给者。此外，很多国家的政府机构同时担负着金融市场的调节和监督职能，也是金融市场的监管者。

（2）中央银行。中央银行在金融市场中具有双重角色，它既是金融市场的行为主体，又是金融市场的主要监管者。中央银行在金融市场中担任着最后贷款人的职责，从而成为金融市场的资金供给者。同时，中央银行参与金融市场是以实现国家货币政策、稳定货币、调节经济为目的。中央银行通过买卖金融市场工具、投放或者回笼货币来调整和控制货币供应量，并会对金融市场上资金的供求以及其他经济主体的行为产生影响。一些国家的中央银行还接受政府委托，代理政府债券的还本付息，以及接受外国中央银行的委托在金融市场上买卖金融工具，参与金融市场活动。

（3）金融中介机构。金融中介机构是金融市场上的特殊参与者，也是专业参与者。从表面上看，金融中介机构是金融市场上最大的买方和卖方，但实质上金融中介机构并不是资金的初始供给者和最终需求者，其买卖最终是为了金融市场上其他参与者的买和卖，这就是金融中介机构的特殊性所在。同时，金融中介机构又是金融市场上唯一的专业参加者。其专业就是参加金融市场活动，为潜在的和实际的金融交易双方创造交易条件，为买卖双方降低寻找成本，使潜在的金融交易的可能性变成现实。

（4）工商企业。工商企业在金融市场的运行中无论是作为资金的需求者还是资金的供给者，都有着重要的地位。在生产经营过程中，经常会有一些企业出现暂时性的资金盈余，而另外一些企业则出现暂时性的资金短缺。此时企业不仅可以通过向金融中介机构进行资金余缺的融通，还可以在金融市场上发行或者购买各种金融工具，从而实现盈余资金的投资或者得到所需资金，以此实现企业生产经营过程当中的不同目的。工商企业还可以通过发行股票或者中长期债券等方式来筹集资金，用于扩大再生产和经营规模。此外，工商企业为了控制财务风险，也经常在金融市场上进行套期保值等活动。

（5）居民个人。居民个人主要是金融市场上的资金供给者和金融工具的购买者。居民个人除掉必要的消费外，为了存集资金或者留存部分资金以备不时之需，往往会将手中的资金存入银行或者在金融市场上购买股票、债券等金融工具，通过这些金融投资组合，既可以满足居民个人日常的资金流动性需求，又可以达到保值增值的目的。居民个人可以直接购买金融工具投资，也可以通过金融中介机构进行间接投资，如投入保险、购买共同基金等，最终都是向金融市场提供资金。此外，居民个人有时也会有资金需求，如用于耐用消费品的购买，住房、汽车消费等。

（6）外国参与者。外国参与者构成了外国部门。这个部门包括所有来自国外的参与者：家庭、非金融机构、政府以及中央银行。随着世界各国逐步放开其金融市场，外国参与者参与国内金融市场和国际金融市场的现象将越来越普遍。目前，我国已经引进合格的境外机构投资者 QFII（Qualified Foreign Institutional Investors），同时从 2018 年 9 月开始，允许外国个人投资者在境内开立股票投资账户。

 **延伸阅读**

QFII

QFII（Qualified Foreign Institutional Investors）是合格的境外机构投资者的简称，QFII 制度是指外国专业投资机构到境内投资的资格认定制度。作为一种过渡性制度安排，QFII 制度是在资本项目尚未完全开放的国家和地区，实现有序、稳妥开放证券市场的特殊通道。包括韩国、中国台湾、印度和巴西等市场的经验表明，在货币尚未自由兑换时，QFII 制度不失为一种通过资本市场稳健引进外资的方式。在该制度下，QFII 将被允许把一定额度的外汇资金汇入并兑换为当地货币，通过严格监督管理的专门账户投资当地证券市场，包括股息及买卖价差等在内的各种资本所得经审核后可转换为外汇汇出，实际上就是对外资有限度地开放本国的证券市场。北京时间 2003 年 7 月 9 日上午 10 时 17 分，在北京著名的东方君悦大酒店浮碧厅，来自国内外的 40 多家媒体与瑞银高管共同见证了历史性的一刻：QFII 第一单的指令此刻正在发出，10 点 19 分左右，也即指令发出的 2 分钟后，首单买入的四只股票全部确认成交，备受瞩目的 QFII 正式登上中国证券市场大舞台。

2．金融市场的交易对象

金融市场的交易对象可称作金融市场的客体，即金融市场参与者进行交易的标的物——金融工具。例如，股票市场上交易的股票，债券市场上交易的债券，外汇市场上交易的各种外汇及外汇金融产品，黄金市场上交易的黄金现货、期货和期权等，都是金融市场的客体。金融市场的金融工具种类和数量的多少及其交易活跃度在一定程度上反映出金融市场的发展水平。

如果把金融市场分为货币市场和资本市场两大类，那么金融工具也可以分为货币市场工具和资本市场工具两大类，表 9-1 给出了美国金融市场上的主要金融工具类型。货币市场工具通常都是固定收益的（A 类）；由于资本市场是现代金融市场最活跃的部分，根据流动性、收益率、风险以及权属方面的不同特点，又可把资本市场上交易的金融工具细分为固定收益资本市场工具（B 类）、权益市场工具（C 类）和衍生品市场工具（D 类）等。由于各类型金融工具的不同特性，因此可以满足不同风险偏好者和财富拥有者的投资需求。

表 9-1　美国金融市场上的主要金融工具类型

货币市场	资本市场
A：固定收益货币市场工具 　国库券 　存单 　商业票据 　银行承兑汇票 　回购协议和反向回购 　联邦基金 　经纪人通知贷款	B：固定收益资本市场工具 　国库债券和票据 　联邦机构债务 　市政债券 　公司债券 　抵押支持证券 C：权益市场工具 　普通股 　优先股 D：衍生品市场工具 　期权 　期货 　远期利率协议和互换交易

资料来源：兹维·博迪，亚历克斯·凯恩，艾伦·J. 马科斯，《投资学精要（第 4 版）》，中国人民大学出版社，2003，P31。

3. 金融市场的交易价格

在金融市场上，利率是货币资金商品的"价格"，其高低主要由社会平均利润率和资金供求关系决定。

4. 金融市场的交易组织方式

（1）场内交易方式。场内交易方式是指在特定的交易所内进行金融工具交易的组织方式。交易所有固定的场所，有明确的交易制度，有严格的交易管理或监管。场内交易方式经常采用公开竞价，交易系统撮合来完成交易过程。

（2）场外交易方式。场外交易方式是指通过金融机构的柜台进行金融工具交易的组织方式，又称柜台交易方式。场外交易有自己的场所，但场所一般不固定，也不像交易所那样有严格的交易组织机制，一般也不实行集合竞价。场外交易的价格通过交易双方自由协商而定。

（3）无形、分散交易方式。该市场没有有形的场所，交易双方借助计算机网络或其他通信手段完成交易，市场交易价格由交易双方自由商定。

互联网金融

互联网金融——一个金融术语不仅牵动了所有商业银行的神经，而且走进了百姓人家。

互联网金融是指以依托于支付、云计算、社交网络以及搜索引擎等互联网工具，实现资金融通、支付和信息中介等业务的一种新兴金融。互联网金融不是互联网和金融业的简单结合，而是在实现安全、移动等网络技术水平上，被用户熟悉接受后（尤其是对电子商务的接受），自然而然为适应新的需求而产生的新模式及新业务，是传统金融行业与互联网精神相结合的新兴领域。互联网金融与传统金融的区别不仅仅在于金融业务所采用的媒介不同，更重要的在于金融参与者深谙互联网"开放、平等、协作、分享"的精髓，通过互联网、移动互联网等工具，使得传统金融业务具备透明度更强、参与度更高、协作性更好、中间成本更低、操作上更便捷等一系列特征。理论上任何涉及广义金融的互联网应用，都应该是互联网金融，包括但是不限于第三方支付、在线理财产品的销售、信用评价审核、金融中介、金融电子商务等模式。互联网金融的发展已经经历了网上银行、第三方支付、个人贷款、企业融资等多阶段，并且越来越在融通资金、资金供需双方的匹配等方面深入传统金融业务的核心。

资料来源：新华网

9.2 分析金融市场结构

2018年第二季度中国货币政策执行报告摘要

2018年8月10日，央行发布第二季度货币政策执行报告，该报告表示，下一阶段，

第9章 解读金融市场

紧紧围绕服务实体经济、防控金融风险、深化金融改革三项任务,创新和完善金融宏观调控,保持政策的连续性和稳定性,提高政策的前瞻性、灵活性、有效性。稳健的货币政策要保持中性、松紧适度,把好货币供给总闸门,保持流动性合理充裕,根据形势变化预调微调,注重稳定和引导预期,优化融资结构和信贷结构,疏通货币信贷政策传导机制。

资料来源:中国人民银行网站

专栏点评: 当前我国的货币政策依然保持中性、松紧适度,中国人民银行把好货币供给总闸门,保持流动性合理充裕,根据形势变化预调微调,注重稳定和引导预期,优化融资结构和信贷结构,疏通货币信贷政策传导机制,通过机制创新,提高金融服务实体经济的能力和意愿,为供给侧结构性改革和高质量发展营造适宜的货币金融环境。

采取多样的分类方法有助于更好地把握每个金融子市场的具体特征,从而更充分、全面地理解金融市场。金融市场主要包括以下分类:

按照交易的期限分类,金融市场可以分为短期资金市场和长期资金市场。

按照交易对象分类,金融市场可以分为同业拆借市场、票据市场、大额可转让定期存单市场、证券市场、黄金市场和外汇市场等。

按照市场功能分类,金融市场可以分为初级市场和次级市场。

按照成交后是否立即交割分类,金融市场可以分为现货市场和期货市场。

每个金融市场都可以同时具备多种市场属性,如股票市场又是资本市场、公开市场、初级市场、次级市场等。下面我们主要分析货币市场、资本市场、外汇市场和黄金市场的构成情况。

9.2.1 认识货币市场

货币市场是指融资期限在一年以内(含一年)的短期资金市场。它是金融市场中的一个重要子市场,具有期限短、流动性强、风险小的特点,其主要功能是:调剂资金余缺,满足短期融资需要;为各种信用形式的发展创造条件,为政府政策调控提供条件和场所。货币市场一般包括:短期资金借贷市场、同业拆借市场、票据市场、大额可转让定期存单市场、国库券市场、证券回购协议市场等。有关短期资金借贷市场的业务已在"第7章 解读商业银行业务"中做过介绍。

1. 同业拆借市场

专栏9-5

上海银行间同业拆借市场十年的探索与实践

为了推进利率市场化改革,健全市场化利率形成和传导机制,培育货币市场基准利率,中国人民银行于2007年正式推出了上海银行间同业拆借利率(Shibor)。十年来,在有关各方的共同努力下,Shibor已经成长为我国认可度较高、应用较广泛的货币市场基准利率之一。首先,Shibor基准性明显提升,比较有效地反映了市场流动性松紧。短端Shibor

与拆借、回购交易利率的相关性均在80%以上，并维持较窄价差，其中隔夜Shibor与隔夜拆借、回购交易利率的相关性高达98%；中长端Shibor得益于同业存单市场的发展壮大，基准性也有显著增加，Shibor 3M与3个月同业存单发行利率的相关系数高达95%。其次，Shibor产品创新取得进展，应用范围不断扩大。目前Shibor已被应用于货币、债券、衍生品等各个层次的金融产品定价，部分商业银行也依托Shibor建立了较完善的内部转移定价（FTP）机制，金融体系内以Shibor为基准的定价模式已较为普遍。再次，Shibor与实体经济联系日趋紧密，越来越多地发挥了传导货币政策和优化资源配置的作用。通过Shibor挂钩理财产品、Shibor浮息债、非金融企业参与的Shibor利率互换交易等渠道，Shibor较好地将货币政策信号传导至实体经济，并随着直接融资比重提升和多层次资本市场建立完善，进一步发挥优化资源配置的作用。

资料来源：全国银行间同业拆借中心

专栏点评：Shibor的创设借鉴了伦敦银行间同业拆借利率（LIBOR）等国际基准利率。特别是2012年以来，由于国际金融危机后无担保拆借市场规模有所下降，以及部分报价行操纵LIBOR报价案件等原因，国际社会开始着手改革以LIBOR为代表的金融市场基准利率体系。同业拆借市场是银行及其他金融机构之间相互进行短期资金融通的场所。目前，同业拆借市场已成为国际和国内金融市场中非常活跃、规模巨大的一个市场。

同业拆借作为临时调剂性借贷行为，具有以下特点：

（1）期限短。同业拆借的交易期限较短，属临时性的资金融通。其目的在于调剂头寸和临时性资金余缺。头寸拆借时间较短，多为"隔夜拆借"或"隔日拆借"，一般为1~2天，主要是补足存款准备金。同业借贷是金融机构之间为了解决经营过程中的临时性资金和季节性资金需要而融通资金的行为。

（2）利率相对较低。一般来讲，同业拆借利率是以中央银行再贷款利率和再贴现率为基准，再根据社会资金的松紧程度和供求关系由拆借双方自由议定的。相对工商企业短期融资而言，其利率水平较低。国际市场上，通常以LIBOR为基础利率，然后根据贷款金额、期限和客户的资信等级进行加息，作为最终的拆借利率。

（3）同业拆借信誉较好，交易手续方便、简单。由于同业拆借的参与者是商业银行和其他金融机构。这些机构的信誉比一般工商企业要高，拆借风险较小，加之拆借期限较短，流动性强，所以具有交易方便、简单的特点。

延伸阅读

LIBOR

LIBOR是London Interbank Offered Rate的缩写，即伦敦银行间同业拆借利率，是指欧洲货币市场上，银行与银行之间的一年期以下的短期资金借贷利率。所谓同业拆借利率，是指银行同业之间的短期资金借贷利率。银行跟人一样，也经常要互相借钱。同业拆借有两个利率：拆进利率（Bid Rate）表示银行愿意借款的利率，拆出利率（Offered Rate）表示银行愿意贷款的利率。同一家银行的拆进利率和拆出利率相比较，拆进利率永远小于拆出利率，其差额就是银行的得益。LIBOR代表的是在伦敦的一流银行借款给伦敦的另一家一流银行资金的利率。它已成为全球贷款方及债券发行人的普遍参考利率,是目前国际间最重要和最常用的市场利率基准。

贷款协议中议定的 LIBOR,通常是几家指定的参考银行在规定的时间(一般是伦敦时间上午 11:00)报价的平均利率。目前最多使用的是 3 个月和 6 个月的 LIBOR。伦敦银行间同业拆借利率作为国际金融市场的基础利率,是许多国家和地区金融市场利率水平的标准或依据。一般的做法是:存款利率是在拆借利率的基础上下减若干百分点,贷款则加若干百分点。

从 LIBOR 变化出来的,还有新加坡银行间同业拆借利率(SIBOR)、纽约银行间同业拆借利率(NIBOR)、香港银行间同业拆借利率(HIBOR)等。

2. 票据市场

专栏 9-6

中国票据市场的特征

1. 区域性票据市场逐渐形成

目前,区域性票据市场正在逐步形成,部分地区贴现、转贴现、再贴现、票据回购业务发展势头强劲。

2. 票据业务向专业化、规模化经营发展

在华信工行和沈阳交行的示范效应带动下,各商业银行都陆续成立了票据中心、票据支行等业务模式的经营管理机构,使票据业务在专业化水平和人员素质上都得到了显著提升。

3. 票据业务成为完全竞争的业务品种

由于对票据业务的认识逐渐提高,央行要求把票据业务作为商业银行改善金融服务、调整产业结构的重要手段,各商业银行则利用票据业务,达到拓宽收入来源、调整资产结构、降低资产风险、增强资产流动性的目的。因此,票据业务的竞争已日趋"白热化"。

4. 创新冲动进一步增强

在当代金融创新理论的指导下,西方发达国家推出的"票据发行便利"业务,拉开了当代金融"四大发明"的序幕,票据业务创新品种层出不穷。在此启示下,国内商业银行以票据业务为载体的创新冲动十分强烈。

5. 政策范围内的业务品种系列化

目前,金融机构尤其是商业银行,均能在政策范围内将票据业务系列化,增加了业务品种间的联动性。究其分类归纳如下:

(1)票据一级市场。核心产品:承兑。形式产品:以保证金、存单、国库券、各类债券、仓单、商业汇票等为质押的或其他担保方式的承兑业务,承兑授信业务。扩展产品:企业签订经济合同及选择结算方式的咨询业务。

(2)票据二级市场。核心产品:贴现。形式产品:转贴现业务、票据回购业务、再贴现业务。扩展产品:票据咨询、票据见证及商业汇票代理保管业务。

专栏点评：票据市场是以票据作为交易对象，通过票据承兑、票据贴现、票据转让和票据抵押进行融资活动的货币市场。票据作为金融市场上通行的结算和信用工具，是货币市场上主要的交易工具之一。商业票据市场主要是指商业票据的流通和转让市场，具体包括票据承兑市场和票据贴现市场。

票据承兑市场是以经营承兑票据为业务，由银行及其他金融机构与票据经纪人买卖承兑票据而构成。所谓承兑是指票据持有人要求债务人签字盖章承认到期兑付的行为，承兑后的票据称为承兑票据。由于承兑票据的承兑人已经保证在偿付期支付，因而投资者愿意在二级市场上购买或销售承兑票据，以调整流动性资产，从而形成票据承兑市场。票据承兑市场的交易对象主要有银行承兑汇票和商业承兑汇票。商业承兑汇票是指由票据所记载的承兑人承诺兑付。商业承兑汇票多用于国内贸易，通常是卖方把商业票据和货物单据一起交给买方，买方签字承兑，并指定付款银行，再交给卖方，这时的商业票据就成为商业承兑汇票。银行承兑汇票多用于国际贸易中，是银行为帮助进出口商进行国际贸易承担票据到期付款义务而签发的票据。

票据贴现市场是专门从事票据贴现、转贴现和再贴现的市场。票据贴现市场分为三个部分：①银行和客户之间的原贴现（简称贴现）市场；②银行等金融机构之间的转贴现市场；③银行等金融机构和中央银行之间的再贴现市场。而原贴现市场是票据市场发展的根基。有关内容已在"第7章 解读商业银行业务"中叙述。

3．大额可转让定期存单市场

大额可转让定期存单是指商业银行签发的注明存款金额、期限、利率，可以流通转让的金融工具。存单不能提前支取，到期本息一次付清。大额可转让定期存单市场简称CD市场，即存单发行和转让交易活动的总括。大额可转让存单提高了商业银行的竞争力，而且也提高了存款的稳定性，对于发行存单的银行来说，存单到期之前，不会发生提前提取存款的问题。这一金融工具的出现既有利于银行也有益于投资者，所以在货币市场上发展很快，成为一种颇受欢迎的金融工具。

大额可转让定期存单最早产生于美国。20世纪60年代，美国实施Q条例：规定商业银行对活期存款不能支付利息，定期存款不能突破一定限额。随着美国市场利率上涨，高于Q条例规定上限的资金从商业银行流入金融市场。为了吸引客户，商业银行推出大额可转让定期存单，购买存单的客户随时可以将存单在市场上变现出售。这样，客户实际上以短期存款取得了按长期存款利率计算的利息收入。

大额可转让定期存单的期限多为3～6个月，一般不超过1年，其利率水平一般高于同期定期存款利率。大额可转让定期存单与一般定期存款相比较，具有以下特点：

（1）大额可转让定期存单通常不记名，可以流通转让；而一般定期存款记名，不可以流通转让。

（2）大额可转让定期存单的金额较大，如在美国最少为10万美元；定期存款的金额一般不固定。

（3）大额可转让定期存单的利率一般比同期定期存款利率要高。

（4）大额可转让定期存单不可以提前支取，但可以在二级市场流通转让；定期存款可以提前支取，但要损失部分利息。

我国的大额可转让定期存单的发行始于1986年，最初由中国银行和交通银行发行。1989年后，其他银行也开始发行大额可转让定期存单。不过，由于大额可转让定期存单业务出现了各种问题，如利率过高引发的存款"大搬家"、盗开和伪造银行存单进行诈骗等犯罪活动猖獗，在1997年监管部门暂停审批银行的大额可转让定期存单发行申请，该业务陷入停滞。随着整个国内外汇率和利率市场形势的变化，启动大额可转让定期存单业务将增加银行主动负债的金融工具，拓宽银行的资金来源，增加市场投资品种，丰富风险控制的手段。我国第一张大额可转让定期存单面世于1986年，最初由交通银行和中央银行发行，主要面向个人和企业。到1996年大额可转让定期存单在市场上基本消失。2013年，中国人民银行重启大额可转让定期存单业务。

4. 国库券市场

国库券是中央政府为了弥补国家金库资金不足而发行的期限不超过一年的短期债券，是政府债券的重要组成内容。发行国库券的主要目的在于筹措短期资金，解决财政困难。当中央政府的年度预算在执行过程中发生赤字时，国库券筹资是一种经常性的弥补手段。国库券具有期限短、风险低、流动性强以及免税等特征，深受市场欢迎。国库券市场的交易十分活跃，它不仅是投资者理想的投资场所，也是一国中央银行通过公开市场业务操作进行金融调控的重要场所。

在国库券的流通市场上，市场的参与者有商业银行、中央银行、证券交易商、企业和个人投资者。国库券市场的变动，受市场景气动向、国库券供求关系、市场利率水平等诸多因素的影响。在美国，证券交易商在进行国库券交易时，通常采用双向式挂牌报价，即在报出一交易单位买入价的同时，也报出一交易单位的卖出价，两者的差额即为交易商的收益，交易商不再附加佣金。在英国，票据贴现是国库券二级市场上最为活跃的市场主体。持有国库券的机构和个人如需转让，可向贴现所申请贴现。英格兰银行实施公开市场操作，也以贴现所为中介，先向贴现所买进或卖出国库券，然后贴现所再对商业银行进行买卖。

在我国，以国库券名义发行是从1981年开始的，当年发行40亿元，期限10年，年利率4%，以后每年均发行国库券。在1991年以前国库券以行政分配和认购相结合的方式发行；1991～1995年开始部分采用承包、包销方式发行；1996年开始试行招标方式发行。国库券的流通始于1988年，随着上海和深圳证券交易所的成立，国库券的流通得到了长足的发展。必须指出的是：我国发行的大部分国库券期限在一年以上，从性质上讲实为公债，即中央政府的长期债券，属于资本市场范畴。

5. 证券回购协议市场

证券回购协议是指证券的持有人在卖出一笔证券的同时，与买方签订协议约定在一定的时间和价格买回原证券的融资行为。证券回购协议实质上是一种以证券作为担保的短期融资方式。买卖双方签订的回购协议常见的有两种形式：①证券的卖出和买回采用相同的价格，协议到期时以约定的收益率支付费用；②买回证券的价格高于卖出时的价格，其差额就是对方的收益额。

证券回购可以分为场内回购和场外回购。场内回购是指在证券交易所、期货交易所、证券交易中心、证券交易报价系统内，由其设计并经主管部门批准的标准化回购业务。例如，上海证券交易所开展的证券回购业务，它就对回购业务的券种、期限结构、回购合约标的金额、交易竞价方式、清算与结算的相关制度等内容做了较为详细的规定。目前，在我国开展证券回购业务的场所主要有上海证券交易中心、天津证券交易中心以及一些中心城市的证券交易中心等。场外回购是指在交易所和交易中心之外的证券公司、信托投资公司证券部、国债服务中心、商业银行证券部及同业之间进行的证券回购交易。在西方国家，证券回购通常是一个无形市场，而非交易场所交易，即通过电话系统而达成回购协议。从长期趋势来看，我们应当以非交易场所开展的证券回购为重点。

美国证券回购协议市场

1969年，美国联邦政府在法律中明确规定：银行运用政府债券进行回购协议形成的资金来源，可以不受法定存款准备金的限制。这进一步推动了银行踊跃参与回购协议交易，并将回购协议的内容主要集中到国库券和地方政府债券身上。从20世纪60年代开始，当通货膨胀的阴云开始笼罩整个西方国家时，回购协议市场却迎来了意想不到的黄金时期。随着市场利率的高涨，大多数西方国家的公司的财务主管们急于为手中掌握的短期资金寻找妥当的投资场所，而企业积极参与回购协议市场带来了大批投资者。除了企业和商业银行，美国各级地方政府也成为回购协议市场的受益者和积极倡导者。因为按照美国法律的规定，美国各级地方政府的闲置资金必须投资于政府债券或者以银行存款的形式持有，并且要保证资金的完整性。这极大地限制了地方政府在财务上的灵活性。回购协议市场正好提供了既投资于政府债券，又有还款保障的投资渠道。因此政府成为该市场的积极参与者，也就不足为奇了。

目前，美国的回购协议市场是世界上规模最大的回购协议市场。早在20世纪90年代初，隔夜回购协议的日交易量就已经远远超过了100亿美元。拥有数千亿美元短期资金的共同基金是这个市场上的最大投资者。对他们来说，一家投资基金的经理每天通过同一个经纪人做几亿美元的回购协议交易，已是司空见惯。

资料来源：中国人民银行网站

9.2.2 认识资本市场

科创板鸣锣开市

2019年7月22日上午9点30分许，伴随开市锣声的响起，首批25只科创板股票在上海证券交易所上市交易，科创板正式开市。

"设立科创板并试点注册制肩负着引领经济发展向创新驱动转型的使命，也承载资本市场基础制度改革的初心，对于进一步提升资本市场功能，更好服务供给侧结构性改革和高质量发展具有独特的作用。"中国证监会副主席李超在致辞时说。

首批25家企业均属于科创板重点支持的新一代信息技术、高端装备、生物医药等高新技术产业和战略性新兴产业,其研发投入显著高于现有 A 股可比公司。

9 时 15 分许,首批科创企业所在的 9 省市各出一位企业代表上台,与上交所、中国结算签署上市协议和登记协议,完成上市前的最后一个流程。

"科创板推出一系列新政策,使科创企业能以更快的速度实现跨越式发展。"中微公司董事长尹志尧说,科创板正成为推动国家高科技领域实现高速发展的助推器。

随后,25 家企业的主要负责人登台见证敲锣仪式。锣声响起,交易大厅大屏幕上迅即滚动出这 25 只股票的即时交易行情,科创板由此开启"交易时间"。

"科创板的一系列制度创新,可以为我国资本市场进一步深化改革提供许多先行经验,可以促使资本市场更趋成熟。"华兴资本董事长包凡说。

回望来路,一个意见、两个办法、几十个配套制度措施、149 家申报企业、259 天……自 2018 年 11 月宣布设立科创板至今,科创板改革之速、力度之大,令各界惊叹。

"我们相信科创板会越来越好,会从多个层面为中国资本市场、为中国经济注入新的力量。"富达国际中国区股票投资主管周文群说。

资料来源:新华视点

专栏点评:国家决定在上海证券交易所设立科创板并试点注册制,对于完善多层次资本市场体系,提升资本市场服务实体经济的能力,促进上海国际金融中心、科创中心建设具有重要意义,同时也为上海证券交易所发挥市场功能、弥补制度短板、增强包容性提供了至关重要的突破口和实现路径。

资本市场通常由股票市场、债券市场和投资基金市场组成。

1. 股票市场

股票市场是指股票发行和转让流通的场所,包括股票发行市场和股票流通市场。

(1)股票发行市场。它是指股票发行者为获取资金,按照一定的法律规定和发行程序,向投资者出售新证券所形成的市场。股票发行市场是实现资本职能转化的场所,通过发行股票,把社会闲散资金转化为生产资本。由于发行活动是股票市场一切活动的源头和起始点,所以又称发行市场为"一级市场"。

在各国不同的政治、经济、社会条件下,特别是金融体制和金融市场管理的差异使得股票的发行方式也是多种多样的。股票的发行方式主要有以下几种:

1)根据发行的对象不同来划分,股票的发行方式可分为公募发行与私募发行。

公募发行又称公开发行,是指事先没有特定的发行对象,向社会广大投资者公开推销股票的方式。采用这种方式,可以扩大股东的范围,分散持股,防止囤积股票或被少数人操纵,有利于提高公司的社会性和知名度,为以后筹集更多的资金打下基础,也可增加股票的适销性和流通性。公开发行可以采用股份公司自己直接发售的方法,也可以支付一定的发行费用通过金融中介机构代理。

私募发行是指发行者只对特定的发行对象推销股票的方式。通常在两种情况下采用:①股东配股,又称股东分摊,即股份公司按股票面值向原有股东分配该公司的新股认购权,动员股东认购。这种新股发行价格往往低于市场价格,事实上成为对股东的一种优待,一般股东都乐于认购。如果有的股东不愿认购,他可以自动放弃新股认购权,也可以把这种认购权转让他人,从而形成了认购权的交易。②私人配股,又称第三者分摊,即股份公司将新股票分售给股东以外的本公司职工、往来客户等与公司有特殊关系的第三者。采用这种方式往往出于两种考虑：一是为了按优惠价格将新股份分摊给特定者，以示照顾；二是当新股票发行遇到困难时，向第三者分摊以求支持。无论是股东还是私人配售，由于发行对象是既定的，因此，不必通过公开发行的方式，这不仅可以节省委托中介机构的手续费，降低发行成本，还可以调动股东和内部职工的积极性，巩固和发展公司的公共关系。但其缺点是这种不公开发行的股票流动性差，不能公开在市场上转让出售，而且也会降低股份公司的社会性和知名度，还存在被杀价和控股的危险。

2）根据出售股票的方式不同，股票的发行方式可分为直接发行与间接发行。

直接发行又叫直接招股，是指股份公司自己承担股票发行的一切事务和发行风险，直接向认购者推销出售股票的方式。因直接发行要求发行者熟悉招股手续，精通招股技术并具备一定的条件，能否发行成功风险很大，因此，目前这种方式已很少采用，只有一些实力雄厚，有把握实现巨额私募以节省发行费用的大股份公司股票，才采用直接发行的方式。

间接发行又称间接招股，是指发行者委托证券发行中介机构出售股票的方式。股票在上市发行前，上市公司与股票的代理发行证券商签订代理发行合同，确定股票发行的方式，明确各方面的责任。按发行承担的风险不同，一般分为包销发行方式和代理发行方式两种。

包销发行方式是由代理股票发行的证券商一次性将上市公司所新发行的全部或部分股票承购下来，并垫支相当于股票发行价格的全部资本。由于金融机构一般都有较雄厚的资金，可以预先垫支，以满足上市公司急需大量资金的需要，所以上市公司一般都愿意将其新发行的股票一次性转让给证券商包销。如果上市公司股票发行的数量太大，一家证券公司包销有困难，还可以由几家证券公司联合起来包销。

代销发行方式是由上市公司自己发行，中间只委托证券公司代为推销，证券公司代销证券只向上市公司收取一定的代理手续费。

股票上市的包销发行方式，虽然能让上市公司在短期内筹集到大量资金，以应付资金方面的急需。但一般包销出去的证券，证券承销商都只按股票的一级发行价或更低的价格收购，从而不免使上市公司丧失了部分应有的收益。代销发行方式对上市公司来说，虽然相对于包销发行方式能获得更多的资金，但整个筹款时间可能很长，从而不能使上市公司及时地得到自己所需的资金。

（2）股票流通市场。它是指已经发行的股票按时价进行转让、买卖和流通的市场，包括交易所市场、场外交易市场、第三市场和第四市场。由于它是建立在发行市场基础上的，因此又被称作二级市场。

1）交易所市场。交易所市场是股票流通市场的最重要的组成部分，也是交易所会员、证券自营商或证券经纪人在证券市场内集中买卖上市股票的场所，是二级市场的主体。具体来讲，它具有固定的交易所和固定的交易时间，接受和办理符合有关法律规定的股票上市买卖，使原股票持有人和投资者有机会在市场上通过经纪人进行自由买卖、成交、结算和交割。

延伸阅读

T+0 和 T+1 交易

T+0：在证券（或期货）成交当天办理好证券（或期货）和价款清算交割手续的交易

制度，称为 T+0 交易。通俗说就是当天买入的证券（或期货）在当天就可以卖出。

T+1：投资者当天买入的股票或基金不能在当天卖出，需待第二天进行交割过户后方可卖出；投资者当天卖出的股票或基金，其资金需等到第二天才能提出。

2）场外交易市场。场外交易市场又称柜台市场。它与交易所共同构成一个完整的证券交易市场体系。场外交易市场实际上是由千万家证券商行组成的抽象的证券买卖市场。在场外交易市场内，每个证券商大都同时具有经纪人和自营商双重身份，随时与买卖证券的投资者通过直接接触或电话、电报等方式迅速达成交易。

3）第三市场。第三市场是指原来在交易所上市的证券移到场外进行交易所形成的市场。因而它是场外市场的组成部分，即属于柜台市场范围，但近年来由于第三市场交易量增大，其地位日益提高，以致许多人都认为它实际上已变成独立的市场。

第三市场是 20 世纪 60 年代才开创的一种证券交易市场，是为了适应大额投资者的需要发展起来的。一方面，机构投资者买卖证券的数量往往以千万计，如果将这些证券的买卖由交易所的经纪人代理，这些机构投资者就必须按交易所的规定支付相当数量的标准佣金。机构投资者为了降低投资的费用，于是便把目光逐渐转向了交易所以外的柜台市场。另一方面，一些非交易所会员的证券商为了招揽业务，赚取较大利润，常以较低廉的费用吸引机构投资者，在柜台市场大量买卖交易所挂牌上市的证券。此外，第三市场在一定程度上可以避免交易所市场因交易量巨大而引起的价格剧烈波动。基于上述因素的相互作用，才使第三市场得到充分的发展。

第三市场的交易价格，原则上是以同种股票在交易所的收盘价为准。但相对于交易所交易来说，具有限制更少、成本更低的优点。这是因为：第三市场并无固定交易场所，场外交易商收取的佣金是通过磋商来确定的，因而使同样的股票在第三市场交易比在股票交易所交易的佣金要便宜一半，所以第三市场一度发展迅速。直到 1975 年美国证券交易管理委员会取消固定佣金比率，交易所会员自行决定佣金，投资者可选择佣金低的证券公司来进行股票交易，第三市场的发展才有所减缓。

总之，第三市场交易属于场外交易市场交易，但它与其他场外交易市场的主要区别在于第三市场的交易对象是在交易所上市的股票，而场外交易市场主要从事上市的股票在交易所以外的交易。

4）第四市场。第四市场是投资者直接进行证券交易的市场。在这个市场上，证券交易由买卖双方直接协商办理，不用通过任何中介机构。同第三市场一样，第四市场也是为适应机构投资者的需要而产生的，当前第四市场的发展仍处于萌芽状态。

由于第四市场的保密性及其节省性等优点，对第三市场及证券交易所来说，它是一个颇具竞争性的市场。

延伸阅读

融资融券交易

融资融券交易又称信用交易，分为融资交易和融券交易。通俗地说，融资交易就是投资者以资金或证券作为质押，向券商借入资金用于证券买卖，并在约定的期限内偿还借款本金和利息；融券交易是投资者以资金或证券作为质押，向券商借入证券卖出，在约定的期限内，买入相同数量和品种的证券归还券商并支付相应的融券费用。总体来说，融资融券交易关键在于一个"融"字，有"融"投资者就必须提供一定的担保和支付一定的费用，并在约定期内归还借贷的资金或证券。融资融券为投资者提供了新的盈利模式，融资融券的杠杆效应带来了放大的收益与亏损，融资融券有助于证券内在价格的发现，维护证券市场的稳定。

2. 债券市场

（1）债券发行市场。债券发行市场即债券一级市场或原始市场，是指政府、金融机构、企业等资金需求者，为筹措资金而发行新债券，通过招投标或承销商，将债券出售给投资人所形成的市场。它与股票发行市场类似，主要不同之处在于债券有发行合同书和债券信用评级两个方面，同时由于债券需要还本付息，因而多了一个偿还环节。

债券信用评级大多是企业债券信用评级，是对具有独立法人资格的企业所发行某一特定债券，按期还本付息的可靠程度进行评估，并标明其信用程度的等级。这种信用评级是为投资者购买债券和证券市场债券的流通转让活动提供信息服务。国家财政发行的国库券和国家银行发行的金融债券，由于有政府的保证，因此不参加债券信用评级。地方政府或非国家银行金融机构发行的某些有价证券，则有必要进行评级。

债券的偿还一般分为定期偿还和任意偿还两种方式。前者比较简单，它是发行时就明确偿还时间；后者是债券发行一段时间（称为保护期）以后，发行人可以任意偿还债券的一部分或全部。

以 2017 年为例，债券市场共发行各类债券 40.8 万亿元，较 2016 年增长 12.9%。其中，银行间债券市场发行债券 36.8 万亿元，同比增长 14.2%。截至 2017 年 12 月末，债券市场托管余额为 74.0 万亿元，其中银行间债券市场托管余额为 65.4 万亿元。2017 年，国债发行 3.9 万亿元，地方政府债券发行 4.4 万亿元，金融债券发行 5.0 万亿元，政府支持机构债券发行 2 860 亿元，资产支持证券发行 1.5 万亿元，同业存单发行 20.2 万亿元，公司信用类债券发行 5.5 万亿元。

（2）债券流通市场。债券流通市场即债券二级市场或债券次级市场，是指已发行债券买卖转让的市场。债券一经认购，即确立了一定期限的债权债务关系，但通过债券流通市场，投资者可以转让债权，实现债券变现的目的。债券发行市场和债券流通市场相辅相成，是互相依存的整体。债券发行市场是整个债券市场的源头，是债券流通市场的前提和基础。发达的债券流通市场是债券发行市场的重要支撑，债券流通市场的发达是债券发行市场扩大的必要条件。

根据债券流通市场的组织形式，债券流通市场与股票流通市场一样，又可进一步分为场内交易市场和场外交易市场，以及第三市场和第四市场几个层次。证券交易所是专门进行证券买卖的场所，如我国的上海证券交易所和深圳证券交易所。在证券交易所内买卖债券所形成的市场，就是场内交易市场，这种市场组织形式是债券流通市场的较为规范的形式，是债券流通市场的重要组成部分。在证券交易所申请上市的债券主要是公司债券，但国债一般不用申请即可上市，享有豁免权。

3. 投资基金市场

投资基金市场是指进行投资基金交易的场所，是证券市场的一部分。

第 9 章 解读金融市场

专栏 9-8

偏股基金整体仓位提升,加仓制造科技等行业个股

新闻回放:2019 年 10 月 26 日,142 家基金公司 2019 年三季报数据全部披露完毕。总体来看,三季度权益类基金整体仓位微幅上升,持仓结构有所调整,增持股票排名前五分别是贵州茅台、立讯精密、恒瑞医药、药明康德、海康威视,行业选择偏重科技、医药等领域,减持金融、地产等。

受三季度市场回暖刺激,三季度偏股型基金纷纷加仓。据天相投顾统计,三季度末包括股票型、混合型和封闭式基金在内可比的 2 714 只偏股基金平均股票仓位为 71.58%,较二季度末上升了 0.88 个百分点。

在重仓股方面,三季末贵州茅台取代中国平安位居基金重仓股第一,中国平安紧随其后。此外,五粮液、格力电器、立讯精密、美的集团、泸州老窖、恒瑞医药、招商银行、长春高新进入重仓股前十。

从三季度基金调仓结构看,增持力度较大的是贵州茅台、立讯精密、恒瑞医药,药明康德、海康威视、歌尔股份、大族激光等也获得较多增持。此外,基金三季度对伊利股份、永辉超市、招商银行、新城控股、中国平安、美的集团、洋河股份等减持较多。

从行业看,制造业、金融业、信息传输软件和信息技术服务业为基金重仓前三大行业。而三季度基金加仓的主要是制造业、科学研究和技术服务业、文化体育和娱乐业,采矿业、房地产业、金融业被减持。

资料来源:证券时报

专栏点评:公募基金在资本市场的地位举足轻重,基金选股风格偏好、持仓比重变化等,从某种程度上会对市场投资者的资产配置产生较大的影响。

(1)投资基金。投资基金是一种利益共享、风险共担的集合投资方式,即通过发行基金单位,集中投资者的资金,由基金托管人托管,由基金管理人管理和运用资金,从事股票、债券、外汇、货币等金融工具投资,以获得投资收益和资本增值。投资基金在不同国家或地区称谓有所不同,美国称为"共同基金",英国和我国香港称为"单位信托基金",日本和我国台湾称为"证券投资信托基金"。

(2)投资基金的特点。

1)由专家进行专业化管理。投资基金由专业的基金管理公司来运作管理。基金管理公司的管理人员一般都受过高等教育和专业训练,具有丰富的证券投资实践经验,信息资料齐全,分析手段先进,从而克服了业余人士专业知识和时间精力上的不足,提高了资产的运作效率。

2)投资费用低廉。投资者是通过购买基金而间接投资于证券市场的,由基金管理人来具体管理和运作基金资产,进行证券买卖活动,投资者与上市公司没有任何直接关系,不参与公司决策与管理,只享有基金投资收益的分配权。

投资基金最低投资额一般较低,在我国,每份基金单位面值为人民币 1 元,最低投资限额为 1 000 个基金单位。投资者可以根据自己的财力购买基金份额。由于基金集中了大量资金进行证券交易,证券商在手续费方面就会给予一定的优惠,很多国家和地区对基金在税收上也给予一定的优惠。总之,基金的费用通常较低。

3)组合投资,风险分散。根据投资专家的统计研究,在投资中,要实现起码的分散风险,至少要有10种以上股票的投资组合。然而,中小投资者通常无力做到这一点。投资基金通过汇集众多中小投资者的小额资金,就可以实现这一目标。投资人只要买了一份基金,就等于买了几十种或几百种股票和债券,如果其中一些股票和债券下跌了,可能会被另外一些股票和债券的上涨所抵消,使投资者不至于遭受损失,分散了风险。

4)流动性强。封闭式基金可以在证券交易所或者柜台市场上市交易,开放式基金的投资者可以直接进行赎回变现。

5)收益稳定。基金的投资者按照持有的"基金单位"份额分享基金的增值效益。一般而言,投资基金采取组合投资,一定程度上分散了风险,收益比较稳定。

证券投资基金运作示意图如图9-1所示。

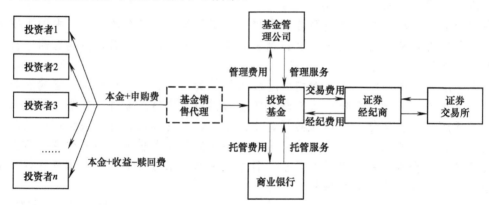

图 9-1　证券投资基金运作示意图

(3)投资基金的分类。根据不同标准可将投资基金划分为不同的种类:

1)根据基金单位是否可增加或赎回,投资基金可分为开放式基金和封闭式基金。开放式基金是指基金设立后,投资者可以随时申购或赎回基金单位,基金规模不固定的投资基金;封闭式基金是指基金规模在发行前已确定,在发行完毕后的规定期限内,基金规模固定不变的投资基金。

2)根据组织形态的不同,投资基金可分为公司型投资基金和契约型投资基金。公司型投资基金是指由具有共同投资目标的投资者组成的以营利为目的的股份制投资公司,并将资产投资于特定对象的投资基金;契约型投资基金也称信托型投资基金,是指基金发起人依据其与基金管理人、基金托管人订立的基金契约,发行基金单位而组建的投资基金。

3)根据投资风险与收益的不同,投资基金可分为成长型投资基金、收入型投资基金和平衡型投资基金。成长型投资基金是指把追求资本的长期成长作为其投资目的的投资基金;收入型投资基金是指以能为投资者带来高水平的当期收入为目的的投资基金;平衡型投资基金是指以支付当期收入和追求资本的长期成长为目的的投资基金。

4)根据投资对象的不同,投资基金可分为股票基金、债券基金、货币市场基金、期货基金、期权基金、指数基金和认股权证基金等。股票基金是指以股票为投资对象的投资基金;债券基金是指以债券为投资对象的投资基金;货币市场基金是指以国库券、大额可转让定期存单、商业票据、公司债券等货币市场短期有价证券为投资对象的投资基金;期货基金是指以各类期货品种为主要投资对象的投资基金；期权基金是指以能分配股利的股票期权为投资对象的投资基金；指数基金是指以某种证券市场的价格指数为投资对象的投资基金；认股权证基金是指以认股权证为投资对象的投资基金。

5）根据投资货币种类，投资基金可分为美元基金、日元基金和欧元基金等。美元基金是指投资于美元市场的投资基金；日元基金是指投资于日元市场的投资基金；欧元基金是指投资于欧元市场的投资基金。

6）根据资本来源和运用地域的不同，投资基金可分为国际基金、海外基金、国内基金、国家基金和区域基金等。国际基金是指资本来源于国内，并投资于国外市场的投资基金；海外基金也称离岸基金，是指资本来源于国外，并投资于国外市场的投资基金；国内基金是指资本来源于国内，并投资于国内市场的投资基金；国家基金是指资本来源于国外，并投资于某一特定国家的投资基金；区域基金是指投资于某个特定地区的投资基金。

9.2.3 认识外汇市场

专栏9-9

央行李波谈人民币汇率

新闻回放：近期人民币对美元汇率牵动人心，中国人民银行货币政策司司长李波今日在国新办发布会上强调："我们有信心、也有能力保持人民币汇率在合理均衡水平上的基本稳定。"进一步向市场传递信心。李波指出："第一，人民币汇率主要是由市场供求决定，大家也看到了，从去年以来人民币对美元有升有贬，人民币汇率的弹性也明显提高。我们强调的是更多发挥市场在汇率形成中的决定性作用，不搞竞争性贬值，也不会把人民币汇率作为工具来应对贸易摩擦等外部扰动。这些我们在本月发布的《货币政策执行报告》中也明确讲了。"另一方面，他也表示："在保持汇率弹性的同时，中国人民银行也坚持了底线思维，在必要的时候也通过宏观审慎政策对外汇供求进行逆周期调节，维护外汇市场平稳运行。今年以来，尤其是6月份以来，易纲行长和外汇局的潘功胜局长多次就人民币汇率问题发表看法，我们在一些工具的使用上也发挥了逆周期调节的作用，比如8月6号，中国人民银行将远期售汇业务的外汇风险准备金率从0调整到20%，这都是一些宏观审慎的措施来防止外汇市场的顺周期行为导致'羊群效应'。第三，汇率最终是由经济基本面决定的，中国经济的基本面是好的，是稳中向好的，为人民币汇率提供了有力支撑。我们有信心、也有能力保持人民币汇率在合理均衡水平上的基本稳定。"

资料来源：新京报财讯

专栏点评：人民币兑美元出现短期内较大幅度贬值，有内外多方面原因。但是短时间内出现快速贬值显然不符合正常逻辑，因此中国人民银行多次出手干预人民币汇率稳定。

1. 外汇的概念

外汇就是外国货币或以外国货币表示的能用于国际结算的支付手段。我国1996年颁布的《外汇管理条例》第三条对外汇的具体内容做出如下规定，外汇包括：①外国货币，包括纸币、铸币。②外币支付凭证，包括票据、银行付款凭证、邮政储蓄凭证等。③外币有价证券，包括政府债券、公司债券、股票等。④特别提款权、欧洲货币单位。⑤其他外汇资产。

2．汇率及标价方式

汇率又称汇价，是指一国货币兑换成另一国货币的价格，或者说是两国货币间的比价。

在外汇市场上，汇率是以五位数字来显示的，如欧元 EUR 0.884 7，日元 JPY 114.07，英镑 GBP 0.776 1，瑞士法郎 CHF 1.007 2。

汇率的最小变化单位为一点，即最后一位数的一个数字变化，如：欧元 EUR 0.000 1，日元 JPY 0.01，英镑 GBP 0.000 1，瑞士法郎 CHF 0.000 1。

按国际惯例，通常用三个英文字母来表示货币的名称，以上中文名称后的英文即为该货币的英文代码。

汇率的标价方式分为两种：直接标价法和间接标价法。

直接标价法又叫应付标价法。它是以一定单位（1、100、1 000、10 000）的外国货币为标准来计算应付出多少单位本国货币，相当于计算购买一定单位外币所应付多少本币，所以叫应付标价法。包括中国在内的世界上绝大多数国家目前都采用直接标价法。在国际外汇市场上，日元、瑞士法郎、加元等均为直接标价法，如日元 114.07 即 1 美元兑 114.07 日元。

在直接标价法下，若一定单位的外币折合的本币数额多于前期，则说明外币币值上升或本币币值下跌，叫作外汇汇率上升；反之，如果要用比原来较少的本币即能兑换到同一数额的外币，则说明外币币值下跌或本币币值上升，叫作外汇汇率下跌，即外币的价值与汇率的涨跌成正比。

间接标价法又称应收标价法。它是以一定单位（如 1 个单位）的本国货币为标准，来计算应收若干单位的外国货币。在国际外汇市场上，欧元、英镑、澳元等均为间接标价法。例如，欧元 1.130 3，即 1 欧元兑 1.130 3 美元。

在间接标价法中，本国货币的数额保持不变，外国货币的数额随着本国货币币值的对比变化而变动。如果一定数额的本币能兑换的外币数额比前期少，这表明外币币值上升、本币币值下降，即外汇汇率上升；反之，如果一定数额的本币能兑换的外币数额比前期多，则说明外币币值下降、本币币值上升，即外汇汇率下跌，此时外币的价值和汇率的涨跌成反比。

外汇市场上的买卖主体主要包括外汇银行、中央银行、普通外汇投资者等。

3．外汇交易

外汇是伴随着国际贸易而产生的，外汇交易是国际间结算债权债务关系的工具。但是，近十几年，外汇交易不仅在数量上成倍增长，而且在实质上也发生了重大的变化。外汇交易不仅是国际贸易的一种工具，而且已经成为国际上最重要的金融商品。外汇交易的种类也随着外汇交易的性质变化而日趋多样化。

外汇交易主要可分为现钞交易、现货交易、合约现货交易、期货交易、期权交易，以及远期交易等。具体来讲，现钞交易是交易者以及由于其他各种目的需要外汇现钞者之间进行的买卖，包括现金、外汇旅行支票等；现货交易是大银行之间，以及大银行代理大客户的交易，买卖约定成交后，最迟在两个营业日之内完成资金收付交割；合约现货交易是投资人与金融公司签订合同来买卖外汇的方式，适合于大众的投资；期货交易是按约定的时间，并按已确定汇率进行交易，每个合同的金额是固定的；期权交易是对将来是否购买或者出售某种货币的选择权进行的交易；远期交易是根据合同规定在约定日期办理交割，合同可大可小，交割期也较灵活。

4．全球主要的外汇市场

外汇市场是指由银行等金融机构、自营交易商、大型跨国企业参与的，通过中介机构或电信系统连接的，以各种货币为买卖对象的交易市场。它可以是有形的，如外汇交易所，也可以是无形的，如通过电信系统交易的银行间外汇交易。目前，世界上有30多个主要的外汇市场，它们遍布于世界各大洲的不同国家和地区。根据传统的地域划分，可分为亚洲、欧洲、北美洲三大部分。

每个市场都有其固定和特有的特点，但所有市场都有共性。各市场被距离和时间所隔，它们敏感地相互影响又各自独立。一个中心每天营业结束后，就把订单传递到其他中心，有时就为下一市场的开盘定下了基调。这些外汇市场以其所在的城市为中心，辐射周边的其他国家和地区。由于所处的时区不同，各外汇市场在营业时间上此开彼关，衔接着挂牌营业，它们相互之间通过先进的通信设备和计算机网络连成一体，市场的参与者可以在世界各地进行交易，外汇资金流动顺畅，市场间的汇率差异极小，形成了全球一体化运作、全天候运行的统一的国际外汇市场。

9.2.4 认识黄金市场

1．认识黄金

黄金，化学元素符号为Au，是一种带有黄色光泽的金属。黄金具有良好的物理属性、稳定的化学性质、高度的延展性及数量稀少等特点，不仅是用于储备和投资的特殊通货，同时又是首饰业、电子业、现代通信业、航天航空业等部门的重要材料。在20世纪70年代前还是世界货币，目前依然在各国的国际储备中占有一席之地，是一种同时具有货币属性、商品属性和金融属性的特殊商品。

黄金主要分为生金和熟金两种。生金又称原金，就是人们从矿山或河床中采掘淘选出来未经精炼提纯加工的自然金，也有称为天然金或荒金。按照生金采掘地点的不同，生金又可分为沙金和矿脉金两种类型。熟金又称纯金、色金、赤金等。自然金经过黄金冶炼公司的精炼提纯，并根据生产、流通的需要被加工成各种黄金制品，这些黄金制品就被称为熟金。熟金按其内含其他金属成分的不同，又可分为清色金、混色金和特制金三种类型。

黄金的用途有：国家货币的储备金，个人资产投资和保值的工具，美化生活的特殊材料，工业、医疗领域的原材料。

2．认识黄金市场

目前世界上比较著名和有影响的黄金市场主要集中在伦敦、苏黎世、纽约、芝加哥和香港等地。

伦敦黄金市场是世界上最大的黄金市场。1804年，伦敦取代阿姆斯特丹成为世界黄金交易的中心。1919年伦敦金市正式成立，每天进行上午和下午的两次黄金定价。由五大金行定出当日的黄金市场价格,该价格一直影响纽约和香港的交易。市场黄金的供应者主要是南非。1982年以前,伦敦黄金市场主要经营黄金现货交易,1982年4月,伦敦黄金期货市场开业。

苏黎世黄金市场是在第二次世界大战后发展起来的国际黄金市场。由于瑞士特殊的银行体系和辅助性的黄金交易服务体系,为黄金买卖提供了一个既自由又保密的环境,加上瑞士与南非也有优惠协议,获得了80%的南非金,以及苏联的黄金也聚集于此,使得瑞士不仅是世界上新增黄金的最大中转站,也是世界上最大的私人黄金的存储中心。苏黎世黄金市场在国际黄金市场上的地位仅次于伦敦。

美国的黄金市场是20世纪70年代中期发展起来的,主要原因是1977年后,美元贬值,美国人(主要是以法人团体为主)为了套期保值和投资增值获利,使得黄金期货迅速发展起来。目前,纽约商品交易所和芝加哥商品交易所是世界最大的黄金期货交易中心。这两大交易所对黄金现货市场的金价影响很大。

香港黄金市场已有近百年的历史。其形成是以香港金银贸易市场的成立为标志。1974年,香港撤销了对黄金进出口的管制,此后香港金市发展极快。由于香港黄金市场在时差上刚好填补了纽约、芝加哥市场收市和伦敦开市前的空档,可以连贯亚、欧、美,形成完整的世界黄金市场。其优越的地理条件引起了欧洲金商的注意,伦敦五大金商、瑞士三大银行等纷纷来港设立分公司。它们将在伦敦交收的黄金买卖活动带到香港,逐渐形成了一个无形的当地"伦敦金市场",促使香港成为世界主要的黄金市场之一。

3. 学会黄金投资

目前我国国内黄金投资渠道狭窄,可以方便投资的品种主要有以下几种:

(1)实物性黄金投资。对一般投资者而言,最好的黄金投资品种就是直接购买投资性金条。金条加工费低廉,各种附加支出也不高,标准化金条在全世界范围内都可以方便地买卖,并且世界大多数国家和地区都对黄金交易不征交易税。此外,黄金是全球24小时连续报价,在世界各地都可以及时得到黄金的报价。金店是人们购买黄金产品的一般渠道,但是一般通过金店渠道买金更偏重的是它的收藏价值而不是投资价值。例如,购买黄金饰品是比较传统的投资方式,金饰在很大程度上已经是实用性商品,而且其在买入和卖出时价格相距较大,投资意义不大。投资者还可通过银行渠道进行投资,购买实物黄金,包括标准金条、金币等产品形式。例如:中国农业银行的"招金"、中国银行的"奥运金",还有上海金交所对个人的黄金业务目前主要就通过银行来代理;而我国推出的熊猫金币,就是由中国人民银行发行,也是一种货币形式,即使再贬值也会有相当的价值,因此其投资风险相对要小。此外,投资者还可通过黄金延迟交收业务平台投资黄金,这是时下最流行的一种投资渠道。黄金延迟交收是指投资者按即时价格买卖标准金条后,延迟至第二个工作日后任何工作日进行实物交收的一种现货黄金交易模式。

(2)黄金饰品投资。在我国,老百姓平常所能看到的黄金制品,主要是黄金饰品,但黄金饰品并不是一个好的投资品种。黄金饰品具有美学价值,购买黄金饰品本身所支付的附加费用非常高,购买价格与黄金原料的内在价值差异较大,从金块到金饰,珠宝商要进行加工,要加上制造商、批发商、零售商的利润,最终到达购买者手中时这一切费用都由购买者承担,所以黄金饰品的实际交易成本费用非常高。此外,金银首饰在日常使用中会受到不同程度的磨损,如果将旧金银饰品变现时,其价格还要比原分量打折扣。例如,2001

年世界黄金价格处于近25年的历史最低位,平均价格为270美元/盎司,当时的黄金饰品价格为90元/克左右,而2005年黄金价格上涨到了480美元/盎司时,黄金饰品的市场价格为125元/克。假设当年购买黄金投资,单纯从黄金原料价格(参照美元价格)的角度看,投资收益率应该为77.8%。但如果投资者购买的是黄金首饰,2001年时的买入价格为85～95元/克,一般金商收购旧金的回购价格最高也不超过110元/克。可见如果投资者投资黄金饰品,即使世界黄金价格上涨了许多,却无法享受到黄金上涨的收益,投资黄金饰品获得的大量投资收益,都将消耗到各种中间成本中了。

虽然投资性金条是投资黄金最合适的品种,但并不是指市场中常见的纪念性金条、贺岁金条等,这类金条都属于"饰品金条",它们的售价远高于国际黄金市场价格,而且回收麻烦,兑现时要打较大折扣。所以投资金条之前要先学会识别"投资性金条"和"饰品性金条"。

(3)金银币投资。在国内还有另外一种金银纪念币,工艺设计水准高,图案精美丰富,发行量较少,因此具有较高的艺术品特征。但目前国内所有金银纪念币的销售价格相对金银原材料的溢价水平都很高,呈现出"高溢价、小品种、价格波动大、牛短熊长"的市场特征,并不适合长线投资。我国自1979年发行现代金银纪念币以来,到目前为止已经发行了10余个系列、1 500多个品种的金银纪念币,不仅为国内外收藏爱好者提供了大量的金银币收藏精品,而且还充分展现了中国现代金银币的风采和新中国在各领域所取得的成就,而中华民族悠久灿烂的古代文明也在现代金银币上得到了完美的体现。随着社会富裕人群的不断增加,对金银币有投资收藏兴趣的人也越来越多。金银纪念币具有发行量小、材质贵重、有一定投资价值等特点,从而成为人们对资产进行保值增值的一种较好的选择。

(4)"纸黄金"投资。随着黄金价格的升降起伏,黄金投资也逐渐成为个人理财投资的热门。其实,实物黄金只是银行所提供的黄金业务中的一种,除了实物黄金以外,还有一种看不见摸不着的黄金,我们把它称作"纸黄金"。所谓"纸黄金"业务,是指投资者在账面上买进卖出黄金赚取差价获利的投资方式。与实物黄金相比,纸黄金全过程不发生实金提取和交收的二次清算交割行为,从而避免了黄金交易中的成色鉴定、重量检测等手续,省略了黄金实物交割的操作过程,对于有"炒金"意愿的投资者来说,纸黄金的交易更为简单、便利。

纸黄金作为银行早期推出的黄金投资业务,是一种个人凭证式黄金。投资者买卖黄金的交易都体现在银行的"黄金存折账户"上,纸黄金的交易采取24小时交易的方式,与国际黄金价格挂钩。投资者可以选择美元交易也可以选择人民币交易,省去了存储黄金的成本。当前中国银行、中国工商银行、中国建设银行等银行金融机构创新个人贵金属业务,提供多种各具特色、可满足投资者不同投资偏好的个人账户贵金属投资业务。例如,中国工商银行账户贵金属,是中国工商银行为个人客户提供的,采用账户记载形式,以人民币或美元买卖贵金属份额的投资交易产品,该账户贵金属交易品种不仅包括账户黄金、还包括账户白银、账户铂金以及账户钯金,客户可使用美元(包括现钞、现汇)或人民币买卖账户贵金属。中国农业银行的金市通(账户贵金属)业务也是中国农业银行面向个人客户推出的一款账户类交易产品,客户可以选择人民币或美元作为投资币种,支持黄金、白银、铂金、钯金四个交易品种,组合成八大交易品种,满足投资者不同需求。

本 章 小 结

金融市场是指货币资金借贷和金融商品交易的场所，是以金融资产为交易对象而形成的供求关系及其机制的总和。金融市场与其他市场相比有其特殊性。

金融市场作为金融产品交易的场所，从整个经济运行的角度来看，具有融通资金的功能，宏观调控的功能，优化资源配置功能，风险转移与分散的功能。

金融市场有四个构成要素：金融市场的参与者（主体）、金融市场的交易对象（客体）、金融市场的交易价格以及金融市场的交易组织方式。

金融市场按照不同标准划分的子市场互相联系、互相依存。

20世纪80年代之后，金融市场的发展逐渐呈现新的趋势。金融一体化、自由化进程加快，高科技引领金融市场不断创新，资产证券化趋势明显，强调金融子市场之间的融合统一和国际金融市场监管的协调合作。

课堂延伸思考

1. 观看中央电视台大型纪录片《华尔街》，了解美国金融市场发展历史，对比美国金融市场，分析我国在发展金融市场时哪些方面可以借鉴。

2. 了解我国股票市场成长历程，如何评价当前中国的股市？股市作为资本市场发展的重要组成部分，对我国国有企业改革有哪些作用？

3. 目前我国大力对外开放资本市场，不断引进境外的机构投资者，这对我国金融市场的健康发展有什么重要意义？

4. 2018年12月31日，标普道琼斯指数正式公布了有1 241家A股上市公司入选道琼斯标普全球基准指数，这是继MSCI、富时罗素之后，第三家国际指数公司把A股纳入其中。国际指数不断将A股纳入，且纳入范围不断扩大，这对我国的金融市场有什么影响？其重要意义如何？

5. 党的十八大以来，习近平总书记历来高度重视经济金融工作，强调"金融是现代经济的血液。血脉通，增长才有力。我们要建立稳定、可持续、风险可控的金融保障体系，创新投资和融资模式，推广政府和社会资本合作，建设多元化融资体系和多层次资本市场，发展普惠金融，完善金融服务网络"。上述讲话内容对当前我国金融市场的健康发展具有什么重要意义？

6. 2018年年末，上证综指收于2 494点，较2017年年末下跌813点，跌幅为24.6%；深证成指收于7 240点，较2017年年末下跌3 800点，跌幅为34.4%。两市全年成交额90.3万亿，同比减少19.9%。结合2018年经济运行态势和金融市场运行情况，试分析我国股票市场存在的问题，提出促进我国股票市场健康发展的对策建议。

第 10 章

财政、金融政策与宏观调控

财经新闻回放

2019年1月23日,财政部预算司副司长郝磊在答记者问时表示,2019年,财政部门将按照党中央、国务院决策部署,加力提效实施积极的财政政策。

一是继续适当加大财政支出力度。根据当前经济形势和各方面支出需求,继续适度扩大财政支出规模。

二是坚持有保有压,进一步调整优化支出结构。增加对脱贫攻坚、"三农"、结构调整、科技创新、生态环保、民生等领域的投入。

三是大力压减一般性支出,严控"三公"经费预算,一般性支出要压减5%以上,取消低效无效支出。

四是加强支出绩效管理,将预算绩效管理贯穿预算编制执行全过程,提高财政资金使用效益。

资料来源:财政部网站

2018年12月的中央经济工作会议中提出,宏观政策要强化逆周期调节,继续实施积极的财政政策和稳健的货币政策,适时预调微调,稳定总需求;积极的财政政策要加力提效,实施更大规模的减税降费,较大幅度增加地方政府专项债券规模;稳健的货币政策要松紧适度,保持流动性合理充裕,改善货币政策传导机制,提高直接融资比重,解决好民营企业和小微企业融资难融资贵问题。从根本上说,财政政策和货币政策目标与国家宏观经济目标,即调控目标是一致的,为了实现不同时期国家的宏观调控目标,财政政策与货币政策应该配合。本章将结合前面所学的各章知识,对宏观调控进行深层次的分析,让我们对宏观调控能有更深的认识和了解。

本章学习线路图

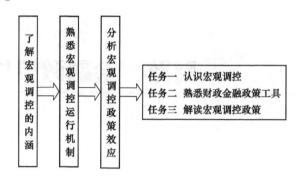

10.1 认识宏观调控

专栏 10-1

新闻回放：2019 年 2 月 21 日，央行发布《2018 年第四季度中国货币政策执行报告》中指出，面对稳中有变、变中有忧的内外部形势，按照党中央、国务院部署，中国人民银行坚持稳中求进工作总基调，实施稳健的货币政策，坚持金融服务实体经济的根本要求，主动作为、创新操作、精准发力，前瞻性地采取了一系列逆周期调节措施，激励引导金融机构加大对实体经济尤其是对小微企业和民营企业的支持力度，着力缓解资本、流动性和利率等方面的约束，疏通货币政策传导，并把握好内部均衡与外部均衡之间的平衡，为供给侧结构性改革和高质量发展营造适宜的货币金融环境。其中特别强调，要适时调整和完善宏观审慎政策。充分发挥宏观审慎评估（MPA）的逆周期调节和结构引导作用，在宏观审慎评估中增设小微企业和民营企业融资、债转股情况等专项指标，鼓励金融机构加大对实体经济的支持力度。出台资管新规，并推动其平稳实施。

资料来源：中国人民银行网站

专栏点评：当前中国经济保持平稳发展的有利因素较多，中国仍处于并将长期处于重要战略机遇期，三大攻坚战开局良好，供给侧结构性改革深入推进，改革开放力度加大，经济发展潜力较大，宏观政策的效果正在逐步显现。货币政策较好地把握了支持实体经济和兼顾内外部均衡之间的平衡，在不搞"大水漫灌"的同时更好地服务实体经济，促进了国民经济的平稳健康发展。

10.1.1 宏观调控的产生

真正意义上的宏观调控，起源于自由竞争资本主义进入垄断资本主义以后。由于资本主义国家长期实行自由竞争，国家对经济运行不加干预，经济运行的波动性很大，经济危机频繁爆发，造成了社会资源的巨大浪费。特别是 1929～1933 年爆发的世界性经济危机，使资本主义世界的工业生产下降了 40%。在这种背景下，以主张国家对社会经济进行全面干预和控制的"凯恩斯理论"应运而生,宏观调控理论开始成长和丰富起来,政府的经济职能也日益增强。

延伸阅读

凯恩斯与宏观经济学

凯恩斯(John Maynard Keynes,1883—1946),目睹了西方资本主义盛衰变化的完整周期,早年他由于受经济学派理论观点的熏陶,赞同借助于市场供求力量自动地达到充分就业的均衡状态就能维持社会发展的观点,所以一直致力于研究货币理论。随着1929~1933年世界经济危机的爆发(此时他正主持英国财政经济顾问委员会工作),深感传统经济学的理论不符合事实,必须建立新的理论以代替旧的理论。他于1936年出版了《就业、利息和货币通论》(简称《通论》)一书,在该书的原序中,凯恩斯这样写道:"本书之作,对于作者是个长时期的挣扎,以求摆脱传统的想法与说法……我们大多数都是在旧说下熏陶出来的。旧说已深入人心。所以困难不在新说本身,而在摆脱旧说。"

《通论》论证了自由竞争市场经济条件下的有效需求不足及实行国家干预的必要性。他所揭示的"一只看得见的手",表明国家需要掌控社会经济生活。《通论》被认为是现代宏观经济学诞生的标志,其中的重要思想和观点被称为"凯恩斯革命"。凯恩斯在该书中提出了一个较为完整的宏观经济分析理论框架:①突破了传统的就业均衡理论,建立了一种以存在失业为特点的经济均衡理论;②把国民收入作为宏观经济学研究的中心问题;③用总供给与总需求的均衡来分析国民收入的决定;④建立了以总需求为核心的宏观经济学体系;⑤对实物经济和货币进行分析的货币理论;⑥批判了"萨伊法则",反对放任自由的经济政策,明确提出国家直接干预经济的主张。

凯恩斯敢于打破旧的思想束缚,承认有非自愿失业的存在,首次提出国家干预经济的主张,对整个宏观经济学的贡献是极大的。《通论》的出版标志着凯恩斯背离了传统的古典经济理论,创立了自己独立的新经济理论体系。有人把凯恩斯的理论誉为一场像"哥白尼在天文学上、达尔文在生物学上、爱因斯坦在物理学上一样的革命",也有人把凯恩斯和亚当·斯密、李嘉图并列,凯恩斯一度被歌颂为资本主义的"救星""战后繁荣之父"。还有人认为,《通论》的意义不仅表现在理论上引发一场"革命",而且也表现在分析方法上开创了宏观总量分析,还在政策主张方面摒弃了自由放任主义,开创了国家干预经济的新阶段。凯恩斯的理论逐渐成为西方经济学的正统理论,凯恩斯的理论和政策主张为追随者所补充和发展,形成凯恩斯主义,并取代了传统的新古典经济学而居正统地位。

10.1.2 宏观调控的目标

专栏 10-2

2019年宏观调控政策取向

新闻回放:2018年,中国坚持稳中求进工作总基调,以供给侧结构性改革为主线,着力打好"防范化解重大风险、精准脱贫、污染防治"三大攻坚战，稳妥应对中美经贸摩擦，国民经济运行总体平稳，稳中有进，全年经济增速预计为6.6%。但经济运行稳中有变、变中有忧，国际政治经济环境更加严峻，中美经贸摩擦不确定性明显上升；民营企业经营困难增加，基建投资回落过快，消费增速减慢，经济下行压力加大；房地产泡沫较大，金融风险不断暴露；社会预期不稳，信心不强。针对中国经济存在的矛盾和问题，2018年中央经济工作会议提出了2019年经济发展目标、政策和主要工作。要坚持稳中求进工作总基调，坚持以供给侧结构性改革为主线，坚持深化市场化改革、扩大高水平开放，着力激发微观主体活力，创新和完善宏观调控，统筹推进稳增长、促改革、调结构、惠民生、防风险工作，进一步稳就业、稳金融、稳外贸、稳外资、稳投资、稳预期，提振市场信心，保持经济运行在合理区间。

资料来源：经济日报

专栏点评：近几年，我国就业形势较为稳定，经济保持中高速增长，说明实际经济增长与潜在增长率基本一致。经济增速下降和内需减慢是潜在经济增速放缓和需求结构变化的结果，并不是有效需求不足，不能依靠货币政策和财政政策持续刺激。要改变趋势性经济下滑，关键是通过供给侧结构性改革，提高全要素生产率和潜在增长率。党的十九大报告指出，我国经济已由高速增长阶段转向高质量发展阶段，必须坚持质量第一、效益优先，以供给侧结构性改革为主线，推动经济发展质量变革、效率变革、动力变革，提高全要素生产率，不断增强我国经济创新力和竞争力。

宏观调控的目标并非单一的目标，而是一个目标体系。国外的宏观调控往往有四大目标：促进经济增长、保持物价稳定、充分就业和保持国际收支平衡。我国除了这四大目标以外还有一个经济结构的调整，即城乡之间的差距、区域之间的差距、产业结构不合理、需求结构、投资消费和出口结构不合理，还有国民收入分配结构不合理的调整，即国家、企业、个人收入分配不合理的调整。

1．促进经济增长

经济增长是衡量经济全面发展的主要指标，是一个宽泛、综合的概念，投资和消费需求的增减最终会体现到经济增长的变化。它不仅体现为经济总量的增加，也体现为人均收入的增长和生活质量的提高，是经济和社会发展的基础。持续快速的经济增长是实现国家长远战略目标的首要条件，是增强综合国力和实现社会全面进步的基础，是全面建设小康社会的物质保障，也是提高人民生活水平的首要条件。

2．稳定物价

稳定物价是经济健康、平衡发展的保证。在市场经济中，价格的波动是价格发挥调节作用的形式，但价格的大幅度波动对经济生活是不利的。如果物价大幅上升和通货膨胀，会刺激盲目投资，重复建设，片面追求数量扩张，经济效益下降；如果物价下降和通货紧缩，则会抑制投资，生产下降，失业增加。在社会主义市场经济条件下，绝大多数商品和服务的价格由市场决定，但政府可以运用货币等经济手段对价格进行调节，必要时也可以采用某些行政手段（如制止乱涨价、打击价格欺诈），以保持价格的基本稳定，避免价格的大起大落。

3．充分就业

就业是民生之本，是人民群众改善生活的基本前提和基本途径。就业的情况如何，关系到人民群众的切身利益，关系到改革发展稳定的大局，关系到全面建成小康社会的宏伟目标，关系到实现全体人民的共同富裕。促进充分就业是我国政府的责任。我国面临严峻的就业形势，一方面劳动供给数量庞大，另一方面劳动力需求显得有限。因此必须坚持实行促进就业的长期战略和政策，长期将增加就业的宏观调控目标落到实处，并严格控制人口和劳动力增长。

4. 保持国际收支平衡

国际收支是指在一定时期内一个国家或地区与其他国家或地区之间进行的全部经济交易的系统记录。随着开放型经济迅速发展，保持国际收支平衡，实现外部平衡，可为内部平衡（物价稳定和充分就业）创造良好的条件。在当前国际分工深入细化、我国对外开放不断扩大的条件下，保持国际收支平衡，对促进国内经济增长、维护国家独立和主权，具有积极作用。

现代市场经济条件下，政策目标主要集中在效率、稳定和公平三个问题上。由于通货膨胀（或紧缩）、失业（或过度需求）以及国际收支失衡，都会导致利益在不同主体之间的重新分配，是造成经济不平等、导致影响稳定和公平问题的原因。因此，为履行好现代市场经济的政府职责，各国基本上都将经济增长、充分就业、价格稳定、国际收支平衡列入基本的宏观调控目标体系。

我国目前宏观调控的具体目标和任务主要包括：制订经济发展的中长期计划，确定国家经济的发展方向和目标；制定产业政策和技术政策，引导产业结构和技术结构的升级和优化；协调经济发展中的部门关系和地区关系，推动经济均衡、协调、迅速增长；培育市场体系，建立健全市场秩序和市场规则；制定合理的个人收入分配政策，实现在提高经济效益的前提下，兼顾分配公平等。

10.1.3 宏观调控的手段

专栏 10-3

未来几年我国相关政策分析

1. 总量政策

积极的财政政策取向不变，调整优化财政支出结构，确保对重点领域和项目的支持力度，2017年的50号文、87号文要严格执行，不能形同虚设。稳健的货币政策要保持中性，管住货币供给总闸门，保持货币信贷和社会融资规模合理增长。保持人民币汇率在合理均衡水平上的基本稳定，保证我国货币政策的独立性。要把握时机，稳定出口，给国内结构调整和深化改革创造条件。

2. 结构政策

结构政策要发挥更大作用，优化存量资源配置，大力破除无效供给，把处置"僵尸企业"作为重要抓手，推动化解过剩产能；大力培育新动能，强化科技创新，推动传统产业优化升级。大力降低实体经济成本，降低制度性交易成本，继续清理涉企收费，加大对乱收费的查处和整治力度。促进有效投资特别是民间投资合理增长，落实保护产权政策；激发民间投资活力,贯彻落实《促进民间投资健康发展若干政策措施》等政策,开展民间投资督察;研究鼓励民间资本参与 PPP 项目的政策措施,稳定基础设施投资。

3. 社会政策

做好民生工作,要突出问题导向、尽力而为、量力而行,周密谋划、用心操作。打好精准脱贫攻坚战,要保证现行标准下的脱贫质量。要针对人民群众关心的问题精准施策,注重解决结构性就业矛盾。改革完善基本养老保险制度,加快实现养老保险全国统筹。继续解决好"看病难、看病贵"问题,鼓励社会资金进入养老、医疗等领域。

4. 改革政策

改革开放要加大力度,在经济体制改革上步子再快一些,推进"放管服"改革纵深化,继续清理规范投资项目报建审批事项,简化投资上报流程和手续。完善国企国资改革方案,围绕管资本为主加快转变国有资产监管机构职能,改革国有资本授权经营体制;在电力、电信、民航、军工、石化等领域推动混合所有制改革,推动国有企业完善现代企业制度,健全公司法人治理结构。加快建立多主体供应、多渠道保障、租购并举的住房制度;发展住房租赁市场,支持专业化、机构化住房租赁企业发展。

资料来源:新浪财经

专栏点评:从 2017、2018 年我国主要的政策看,改革进入深水区,财政、金融货币政策与其他重大政策结合度更加密切。

宏观调控是指政府为实现宏观(总量)平衡,保持经济持续、稳定、协调增长,而利用财政政策、货币政策、经济法规、计划指导和必要的行政管理,对货币供求、财政收支总量、外汇收支总量和主要物资供求进行的调节与控制。宏观调控一般会通过财政政策与货币政策来实施。

1. 经济调节手段

经济调节手段主要包括金融手段和财政手段两大类。

(1)金融手段。金融手段是直接体现和贯彻国家货币政策的一种重要的宏观调控手段。金融手段主要通过下列形式达到宏观调控的目标。

1)中央银行对利率的调节。中央银行对利率的调节主要是通过利率高低和差别利率来实现对经济活动方向的干预。在经济过热时,适当提高利率,吸收储蓄,提高投资成本,给经济降温;在经济萧条时,适当调低利率,刺激投资和消费。另一方面,通过对国家支持的产业或企业给予优惠的信贷条件,鼓励其发展;对国家要控制的经济活动则用较苛刻的信贷条件来制约。通过上述手段,最终达到一国经济稳定增长的目标。

专栏 10-4

央行有关负责人就放开存款利率上限进一步答记者问

新闻回放:可否具体谈谈此次放开存款利率上限的重大意义?对于未来如何调控利率央行还有哪些考虑?

答:利率市场化是我国金融领域最核心的改革之一。此次放开商业银行和农村合作金

第 10 章　财政、金融政策与宏观调控

融机构等存款利率上限，标志着我国的利率管制已经基本放开，改革迈出了非常关键的一步，利率市场化进入新的阶段。这在利率市场化进程中，在整个金融改革的历史上，都具有重要的里程碑意义，充分体现了我国坚定推进改革的信心和决心。

利率管制的基本放开，对优化资源配置具有重大意义。在利率市场化条件下，利率的价格杠杆功能将进一步增强，推动金融资源向真正有资金需求和发展前景的行业、企业配置，有利于发挥市场在资源配置中的决定性作用。特别是在当前我国经济处在新旧产业和发展动能转换接续的关键期，放开利率管制可为金融机构按照市场化原则筛选支持的行业、企业提供更大空间，有利于稳增长、调结构、惠民生，促进实现经济健康可持续发展。

利率管制的基本放开，为推动金融机构转型发展注入新的动力。随着存款利率上限的放开，金融机构在利率受保护情况下"规模即效益"的传统经营模式将不可持续，有利于推动金融机构树立起"以利润为中心"的经营理念，加快转变经营模式，完善定价机制，提高自主定价能力，实现差异化、多元化、持续化经营，切实提升金融服务水平。

利率管制的基本放开，为货币政策调控框架转型创造了条件。随着金融创新发展，作为中介目标的货币总量与经济增长、物价等最终目标之间的相关性也有所降低。利率市场化有利于促使利率真正反映市场供求情况，为中央银行利率调控提供重要参考，从而有利于货币政策调控方式由数量型为主向价格型为主转变。从国际经验看，强化价格调控是提高宏观调控效率的必然选择，而放开利率管制是实现这一转变的根本前提。

同时，也应该看到，放开存款利率上限后，我国的利率市场化开启了新的阶段，核心就是要建立健全与市场相适应的利率形成和调控机制，提高央行调控市场利率的有效性。在此过程中，中国人民银行的利率调控将更加倚重市场化的货币政策工具和传导机制。具体而言，就是要构建和完善央行政策利率体系，以此引导和调控整个市场利率。同时，加快培育市场基准利率和收益率曲线，使各种金融产品都有其市场定价基准，在基准利率上加点形成差异化的利率定价。以此为基础，进一步理顺从央行政策利率到各类市场基准利率，从货币市场到债券市场再到信贷市场，进而向其他市场利率乃至实体经济的传导渠道，形成一个以市场为主体、央行为主导、各类金融市场为主线、辐射整个金融市场的利率形成、传导和调控机制，使市场机制在利率形成和资源配置中真正发挥决定性作用。

放开存款利率上限后，中国人民银行仍将在一段时期内继续公布存贷款基准利率，作为金融机构利率定价的重要参考，并为进一步完善利率调控框架提供一个过渡期。待市场化的利率形成、传导和调控机制建立健全后，将不再公布存贷款基准利率，这将是一个水到渠成的过程。同时，中国人民银行还将通过发挥好市场利率定价自律机制的作用、进一步完善宏观审慎管理、督促金融机构提高自主定价能力等方式，引导金融机构科学合理定价，维护公平有序的市场竞争秩序。

资料来源：中国人民银行网站

专栏点评：利率调整是宏观控制经济的一种主要的手段，国家调节银行利率来保持经济的稳定。调节通货膨胀或通货紧缩最有用的工具是调节货币供给。显然，通过调高或降低基准利率的手段可以实现资金收缩或放松的目的。

2）控制货币发行量和货币流通速度。货币发行量直接与通货膨胀和通货紧缩相联系。通货膨胀引起物价上涨，破坏市场经济的运行机制，造成人民生活困苦并最终导致经济崩溃，因此，世界各国政府都把反通货膨胀作为一项重要的宏观管理和调控任务来对待；通货紧缩则导致经济发展滞缓，消费需求减少，物价持续走低，企业活力锐减，就业需求不旺，市场供求长期失衡，因此，在经济较为发达的国家，反通货紧缩已成为宏观调控的另一个重要任务。

（2）财政手段。财政手段是直接体现和贯彻国家财政政策的一种重要宏观调控手段。通过行使财政职能来实现社会资源优化配置、收入公平分配和经济稳定增长的宏观经济运行目标。财政调控手段通过如下具体形式来实现：

1）税收。国家通过税种、税目和税率的设置以及减免、缓征等政策的实施来调节投资规模和消费的增长，抑制社会总需求膨胀或刺激有效需求不足，对社会总供给产生刺激或抑制作用，并对供需结构进行调节，实现社会总供给与总需求在总量和结构上的平衡。

2）国债。国家通过调整国债的发行数量及国债利率的变化，调节社会消费基金和积累基金的比例，调节社会供给与需求结构变化。

3）财政预算和财政补贴。财政预算通过财政收支规模、收支差额和收入结构，直接介入社会经济的运行和收入分配，调节社会总供给与总需求的总量变化和结构变化。财政补贴是指国家为了实现特定的政治经济目标，对指定事项由财政安排专项基金向企业或个人提供的一种补贴。我国现行财政补贴主要有价格补贴、亏损补贴、职工生活补贴和利息补贴等。补贴的对象为企业、职工和城镇居民。

2. 法律调节手段

法律调节手段是指政府依靠法制力量，通过经济立法和司法，运用经济法规来调节经济关系和经济活动，以达到宏观调控目标的一种手段。通过法律调节手段可以有效地保护公有财产、个人财产，维护各种所有制经济、各个经济组织和社会成员个人的合法权益；调整各种经济组织之间横向和纵向的关系，保证经济运行的正常秩序。法律调节手段的内容包括经济立法和经济司法两个方面。经济立法主要是由立法机关制定各种经济法规，保护市场主体权益；经济司法主要是由司法机关按照法律规定的制度、程序，对经济案件进行检查和审理的活动，维护市场秩序，惩罚和制裁经济犯罪。

3. 行政调节手段

行政调节手段是指国家经济管理机关凭借国家政权力量，通过制定和发布命令、指示、规定等形式直接干预和控制经济活动。行政调节手段是计划经济体制下运用最为广泛的宏观和微观调控手段。按照社会主义市场经济体制的要求，行政调节手段只能作为现行国民经济宏观调控的补充手段，但又必不可少。行政调节手段针对不同的调控对象，其作用形式和结果是不同的。对于国家直接经营的垄断企业、非营利企业等，国家在尊重市场经济规律的基础上，可以以指令性或指导性计划方式，直接调控企业的生产和经营活动。对于非国家直接经营的企业，国家则借助于行政调节手段，侧重于经济条件和经济环境的调节，间接达到调控的目标。

在现实的宏观经济运行中，单一调控手段往往很难实现调控的预定目标，必须加以综合运用，从而构成一个完整的宏观调控体系。只是在不同的经济发展时期，宏观调控的目标各不相同，因此所采用的宏观调控手段也各有侧重。

10.2 认识财政政策手段

10.2.1 财政政策的概念及类型

1. 财政政策的概念

财政政策是国家在参与社会产品分配和再分配过程中,利用一系列财政手段对社会经济活动和经济利益进行宏观调节和控制的政策措施。财政政策调控的主体是国家财政机构;其调控机制主要是通过资金的无偿转移来实现对宏观经济的调控,是经济调节手段、法律调节手段和行政调节手段的统一;其调控对象主要是国民收入中的增量。通过财政政策手段可以实现对社会总供求、产业结构、收入分配、国际收支等方面的宏观调控。

2. 财政政策的分类

财政政策种类繁多,为了更好地研究、运用财政政策,充分发挥财政政策的作用,必须对财政政策进行科学的分类。

(1)根据财政政策对总需求的影响,财政政策可分为积极财政政策、紧缩性财政政策和均衡性财政政策。

积极财政政策是指通过减少收入、扩大支出来增加需求。采取的财政措施主要有:减少税收、减少上缴利润、扩大投资规模、增加财政补贴、实行赤字预算。

紧缩性财政政策是指通过增加财政收入、减少财政支出来压缩总需求。采取的措施主要有:提高税率、提高国有企业上缴利润的比例、降低固定资产折旧率、缩小投资规模、减少财政补贴、实现盈余预算。

均衡性财政政策即中性的财政政策,是指采取收支平衡的办法,既不扩大总需求,也不缩小总需求。

我国经济不但存在局部地区行业投资过大、产能过剩的问题,也存在着农业、能源交通、高科技产业、消费服务业等投资不足的现象。这要求在制定实施宏观调控政策时区别对待、分类指导,不搞"急刹车",也不搞"一刀切",而是采取有保有控的财政政策,只有这样,财政政策的宏观调控才能起到积极的作用。

(2)根据财政政策对总供给的影响,财政政策可分为刺激性财政政策和限制性财政政策。

刺激性财政政策是通过倾斜性投资和财政利益诱导,如减免税等手段,重点扶持某些部门的发展,以增加社会供给的财政政策。

限制性财政政策是通过多种财政工具,如提高税率等手段,限制某些部门的发展,压缩局部过剩的财政政策。

(3)根据财政政策对经济的调节是自动的还是自觉的,财政政策可分为自动调节的财政政策和相机抉择的财政政策。

自动调节的财政政策又称"内在稳定器",是指利用财政工具与经济运行的内在联系来自动调节经济运行的财政政策。这种内在联系是指财政政策工具在经济周期中,能够自动调节社会总需求变化所带来的经济波动。具有这种自动调节作用的财政政策工具是累进所得税、社会保障支出和财政补贴。

相机抉择的财政政策是指国家为达到预定目标，根据客观经济形势的不同，适时调整财政收支规模和结构的财政政策。

（4）根据财政政策调节的对象是收支总量还是收支结构，财政政策可分为宏观财政政策和微观财政政策。

宏观财政政策是指通过改变收支总量以实现财政政策目标的财政政策。

微观财政政策是指在国家收支总量既定的前提下，通过税收和支出结构的改变，来影响某一部分、某一市场甚至某一企业的经济活动，以达到一定的财政政策目标的财政政策。

10.2.2　财政政策目标

财政政策目标是指政府制定和实施财政政策所要达到的预期目的。财政政策目标可以是一元的，也可以是多元的。一般来讲，一个国家的财政政策目标往往不止一个，而是由多重目标构成的体系。诸多目标在方向上可能一致，也可能有矛盾，这就要求政府根据不同历史时期面临的主要问题，在政策目标的选择上有所侧重和协调。

现代市场经济条件下，财政政策目标概括起来主要包括：

（1）经济增长。经济增长是指一国商品与劳务产出的增长以及相应供给能力的增长，一般采用国民生产总值扣除价格变动因素后的年增长率来测定。当前经济增长是世界各国政府均在追求的重要目标。我国是实行社会主义市场经济的发展中大国，经济增长是实现其他一切目标的基础，因此，这一目标应作为我国财政政策的首选目标。

（2）价格总水平的相对稳定。价格总水平的相对稳定是经济稳定的标志，因此它成为多数政府追求的一个目标。所谓价格总水平的相对稳定，不是指冻结物价，而是把物价总水平的波动约束在经济稳定发展可容纳的空间内，即避免和抑制恶性通货膨胀。稳定物价是财政政策和货币政策的共同目标，从政策传导机制看，货币政策在这方面发挥作用更直接有力，而财政政策在这方面相对较弱，因此，这一目标应该作为货币政策的首选目标，作为财政政策的次选目标，财政政策应配合货币政策实施。

（3）收入合理分配。收入合理分配是市场经济条件下实现经济稳定与发展的关键因素。市场经济奉行的是按要素贡献大小进行分配的原则，它虽能调动积极性，但也能带来收入分配的悬殊差别。为了解决收入分配上的矛盾，需要政府在按要素贡献的基础上实行再调节，通过财政收入再分配政策实现社会公平分配目标。

10.2.3　财政政策工具

财政政策工具是为财政政策目标服务的，如果没有财政政策工具，财政政策目标就无从实现。

专栏 10-5

以税制改革为重心，促进财政政策更加积极有效

2018年需要保持一定力度的扩张性财政政策以稳定经济增长。实施积极有效的财政政

策,不仅要求在财政支出方面保持适度的增速,并优化支出结构、提高资金使用效率,更要以税制改革为重心,完善税收体系,减轻宏观税负,从而激发企业生产活力,增强居民购买力。同时,合理利用税收、社会保障、转移支付等手段,进一步增强当前财政再分配效应,协调货币政策和审慎监管政策,稳定流动性和风险预期,稳步推进创新驱动发展战略,继续加强供给侧结构性改革,从提升劳动力质量、优化投资结构以及增加研发强度、改革科研体制等方面促进全要素生产率不断提升,从而促进新旧动能的转换,确保经济中长期稳定较快增长。

资料来源:证券日报

专栏点评:实施更为有效积极的财政政策,可以更好地应对近年来去杠杆对经济带来的影响。

1. 政府预算

政府预算是财政政策的主要手段,其调控作用主要表现在以下两个方面:

(1) 通过预算收支规模的变动及收支对比关系的不同状态,可以有效地调节社会总供求的平衡关系。一般来讲,在总需求大于总供给时,可以通过紧缩预算规模和实行预算收入大于支出的结余政策进行调节;当总供给大于总需求时,可以通过扩张预算规模和实行预算支出大于收入的赤字政策进行调节;在总供求基本平衡时,为保持这种平衡状态,政府预算应实行收支平衡的中性政策与之配合。

(2) 通过预算支出结构的调整,可以调节国民经济中各种比例关系,从而形成合理的经济结构。政府预算增加对某个部门的资金支出,就能促进该部门的发展;反之,政府预算削减对某部门的拨款则会限制该部门的发展。通过预算支出结构的调整,相应影响国民经济中有关的比例关系,从而调整经济结构。

2. 税收

税收的调控作用主要表现在以下三个方面:

(1) 调节社会总供给与总需求的平衡关系。流转课税与所得课税是我国税收的主体税种,二者具有不同的征税效应,从而对总供给与总需求产生不同的调节作用。流转课税的征税效应偏重于供给方面,提高或降低税率就会限制或刺激供给总量;所得课税的征税效应偏重于需求方面,在累进税制下,它具有"自动稳定"效应。

(2) 通过税率调整、税收减免或加征等措施调整产业结构,优化资源配置。

(3) 调节收入分配,通过征收多种所得税使收入分配相对公平合理。

3. 国债

国债是诸多财政政策工具中具有有偿特征的一种手段,具有财政调节与金融调节的双重特征和功能。国债的调节作用主要表现在:

(1) 调节国民收入的使用结构。在不改变资金所有权的条件下,使居民手中尚未使用的消费基金转化为积累基金,调整积累与消费的比例关系。

(2) 调节产业结构。国家可将以国债形式筹集的资金投入到那些微观效益较低,但社会效益和宏观经济效益较高的项目上(如农业、"瓶颈"产业和基础工业等),促进经济结构的合理化。

(3) 调节资金供求和货币流通,进而影响社会总供给与总需求。在金融市场健全的条件下，通过增加或减少公债发行量，调高或调低国债利率，可以有效调节资金供求和货币流通量，进而对社会总供求产生影响。

4. 财政补贴

财政补贴是配合价格政策和工资政策发挥宏观调节作用的重要政策工具。其调节作用主要表现在：从对总需求的调节看，减少补贴与增加税收一样可以抑制社会总需求；反之，则会刺激社会总需求。从对总供给的调节看，增加生产领域的补贴如同减税，可以刺激生产，促进供给增加；反之，则会抑制生产和供给。

5. 财政投资

财政投资是指由政府预算安排的生产建设性支出，是国家重点建设和大中型项目建设的主要资金来源。其主要调节作用表现在：

（1）调整国民经济结构。财政投资建设的项目，都是关系国民经济全局的重点建设项目，这些项目直接关系到我国经济的持续、稳定、协调发展，因而财政投资是调整和改善国民经济结构的有力手段。

（2）调节总供给和总需求，是影响经济稳定增长的决定性因素。财政投资从当前看是形成社会总需求的一部分；从长远看，又会增加总供给。因此它具有调节供给与需求的双重功能，主要又在于增加供给。

财政投资手段正常运用的条件是：①合理确定投资规模；②正确把握投资方向，确定投资重点；③综合运用投资、税收、贴息等各种政策手段，引导社会投资方向。

10.3 认识货币政策手段

专栏 10-6

下调金融机构的存款准备金率

新闻回放：2019 年 1 月 4 日，中国人民银行宣布下调金融机构存款准备金率 1 个百分点，分两次实施，已于 1 月 25 日调整到位。目前，金融机构存款准备金率的基准档次大体可分为三档，即大型商业银行为 13.5%、中小型商业银行为 11.5%、县域农村金融机构为 8%。大型商业银行包括中国工商银行、中国农业银行、中国银行、中国建设银行、交通银行和邮政储蓄银行 6 家。中小型商业银行主要包括股份制商业银行、城市商业银行、非县域农村商业银行、民营银行和外资银行。县域农村金融机构主要包括农村信用社、农村合作银行和村镇银行。在基准档次的基础上，中国人民银行对金融机构还实施了普惠金融定向降准政策和新增存款一定比例用于当地贷款的相关考核政策。大型商业银行和中小型商业银行可参与普惠金融定向降准政策考核，达到一定标准的机构可在相应基准档次上降低 0.5 个或 1.5 个百分点的存款准备金率要求。县域农村商业银行和县域农村金融机构用于当地贷款发放的资金达到其新增存款一定比例的，可在相应基准档次上降低 1 个百分点的存款准备金率要求。这两项政策旨在激励金融机构将更多的信贷资源配置到小微企业和"三农"等普惠金融领域，支持实体经济发展。中国人民银行已于

2019年1月25日完成了2018年度普惠金融定向降准动态考核调整工作。

综合上述政策，目前6家大型商业银行均至少达到普惠金融定向降准第一档标准，实际执行存款准备金率为12%和13%；中小型商业银行实际执行存款准备金率为10%、11%和11.5%；县域农村金融机构实际执行存款准备金率为7%和8%。绝大部分金融机构都适用优惠的存款准备金率。目前，政策性银行执行7.5%的存款准备金率，财务公司、金融租赁公司和汽车金融公司执行6%的存款准备金率。全部金融机构加权平均存款准备金率约为11%。

资料来源：2018年第四季度中国货币政策执行报告

专栏点评：对三农、中小微企业给予融资便利，对部分金融机构采取定向降准，鼓励商业银行对中小微企业的支持，充分体现了十九大以来党和政府对三农和中小微企业的鼓励。

10.3.1 货币政策的概念及类型

货币政策是指中央银行为实现其特定的经济目标，在金融领域内所采取的控制和调节货币供应量的各种金融措施的总称。货币政策的研究范围包括货币政策的最终目标、中间目标、政策工具等。根据货币供应量和货币需要量之间的对比关系，可以把货币政策分为扩张性货币政策、紧缩性货币政策和均衡性货币政策。

1. 扩张性货币政策

这是一种超越货币需要量，通过提高货币供应量以带动社会总需求，启动闲置生产要素、刺激经济增长的货币政策。这种政策通常是在以下情况下采用的：①生产要素利用不足；②存在很大的潜在市场，通过扩大需求能带动市场潜力的发掘；③货币容量弹性大，注入一定的超量货币不会引起经济震荡和物价波动。

2. 紧缩性货币政策

这是一种通过紧缩货币供应量以缩减社会总需求，挤出市场多溢货币，来促进需求与总供给平衡的货币政策。这种政策通常是在以下情况时采用的：①已经出现明显的通货膨胀，经济紊乱；②有意识地控制经济过热。

3. 均衡性货币政策

均衡性货币政策是指在社会总需求与总供给基本平衡的前提下，货币供应的增长与社会经济增长相适应，这种状况下的货币供应量就是适度供应量。均衡性货币政策的核心是在较长期内稳定、适度地供应货币。

10.3.2 货币政策目标

1. 货币政策总目标（最终目标）

货币政策总目标，就是国家制定和实施货币政策要达到的预期经济目的或经济状态。我国货币政策目标是保持货币币值的稳定，并以此促进经济增长，属双重目标型。货币政策目标怎样选择，各国有所不同，归纳起来包括以下几个方面：

（1）稳定货币。它通常是指维持国内币值的稳定，而货币币值是否稳定表现在市场物价上，维持物价稳定就是要把通货膨胀率控制在可以承受的限度之内，避免物价的剧烈震荡。经济学家一般认为，3%～5%的通货膨胀率，不致影响经济的平稳发展，而对经济发展也会起一定的刺激作用，但不同国家的人们对物价变动的承受力是不同的。

（2）充分就业。西方国家把充分就业作为货币政策的目标之一，是从一国的劳动力能否充分利用来衡量该国各种资源是否达到充分利用的标志，也是反映社会经济发展的一个指标。所谓充分就业，并非要达到社会上所有劳动力都有固定职业的理想境界。因为市场需求和经济结构的变化，影响劳动力市场供求关系，为数不多的劳动力暂时失业也是正常现象。一些经济学家认为，失业率控制在3%左右应界定为充分就业。

（3）经济增长。它被看作货币政策的主要目标由来已久。国际上用来衡量经济增长的指标主要有以下两种：①国内生产总值（即GDP）增长率；②人均国内生产总值增长率。如果国民生产总值增长率等于或低于人口增长率，实质上经济处于零增长或负增长。所以用人均国内生产总值增长率来衡量一国经济增长比用国内生产总值增长率更有意义。

（4）国际收支平衡。在一定时期内，一国对其他国家的全部货币收入和货币支出可能持平，可能顺差，也可能逆差。一国很难做到国际收支的绝对平衡，某年度略有顺差或逆差，基本上还属于平衡的范围。如果连续几年出现逆差，国家弥补逆差的能力总会耗尽。若年年出现顺差，一般认为总是好事，但也要考虑外汇储备不断增加，一则占用大量本国货币，二则大量外汇资源的保值增值也很不易等问题。因此，国际收支平衡也是货币政策的重要目标之一。

2. 货币政策中间目标

货币政策的总目标，对中央银行来说在操作和控制上都遇到了困难，迫使中央银行寻求和设立能直接操作和控制的中间目标。所谓货币政策的中间目标，就是中央银行为实现货币政策的最终目标而设置的可供观测和调整的指标。

中间目标是具有传导性的金融变量。中央银行选择设立中间目标，一般要求符合三个条件：①要与货币政策的总目标有高度相关性，能够反映和影响经济状态；②可观测性，便于度量，通过这种指标能够观察货币政策的实施效果和进度；③可控性，即这种指标要能受中央银行的直接控制。货币政策中间目标的作用就在于：为中央银行提供相关追踪的指标；表明货币政策实施的进度；便于中央银行适时调整货币政策。

货币政策中间目标指标的选择：

（1）利率。20世纪70年代以前，西方各国多以利率，即以一定的利率水平作为中央银行的中间目标。这是因为：①利率与经济状况高度相关。当经济繁荣时，对货币的需求量增加，利率上升；当经济衰退时，对货币的需求量下降，利率下降。②利率与市场货币与信贷的供求状况密切相关。利率上升，反映市场资金需求增长；利率下降，反映市场资金需求减少。③利率的变动对市场资金需求也起调节作用。利率上升，会抑制资本投资，减少投资需求；利率下降，会刺激资本投资，增加投资需求。④利率指标便于中央银行控制。

（2）货币供应量。进入20世纪70年代以来，西方许多国家的中央银行选择货币供应量为中间目标。以货币供应量作为中间目标的理由是：①货币供应量的变动直接影响宏观经济的运动。一方面，货币供应量是经济过程的内生变量（即由客观因素所决定的变量），生产和商品交换规模的变化必然引起货币供应量相应的变化；另一方面，货币供应量又是货币政策的外在变量（即由中央银行人为决定的变量），它的松紧变化会直接影响经济活动。可见，货币供应量是与货币政策最终目标高度相关的指标。②便于观测，不会发生政策性与非政策性因素的混淆，可以避免因此而发出的错误信号。③中央银行易于控制货币供应量。

10.3.3 货币政策工具

中央银行为了实现其货币政策目标，在执行货币政策时，必须凭借一定的货币政策工具。货币政策工具是指货币当局直接控制的，能够通过金融途径影响经济活动，以达到货币政策目标的经济手段。在市场经济条件下，货币政策工具主要包括存款准备金率、再贴现率和公开市场业务。

（1）存款准备金率也称法定存款准备金率，是指商业银行等金融机构吸收的存款中，应缴存中央银行一部分的比率。法定存款准备金制度是中央银行对商业银行的信贷规模进行调控的一种制度。中央银行根据市场发展的需要，通过调高或调低法定存款准备金率，来增加或减少商业银行缴存的准备金数额，从而影响商业银行的贷款能力和派生存款能力，以达到调节货币信用供应量的目的。例如，中央银行调低存款准备金率，则商业银行上缴存款准备金额减少，可用资金增加，相应扩大了贷款能力，再通过存款倍数派生机制可以数倍规模扩大货币供应；反之，中央银行提高存款准备金率，则商业银行会相应收缩货币供应量。

（2）再贴现率是指商业银行向中央银行办理票据再贴现时使用的利率，即被扣除的利息和票据面额的比率。中央银行通过调整再贴现率的办法，影响商业银行的贷款规模。例如，中央银行提高再贴现率，商业银行以票据贴现方式取得贷款的成本相应增大，从而迫使商业银行贷款规模收缩；反之，则会促使贷款规模扩大。

（3）公开市场业务是指中央银行在金融市场上公开购买或者销售政府公债券和其他有价证券的业务活动。公开市场业务手段的调控机制是：中央银行在市场上买进有价证券，同时向市场注入相应的货币，由此松动银根，市场利率下降，资金需求增加，信贷规模随之扩大；反之，中央银行在市场上抛售证券，同时回笼相应的货币量，信贷规模由此收缩。

10.4 解读财政政策与货币政策的配合运行

专栏 10-7

2019 年继续实施积极财政政策和稳健货币政策

新闻回放：2018 年中央经济工作会议于 2018 年 12 月 21 日在北京闭幕。会议定调 2019 年中国经济工作明确继续实施积极的财政政策和稳健的货币政策。会议指出，宏观政策要强化逆周期调节，继续实施积极的财政政策和稳健的货币政策，适时预调微调，稳定总需求；积极的财政政策要加力提效，实施更大规模的减税降费，较大幅度增加地方政府专项债券规模；稳健的货币政策要松紧适度，保持流动性合理充裕，改善货币政策传导机制，提高直接融资比重，解决好民营企业和小微企业融资难融资贵问题。结构性政策要强化体制机制建设,坚持向改革要动力,深化国资国企、财税金融、土地、市场准入、社会管理等领域改革,强化竞争政策的基础性地位,创造公平竞争的制度环境,鼓励中小企业加快成长。

资料来源:新浪财经

专栏点评:财政政策与货币政策作为宏观经济政策最重要的两个部分,继续实施积极财政政策和稳健货币政策有利于保证政策的延续性和稳定市场对政策环境的预期,为当前中国经济转型升级,深入推进改革筑牢了扎实稳固的基础。

10.4.1 财政政策与货币政策配合的必要性

1. 财政政策与货币政策调节范围的不同要求两者必须协调配合

财政政策和货币政策都是以调节社会总需求为基点来实现社会总供求平衡的政策,但两者的调节范围却不尽相同。具体表现为:财政政策对社会总需求的影响主要是通过税收增减、发行国债调整支出规模和结构来实现的,其主要在分配领域实施调节。货币政策对社会总需求的影响则主要是通过影响流通中的货币量来实现的,其调节行为主要发生在流通领域。正是这种调节范围的不同,使得不论财政政策还是货币政策,其对社会总供求的调节都有局限性。财政政策通过增减税收,调整支出规模可能引起社会总需求的扩张或收缩,但其操作上有一定的限度。例如,为抑制需求而提高税率,压缩支出,要受到纳税人承受能力和已形成的支出规模的限制,力度过大会挫伤微观经济主体的积极性甚至破坏正常的经济运行,这就要求货币政策从流通领域加以配合;就货币政策而言,其政策松紧能增减社会需求,但要受到已经形成的信贷规模及相应的投资规模的限制,力度过强会引起资金短缺并进而导致整个流通过程梗阻,使经济秩序紊乱,这也要求财政政策从分配领域与之配合。

2. 财政政策与货币政策目标的侧重点不同要求两者协调配合

财政政策与货币政策都对总量和结构进行调节,但在资源配置和经济结构上,财政政策比货币政策更强调资源配置的优化和经济结构的调整,具有结构特征。而货币政策的重点是调节社会需求总量,具有总量特征。

具体来讲,财政政策本身的功能特点决定了它对社会需求总量的影响较货币政策弱。由于税负及支出规模的调整涉及面大且政策性强,直接关系到国家的财政分配关系,并受实现国家职能所需财力数量的限制,因此由此引起的赤字或结余都不可能太大,这就决定了财政政策对需求总量调节的局限性。与调节需求总量相比,财政政策对社会供求结构的调整作用要大得多。对社会资源的配置,尽管市场机制可实现经济资源的最优配置,但要付出一定的代价。为了减少资源浪费,需要政府运用财政政策进行干预。财政政策对经济结构的调节主要表现在:用扩大或减少对某部门的财政支出,以"鼓励"或"抑制"该部门的发展。即使在支出总量不变的条件下,政府也可通过差别税率和收入政策,直接对某生产部门进行"支持"或"限制",从而达到优化资源配置和调节经济结构的效果。

货币政策对调控社会需求总量作用突出,而对供求结构的调整则有较大的局限性。货币政策是中央银行运用存款准备金率、再贴现率、公开市场业务等各种工具来增加或减少货币供应量,从而达到调节社会总需求的一种宏观经济调节手段。中央银行通过调整存款准备金率、再贴现率、公开市场业务等可以间接影响流通中的货币量和信贷总规模,因此货币政策从流通领域的调节对社会总供求矛盾的缓解作用也比较迅速、明显和有效。但在社会供求结构的调整方面,受信贷资金运动规律的制约,中央银行不可能将大量的贷款直接投入经济发展的滞后产业,特别是公共产品产业,因而货币政策在改善社会供求结构及国民经济比例关系方面的作用相对有限。

3. 财政政策与货币政策的时滞性不同要求两者协调配合

在政策制定上,财政政策的变动需要通过立法机构,经过立法程序,而货币政策的变动通常由中央银行决定;在政策执行上,财政政策措施通过立法之后,还要交给有关执行单位具体实施,而货币政策在中央银行决策之后,可以立即付诸实施。因此,财政政策的决策时滞和执行时滞一般比货币政策要长。但是从效果时滞来看,财政政策则可能优于货币政策。由于财政政策直接影响消费总量和投资总量,从而直接影响社会的有效需求。而货币政策主要是影响利率水平的变化,通过利率水平变化引导经济活动的改变,不会直接影响社会总需求。从这一点分析,出台后的货币政策比财政政策对经济运行的影响所需时间较长。

正因为财政政策与货币政策之间存在共性和个性,所以在对宏观经济进行调节时,应根据当时的社会经济运行态势有选择地采用,并使其达到良好的配合效果。

10.4.2 财政政策与货币政策配合的方式

把财政政策和货币政策分别分为紧松和均衡的政策,由于均衡的政策对总需求没有影响,所以不予考虑。财政政策和货币政策有以下四种搭配方式:

1. 松的财政政策和松的货币政策的搭配,即"双松"搭配

松的财政政策是通过减税和扩大政府支出等手段来增加总需求;松的货币政策则是通过降低存款准备金率、再贴现率、扩大再贷款等松动银根的措施,促使利率下降,进而增加货币供给量,刺激投资,增加总需求。"双松"政策搭配,对经济增长有较强的刺激效应,但易引发通货膨胀。

2. 紧的财政政策和紧的货币政策的搭配,即"双紧"政策搭配

紧的财政政策是通过增税、削减政府支出等手段,限制消费和投资,从而抑制总需求;紧的货币政策通过提高存款准备金率、再贴现率、收回再贷款等措施,使利率上升,以减少货币供给量,抑制总需求的过速增长。"双紧"政策可以抑制通货膨胀,遏止经济过热。但由于"双紧"政策对社会经济运行的调节是一种"急刹车"式的调节,从而容易带来较大的经济震荡,容易引起经济较大幅度的衰退,产生所谓的"后仰"现象,经济体系和组织结构也会遭到一定程度的破坏。

3. 松的财政政策与紧的货币政策的搭配

松的财政政策在投资乘数和政府支出乘数的作用下,可以有效地扩张总需求,从而起到防止经济衰退和萧条的作用;紧的货币政策通过控制信用规模来控制货币供给量的增长,从而防止通货膨胀。这种政策搭配的效应是:在防止通货膨胀的同时保持适度的经济增长率,但如果长期运用这种政策搭配,则会使政府财政赤字不断扩大。

4. 紧的财政政策与松的货币政策的搭配

紧的财政政策可以在一定程度上防止总需求膨胀和经济过热；松的货币政策则可以使经济保持一定的增长率。因此这种政策搭配的经济效应是：在保持一定经济增长率的同时尽可能地避免总需求膨胀和通货膨胀。但由于执行的是松的货币政策，货币供给量的总闸门处在相对松动的状态，所以难以防止通货膨胀。

本 章 小 结

宏观调控是指政府为实现宏观（总量）平衡，保持经济持续、稳定、协调增长，而利用财政政策、货币政策、经济法规、计划指导和必要的行政管理，对货币供求、财政收支总量、外汇收支总量和主要物资供求进行的调节与控制。

宏观调控的手段，主要是经济调节手段、法律调节手段和行政调节手段，其中，经济调节手段是最重要的调节手段，具体通过财政政策与货币政策来实现。

财政政策是国家在参与社会产品分配和再分配过程中，利用一系列财政手段对社会经济活动和经济利益进行宏观调节和控制的政策措施。财政政策分为扩张性财政政策、紧缩性财政政策和均衡性财政政策；财政政策工具主要有政府预算、税收、国债、财政补贴、财政投资等。

货币政策是指中央银行为实现其特定的经济目标，在金融领域内所采取的控制和调节货币供应量的各种金融措施的总称。货币政策分为扩张性货币政策、紧缩性货币政策和均衡性货币政策；货币政策总目标是稳定货币、充分就业、经济增长、国际收支平衡；货币政策工具主要包括存款准备金率、再贴现率和公开市场业务等。

课堂延伸思考

1. 在美国金融危机的影响下，国际市场疲软、外需不振，中国的经济也面临着前所未有的困难。作为推动我国经济增长的"三驾马车"之一的出口承受巨大压力，加上投资萎缩，企业盈利能力下降，中国经济在经过 7 年加速上涨后，增长势头在 2008 年发生逆转，为此中国政府实施了一系列积极的财政政策以刺激经济增长，搜集金融危机后我国采取的财政政策措施，并分析和评价这些政策的效果。

2. 2018 年中央经济工作会议指出，宏观政策要强化逆周期调节，继续实施积极的财政政策和稳健的货币政策，积极的财政政策要加力提效，实施更大规模的减税降费。如何理解当前中国宏观经济政策的布局？

3. 2019 年 1 月中国人民银行工作会议指出，进一步强化逆周期调节，保持流动性合理充裕和市场利率水平合理稳定。加强政策沟通协调，平衡好总量指标和结构指标，切实疏通货币政策传导机制。进一步完善货币政策和宏观审慎政策双支柱调控框架。有人指出，这是"松紧适度"的基调，你是如何理解的？

4. 2008 年经济危机爆发后，刺激经济发展成为首要任务，为此，美联储在宣布将利率维持在历史最低点之余，还先后采取了两轮量化宽松政策。第一轮是从 2008 年 11 月～2010

第 10 章 财政、金融政策与宏观调控

年 3 月，美联储购买了 1.7 万亿美元的抵押债券和国债，以维持低利率刺激经济。第二轮量化宽松政策于 2010 年 11 月推出，按计划到 2011 年 6 月底前的 8 个月期间购买美国国债 6 000 亿美元。2013 年 12 月 19 日，美联储宣布从 2014 年 1 月起，逐步减少对长期国债和抵押贷款支持证券的购买规模。也就是说，量化宽松政策的退出已经启动了。如何看待量化宽松政策对新兴经济体的影响？

5. 日本东北部海域 2011 年 3 月 11 日发生强烈地震，并引发海啸和核泄漏事故。日本央行为缓解市场紧张情绪，增加流动性，从 3 月 14 日开始，连续采取公开市场操作，向金融系统注资，至 3 月 22 日，日本央行注资规模累计达 40 万亿日元（约合 4 749 亿美元），如何理解日本央行的决策？

6. 美国当地时间 2018 年 11 月 28 日星期三，美联储主席鲍威尔在纽约的讲话中表示，目前的利率略低于对中性水平的范围。这被市场解读为鸽派信号，美股应声大涨。为什么鲍威尔的讲话会导致美股大涨？

7. 某国在一定时期内，总需求与总供给大体平衡，但消费偏旺而投资不足，这时应采取什么样的财政政策与货币政策？

8. 稳定货币、充分就业、经济增长、国际收支平衡之间存在什么样的关系？

9. 为什么货币政策要与财政政策之间相互配合以达到调控目标？

10. 讨论供给侧结构性改革对我国经济社会的具体影响。

参 考 文 献

[1] 陈共. 财政学[M]. 9版. 北京：中国人民大学出版社，2017.
[2] 陈雨露. 货币银行学[M]. 北京：中国财政经济出版社，2013.
[3] 成力为. 货币银行学[M]. 北京：科学出版社，2003.
[4] 洪银兴，尚长风. 公共财政学[M]. 3版. 南京：南京大学出版社，2012.
[5] 孔祥毅. 金融理论教程[M]. 北京：中国金融出版社，2003.
[6] 刘家义. 宏观调控与财政政策[M]. 上海：上海人民出版社，2001.
[7] 刘玲玲. 公共财政学[M]. 北京：中国发展出版社，2003.
[8] 刘佐. 中国税制概览[M]. 21版. 北京：经济科学出版社，2017.
[9] 钱晔. 货币银行学[M]. 5版. 大连：东北财经大学出版社，2017.
[10] 王松奇. 金融学[M]. 3版. 北京：中国金融出版社，1998.
[11] 王秀芳，等. 货币银行学[M]. 北京：中国农业科学技术出版社，2003.
[12] 杨利，伍瑞凡. 金融学[M]. 3版. 北京：科学出版社，2015.
[13] 谢百三. 金融市场学[M]. 2版. 北京：北京大学出版社，2009.
[14] 杨艳琳，陈银娥. 现代财政与金融教程[M]. 3版. 北京：首都经济贸易大学出版社，2012.
[15] 朱耀明，宗刚. 财政与金融[M]. 5版. 北京：高等教育出版社，2010.
[16] 蒙丽珍，李星华. 财政与金融[M]. 2版. 大连：东北财经大学出版社，2004.
[17] 周梅，刘鲜容. 财政与金融[M]. 北京：中国经济出版社，2002.
[18] 阿耶 L 希尔曼. 公共财政与公共政策——政府的责任与局限[M]. 王国华，译. 北京：中国社会科学出版社，2006.
[19] 迈克尔 G 哈吉米可拉齐斯，卡马 G 哈吉米可拉齐斯. 现代货币、银行与金融市场——理论与实践[M]. 聂丹，译. 上海：上海人民出版社，2003.
[20] 甘当善. 商业银行经营管理[M]. 3版. 上海：上海财经大学出版社，2016.
[21] 盖锐，孙晓娟. 金融学[M]. 2版. 北京：清华大学出版社，2012.
[22] 史兰菊. 全球银行业发展新趋势[J]. 中国商界，2013（5）.